KB159914

네트워크의 군주

Graham Harman, *Prince of Networks : Bruno Latour and Metaphysics (Anamnesis)*.
Copyright ⓒ 2009 by re.press
Korean translation copyright ⓒ 2019 by Galmuri Publishing House.

M 카이로스총서 58

네트워크의 군주 Prince of Networks

지은이 그레이엄 하먼
옮긴이 김효진

펴낸이 조정환
책임운영 신은주
편집 김정연
디자인 조문영
홍보 김하은
프리뷰 김영철 · 손보미

펴낸곳 도서출판 갈무리 등록일 1994. 3. 3. 등록번호 제17-0161호
초판 1쇄 2019년 7월 22일
초판 3쇄 2024년 9월 11일

종이 타라유통 인쇄 예원프린팅 라미네이팅 금성산업 제본 바다제책

주소 서울 마포구 동교로18길 9-13 [서교동 464-56] 2층
전화 02-325-1485 팩스 070-4275-0674
website http://galmuri.co.kr e-mail galmuri94@gmail.com

ISBN 978-89-6195-211-8 93100
도서분류 1. 철학 2. 과학 3. 인문학 4. 과학철학

값 27,000원

이 도서의 국립중앙도서관 출판예정도서목록(CIP)은 서지정보유통지원시스템 홈페이지(http://seoji.
nl.go.kr)와 국가자료공동목록시스템(http://www.nl.go.kr/kolisnet)에서 이용하실 수 있습니다.(CIP제어
번호 : CIP2019025631)

네트워크의 군주

브뤼노 라투르와 객체지향 철학

Prince of Networks

**Bruno Latour
and Metaphysics**

그레이엄 하먼 지음
김효진 옮김

갈무리

일러두기

1. 이 책은 Graham Harman의 *Prince of Networks: Bruno Latour and Metaphysics (Anamnesis)* (re.press, 2009)을 완역한 것이다.
2. 인명, 지명, 책 제목, 논문 제목 등 고유명사의 원어는 맥락을 이해하는 데 원어가 꼭 필요하다고 생각되는 경우를 제외하고는 본문에서 원어를 병기하지 않았으며 찾아보기에 모두 수록하였다.
3. 단행본과 정기간행물에는 겹낫표(『 』)를, 논문에는 홑낫표(「 」)를 사용하였다.
4. 저자의 대괄호는 ( )를 사용하였고, 옮긴이가 이해를 돕기 위해 첨가한 내용은 [ ] 속에 넣었다.
5. 영어판에서 이탤릭체로 강조된 것은 고딕체로 표기하였다. 단, 영어판에서 영어가 아니라서 이탤릭으로 강조한 것은 한국어판에서 강조하지 않았다.
6. 지은이 주석과 옮긴이 주석은 같은 일련번호를 가지며, 옮긴이 주석에는 [옮긴이]라고 표시했다.
7. 본문 중간 중간 괄호 속에 있는 내주는 브뤼노 라투르의 저서를 저자가 인용하였음을 나타낸다. 내주는 '약어, 원서 쪽수'의 형식이다 (예 : PF, 126). 약어는 이 책 6쪽의 약어표를 참조하라.
8. 인용문 중 기존 번역이 있는 경우 가능한 한 기존 번역을 참고하였으나 전후 맥락에 따라 번역을 수정했다.
9. 한국어판 지은이 서문으로 옮긴이의 서문을 갈음한다는 옮긴이의 뜻에 따라 별도의 옮긴이 후기는 싣지 않는다.

차례

네트워크의 군주

:: 약어표

AR   *Aramis or the Love of Technology* [『아라미스 또는 기술 사랑』], trans. Catherine Porter, Cambridge, Harvard University Press, 1996.

FD   *La Fabrique de Droit : Une ethnographie du Conseil d'État* [『법의 제조』], Paris, Découverte, 2002.

LL   *Laboratory Life : The Construction of Scientific Facts*, with Steve Woolgar, Princeton, Princeton University Press, 1986. [『실험실 생활 : 과학적 사실의 구성』, 스티브 울거와 공저, 이상원 옮김, 한울, 2019.]

MB   "Can We Get Our Materialism Back, Please?"[『유물론을 되돌려 주시겠습니까?』], *Isis*, no. 98, 2007, pp. 138~142.

MP   "From Realpolitik to Dingpolitik or How to Make Things Public", in Bruno Latour and Peter Weibel (eds.), *Making Things Public : Atmospheres of Democracy*, Cambridge, MIT Press, 2005. [『현실정치에서 물정치로, 혹은 어떻게 사물을 공공적인 것으로 만드는가』, 홍성욱 엮음, 『인간·사물·동맹』, 이음, 2010.]

NM   *We Have Never Been Modern*, trans. Catherine Porter, Cambridge, Harvard University Press, 1993. [『우리는 결코 근대인이었던 적이 없다』, 홍철기 옮김, 갈무리, 2009.]

PE   "On the Partial Existence of Existing and Nonexisting Objects"[『존재하는 객체와 부재하는 객체의 부분적 존재에 관하여』], in Lorraine Daston (ed.), *Biographies of Scientific Objects* [『과학적 객체의 전기』], Chicago, University of Chicago Press, 2006.

PF   *The Pasteurization of France* [『프랑스의 파스퇴르화』], trans. Alan Sheridan and John Law, Cambridge, Harvard University Press, 1988.

PH   *Pandora's Hope : Essays on the Reality of Science Studies*, Cambridge, Harvard University Press, 1999. [『판도라의 희망 : 과학기술학의 참모습에 관한 에세이』, 장하원·홍성욱 책임 번역, 휴머니스트, 2018.]

PN   *Politics of Nature : How to Bring the Sciences Into Democracy* [『자연의 정치』], Cambridge, Harvard University Press, 2004.

RS   *Reassembling the Social : An Introduction to Actor-Network Theory* [『사회적인 것의 재조립』], Oxford, Oxford University Press, 2005.

SA   *Science in Action : How to Follow Scientists and Engineers Through Society* [『과학의 실천』], Cambridge, Harvard University Press, 1987. [『젊은 과학의 전선 : 테크노사이언스와 행위자-연결망의 구축』, 황희숙 옮김, 아카넷, 2016.]

VI   *Paris ville invisible* [『파리 : 보이지 않는 도시』], Editions la Découverte, 1998. http://www.bruno-latour.fr/virtual/index.html#에서 영어로 읽을 수 있음.

『네트워크의 군주』라는 저의 책을 한국어로 출간하게 되어 기쁩니다. 이 책의 한국어판은 폴란드어판에 이어 두 번째로 영어가 아닌 언어로 번역된 것입니다. 2009년에 『네트워크의 군주』가 처음 출판되었을 때, 그 책은 브뤼노 라투르를 특별히 철학자로 고찰한 유일한 연구서였습니다. 지금도 여전히 이런 취지에서 저술된 책은 몇 권 되지 않습니다. 이런 상황은 별로 놀랍지는 않지만 매우 불행합니다. 라투르는 현재 살아 있는 가장 유명한 세계적인 지식인 중 한 사람이면서 2013년에 에든버러에서 기포드 강연Gifford Lectures을 하도록 초청을 받은 귀중한 영예, 이를테면 이전에 한나 아렌트와 앙리 베르그송, 윌리엄 제임스, 알프레드 노스 화이트헤드 같은 주목할 만한 철학자들에게 주어진 영예를 누렸지만, 철학보다는 사회과학에서 더 널리 읽히고 있습니다. 철학 교수들에게 라투르가 누구인지 설명해야 하는 시기는 아마 지나갔을 것이지만, 여전히 그는 우리 시대의 중요한 철학자 중 한 사람으로 여겨지지 않고 있습니다. 저는 라투르가 바로 그런 인물이라고 생각합니다.

근대 유럽 철학은 존재자들을 근본적으로 다른 두 가지 종류, 요컨대 (1) 인간과 (2) 여타의 것으로 분류하는 것으로 서술될 수 있습니다. 이 점은 근대 철학의 창시자(르네 데카르트)와 최고 영웅(임마누엘 칸트)의 책을 읽어보기만 하면 명백해집니다. 그 두 철학자는 모두 세계를 두 가지 기본적인 종류의 것들로 나누는데, 여기서 인간이 우주보다 아주 작음을 고려하면 인간의 사유가 너무 큰 역할을 수행합니다. 1991년에 출간된 라투르의 책 『우리는 결코 근대인이었던 적이 없다』는, 화이트헤드의 철학과 더불어, 이런 근대적 분류에 대한 가장 두드러진 정면 공격 중 하나였습니다. 어쩌면 라투르의 주요한 주장은 존재자들을 문화적 권역 아니면 자연적 권역에 명확히 할당할 수 없는 경우가 빈번하다는 것일지도 모릅니다. 예를 들면, 오존 구멍은 인간 활동으로 생성되는(혹은 적어도 확대되는) 것인 동시에, 오스트레일리아 같은 극점 근처의 나라들에서 지금까지 피부암 발생 비율이 치솟은 원인이 된 자연의 일부이기도 합니다.

자연적 존재자들과 인공적 존재자들을 모두 대등한 견지에서 고려할 수 있는 자신의 능력 덕분에 라투르의 사유는 유연한 탄력을 갖추게 될 뿐 아니라 이미 상당한 그의 유머 감각을 더욱더 고취하게 됩니다. 라투르의 유머 감각은, 손으로 쪼아서 만든 나무 신발과 라인강에 관한 횔덜린의 시를 비롯한 마르틴 하이데거 고유의 더 낭만적인 농촌 사례들과 아디다스 신발을 같은 문장 속에서 논의할 때 드러납니다. 이렇게 해서, 1997년 초에 라투르의 저작을 처음 읽었을 때 저는, 하이데거를 연구하면서 여러 해를 보내는 학생들을 가두는 감옥이 되기에 십상인 변함없이 불가사의하고 난해한 하이데거의 수사법을 벗어나는 데 도움을 받았습니다.

그러나 라투르의 접근법에도 한 가지 문제, 즉 인간/세계 분열의 대체로 성공적인 평탄화와 관련이 있는 문제가 있습니다. 이를테면, 라투르는 독자적으로 존재하는 고유한 실재 같은 것(칸트의 본체)과 오직 인간 인지와 관련됨으로써 존재하는 것(칸트의 현상) 사이의 분열도 평탄화합니다. 이집트학 연구자가 람세스 2세가 폐결핵으로 사망했다고 말할 때 분명히 틀린 이유는 폐결핵이 고대 이집트에서는 아직 발견되지 않았었기 때문이라는 라투르의 악명 높은 주장에서 전형적인 예를 찾아볼 수 있습니다. 다시 말해서, 라투르는 근대 철학의 "자연"과 "문화"라는 양극을 원칙적으로 제거하고 있지만, 사실상 그는 "문화"보다 더 큰 정도로 "자연"을 제거합니다. 이 사실은, 라투르가 사회과학자들에게는 널리 흠모를 받지만 자연과학자들에게는 거의 일반적으로 비난을 받는 이유를 설명해 줍니다. 라투르는 인간 의식에 기록되기에 앞서 존재하는 세계를 위한 여지를 거의 남겨두지 않기에 자신이 아마 인정하고 싶어 할 것보다 더 큰 정도로 반실재론적인 철학적 조류에 안성맞춤입니다.

그렇다 할지라도, 라투르는 우리가 수많은 복잡한 기술적 객체에 관해 언급할 수 있게 함으로써 아리스토텔레스의, 그리고 G. W. 라이프니츠 같은 그의 주요한 후예들의 중대한 한계를 넘어서는 실재론을 위한 도구를 제공합니다. 이런 이전의 실재론적 철학자들은 실재적 객체의 탄생지로서의 "자연"에 너무 매료되었던 한편, 그들(특히 라이프니츠)은 인간의 기술을 거쳐 구성되는 기계 같은 객체들을 사이비객체 또는 한낱 집합체에 불과한 것으로 일축하는 경향이 있습니다. 다시 말해서, 라투르는 비행기와 슈퍼컴퓨터, 지구의 기후 같은 객체들을 다룰 수 있는 철학적 실재론, 즉 인간들이 점점 더 대처할 수밖에 없는 기묘한 새로운 객체들을 고려하면 절실히 필요한 개선책에 대한 희망을 제공합니다.

이제 저는 한국의 독자들이 이 책에서 소개된 라투르의 입장이 갖춘 장점뿐 아니라 약점도 고려하여 스스로 판단하기를 요청합니다. 역사의 이 국면에 라투르가 갖는 독특한 중요성과 관련하여 제 의견이 옳다면, 라투르의 그 독특한 중요성에 철학의 미래가 달려 있을지 모릅니다.

2019년 6월 12일
그레이엄 하먼

서론

런던정경대학 행사

이 책의 첫 원고는 2008년 2월 5일 런던정경대학LSE에서 '하먼 리뷰 : 브뤼노 라투르의 경험형이상학'이라는 제목으로 온종일 열린 심포지엄에서 논의되었다.[1] 그 행사는 런던정경대학 경영학과의 '혁신 체계 및 정보 집단'이 주최했고, 그 학과의 학과장 레슬리 윌콕스 교수가 충심으로 지원했다. 브뤼노 라투르는 그 원고에 응대하려고 참석했다. 공개 토론회는 에드거 휘틀리가 주재했는데, 루카스 인트로나, 누르츠 마레 그리고 이 책의 저자가 추가로 발표했다. 프랜시스 화이트는 그 행사를 조직하는 데 결정적인 도움을 베풀었다. 게다가 심포지엄 조직위원회에 알렉시 알토넨, 오페르 엥겔, 페테르 에르데이, 위팍 후이 구에다나(모두 박사과정 학생들)와 마하 샤이크 박사가 특별히 포함됨으로써 그 행사의 대단히 국제적인 성격이 강조되었다. 더욱이 그날 방청석에는 마흔다섯 명 정도의

---

1. [옮긴이] Bruno Latour, Graham Harman, and Peter Erdély, *The Prince and the Wolf : Latour and Harman at the LSE*, Winchester, Zero Books, 2011에 심포지엄 녹취록이 수록되어 있다.

특별히 초대된 참석자들이 있었다.

에르데이는 다음과 같이 말했다. "그것은 매우 특별한 뜻 밖의 행사였습니다. 돌이켜 생각해 보더라도 그 행사가 실제로 치러졌음을 믿기 어렵습니다. 경영대학 현장에서, 정보시스템 학과 박사과정 학생들이 조직한, 하이데거를 전공한 한 철학 자와 하이데거를 싫어하는 것으로 알려진 한 사회학자가 형이 상학적 논쟁을 벌이는 행사가 개최될 가능성이 얼마나 있겠습 니까?"[2] ANTHEM 같은 활기가 넘치고 선견지명이 있는 집단 이 연루될 때 그 가능성은 크게 높아진다. 그 약어는 '행위자– 네트워크 이론 — 하이데거 모임'Actor-Network Theory — Heidegger Meeting을 나타낸다. ANTHEM의 에르데이와 그의 친구들 덕 분에 지난 이 년 동안 나의 지적 삶은 매우 풍요로워졌고, 게 다가 이 책은 현재의 최종 형태로 출판되기 오래전에 공적인 행위자가 될 수 있었다. 내 독자들이 지루하게 느끼거나 배제 된다는 느낌을 받게 할 것이라는 두려움 탓에 일반적으로 나 는 책에서 「감사의 글」 부분을 꺼린다. 에르데이의 집단은 지 루하지 않고 아무도 배제하지 않는다. ANTHEM의 가입자 이메일 주소 목록에 등록하고 그 모임의 웹사이트(http://an-them.wordpress.com/)에 방문하는 것은 할 만한 가치가 있다.

지루하지 않고 배타적이지 않은 다른 한 사람은 라투르 자

---

2. Peter Erdélyi, "Remembering the Harman Review". http://anthem. wordpress.com/2009/02/06/remembering-the-harman-review/의 블로 그 게시물.

신이다. 이 책을 저술하는 여러 단계에서 나는 브뤼노 라투르와 샹탈 라투르로부터 가능한 가장 따뜻한 대접을 받았는데, 카이로와 파리에서 그리고 샤텔페롱 당 랄리에에 있는 라투르의 '오두막'에서 그러했다. 내가 갓 박사학위를 받고 아직 책을 출판하지 않은 채로 시카고에서 발버둥을 치고 있던 무명의 인물에 불과했을 때인 1999년 초부터 라투르는 내 질문에 자애롭게 응답하였다. 그런데 젊은이와 무명 인사에 대한 라투르의 개방성과 관련된 그런 이야기는 무수히 많이 있으며, 이 책의 독자들도 어느 날 스스로 이 점을 알게 될 수 있을 것이다.

서문

이 책은 브뤼노 라투르를 형이상학의 핵심 인물 ─ 그가 추구했지만 거의 얻지 못한 호칭이다 ─ 로 평가하는 최초의 책이다. 라투르가 사회학과 인류학 분야에서 저명한 지는 오래되었지만, 그가 수행한 작업의 철학적 기초는 여전히 거의 알려지지 않았다. 라투르를 찬양하는 많은 사람은 형이상학적 의문에 거의 관심이 없는 반면에 여전히 '제1철학'을 추구하는 은자들과 추방당한 사람들은 일반적으로 라투르를 잘 알지 못한다. 실재 자체의 기본 구조와 관련된 견지에서 라투르의 통찰을 표현함으로써 이 두 집단을 접촉하게 하는 것이 나의 목적이다. 고전 형이상학이라는 켄타우루스가 행위자─네트워크 이론이라는 치타와 짝을 맺으면, 그들의 자손은 어떤 흉악한 괴물이 아니라 반세기 이상 동안 우리를 태울 수 있는 순수혈통 종의 망아지가 될 것이다. 라투르의 경력은 대체로 사회과학에서 전개되었지만, 그의 기원은 강한 예수회적 정취에 의해 특징지어지는 엄밀하고 전통적인 철학 교육에 있다. 라투르가 선택한 중심 문제와 그의 기지, 그의 문체는 동시대적이지만 그의 저작은 고대 그리스까지 거슬러 올라갈 수 있는 형이상학을 둘러싼 논의에 기여한다.

가장 중요한 사상가들에게 흔히 일어나듯이 라투르는 정반대의 이유로 동시에 공격받는다. 주류의 과학 옹호자들에게 그는 외부 세계의 실재성을 부인하는 또 하나의 프랑스인 연성軟性 상대주의자일 뿐이다. 하지만 블루어Bloor와 부르디외의 신봉자들에게 그는 비인간들과 교섭한다는 이유로 화석화된 고전 실재론에 붙은 배반자가 된다. 그렇지만 라투르 자신의 저작에서는 객관적인 물리적 물질과 주관적인 사회적 힘 사이에 존재하는 이런 피곤한 갈등이 더 매혹적인 주제, 즉 그가 일반적으로 '행위자'actor 또는 '행위소'actant라고 부르는 객체object로 대체된다. 하이데거 등과 달리 라투르는 사과와 백신, 지하철, 전파 탑을 철학의 주제로 진지하게 여긴다. 그런 행위자들은 인간의 마음 앞에서 배회하는 이미지에 불과한 것도 아니고, 실재하는 미시입자들의 객관적인 층 꼭대기에 있는 각질의 집합체에 불과한 것도 아니며, 개체화되기 이전의 유출 또는 생성에 도입된 빈약한 추상 관념도 아니다. 오히려 행위자는 작은 요정과 늑대처럼 세계 속에 풀려난, 무시할 수 없는 자율적인 힘이다.

이 책의 1부는 라투르의 형이상학적 입장을 네 권의 핵심 저서, 즉 『비환원』(1984)과 『과학의 실천』(1987), 『우리는 결코 근대인이었던 적이 없다』(1991), 『판도라의 희망』(1999)에서 전개된 대로 고찰한다. 또한, 1987년부터 라투르는 자신의 거대한 대체 체계와 관련된 작업을 은밀히 수행했는데, 이런 까닭에 그는 초기 단계와 후기 단계를 동시에 겪는 역사상 유일한 철학자임이 확실하다. '후기 라투르'는 잊힌 프랑스 사상가 에티엔 수리오Etienne Souriau, 1892-1979에게서 부분적으로 영감을 받아서 자신의 숨은 체계를 수리오의 독자적인 구호, 즉 '다른 존재 양식들'로 흔히 서술한다. 라투르의 새로운 철학은 2007년 6월에 노르망디 지방의 스리지-라-살에서 열린 콜로키엄에 참석한 사람들에게 부분적으로 발표되었다. 하지만 스리지에서 논의된 원고는 한낱 작업 초안에 불과한 것이었고 이 책을 저술하는 현시점에서는 나중에 완성된 체계나 단행본도 없기에 그의 새로운 철학을 여기서 논의한다면 라투르에게 속하는 저자의 권리를 먼저 손에 넣는 셈이 될 것이다.[1] 이런 까닭에 나는 1999년까지 출판된 핵심 저서들에서 알아낼 수 있는 브뤼노 라투르에 한정한다. 더욱이 이런 선택이 향후라투르의 이름으로 나타나는 어떤 새로운 저작에 대해서도 준비하게 되는 최선의 길이라고 나는 생각한다.

이 책의 2부에서는 내가 우리 시대의 가장 저평가된 철학으로 여기는 라투르의 형이상학이 갖는 장단점을 고찰한다.

---

1. [옮긴이] 라투르의 후기 철학은 2012년에 다음과 같은 저작으로 발표되었다. Bruno Latour, *Enquête sur les modes d'existence : Une anthropologie des Moderns*, Paris, Éditions La Découverte, 2012. 이 책의 영어판은 2013년에 *An Inquiry into Modes of Existence : An Anthropology of the Moderns* (trans. Catherine Porter, Cambridge, Harvard University Press, 2013)라는 제목으로 출판되었다.

나는 라투르가 견지하는 엄밀히 철학적인 입장이 널리 알려지지 않은 상황을 고려하여, 절반의 진실일 뿐이지만 그를 대체로 특이한 인물로 제시할 것이다. 알프레드 노스 화이트헤드, 앙리 베르그송, 윌리엄 제임스, 질 들뢰즈, 미셸 세르, 질베르 시몽동, 가브리엘 타르드, 에티엔 수리오, 라투르 자신의 친구 이사벨 스탕게스 같은 비분석적/비대륙적(즉, 기본적으로 비칸트적)인 동료 사상가들과의 유사점 및 차이점을 자세히 살피는 것이 확실히 유익할 것이다. 하지만 이런 신흥 'X 학파'가 '과정철학'이나 '내재성의 철학' 같은 오해의 소지가 있는 이름으로 홍보될 때 그 결과는 잘못된 비트족 형제애 의식일 것이다. 사실상 그들 사이에는 개체들의 분리와 교배라는 매우 고전적인 문제를 둘러싼 큰 집안싸움이 있기 때문이다. 한쪽에는 베르그송과 들뢰즈 같은 인물들이 있는데, 그들에게는 일반화된 생성이 특정한 존재자로의 어떤 결정화보다도 선행한다. 다른 한쪽에는 화이트헤드와 라투르 같은 저자들이 있는데, 그들에게는 존재자가 매우 한정적이어서 그것의 특성이 조금이라도 변하면 존재자는 즉시 사라진다. 첫 번째 집단의 경우에는 실체가 너무 확정적이어서 실재적일 수 없고, 두 번째 집단의 경우에는 실체가 너무 불확정적이어서 실재적일 수 없다. 그런데 라투르의 독자적인 입장은 내전의 소란 속에 묻혀버리기 전에 특별히 조명할 가치가 있다.

1부

라투르의 형이상학

1장

비환원

브뤼노 라투르는 1947년 프랑스 부르고뉴 지방의 본Beaune에서 태어났다. 자갈로 이루어진 성벽과 야외 카페 덕분에 그 마을은 여행객들이 애호하는 곳이 되었고, 그곳에서 생산되는 인기 있는 와인은 소설 속의 셜록 홈스도 즐긴다. 그 철학자의 가문은 여러 세대 동안 루이 라투르라는 유명한 상표의 와인을 생산해 왔다. 알록스 코르통에 있는 가문 영지는 본에서 북쪽으로 향하는 포도원 기획 여행에서 쉽게 볼 수 있다. 라투르는 우호적이고 가까이하기 쉬운 인물이며 훌륭한 여송연과 적절한 농담을 좋아하는 키 큰 남자다. 그는 결혼하여 성인이 된 자식을 둘 두고 있고, 파리 라탱 지구 당통 거리에 있는 안락한 아파트에서 거주한다. 파리의 국립광업학교 혁신사회학센터에서 여러 해 동안 근무한 라투르는 최근에 파리정치대학(또는 일반적으로 시앙스포Sciences-Po로 알려진 대학)으로 옮겨 고위 행정직을 맡고 있다.[1] 라투르의 지적 영향력은 영

---

1. [옮긴이] 2017년에 파리정치대학에서 은퇴한 브뤼노 라투르는 현재 그 대

어권 세계에서 가장 클 것인데, 요컨대 그는 영어권 엘리트 대학들에서 자주 초대하는 손님이다.

라투르가 일찍이 경험한 학교 교육은 예수회의 엄밀한 상고주의尙古主義와 니체에 대한 개인적인 기호를 혼합한 것이었다. 그는 디종 대학교를 졸업한 후에 병역 의무를 이행하려고 아이보리코스트로 갔다. 라투르는 아프리카에서 복무하는 동안 현장 연구에 대한 관심이 커진 것을 계기로 샌디에이고 근처에 있는 로제 기유맹의 신경 내분비학 실험실에 장기간 방문하게 되었는데, 그곳에서 '과학인류학'이라는 라투르의 유명한 프로그램이 시작되었다. 이 시기는, 1979년에 『실험실 생활』이라는 제목으로 출판되는, 영국의 사회학자 스티브 울가와 함께 저술한 그의 첫 번째 책으로 막을 내렸다. 이 초기 저서는 과학사회학에서 반실재론적 경향으로 악명 높은 에든버러 학파의 이른바 '강한 프로그램'[2]의 영향을 보여준다. 그럼에도 라투르의 첫 번째 저서조차 엄밀한 형식의 사회구성주의를 벗어나는

학 명예교수로 재직하고 있다. 라투르의 현황에 대해서는 그의 웹사이트(http://www.bruno-latour.fr/)를 참조하라.

2. [옮긴이] 강한 프로그램(Strong Programme)은 데이비드 블루어와 배리 반스(Barry Barns)로 대표되는 에든버러 학파가 제시한 과학지식 사회학의 일종으로 과학적 지식도 사회적 기원이 있다고 주장한다. 다시 말해서, 강한 프로그램에 따르면, 문학이나 예술 작품과 마찬가지로 과학적 지식도 당대의 사회문화적 맥락과 이해관계에서 비롯되기에 과학적 지식에 대한 평가 역시 그런 사회적 조건과 별개로 이루어질 수 없다. 그러므로 강한 프로그램은 과학적 지식을 사회구성주의적 관점에서 탐구하려고 인식상대주의(epistemic relativism)라는 신조를 고수한다.

이유는 실재적인 생명 없는 객체들이 권력에 굶주린 인간들 못지않게 사실을 구성하는 일에 대한 책임을 지고 있기 때문이다. 나중의 저서들에서 라투르는 구성주의적 실재관에서 훨씬 더 멀어져서 이제는 모든 진영으로부터 오해받는 기묘한 중도적 견해를 견지하고 있다. 한편으로 라투르는 로티에 의해 찬양받거나[3] 아니면 소칼과 브리크몽에 의해 세계의 객관적 실재성을 부인하는 프랑스 상대주의자들의 긴 행렬을 따르는 가장 최근의 인물이라고 비난받는다.[4] 다른 한편으로 라투르는 블루어에 의해 실재론에 감염된 사이비, 즉 과학을 사회적 인자들로 더는 설명하지 않는, 재기가 넘치지만 타협한 반동분자로 규정되어 구성주의 진영에서 추방당한다.[5] 이런 견해들 사이에 놓인 라투르의 중도적 견해는 두 견해의 요소들을 혼합한 절충적 타협이 아니라, 기본적으로 철학적 심도가 더 깊은 입장을 나타낸다. 이어지는 장들은 라투르의 견해를 이해하기 쉽고 기억할 만한 형태로 제시함을 목표로 하고 있다.

"내 '철학'에 대한 어떤 논증도 전적으로 고아 책인 『비환원』에서 시작해야 한다"라고 라투르는 말한다.[6] 문제의 고아

3. Richard Rorty, *Truth and Progress: Philosophical Papers*, *Volume 3*, Cambridge, Cambridge University Press, 1998, p. 8.
4. Alan Sokal and Jean-Luc Bricmont, *Fashionable Nonsense*, New York, Picador, 1998. [앨런 소칼·장 브리크몽, 『지적 사기』, 이희재 옮김, 민음사, 2000.]
5. David Bloor, "Anti-Latour", *Studies in the History and Philosophy of Science*, vol. 30, no. 1, March 1999, pp. 81~112.

는 정말 반쪽에 불과한 책인데, 영어로 *The Pasteurization of France*[프랑스의 파스퇴르화]라는 제목으로 알려진 뛰어난 연구서에 붙여진 구십 쪽의 부록이다.[7] 라투르는 이 소책자만큼 간결하고 체계적인 책을 결코 쓴 적이 없고, 게다가 그것만큼 매우 부당하게 무시당한 책도 결코 쓴 적이 없다. "[나 자신이] 이 아포리즘들을 얼마나 많이 고수하는지는 잘 모르겠습니다"[8]라는 그의 단서에도 불구하고, 여기서 나는 라투르의 발언을 그대로 받아들여서 『비환원』을 그의 나머지 철학으로 들어가는 관문으로 여길 것이다. 라투르가 결국은 이 소책자에서 제기된 주장들 가운데 몇 가지를 철회하더라도, 나중에 철회 행위에 동참하려면 먼저 그것들을 채택해야 한다. '프랑스 철학'이라는 용어가 영어권 사람들에게 미셸 푸코와 자크 데리다를 가리키는 집단적 별칭에 불과했던 시기에 저술된

---

6. Personal Communication, Electronic mail to Graham Harman of 11 November, 2005.

7. [옮긴이] 라투르의 『비환원』은 자체적으로 온전한 한 권의 책이 아니라 그의 두 번째 저작인 『프랑스의 파스퇴르화』의 2부로 덧붙여진 짧은 논고이기에 하먼은 그 텍스트를 "반쪽에 불과한 책"이라고 서술한다. 라투르가 이 텍스트를 "고아 책"이라고 부른 이유는, 『실험실 생활』과 『프랑스의 파스퇴르화』, 『과학의 실천』, 『우리는 결코 근대인이었던 적이 없다』, 『판도라의 희망』 같은 저작들이 과학기술학이나 과학기술사회학의 영역에 한정된 것과는 달리 『비환원』이 일종의 形而上學적 논고이기 때문이다. 라투르의 초기 존재론을 온전히 제시하는 이 텍스트는 비트겐슈타인의 『논리철학 논고』와 라이프니츠의 『모나드론』처럼 아포리즘(aphorism), 즉 경구 형식으로 표현된 일련의 난해한 명제로 전개된다.

8. Personal Communication, 11 November, 2005.

『비환원』은 내가 이 두 인물 가운데 누구의 것보다도 더 진전된 단계의 철학으로 여기는 것에 속한다. 이 초기 저작의 제1원리는 "아무것도, 저절로, 무언가 다른 것으로 환원될 수 있는 것도 아니고 환원될 수 없는 것도 아니다"(PF, 158)라는 것이지만, 확실히 그 책은 분석철학과 대륙철학이라는 경쟁 학파들 가운데 어느 것으로도 환원될 수 없다. 라투르의 프랑스 여권이 대륙철학 학파로의 입회를 허가하지는 않는 것과 마찬가지로 명료한 학술적 산문에 대한 그의 취향이 분석철학 학파에 입회할 자격을 부여하지는 않는다.

A. 철학의 탄생

1972년 말에 한 비범한 청년 사상가가 부르고뉴의 고속도로를 따라 시트로엥 밴을 운전하고 있었다. 스물다섯 살에 불과했지만 이미 결혼한 그는 한 마을 고등학교에서 학생들을 가르치며 아프리카에서 병역의무를 이행할 준비를 하고 있었다. 어떤 면에서 그 청년 철학자는 국외자였는데, 그는 파리의 엘리트 학교가 아니라 파리에서 멀리 떨어진 디종 대학 출신이었다. 하지만 지방의 이 국외자는 교수 자격시험인 아그레가시옹에서 전국 수석을 차지했었는데, 분명 그것은 스스로 원하는 대로 자유롭게 사색할 수 있는 자격증처럼 느껴질 만한 놀라운 성공이었다. 철학의 역사에서 극적인 통찰의 순간에 대해서는 지금까지 너무 적게 저술되었다. 데카르트의 꿈과 난

로로 데워진 그의 방, 나무 아래에서 울고 있는 루소, 아리스토텔레스에 대한 알-파라비의 주석을 읽은 후에 기도하며 가난한 사람들에게 돈을 주는 아비센나의 일화들은 알려져 있다. 하지만 하이데거나 칸트, 라이프니츠, 플라톤이 체험한 깨달음의 순간은 우리에게 생소하다. 존경할 만한 모든 선승에 대해서는 이런 깨달음의 순간이 잘 알려졌지만 말이다. 『비환원』에서 라투르는 자신이 겪은 통찰의 순간을 공표함으로써 소수파에 합류한다. "나는 일 년 동안 프랑스 지방의 그레이Gray에서 가르쳤다. 1972년 겨울이 끝날 무렵에 디종에서 그레이로 가는 길 위에서 나는 환원주의에 관한 생각에 지나치게 몰두하다 정신을 차리려고 차를 세울 수밖에 없었다"(PF, 162). 그다음에 세계를 여타의 것을 설명하는 어떤 특수한 실재로 환원하기를 좋아하는 여러 사람의 호메로스적 목록이 이어진다. 기독교도, 가톨릭교도, 기술자, 행정가, 지식인, 부르주아, 서양인, 작가, 화가, 기호학자, 남성, 투사, 연금술사. 도로변에 앉아서 어떤 새로운 철학 원리를 꿈꾸고 있던 청년 라투르는 마침내 이 모든 환원자에게 역겨움을 느끼게 되었다.

그 당시에 나는 지금 내가 쓰고 있는 것에 대해서는 아무것도 몰랐고 그저 스스로 다음과 같이 되풀이하여 말했을 뿐이었다. "아무것도 무언가 다른 것으로 환원될 수 없고, 아무것도 무언가 다른 것에서 비롯될 수 없으며, 모든 것은 여타의 것과 동맹을 맺을 수 있다." 이런 중얼거림은 악령들을 하나씩 차례로 패퇴시키는 퇴마 의식과 같았다. 겨울 하늘이었고, 게다가 매우 파란 하늘이었다. 나는 그 하늘을 우주론으로 보강하거나 그림으로 그리거나 글로 묘사하거나 기상학적 항목으로 측정하거나 아니면 내 머리 위에 떨어지지 못하게 타이탄의 어깨 위에 놓을 필요가 더는 없었다.… 그 하늘과 나, 다른 하늘들과 우리, 우리는 우리 자신을 서로 규정했다. 그리고 내 생애 처음으로 나는 사물들을 환원되지 않고 해방된 상태로 보았다(PF, 163).

이 일화에서 어떤 온전한 철학의 전조가 나타난다. 이제 모든 인간 객체와 비인간 객체가 고려되어야 할 힘으로 홀로 선다. 행위자는 아무리 사소하더라도 자신의 본질이나 맥락, 물리적 육체, 가능성의 조건에 비하여 소음에 불과하다고 무시당하지 않을 것이다. 만물은 절대적으로 구체적이어서 이제 모든 객체와 객체들을 다루는 모든 양식은 같은 기반 위에 서 있을 것이다. 라투르의 새롭고 환원되지 않은 우주에서는 물리학뿐 아니라 철학도 세계의 힘들에 대처하기 시작하지만, 장군과 의사, 유모, 작가, 요리사, 생물학자, 항공 기술자, 유혹자도 그렇게 한다(PF, 154~6). 이것들은 모두 인간 행위자의 사례이지만, 인간 행위자는 객체를 지구 중심으로 끌어당기는 힘이나 무의식 속에 욕망을 억압하는 힘과 종류가 다르지 않다. 세계는 인간을 비롯한 엄청나게 많은 힘 사이에서 이루어지는 일련의 협상이고, 그런 세계는 이른바 '자연'과 '사회'라는 이미 존재하던 양극으로 매끈하게 분리될 수 없다. 라투르가 서술하는 대로 "우리는 어떤 힘들이 존재하는지도 모르고 그것들의 균형도 모른다. 우리는 아무것도 무언가 다른 것으로 환원하고 싶어 하지 않는다…. 아무것도 무언가 다른 것으로 환원되지 않을 때 무슨 일이 일어나는가? 힘이란 무엇인가에 관한 우리의 지식이 유예될 때 무슨 일이 일어나는가? 서로 관계를 맺는 방식이 어떻게 끊임없이 변하고 있는지 알지 못할 때 무슨 일이 일어나는가?"(PF, 156~7). 일어나는 일은 객체지향 철학object-oriented philosophy의 탄생이다.

우리는 원초적인 제1원리들에서 철학을 할 수 없고 오히려 활동 중인 객체들을 쫓으면서 목격하는 것을 서술해야 한다고 라투르는 항상 주장한다. 경험적 연구는 대부분의 다른 어떤 철학자보다도 라투르에게 더 중요한데, 만년에 그는 '실험형이상학'experimental metaphysics에 관해서도 언급할 것이다(PN, 123, 241~2). 그런데도 그가 수행한 방대한 경험적 노동의 지침이 되는 소수의 기본 원리가 있다. 라투르의 첫 번째 철학적 저작인 『비환원』에는 여타의 것이 피어나는 네 가지 핵심 관념이 있는 것처럼 보인다.

첫째, 세계는 **행위자** 또는 **행위소**(내가 '객체'라고도 부를 것)들로 구성되어 있다. 아이, 빗방울, 초고속 열차, 정치인, 숫자와 마찬가지로 원자와 분자도 행위자다. 존재자들은 모두 정확히 같은 존재론적 자격을 갖추고 있다. 원자가 도이치뱅크나 1976년 동계올림픽보다 훨씬 더 오래가리라 예상되지만, 전자가 후자들보다 더 실재적인 것은 아니다. 이 원리는 라이프니츠가 가장 노골적으로 제시한, 자연적 실체와 인공적 집합체의 고전적 구별을 끝낸다.[9] 그 원리가 사유하는 인간 주체와 알 수 없는 외부 세계의 감상적인 근대적 분리도 끝내는 이유는 라투르에게는 분리된 칸트적 인간이 풍차, 해바라기, 프로판 가스 탱크, 태국보다 더하지도 덜하지도 않은 행위자이기 때문이다. 마지막으로 그 원리는 라투르가 아리스토텔레스와 맺고 있는 관계의 깊은 양가성을 드러낸다. 한편으로 라투르는 실재적인 것은 구체적인 존재자들뿐이라고 단언함으로써 아리스토텔레스에 합세한다. 세계에 존재하는 수십억 마리의 고양이는 실재적인 개별자들이지 타락한 물리적 질료의 비루한 덩어리들에 각인된 고양이–형상이 아니다. 하지만 다른 한편으로 라투르는 아리스토텔레스가 용납하지 못할 정도로 급진적인 방향으로 구체성을 이해한다. 아리스토텔레스에게는 개별자가 실체이고, 게다가 실체는 자신의 표면을 장식하는 우유적인 것accidents보다 더 깊을 뿐 아니라 자신이 외부의 다른 사물과 맺고 있는 관계보다 더 깊어서 이런 비본질적인 특질이 변화하더라도 지속할 수 있다. 반면에 라투르에게는 행위소가 우유적인 것들과 관계들의 지엽적인 외피로 덮인 특권적인 내적 중추가 아니다. 행위소가 내적 중추라면 결국 사물

---

9. [옮긴이] 『모나드론』에서 라이프니츠는 단순한 자연적 실체와 복합적인 인공적 집합체 사이의 절대적 구별을 주장하면서 복합적인 집합체가 하나의 실체로서의 실재적 개체로 여겨질 가능성을 단호히 부인한다.

의 표면은 심층의 파생물이 될 것이므로 비환원의 원리가 훼손될 것이다. 바로 이 순간에 흰옷을 입고 말하고 있는 소크라테스 뒤에 숨어 있는 본질적인 소크라테스는 존재할 수 없다. 라투르에게 사물은 전적으로 구체적이어서 그것의 특질들 가운데 어떤 것도 거미줄이나 이끼처럼 벗겨낼 수 없다. 특질들은 모두 행위자 자신에 속하는데, 요컨대 행위자는 어떤 주어진 순간에 세계에서 전적으로 전개되는 자신의 온갖 특질들로 완전히 특징지어지는 하나의 힘이다.

둘째, 비환원의 원리 자체가 있다. 어떤 객체도 생래적으로 무언가 다른 것으로 환원 가능하지도 않고 환원 불가능하지도 않다. 한편으로는 종교를 사회적 인자들의 결과로 설명할 수 없거나, 1차 세계대전을 기차 시간표들의 결과로 설명할 수 없거나, 물체들의 복잡한 운동을 뉴턴 물리학의 순수한 사례들로 결코 설명할 수 없다. 하지만 다른 한편으로는 **항상** 그런 설명을 시도할 수 있고, 게다가 그 설명은 이따금 꽤 설득력이 있다. 무엇이든 무언가 다른 것에 의거하여 설명하는 것이 항상 가능한데, 단지 항상 대가가 따르고 항상 실패할 위험이 있는 일련의 등가물을 거쳐 전자가 어떻게 후자로 변환될 수 있는지 보여주는 작업을 수행하기만 한다면 말이다.

셋째, 한 사물을 다른 한 사물과 연결하는 수단은 **번역** translation이다. 스탈린과 주코프가 스탈린그라드에서 포위 작전을 명령할 때, 이 명령은 온 공간에 널리 알려지고 참여 행위자들이 투명하게 복종하는 순수한 지시가 아니다. 오히려 방대한 매개 작업이 일어난다. 참모들이 대축척 지도들을 보면서 나중에 국지적 층위에서 별개의 소대 명령들로 번역될 세부 계획들을 수립한다. 그다음에 장교들이 그 명령들을 전달하는데, 이때 각각의 장교는 독자적인 수사적 표현과 자신이 병사들과 맺고 있는 개인적인 관계를 이용한다. 마지막으로, 위에서 내려온 명령을 최종적으로 번역하려고 각각의 병사가 자신의 팔과 다리를 자주적으로 움직여야 한다. 이 과정에서 뜻밖의 장애물들이 나타나서 어떤 명령들이 즉흥적으로 내려져야 하는데, 그 이유는 적이 예상 밖의 지점들에서는 사라지지만 마찬가지로 예기치 않은 장소들에서는 계속해서 완강하게 저항하기 때문이다. 전쟁에서 논리로 옮겨 가면, 논리적 추론도 빛의 속도로 움직이지 않음을 깨닫게 된다. 추론 역시 다른 층위들의 개념들로 한 번에 한 단계씩 변환되는데, 추론은 각 단계에서 나름의 국소적 환경에 순응하면서 추론의 힘이 놓여 있는 지점과 가능한 변양태들이 다루어질 수 있거나 무시될 수 있는 지점을 결정한다. 세계의 어떤 층위도 투명한 중개자intermediary가 아닌 이유는 각각의 층위가 매체이거나, 또는 라투르가 선호하는 용어로 표현하면, 매개자mediator이기 때문이다. 매개자는 자기 주인에게 야자수 잎으로 부채질하는 아첨꾼 내시가 아니라, 언제나 독자적인 새로운 작업을 수행하여 실재의 한 지점에서 그다음 지점으로 힘을 번역한다. 다른 경우와 마찬가지로 이 경우에도 라투르의 지침이 되는 격률은 티끌만 한 하찮은 실재에도 존엄성을 부여하는 것이다. 더 강력한 행위자들이 철저히 규정하거나 짓밟는 조각에 불과한 것은 아무것도 없다. 한낱 중개자에 불과한 것은 아무것도 없다. 어떤 매개자는 말하고 어떤 매개자는 저항한다.

넷째, 행위소는 자신의 은밀한 본질 속에 숨어 있는 어떤 고유한 강점이나 약점 덕분에 더 강하지도 않고 더 약하지도 않다. 오히려 행위소는 오로지 **동맹**alliance 관계를 맺음으로써 강해진다. 아무도 멘델의 논문을 읽지 않는다면 유전학에서 그가 이룬 획기적인 업적은 약한 채로 남게 된다. 몇 개의 유압 관이 고장 나면 비행기가 충돌하지만, 그것들이 발견되어 쓰레기 처리장으로 폐기되면 결과적으로 이 관들의 저항은 약화한다. 라투르에게 객체는 실체도 아니고 본질도 아니며, 오히려 자신의 힘을 조정하거나 가하려고 애를 쓰는 행위자인데, 이 견해는 힘에의 의지라는 니체의 우주적 전망과 다르지 않다.

일반적으로 라투르는 다양체를 단순한 설명 구조로 환원하는 것에 반대하지만, 그가 견지하는 네 가지 형이상학적 공리는 모두 절대적 구체성absolute concreteness이라는 더 깊은 원리에서 비롯된다. 모든 행위소는 바로 그런 것일 뿐이다. 이 원리에는, 크든 작든, 인간이든 비인간이든 간에 행위소들이 모두 같은 자격을 갖추고 있다는 논점이 수반된다. 다른 행위소들을 위한 소모품에 불과한 행위소는 없는데, 그 이유는 각각의 행위소가 매우 특정한 방식으로 여타의 행위소를 증진하고 그것들에 저항하기 때문이다. 모든 행위소는 전적으로 구체적이므로 그것의 실재는 어떤 고립된 본질이나 순수한 기체에서 발견되는 것이 아니라, 어떤 주어진 순간에도 완전히 특정한 동맹 관계들을 맺은 채로 세계 속의 절대적으로 특정한 장소에서 발견된다. 모든 것은 세계 속에 있기에 현실태를 초월하는 것은 아무것도 없다. 다시 말해서 라투르는 로이 바스카와 마누엘 데란다가 모두 '현실주의'actualism라고 부르는 것에 대한 책임이 있음을 자랑스럽게 인정한다. 라투르에게 세계는 힘겨루기trial of strength에 휘말려 있는 객체 또는 행위소들의 마당인데, 여기서 어떤 객체는 연합 관계를 늘림으로써 더 강해지며 어떤 객체는 다른 객체들로부터 단절되면서 더 약해지고 더 고립된다.

라투르의 사유가 현재의 분석적 사유와도 다르고 대륙적 사유와도 다르다는 사실이 이제 명료할 것이다. 라투르는 인간 객체와 비인간 객체, 자연적 객체, 인공적 객체에 모두 같은 자격을 부여하는 반면에, 분석철학자와 대륙철학자는 모두 인간과 세계 사이에 벌어져 있는 단 하나의 간극을 어떻게 연결하거나 무시하거나 부정하거나 해명할 건지를 두고 여전히 초조해한다. 대학원생들은 일반적으로 진리 대응설과 진리 정합설10 사이의 진부한 논쟁을 철저히 배우지만, 라투르는 진리

---

10. [옮긴이] 진리 대응설은 어떤 생각이나 판단이 사실이나 대상과 일치하면 그것을 진리라고 간주하는 반면에, 진리 정합설은 새로운 생각이나 판단이 기존의 지식 체계에 부합하면 그것을 진리라고 간주한다. 다시 말해서, 진리 대응설의 진리 기준은 관념과 실재의 일치에 있는 반면에, 진리 정합성

의 소재를 이 두 모형에서 파악하는 것이 아니라 행위자들 사이에서 이루어지는 일련의 번역에서 파악한다. 더욱이 주류 철학은 사물이 인간과 독립적으로 존재하는지 아니면 정신에 의해 구성되는지에 대하여 걱정하는 반면에, 라투르는 사물이 인간 정신뿐 아니라 물체나 원자, 우주 방사선, 기업 오찬, 소문, 물리적 힘, 선전, 신에 의해서도 '사회적으로' 구성된다고 말한다. 여타의 것이 환원될 수 있는 특권적인 힘은 없으며, 서로에게 더럽혀지지 않은 순수한 자연적 힘들과 순수한 사회적 힘들 사이의 끊임없는 상호작용도 확실히 없다. 행위소들 외에는 아무것도 존재하지 않고, 행위소들은 모두 전적으로 구체적이다.

B. 행위소, 비환원, 번역, 동맹

라투르는 분석철학자와 대륙철학자의 칸트주의적 풍경[11]을 버리고서 이국적인 지대에 들어간다. 그의 철학은 단조로운 인간-세계 상관자의 바뀌는 운명 속에서 전개되는 것이 아니라, 가능한 모든 행위자, 이를테면 소나무, 개, 초음속 제트기, 살아있는 왕과 죽은 왕, 딸기, 할머니, 명제, 수학적 정리와

의 진리 기준은 관념들 사이의 상호 정합성에 있다.

11. [옮긴이] 칸트주의적 풍경이란 세계 속 객체를 독자적인 존재자로 간주하기보다는 인간의 마음속 관념과 연관된 '상관물'로 간주하는 견해들을 가리킨다.

더불어 펼쳐진다. 무작위적인 행위자들의 이런 긴 목록은 행위자들의 다양성과 자율성이 더는 억압당하지 않을 때까지 끊임없이 이어져야 한다. 여전히 우리는 이런 객체들이나 그것들에 수반되는 것들에 관해서는 아무것도 모른다. 분명한 사실은 오로지 객체들의 형이상학적 평등성이다. 세계는 행위자들로 가득한 무대이고, 철학은 객체지향 철학이다.

그러나 벌써 언급했듯이, 이로 인해 라투르가 실체의 철학에 이르지는 않는다. 전통적인 실체는 성질, 우유적인 것, 관계와 대비함으로써 규정할 수 있다. 실체가 따뜻함이나 악랄함 같은 자신의 성질과 쉽게 구별될 수 있는 이유는 이런 특질들이 그 사물은 다른 것이 되지 않은 채로 시간에 따라 변할 수 있기 때문이다. 사실상 실체에 대하여 아리스토텔레스가 제시한 최선의 정의들 가운데 하나는, 실체란 다른 시점들에 나타나는 다른 성질들을 지지하는 것이라는 정의다. 어떤 사람이 어떤 특수한 형광 셔츠를 입고 있을 때처럼 우리가 또한 한 사물과 그것의 우유적인 것을 구별할 수 있는 이유는 옷을 착용하는 사람이 자신의 정체성을 바꾸지 않은 채로 그 옷을 벗거나 갈아입을 수 있기 때문이다. 마지막으로 실체가 자신의 관계와 구별되는 이유는 그 사물이 내게서 삼 미터 떨어져 있든 오 미터 떨어져 있든 간에 여전히 같은 것이기 때문이다. 이런 식으로 전통적인 실체는 자신의 모든 사소한 표면 요동 아래에서 여전히 동일한 채로 남아 있으므로 이 상황은 즉시 사물은 어떤 본질이 있음을 시사한다. 하지만 라투르는 이런 식으로 내적 실체와 그것의 사소한 외부를 가르는 균열을 단호히 거부한다. 라투르에게 '행위소'는 구체적인 개별자이지 우유적 특성과 관계적 특성이라는 이동하는 증기로 둘러싸인 실재의 핵이 아니다. 라투르와 실체 사상가들 사이에는 명백한 차이점이 하나 더 있다. 아리스토텔레스와 그의 후예들은 '실체'의 자격을 세계의 어떤 특권적 사물들에게만 부여하는데, 대개는 자연적으로 존재하는 것들에게만 부여했다. 고양이나 나무, 영혼은 실체일 것이지만, 이집트라는 국가나 수천 개의 부품으로 이루어진 방대한 기계는 실체가 아닐 것이다. 하지만 라투르는 크기나 복잡성에 상관없이 모든 행위소에게 동등한 존재 권리를 부여하므로 다른 사물들에게 어떤 종류의 영향을 미치는 것은 그것이 자연적 사물이든 인공적 사물이든 간에 행위소로 여겨야 한다.

이런 상황과 관련된 한 가지 논점이 있다. 라투르에게 행위소는 항상 하나의 사건이고, 사건은 항상 전적으로 특정적이다. "모든 것은 단 한 번만, 그리고 단 한 곳에서만 일어난다."(PF, 162). 행위소는 자신의 표면 요동을 교묘히 피하는 실체의 방식으로 현재의 개입 행위 뒤에 숨어서 실패의 위험을 미리 방지하지 않는다. 오히려 행위소는 항상 세계에서 완전히 전개되어서 어떤 주어진 순간에도 자신이 관여하고 있는 모든 거래에 총체적으로 완전히 연루된다. 실체와 달리 행위소가 자신의 성질들과 구별되지 않는 이유는, 라투르에게는 행위소와 성질의 구별이, 아무 특질도 없고 용납할 수 없는 덩어리가 감지될 수 있는 특성들 아래에 놓여 있음을 함축할 것이기 때문이다. 더욱이, 실체와 달리 행위소가 자신의 우유적인 것들과 다르지 않은 이유는, 행위소와 우유적인 것의 차이가 다음과 같은 위계, 즉 세계의 어떤 부분들이 더 깊은 바다 위에 부유하는 잔해에 불과한 위계를 창출할 것이어서 행위소들의 민주주의라는 라투르가 견지하는 원리에 어긋날 것이기 때문이다. 더욱이 실체와 달리 행위소는 자신의 관계들과 다르지 않다. 사실상 라투르의 핵심 논제는 행위자란 자신이 맺고 있는 관계들이라는 것이다. 한 객체의 특질들은 모두 그 객체에 속하며, 모든 것은 한 시점에 한 장소에서 단 한 번만 일어난다. 하지만 이 논제는 라투르가 전통적인 실체의 잘 알려진 다른 한 특질, 즉 지속가능성을 거부함을 뜻한다. 일반적으로 우리는 여러 해 동안 다른 날에 존재하는 같은 개에 관하여 말하지만, 라투르에게 이런 진술은 궁극적으로 비유적 표현에 불과할 것이다. 그 진술에는 개가 살아가면서 매 순간에 관여하는 관계나 힘겨루기의 전체 네트워크에서 지속하는 개-실체 또는 개-본질이 추출된다는 사실이 수반될 것이다. 궁극적으로 그런 통일된 '개'는 밀접하게 관련된 후예들의 계열이지 시간에 따라 변하는 우유적인 것들에 덮인 채로 지속하는 단일체가 아니다.

행위소는 항구적인 실체와 일시적인 우유적인 것으로 나뉠 수 없으므로 당연히 **아무것도** 무언가 다른 것으로 환원될 수 없다. 각각의 사물은 완전히 구체적으로 그런 것일 뿐이다.

한 사물의 비본질적인 특질들을 벗겨냄으로써 그 사물을 어떤 특권적인 내핵으로 환원할 수 없다. 하지만 동시에, 적절한 노동이 수행된다면, 어느 것이나 무언가 다른 것으로 환원될 수 있다. 이런 양면성을 갖춘 비환원의 원리가 겉보기보다 덜 역설적인 이유는 양면 모두 같은 근본적인 통찰에서 비롯되기 때문이다. 한 사물을 다른 한 사물로 환원하는 것은 전자를 실재의 더 근본적인 층과 관련하여 설명할 수 있는 결과로 여기는 것이다. 자신을 채찍질하는 수녀들의 광란을 성적 좌절로 환원할 수 있는가? 그렇기도 하고 아니기도 하다. 라투르적 원리들에 따르면 이런 고행은 세계의 구체적인 사건으로 어떤 다른 사건에도 못지않게 실재적이기에 성적 충동이라는 유일한 근본적인 실재를 감추는 위선적인 증상이라고 치부될 수 없다. 그런데 라투르는 단절된 시뮬라크르에 대한 탈근대적 옹호자도 아니어서 아무것도 무언가 다른 것에서 절대로 도출될 수 없을 것처럼 주장하지는 않는다. 수녀들의 행동은 그들 자신의 해명과는 다른 설명이 확실히 있을 것이다. 하지만 연계 관계를 규명하는 작업에는 수녀들을 조사하는 이론적 노동이 수반되는데, 이를테면 수녀들이 자진하여 행하는 체벌의 정확한 특성과 리듬을 관찰하고, 그 체벌이 다른 의례나 증상들과 어떻게 연관되어 있는지 아니면 아무 관계도 없는지 살펴보고, 게다가 어쩌면 정신과 전문의들이 수행한 면담 결과를 신중하게 검토해야 한다. 그 작업은 현실이 어떤 식으로든 우리의 접근방식에 저항하면 그 방식을 기꺼이 수정할 것도 요구한다. 마지막으로 충동과 관련하여 제시된 수녀들에 대한 성공적인 독법은 비록 그 고행을 성공적으로 해명하더라도 대가를 치를 것인데, 말하자면 그 독법은 그들의 행위가 나타내는 추가적 특색들을 전부 억압하여 불가피하게 왜곡하고 과도한 단순화를 초래할 것이다. 이런 의미에서 이론가는 바르셀로나 근처에서 산을 관통하는 터널을 뚫는 기술자와 다르지 않다. 기술자는 암석을 조사하면서 그것의 약점과 강점, 저 길이 아니라 이 길을 선택했을 때 드는 비용, 노동자들의 안전 문제, 특정한 터널 굴착 공법에 필요한 굴착기 날의 가용성, 그 밖에 다른 인자들을 신중하게 평가한다. 하이데거가 추측하는 대로, 기술자는 비축물자와 계산을 독립적으로 조종하는 지휘자가 아니다. 오히려 기술자는 암석이 어느 곳에서 저항하는지, 어느 곳에서 굴복하는지 알아내려고 시험하면서 계획의 각 단계에서 산과 **협상해야** 하는데, 도중에 그는 암석의 거동에 꽤 자주 놀라게 된다. 이런 상황은 수녀들을 조사하는 역사가, 언제 연약한 모습을 보여줄지 그리고 언제 불굴의 강한 모습을 보여줄지 결정하는 연인, 독의 미약한 기운을 감지하는 시식자, 대포의 적절한 각도를 맞추는 포병 장교의 경우에도 마찬가지다. 각자의 재료가 아무리 다르더라도 그들은 모두 같은 활동에 관여한다.

　아무것도 순수한 계산이 아니고, 아무것도 무언가 다른 것에서 직접 도출되지 않으며, 아무것도 투명한 중개자가 아니다. 모든 것은 매개자이므로 우리가 그것을 거쳐 목표를 향해

갈 때 그것은 자신이 차지하는 실재의 몫을 요구한다. 운반체가 공기와 물을 횡단할 때 그것들에 부딪히며 나아가는 것과 꼭 마찬가지로 모든 매체는 어떻게든 극복되어야 한다. 모든 행위소는 오로지 그것 자체일 뿐이고, 게다가 언제나 전적으로 구체적인 사건이므로 필요한 노동을 하지 않으면서 이 행위소를 저 행위소에서 곧바로 도출할 수는 없다. 다시 말해서, 행위소들 사이에 연결이 이루어지려면 언제나 **번역**이 필요하다. 수녀들의 경우에는 가장 오만한 비판적 폭로자만이 그들이 보여주는 광란의 성애적 기원을 순식간에 들춰내면서 능글맞게 웃을 것이다. 프로이트 자신은 결코 이런 짓을 행하지 않음을 유념하자. 프로이트의 꿈 해석은 한 이미지나 기호에서 그다음 이미지나 기호로 공들인 번역을 실행하는데, 흔히 그 작업은 매우 많은 중간 단계가 필요해서 그의 적들은 그것의 믿기 힘든 복잡성을 조롱한다. 이런 까닭에 라투르에게 진리란 세계와 그것을 닮은 진술 사이에 성립하는 단순한 대응 관계가 결코 아닌데, 그 이유는 가장 어려운 일련의 대체 작업을 거쳐야만 진술을 세계에 연결할 수 있기 때문이다. 하지만 하이데거의 모형에서 그렇듯 진리가 일종의 '드러냄'인 것도 아니다. 왜냐하면 이 주장은 우리가 진리에 점근적으로 접근함을 여전히 뜻하기 때문이다. 라투르의 경우에 이 사물과 저 사물은 결코 조금도 닮지 않으므로 대응과 드러냄은 마찬가지로 헛된 진리 모형이다.

이렇게 하여 라투르의 네 가지 주요 개념 가운데 마지막 개념인 동맹에 이르게 된다. 행위소는 전적으로 구체적이므로 사소한 추가적 특성들로 덮인 어떤 내적 중추 또는 본질을 지니고 있지 않다. 행위소는 언제나 자신이 세계와 맺고 있는 관계들로 완전히 전개되기에 이 관계들과 단절되면 될수록 덜 실재적인 것이 된다. 발효의 원인을 둘러싸고 리비히와 벌이는 싸움에서, 또는 자연적 발생을 둘러싸고 푸셰와 벌이는 싸움에서 파스퇴르는 처음에는 고립되어 있다(PH, 4장). 점차 파스퇴르는 어마어마한 연합군을 결성한다. 그런데 이 동맹자들이 모두 인간인 것은 아니라는 사실을 유념하자. 이 책의 제목에 포함된 '군주'라는 낱말에도 불구하고 라투르는 진리를 인간의 권력 게임으로 환원하는 마키아벨리주의자가 아니다. 오히려 파스퇴르의 잡다한 동맹자들에는 그에게 연구비를 제공하는 유력 정치인들과 유리나 금속 장비 여러 점이 포함되고 심지어 세균 자체도 포함된다. 행위자는 우주의 더 큰 부분들을 자신의 목표와 조화를 이루며 진동하게 만듦으로써, 또는 근처에 있는 행위소들의 힘을 이용하려고 자신의 목표를 우회함으로써 더 실재적인 것이 된다. 라투르에게 '승자'와 '패자'라는 낱말들이 사물의 본질에 미리 기입되어 있지 않은 이유는 본질이 애초에 존재하지 않기 때문이다. 뜻대로 관장할 수 있는 무기를 더 많이 갖추고 있는 행위자들이 있다 하더라도 어느 행위소에게든 이기거나 질 기회가 있다. 승자와 패자는 생래적으로 동등하고 대칭적인 것으로 다루어져야 한다. 패자는 인간 동맹자, 자연적 동맹자, 인공적 동맹자, 논리적 동맹자, 생명 없는 동맹자를 자신이 승리할 자격이 있음을 입증할 만큼 충분히 모으지 못한 행위자다. 행위소는 더 많이 연결되면 될수록 더 실재적인 것이 되고, 더 적게 연결되면 될수록 덜 실재적인 것이 된다.

슬라보예 지젝과 관련된 소규모의 슬로베니아 학파는 가장 활발하게 활동하는 현대철학의 한 학파다. 하지만 지젝 자신은 당황하면서 자신이 처한 상황을 이렇게 말한다. "슬로베니아 라캉 학파가 있고 그들이 외국에서 저작을 매우 많이 출판한다면 중심에서는 무슨 일이 일어나야 하느냐고 묻는 제 친구가 많습니다. 대답은 아무 일도, 절대적으로 아무 일도 일어나지 않는다는 것입니다. … 그 상황은, 누군가가 류블랴나로 오면 우리는 당황하면서 여기에서는 아무 일도 일어나지 않고 있다고 그에게 말할 수밖에 없는 상황과 거의 같습니다."12 지젝은 중심에 '공허' 또는 '결여'가 자리 잡고 있다는 라캉의 견해에 따라 이 곤경을 독해하지만, 류블랴나에 대한 라투르적 해석이 더 설득력이 있다. 다시 말해서, 지젝의 집단은 슬로베니아의 수도라는 대단히 강력한 성채에 거주하는 유력한 본질이 아니라, 세계 전역에서 제자와 출판사, 다른 동맹자들을 동원하는 하나의 네트워크일 뿐이다. 디데이에 수도관이 폭발하거나 쥐 떼가 갑자기 습격해서 연합군 최고사령부가 유린당

12. Slavoj Žižek and Glyn Daly, *Conversation with Žižek*, Cambridge, Polity, 2003, p. 37.

할 수 있었던 것과 꼭 마찬가지로, 이른바 중심은 네트워크의 어떤 다른 지점만큼이나 허약하고 취약하다. 마찬가지 방식으로, 라투르의 저작들을 보유하고 있는 서점과 그것들을 다른 사람들에게 권하는 찬양자들, 그의 글을 접함으로써 바뀌게 되는 누군가의 이력에서 사상가로서의 브뤼노 라투르가 발견된다. 라탱 지구에서 라투르를 만난다면 확실히 좋은 대화를 나눌 수는 있지만, 그의 책 한 권을 페루에 가지고 가서 임의의 이방인과 그 책을 주제로 토론함으로써 배울 수 있는 딱 그만큼만 배울 수 있을 것이다. 우리가 라투르를 직접 만날 때 나팔 소리는 울리지 않고, 우리가 라투르의 새로운 철학이 체르노빌의 방사능 복사처럼 방사될 파리정치대학의 반짝이는 구내에 가까이 갈 때 신봉자들의 행렬이 거리에서 탬버린을 흔들며 그를 따르지도 않는다. 네트워크에는 라투르와 그의 철학의 바로 그 핵심이 만나게 되는 중심점이 없다. 일시적으로 양모나 짚으로 포장된 내면의 라투르-본질은 없고, 오히려 그의 철학으로 동원되는 동맹자들의 네트워크가 있을 뿐이다. 이 네트워크의 대부분은 라투르가 개인적으로 통제할 수 없고, 게다가 그것의 많은 부분은 그 자신도 여전히 알지 못한다.

다시 말해서, 행위소는 원래 그대로 오염되지 않은 어떤 내부 중심에서 권력을 끌어내는 것이 아니라 오로지 동맹자들을 규합함으로써 권력을 획득한다. 이런 작업이 언제나 위험을 수반하는 이유는 "금이 가는 발전소의 콘크리트, 다른 안료들을 소모하는 청색 아크릴, 신탁의 예언을 따르지 않는 사자[처럼] 힘은 항상 다루기 힘들고 … 우리의 가장 친한 친구들은 우리가 등을 돌리는 순간 곧바로 다른 기치 아래 합세하"(PF, 198)기 때문이다. 행위소의 힘은 여전히 의심스러우며 결단에 달려 있다. "모든 행위자는 요소들을 연합할 때 선택권이 있는데, 이를테면 불일치와 해체의 위험을 감수하면서 더 확장하거나 또는 정합성과 지속가능성을 강화하지만, 도가 지나치게 할 수는 없는 선택권을 지니고 있다"(PF, 198). 자신의 세력을 더 확장하는 데 자기 뜻대로 사용할 수 있는 방법은 한 가지뿐이다.

> 멀리 확산하려면 … 행위소는, 그것이 말하는 바를 수용하고 그것 자체를 자신의 대의와 연결하고 자신에게 정해진 모든 기능을 수행하며 소환될 때 머뭇거리지 않고 도우러 오는 충실한 동맹자들이 필요하다. 이런 이상적인 동맹자들을 탐색하는 일이 다른 행위소들보다 더 강하기를 바라는 행위소의 시간과 공간을 차지한다. 행위자는 조금 더 **충실한 동맹자**를 찾아내자마자 연이어 다른 동맹자가 어쩔 수 없이 더 **충실한** 동맹자가 되도록 만들 수 있다(PF, 199).

힘을 갖추고 있는 것은 적나라하게 순수한 행위소가 결코 아니라 다른 행위소들과 곧 망가질 듯한 연합들에 관여하는 행위소일 뿐인데, 이런 연합들이 다정하게든 잔혹하게든 간에 아무튼 유지되지 않는다면 행위소는 붕괴한다. "자신을 확장하려면 행위소는 다른 행위소들이 자신을 배신할 수밖에 없다는 사실에도 불구하고 그것들이 그렇게 할 수 없도록 조정해야 한다. … 우리는 항상 강자의 강함을 오해한다. 사람들은 강함을 행위소의 순수성에 귀속시키지만, 강함은 언제나 약점들의 중층적 배열에서 비롯된다"(PF, 201). 라투르는 나중에 자신이 근대주의를 전면적으로 거부할 것이라고 예상하면서 제국주의적 서양이 순진한 아메리카 원주민들의 소박한 미신에서 객관적인 진리를 정제함으로써 성공했다는 생각을 비웃는다. 스페인 사람들은 물신에서 해방된 자연의 힘을 통해서 아스텍을 정복한 것이 아니라 오히려 성직자와 병사, 상인, 군주, 과학자, 경찰, 노예의 혼성 조립체를 통해서 아스텍을 정복했다(PF, 202~3). 그들의 수가 많으므로 군단이라고 부르자. 제국주의는 전능한 중심이 아니라 들쑥날쑥한 정신력과 지력, 경제력이 골고루 연결된 것이다. 정치인들도 같은 종류의 다채로운 힘을 발휘하므로 라투르는 정치인들의 부패한 타협을 비웃기보다는 오히려 그들을 찬양하는 소수의 현대 철학자에 속한다. "우리가 정치인보다 결코 더 잘하지 못할 것이라는 사실을 인정하는 데에는 용기 같은 것이 필요하다. 〔다른 사람들은〕 실수를 저질렀을 때 숨을 곳이 그야말로 어딘가에 있다. 그들은 돌아가서 다시 시도할 수 있다. 정치인만이 사격 기회가 단 한 번으로 제한되고 공개적으로 발사해야 한다"(PF, 210). 더욱이 이렇게 덧붙인다. "우리가 정치의 '평범함'이라고 경멸하는 것은 정치인들이 우리를 대표하여 어쩔 수 없이 해야 하는 타협들의 집합일 뿐이다"(PF, 210). 정치인은 정보, 자금, 위협, 친절, 예의 바름, 충성, 불충, 방법 및 수단의 항구적 탐색 사이에서 언제나 균형을 잡는다. 이런 점에서 정치인은 모든 종류의 행위자에 대한 모형이다. 자신은 갈등하는 힘들이 벌이는 다툼에 물들지 않았다고 스스로 선언하는 것은 자신이 행위소임을 부인하는 것이다.

그러나 오로지 행위소들만 존재할 뿐인데, 그것들은 언제까지나 우정과 결투에 골몰한다. 행위소를 환원 가능한 더 깊은 구조의 허수아비로 여기려는 어떤 시도도 실패할 수밖에 없다. 힘의 균형 덕분에 어떤 행위소가 다른 행위소보다 더 강해지지만 작은 교란자가 별안간 전세를 역전시키는데, 이를테면 식사 중인 황제가 자갈에 숨이 막혀 죽는다면 자갈 하나가 제국을 파괴할 수 있다. 힘은 실재적이며 실재적인 호랑이는 종이호랑이보다 더 강하지만, 모든 것은 협상의 여지가 있다(PF, 164). 세계의 행위소들 사이에는 사전에 정해진 조화가 있는 것이 아니라 **사후**에 정해진 조화가 있을 뿐이다(PF, 164). 현재의 세계 질서는 한 행위소가 다른 행위소들의 약점들에 대해서 협상하고 한밤중에 그것들을 급습한 긴 역사에서 비롯된 결과다. 농노를 차르에 복속시키거나 방정식을 이론에 종속시키는 데에는 노동이 필요하다. 세계는 다르게 될 수 있었을 것이다. 하지만 세계가 무작위적인 우연의 작용만으로 그렇게 된 것이 아닌 이유는 손짓 한 번으로 타타르족 무리가 중앙아시아에서 사라지지는 않기 때문이다. 조화는 지도 원리가 아니라 결과다.

급진적인 정치 비평가들이 선호하는 바로 그 불가해한 성질인 **권력**조차도 실체라기보다는 결과다(PF, 175). 근대 사회의 이른바 '파놉티콘'은 그것을 설치하고 유지해야 하며 기분이 나**빠**서 일을 되는대로 하거나 파업에 들어가기도 하는 관료와 기술자들의 처분에 맡겨져 있다. 슬럼 지역에서 경찰은 일곱 살짜리 아이들에게 속는다. 자체 예산이 수십억 달러인 강력한 CIA는 당나귀를 타고 다니면서 우유병 속 지폐를 교환하는 무자히딘의 종적을 놓친다. 멋진 중국인 이중간첩은 런던 경시청에 근무하는 진정한 신자들의 도덕심을 타락시킨다. 행위소는 끊임없이 관리되어야 하는데, 그 이유는 인간이든 비인간이든 간에 어떤 것도 우리 명령을 수행하는 비굴한 허수아비가 아니기 때문이다. 세계는 우리의 노력을 환영할 때에도 그것에 저항한다. 형이상학 체계도 세계와 벌인 협상들의 장기적인 결과이지 세계의 세부 사항들을 짓밟아 먼지로 만드는 의기양양한 연역적 지배자가 아니다. 칸트나 후설은 한 개념을 다른 한 개념에 맞추려는 작업을 수십 년 동안 수행했는데, 그런데도 그들의 세련된 최종 산물 역시 문외한이 감지할 수 있는 오류들로 가득 차 있을 것이다. 우리의 감옥, 가스와 수도 시설, 감자 칩의 판매, 국제법, 핵실험 금지, 대학 등록의 경우에도 마찬가지다. 체계는 대단히 힘들게 한 번에 한 행위소씩 조립되고, 게다가 구멍은 항상 남는다. 우리는 애처로운 니벨룽겐처럼 우리를 발아래 짓밟는 반들반들한 권력-기계들의 졸이 아니다. 우리는 연약할 것이지만 권력자들도 그렇다.

논란을 더 많이 일으키는 문제는 라투르가 진리 자체도 결과이지 출발점이 아니라고 주장한다는 점이다. "어떤 문장이 참이어서 그 문장이 유지되는 것이 아니라, 어떤 문장이 유지되어서 우리는 그 문장이 '참'이라고 말한다. 그 문장은 무엇에 매달리는가? 많은 것에 매달린다. 왜? 그 문장은 그것 자체보다도 더 확실하면서 이용할 수 있는 것이라면 무엇이든 그것에 자신의 운명을 결부시켰기 때문이다. 그 결과 아무도 여타의 것을 흔들지 않으면서 그것을 흔들어 떨어뜨릴 수는 없다"(PF, 185~6). 다른 행위소들의 저항에 덜 취약하고 더 항구적인 무언가와 결부된 것이라면 무엇이든 그것을 '참'이라고 한다. 라투르가 특유의 불손한 재치를 발휘하여 서술하듯이, "기하학이나 계보학, 지하 네트워크, 부부 싸움, 카누에 칠해진 칠감의 문제"(PF, 185)도 마찬가지 상황이다. 더욱이 "이런 까닭에 '논리학'은 공공 작업의 일종이다. 지하철 선로 위에서 자동차를 운전할 수 없는 것과 마찬가지로 뉴턴의 법칙도 의심할 수 없다. 각각의 경우에 이유는 같은데, 이를테면 멀리 떨어진 지점들이 처음에는 좁지만, 그다음에는 넓혀지고 제대로 포장된 경로로 연결되었다"(PF, 185). 강경한 과학적 실재론자는 이런 주장에 화를 낼 것이지만, 지하철 선로 위에서 자동차를 운전할 수 없다는 사실도 실재적임을 기억해야 한다. 그런 일은 확실히 실행될 수 있지만, 체포나 고가의 차량 개조라는 높은 비용을 치르고서야 이루어질 뿐이다. 뉴턴의 법칙 역시 의심받을 수 있지만, 당신의 방정식이 오류를 포함하고 있거나 에딩턴의 관찰 결과가 당신의 이론을 반박한다면 교수들에게 거부당하거나 무명의 스위스 특허국 관리로 평생 지내야 하는 비용을 치러야만 한다. 현재 우리는 두 종류의 물리학, 즉 지상에 대한 물리학과 천상에 대한 물리학이 존재했었다는 사실을 생각하며 재미있어 한다. 하지만 우리가 각기 다른 두 종류의 실재, 즉 엄연한 과학적 사실에 대한 실재와 임의적인 사회적 힘에 대한 실재를 여전히 인정하고 있는 상황도 마찬가지로 터무니없다. 현존하는 것은 오로지 행위소들뿐인데, 이를테면 자동차, 지하철, 카누 칠감, 싸우는 부부, 천체, 과학자는 모두 동등한 형이상학적 지위를 갖는다.

라투르에 대한 빈번한 비판에도 불구하고 세계가 인간 시각의 문제로 전환되지는 않는다. 그 이유는 세계가 인간의 조작에 **정말로** 저항하기 때문인데, 이는 인간의 혁신이 소아마비로 인한 사망과 해마다 일어나는 나일강의 범람에 저항하는 것과 꼭 마찬가지다. "아무거나 다 허용되는 것은 아니다. 담론과 연합이 대등하지 않은 이유는 동맹자들과 논증의 협력을 받음으로써 바로 한 연합이 다른 한 연합보다 더 강해질 것이기 때문이다. 모든 담론이 대등한 것처럼 보이면, 즉 '언어게임' 밖에 없는 것처럼 보이면, 누군가가 설득력이 없었다는 것이다. 이 사태가 상대주의자의 약점이다. … '무엇이든 허용된다'라고 반복하여 말함으로써 상대주의자는 차이와 비대칭성을 생성하는 작업을 그냥 지나친다"(PF, 168~9).[13] 하지만 다른 한 의미에서는, 대가를 치르고 작업이 성공적이기만 하다면 무엇이든 허용되기는 한다. 수 세기 동안 관련 연구가 이루어진다면 명왕성 여행이나 시간여행도 가능할 것이다. 카이로에서 전화를 사용하여 호놀룰루에 있는 친구와 당장 대화를 나눌 수 있을 것인데, 사실상 이 같은 일은 이미 가능하지만, 화학자들과 구리 케이블, 기업 및 국가 지도자들이 오랫동안 벌인 협상이 타결되었기에 그럴 뿐이다. 라마르크가 옳았고 다윈이 틀렸음을 증명할 수 있을 것이지만, 처음에 공공연한 조소를 받으면서 이론적 노동의 높은 비용을 치를 것이어서 그 노력은 결국 실패할 수도 있다. "아무것도 저절로 논리적인 것도 아니고 비논리적인 것도 아니지만, 모든 것이 똑같이 설득력이 있는 것은 아니다. 한 가지 규칙만 있을 뿐이다. '무엇이든 허용된다.' 듣고 있는 자가 이해하는 한 무엇이든 말하라."(PF, 182). 그런데 "듣고 있는 자"와 "이해하는 자"에는 생명 없는 객체가 포함되어 있음을 절대 잊지 말아야 한다. 사기꾼이 방 하나를 가득 채운 어리숙한 사람들에게 아무 피해도 보지 않고 뜨거운 숯 위를 걸을 수 있음을 이해시킬 수는 있지만, 숯은 여전히 설득당하지 않은 채로 있을 것인데, 그 결과 사기꾼은 격분한 희생자 무리에게 고소를 당하거나 두들겨 맞게 된다. 당신이

---

13. 읽기 쉽게 구두점이 약간 수정되었다.

인간이나 방정식, 자동차 엔진과 성공적으로 거래한다면 "당신이 이해시키려고 한 자는 마지못해 수긍해 버렸다. 그에게는 이제 더는 '무엇이든 허용된다'라는 규칙은 없다. 그것으로 만족해야 할 이유는 당신이 결코 더는 잘할 수 없을 것이기 때문이다. … 우리는 원하는 대로 무엇이든 말할 수 있으면서도 그럴 수 없다. 우리가 낱말들을 발설하거나 결집하자마자 다른 동맹들이 더 쉬워지거나 더 어려워진다"(PF, 182).

세계는 돌처럼 단단하고 안정된 형상들로 구성된 것이 아니라, 행위소들 사이에서 전개되는 사랑 이야기나 전투의 전선들로만 구성되어 있을 뿐이다. 오리나 나비가 나타내는 겉보기에 영원한 모양이 사실상 선조들이 겪은 투쟁의 역사를 반영하는 것과 꼭 마찬가지로 안정된 상태는 수많은 힘에서 비롯된 결과다(PF, 198). "〔논란〕에는 자연적인 끝은 없다. … 결국 해석은 항상 힘들의 배열에 의해 안정화된다"(PF, 197). 세계는 이른바 자연종들로 채워져 있는 것이 아니라, 현재 그런 것이 되고 여전히 그런 채로 있으려고 실재와 매우 유리한 협정을 맺은 돌연변이종 객체들로만 채워져 있을 뿐이다. "적어도 평화 시기에 마침내 우리는 분류될 수 있는 모양들을 구별하게 된다. 하지만 이런 분류들은 얼마 지나지 않아서 사물들을 꽤 다르게 배치하는 다른 행위자들에게 약탈당한다"(PF, 195). 하지만 또다시, 현존하는 모양과 형상들은 아무 노력도 필요 없는 식으로는 절대 분쇄되지 않는다. 그것들은 실재적이어서 그것들의 실제 윤곽에 세심한 주의를 기울이는 자만이 그것들을 침범하고 변형시킨다. "아무튼 네트워크들은 서로 강화하며 파괴에 저항한다. 단단하지만 취약하고, 격리되어 있지만 서로 얽혀 있으며, 매끈하지만 함께 꼬여 있어서 〔그것들은〕 이상한 얼개를 형성한다"(PF, 199).

라투르가 자연종, 격리된 실체, 돌처럼 단단한 당구공을 거부한다는 사실을 상대주의적 언어게임의 승리와 절대 혼동하지 말아야 한다. 그 이유는 라투르가 사물은 인간이 보지 않을 때도 자체적으로 실재한다고 단언하기 때문이다. "당신이 오늘 아침에 사바나에서 자유롭게 질주하는 얼룩말들을 보지 못했다면 상황은 당신에게 훨씬 더 나쁘다. 얼룩말은 당신이 그곳에 있지 않았던 사실을 유감스러워하지 않을 것인데, 어쨌든 당신은 얼룩말을 길들이거나 죽이거나 사진을 찍거나 연구했었을 것이다. 사물은 자체적으로 아무것도 결여하고 있지 않다…"(PF, 193). 얼룩말뿐 아니라 플라스틱과 별에 대해서도 마찬가지로 말할 수 있다. 사물 자체는 행위소이지 기의나 현상, 인간 실천용 도구가 아니다. 라투르는 짓궂게 흉내를 내면서 이렇게 주장한다. "사물이 아무것도 아닌 것으로 환원된다면 그것은 당신에게 자신을 의식해 달라고 간청할 것이고 식민지로 삼아 달라고 요청할 것이다. 사물의 생은 단 하나의 실, 당신의 주의라는 실에 달려 있다. … 당신이 없다면, 당신이 말하는 대로, '세계'는 아무것도 아닌 것으로 환원될 것이다. 당신은 조로이고 타잔이며 칸트다…"(PF, 193). 라투르는 명백히 하이데거를 가리키면서 요란스럽게 비아냥거린다. "인간은 존재의 양치기라고 누가 말했는가? 많은 힘이 양치기가 되어 여타의 힘이 털을 자르고 깎아 달라고 우리로 몰려올 때 그것들을 인도하고 싶어 한다. 어쨌든 양치기는 존재하지 않는다"(PF, 194). 라투르는 철학의 지루한 '언어적 전회'에 응당한 최후의 일격을 가하면서 끝을 맺는다. "최근에 언어에 특권을 부여하는 경향이 있었다. … 언어는 매우 특별한 것이어서 한 세대의 칸트들과 비트겐슈타인들에게는 언어 비판이 유일하게 가치 있는 작업이 되었다. … 이 무슨 호들갑인가! 기표에 대하여 언급된 모든 것은 옳지만, 다른 모든 종류의 [행위소에] 대해서도 그렇게 말해야 한다. 언어에는 얼마 동안이라도 그것을 나머지 것들과 구별될 수 있게 하는 특별한 것이 전혀 없다"(PF, 184~5).

라투르는 언어를 모든 철학의 기초로 여기는 입장을 거부하면서도 행위소의 구체성에 집중함으로써 뜻밖의 데리다적 순간에 이른다. 행위소는 어떤 참된 진리도 유보하지 않으면서 우주에서 항상 완전히 전개되므로 라투르는 낱말의 문자적 의미와 비유적 의미를 구별하려는 어떤 시도도 거부한다. 데리다의 '백색 신화'를 떠올리게 하는 방식으로 라투르 자신이 서술하는 대로,[14]

---

14. Jacques Derrida, 'White Mythology', in *Margins of Philosophy*, trans. Alan Bass, Chicago, University of Chicago Press, 1985. 나는 *Guerrilla Metaphysics : Phenomenology and the Carpentry of Things*, Chicago, Open Court, 2005, pp. 110~6에서 데리다의 주장을 비판했다.

문자적 의미도 상징적 의미도 전혀 없으므로 비유의 어떤 한 가지 용법도 여타의 용법을 지배할 수 없다. 예의 바름이 없다면 무례도 없다. 각각의 낱말은 엄밀하고, 자신이 추적하고 파헤치며 이동하는 네트워크를 정확히 가리킨다. 어떤 낱말도 여타의 낱말을 지배하지 않으므로 우리는 모든 비유를 자유롭게 사용한다. 이 의미는 '참'이고 저 의미는 '비유적'이지 않을까 염려할 필요가 없다. 낱말들 사이에도 민주주의가 있다 (PF, 189).

여기서 드러난 라투르와 데리다의 의견 일치(일반적으로 생각할 수 없는 동맹)는 아리스토텔레스의 실체론에 대하여 그들이 공유하고 있는 성마름에서 비롯된다. 꽃이나 태양이 세계의 다른 요소들과 갖는 상호작용 아래에 놓여 있는 어떤 참된 실재는 존재할 수 없다. 그러므로 여하튼 무언가에 대한 어떤 이름도 이런 상호관계들의 층위에 민주주의적으로 한정된다. 진정한 태양-본질이나 나무-본질이 머무르고 있을, 현존하지 않는 어떤 하부세계를 다른 이름보다도 더 직접 가리킬 수 있는 이름은 전혀 없다. 이 상황은 라투르의 행위소 관념과 감탄스러울 정도로 정합적이지만, 객체의 고유한 실재성에 대한 감각은 그 객체가 맺고 있는 모든 동맹과 별도로 유지할 좋은 이유가 있다. 이런 의견 차이는 이 책의 뒷부분에서 논의된다.

화이트헤드나 니체, 라이프니츠의 저작과 마찬가지로 『비환원』에서도 객체는 여타의 것에 대한 개별적 시각으로 여겨진다. "모든 행위소는 독자적으로 세계 전체를 구성한다. 우리는 누구인가? 우리는 무엇을 알 수 있는가? 우리는 무엇을 희망할 수 있는가? 이런 웅대한 물음들에 대한 답변이 세계의 모양과 경계를 규정하고 변경한다"(PF, 192). 당연히 라투르에게 이런 물음들은 계몽된 인간에 못지않게 석탄과 타르도 제기한다. 더 시적으로 서술하면,

나는 상황이 어떠한지 모른다. 나는 자신이 누군지도 모르고 자신이 무엇을 원하는지도 모르는데 오히려 다른 사람들이 나 대신에 알고 있다고 말한다. 그들은 나를 규정하고, 나를 연결하고, 내가 말하게 하고, 내가 말하는 바를 해석하며, 나를 명부에 올린다. 내가 폭풍인지, 쥐인지, 바위인지, 호수인지, 사자인지, 아이인지, 노동자인지, 유전자인지, 노예인지, 무의식적인 것인지, 바이러스인지 그들은 내게 속삭이고, 그들은 암시하며, 그들은 내가 무엇인지 그리고 내가 무엇이 될 수 있는지에 대한 해석을 시행한다(PF, 192).

분석철학자든 대륙철학자든 간에 어떤 코페르니쿠스적인 철학자도 그런 문단을 쓸 수 없을 것이다. 이 간단한 절은 후설이나 하이데거, 데리다, 러셀, 콰인이 상정하는 모든 사항을 거스른다. 주류 철학의 논쟁에서 쥐와 사자, 호수가 언급되지 않는 현실은 상황이 브뤼노 라투르에게 불리한 것이 아니라 객

체를 그것에 대한 인간의 접근으로 환원하는 단조로운 표준 형이상학에 불리함을 말한다.

C. 몇 가지 논리적 결과

라투르의 초기 걸작에서 다루어진 중심 주제들은 이제 상정되어 있다. 논리적으로 추론되는 몇 가지 결과만 추가로 고찰하면 된다. 첫째, 세계의 관계들은 모두 단일한 종류의 것, 즉 힘겨루기일 뿐이다. 이 결과가 실재를 권력 대결과 사회적 구성물로 환원하는 것이 아닌 이유는 그런 환원은 인간의 사회적 힘들이 유성과 원자 자체의 힘들보다 우월함을 뜻할 것이기 때문이다. 하지만 행위자들이 모두 같은 지위에 있다면 힘들은 모두 단일한 종류로 나타나게 되는데, 하위 형태가 아무리 많더라도 그렇다. 임의적인 인간적 힘에 오염되지 않도록 객관적인 자연적 힘을 나누려는 인간의 습관적인 욕구는 라투르가 나중에 출판된 책에서 공격할 근대주의적 정화 작용의 증상이다. 라투르가 마키아벨리도 아니고 트라시마코스도 아닌 이유는 라투르에게는 전제군주와 선동가도 도덕가 및 성직자와 꼭 마찬가지로 생기적 힘뿐 아니라 비생기적 힘과도 협상을 벌여야 하기 때문이다. 모든 실재는 힘겨루기를 수반한다고 말하는 것은 선험적으로 그리고 추가로 노력하지 않은 채로 다른 행위소를 능가하는 행위소는 전혀 없다고 말하는 것인데, 요컨대 객체들은 모두 세계라는 경기장에서 겨루어야만

하고, 게다가 어떤 객체도 최종 승리를 결코 누리지 못한다. 로마가 기독교도뿐 아니라 야만족도 번성시키는 것처럼 혹은 묻힌 관념이 무덤에서 소생하듯이 패자는 귀환하여 승자를 괴롭힐 수 있다. 청년 라투르가 자신만만하게 말하는 대로 "나는 힘에 아무것도 보태지 않겠다"(PF, 213). "힘은 다른 힘들을 수동적으로 만듦으로써 경로를 설정한다. 그다음에 그 힘은 자신에 속하지 않는 장소로 이동하여 그 장소가 마치 자기 자신의 것인 양 여길 수 있다. 나는 '논리학'에 대하여 기꺼이 말하고 싶지만, 논리학이 공공 작업이나 토목공학의 일종으로 여겨질 때만 그렇다"(PF, 171). 논리학은 병참학인데, 이를테면 어떤 번역들은 다른 번역들보다 식량과 탄약을 더 잘 공급받음으로써 당분간 우세하다. 라투르의 입장이 구식의 실재론과 아무 관계도 없는 이유는 허수아비 공연과 법정 심리 같은 층위에 물리적 질량을 부여하기 때문이다. 라투르의 입장이 사회구성주의와 아무 관계도 없는 이유는 그의 구성주의가 인간 사회에만 한정되어 적용되지 않기 때문인데, 사실상 비인간 행위소들의 요구 사항들이 대양의 파도처럼 인간 사회를 세차게 때린다. 라투르의 입장이 해체가 아닌 이유는 "데리다는 세계를 하나의 텍스트로 환원한다고 주장하는 사람"을 부당하게 비웃는 사람조차도 데리다에게는 생명 없는 객체의 자리가 없음을 여전히 인정해야 하기 때문이다. 라투르의 입장이 현상학이 아닌 이유는, 전기 드릴이나 은 광맥이 인간 의식에 대한 외양이 아니라 자신에 대하여 인간이 접하는 것이라면 무엇이든 그것의 기반을 약화하는 행위소이기 때문이다. 라투르의 입장이 하이데거의 입장과 같지 않은 이유는, 다양한 침울한 분위기와 부서진 망치로 우리를 놀라게 하는 존재의 통일된 굉음이 있는 것이 아니라 불안한 현존재가 포도원과 뱀, 유정油井, 달보다도 더 낫지도 않고 더 못하지도 않는 단일한 내재적 평면[15]만이 있기 때문이다. 코페르니쿠스적 철학에 힘겨루기라는 개념이 없는 이유는 그 철학이 모든 겨루기의 유일한 조정자로서 기름 부음을 받은 인간의 세력권에 모든 겨루기를 위치시키기 때문이다.

더군다나 라투르는 실재를 저항으로 정의한다. 20세기 초에 막스 셸러와 호세 오르테가 이 가세트José Oretega y Gasset(그리고 일 세기 더 앞서 프랑스의 맨 드 비랑Maine de Biran)가 같은 의견을 개진했지만, 그 논제는 라투르의 체계에서 특별한 구실을 한다. 모든 행위소는 세계의 네트워크들에서 완전히 전개되기에 동맹의 모든 표면적 연출 아래에 숨어 있는 것은 아무것도 없다. 내재성이 "인간 의식의 내부"를 가리킨다고 여기는 어떤 관념도 거부하는 한, 세계를 내재성의 현장이라고 부르는 것은 충분히 공정하다. 라투르의 경우에 서로 충돌하는 두 원자가 그것들을 보는 사람이 결코 없더라도 내재적인 이유는 둘 다 다른 행위소들과 네트워크를 창출하는 노동에

---

15. [옮긴이] 내재적 평면이란 초월적 구도와 수직적 위계가 없는 세계를 가리킨다.

자신을 철저히 소진하기 때문이다. "저항하는 것은 무엇이든 실재적이므로 '실재적'인 것에 덧붙일 '상징적'인 것은 전혀 있을 수 없다. … 나는 물고기가 신이나 별, 음식일 수도 있음을 받아들이고, 물고기가 나를 아프게 하며 기원 신화에서 다른 구실을 할 수도 있음을 받아들일 준비가 되어 있다. … '상징적'인 물고기와 '실재적'인 물고기를 분리하고 싶은 사람은 스스로 분리되고 한정되어야 한다"(PF, 188). 해양생물학자와 수산업자, 물고기 신에 관한 신화를 이야기하는 부족 원로가 공유하는 점은 다음과 같다. 그들 중에 물고기가 무엇인지 정말로 아는 사람은 아무도 없다. 그들은 모두 물고기의 은신처와 이주 유형, 엉치뼈 특성이나 영양학적 특성에 기민하게 대처하면서 물고기의 실재와 협상해야 한다.

우리는 부족 원로가 자신의 원시적인 미신을 객관적이고 근본적인 생물학적 물고기-동물로 투영하는 소박한 얼간이라고 비난하면서 시작할 수는 없다. 물고기는 자신을 일련의 알려진 특질로 환원하려는 모든 노력에 저항한다. "실재적인 것은 다른 것들 가운데 하나가 아니라 오히려 저항의 물매다"(PF, 159). 이 주장으로 인해 라투르는 스스로 더는 유지할 것 같지 않은 더 모호한 한 쌍의 문장을 진술하게 된다. "실재의 원리는 다른 사람들이다. 실재적인 것에 대한 해석이 실재적인 것 자체와 구별될 수 없는 이유는 실재적인 것은 저항의 물매이기 때문이다"(PF, 166). 독자는 첫 번째 문장을 순전한 사회구성주의로 여기더라도 용서받을 것이다. 그 문장은 확실히 그렇게 들리고, 게다가 근처 어디에도 그런 해석을 금지하는 단서 조항이 전혀 없다. 하지만 비환원의 원리가 '사람'을 어떤 다른 것보다 더 높이 실재의 꼭대기로 올리는 행위를 금지한다는 사실을 떠올리면, 이 문장을 "신과 마찬가지로 자본주의는 존재하지 않는다"(PF, 173)라는 라투르의 구절, 즉 이 독실한 가톨릭 신자가 문자 그대로의 의미로 말하지는 않은 진술과 마찬가지로 도발적인 정신으로 표출된 수사법적 변칙 사례로 여길 수 있다. "실재적인 것에 대한 해석이 실재적인 것 자체와 구별될 수 없는 이유는 실재적인 것은 저항의 물매이기 때문이다"라는 두 번째 문장의 경우에는 라투르가 '해석'에 폭넓은 의미를 부여한다는 사실을 고려하면 외관상의 사회구성주의가 사라진다. 그 이유는 해석이 특권을 지닌 인간 존재자의 외로운 행위가 아니기 때문이다. "이 텍스트와 저 텍스트의 관계가 항상 해석의 문제라는 것에 대해서 오랫동안 의견이 일치되어왔다. 이른바 텍스트와 이른바 객체 사이에서도, 게다가 심지어 이른바 객체들 자체 사이에서도 마찬가지 상황임을 왜 받아들이지 않는가?"(PF, 166). 실재적인 것이 그것에 대한 해석과 다르지 않다고 말하는 것은 객체가 사회적으로 구성된다고 말하는 것이 아니라, 객체가 무생물을 비롯하여 모든 방식의 네트워크와 동맹으로 구성된다고 말하는 것일 뿐이다.

논의가 훨씬 더 도발적인 진술로 자연스럽게 이어진다. "우리가 힘을 갖추고 있는 순간과 우리가 옳은 순간은 구별할 수 없다"(PF, 183). 다시 한번 소피스트와 전제군주가 옆문을 거쳐 라투르의 집에 들어오고 있는 것처럼 보일 것이다. 힘과 옳음이 구별될 수 없다면, 권력이 더 센 과학자들은 자신들의 강력한 정치적 영향력을 행사하여 무명의 국외자들이 수행한 뛰어난 실험을 탄압함으로써 자신들의 분과학문을 '사회적으로 구성'할 것이다. 합리적인 논증은 수사학적 수법, 즉 강력한 지위를 차지하고 있는 자들의 권력 놀음으로 환원될 것이다. 하지만 라투르에 대한 이런 비판에는 사실 문제가 있다. 그는 '힘'을 임의적인 인간 행위의 권역에서 작용하는 것으로 절대 해석하지 않는다. 중력도 힘이고, 조류인플루엔자도 힘이고, 쿼크도 힘이고, 지진해일도 힘이다. 오로지 행위소들로만 구성된 세계를 일단 수용하면, 세계에는 실제로 권력밖에 없다는 사실을 어리숙하고 교화된 유순한 사람들보다 자신이 더 잘 알고 있다는 듯 긴 의자에 냉소적으로 기대어 눕지 않으면서도 세계는 힘들의 번역임을 수용할 수 있다. 사실상 무엇이든 '권력'과 관련하여 설명하는 것은 지적으로 게으른 행위다. "권력을 다루는 철학자와 사회학자는 자신이 비판한다고 주장하는 주인을 즐겁게 한다. 그들은 주인의 행위를 권력과 관련하여 설명한다. 이런 권력이 공모와 묵인, 타협, 혼합의 결과로서만 효과가 있음에도 말이다"(PF, 175). 일단 한 행위소가 수많은 형태의 공모와 묵인을 통하여 다른 행위소들을 정렬시켜서 자신의 명령대로 움직이게 하는 데 성공한다면 나중에 우리는 '권력' 덕분에 그렇게 되었다고 말할 것이다. 하지만 이 진술은 아무것도 설명하지 않는데, 실제로 이는 수면력vis dormitiva처럼 설명해야 할 것을 전제로 삼는 또 하나의 사례일 뿐이다.

라투르는 설명 개념으로서의 권력을 거부하면서 형이상학의 역사에서 매우 핵심적인, 권력과 관련된 개념인 잠재력 또는 잠재태라는 개념도 버린다. 라투르는 동맹을 결성하면서 아무것도 유보하지 않은 채로 완전히 전개되는 행위소 모형을 신봉하므로 현재 표현되지 않고 사물 안에 휴지 상태로 있는 어떤 잠재력도 인정할 수 없다. 잠재성과 관련하여 사물을 바라보는 것은 완전히 특정한 사건으로서의 현재 상황을 넘어서는 무언가를 사물에 부여하는 것이다. 잠재력을 옹호하는 것은 지금 여기 있는 존재자가 **잠재적으로** 다른 것을 포함하고 있다고 주장하는 것인데, 이런 입장에 따르면 도토리가 지금은 나무 같은 특질을 나타내지 않을 것이지만 그 특질은 이미 도토리 싹 안에 들어 있다. 더욱이 라투르는 "잠재력과 더불어 불평등도 생겨나는 이유는 군주, 원리, 기원, 은행가, 감독 등 행복한 소수를 제외하고 다른 [행위소들], 즉 여타의 것은 지엽적인 것, 결과, 응용, 추종자, 하인, 대리인 등, 요컨대 평범한 다수가 되기 때문이다"(PF, 174)라고 주장한다. 조금 다르게 말하면, "가능한 것에 관한 이야기는 수송비용을 개의치 않으면서 움직이는 행위자의 착각이다. 가능한 것을 산출하는 행위는 특수강이나 레이저를 제조하는 것과 마찬가지로 국소적이고 현실적이며 비용이 든다. 가능한 것은 여타의 것처럼 사고 팔린다. 가능한 것은 본질적으로 다르지 않다. 가능한 것은, 예컨대, '비실재적'이지 않다"(PF, 174). 잠재력이 있다는 주장은, 현재 상태를 변화시키려면 흥정하고 차용해야 함을 인정하지 않는 채, 현재 상태 이상의 것이라고 주장하는 것이다. 라투르가 대단히 적절한 역설로 표현하듯이, "한 행위자가 다른 행위자들을 잠재적으로 많이 포함하고 있다면, 그 행위자가 인상적인 이유는 홀로 있을 때도 그것은 다중이기 때문이다. 그러므로 그런 행위자는 다른 행위자들을 명부에 올려 그들의 지원을 더 쉽게 받을 수 있다"(PF, 174). 하지만 이 진술은 기만적인 것에 불과하고, 게다가 "그것은 차용했을 뿐인 것을 소유하고 있다고 주장함으로써 엄포로 시작하지만, 실재적인 것이 된다. … 권력은 절대 소유되지 않는다. 권력이 잠재적으로 우리에게 있을 수 있는데, 그렇다면 우리는 권력을 가진 것이 아니다. 또는 권력이 **현행적으로** 우리에게 있을 수 있는데, 그때는 우리 동맹자들이 실행하는 자들이다"(PF, 174~5).[16]

이런 점에서 라투르의 입장은 세계의 현재 상태 밖에 놓여 있는 잠재태를 위한 여지는 전혀 없다고 보았던 고대 메가라학파를 떠올리게 한다. 아리스토텔레스는 메가라학파에 격렬하게 이의를 제기했는데, 특히 『형이상학』 9권 3장에서 그 학파의 견해에서 비롯되는 다음과 같은 결과에 화를 낸다. "예를 들어, 집을 짓고 있지 않은 사람은 집을 지을 능력이 없으며, 집을 짓고 있는 사람만이 자신이 집을 짓고 있을 때 그런 능력이 있고, 게다가 다른 경우들도 마찬가지다. 이런 의견의 터무

---

16. 구두점이 약간 수정되었다.

니없는 결과는 알기 어렵지 않다."[17] 아리스토텔레스는 의아스럽게 여긴다. 쉬고 있는 주택건축자가 집짓기 기술을 갖추고 있지 않다면 작업에 복귀할 때 그는 어떻게 그 기술을 획득하는가? 쉬고 있는 주택건축자는 잠재적으로 집짓기 능력이 있는 것이 아니라 건축자와 다른 행위자들 사이에 이루어지는 일련의 매개를 거쳐야만 집을 지을 수 있다고 라투르는 대응할 것인데, 건축자가 쉬고 있을 때는 그런 매개들이 사라진다. 아리스토텔레스가 여전히 만족하지 않을 이유는 그가 잠재력이 없는 세계에 대하여 형이상학적으로 강하게 반대하기 때문이다. 한편으로 그런 세계에서는 누가 만지거나 맛을 보지 않는다면 당연히 아무것도 뜨겁거나 달콤하지 않을 것이다. 아리스토텔레스는 이런 논리적 결과를 "프로타고라스적 주장"이라고 하는데,[18] 오늘날 그 결과는 로크가 상정한 제1성질과 제2성질의 구별 짓기에서 더 잘 알게 된다. 그런데 지각되지 않는다면 아무것도 뜨겁거나 달콤하지 않다는 프로타고라스와 로크의 학설을 라투르는 확실히 승인할 것이다. 라투르는 아리스토텔레스가 다음과 같이 이의를 제기하더라도 흔들리지 않을 것이다. "이런 주장들은 운동과 생성을 없애 버린다. 왜냐하면 일어설 잠재력이 없는 것은 일어설 수 없을 것이어서 〔그

---

17. Aristoteles, *Metaphysics*, trans. Joe Sachs, Santa Fe, Green Lion Press, 1999, p. 170. [아리스토텔레스, 『형이상학』, 김진성 역주, 이제이북스, 2007.]

18. 같은 책, p. 170. [같은 책.]

들의 견해에 따르면) 서 있는 것은 늘 서 있을 것이고 앉아 있는 것은 늘 앉아 있을 것이기 때문이다."[19] 아리스토텔레스에게 공격을 받은 그 입장을 라투르의 선조 동맹자인 화이트헤드가 옹호하는데, 화이트헤드는 실체를 시간과 공간 속에서 모험을 겪으면서 지속되는 존재자로 상정하는 관념에 반대한다. 모든 행위소는 사건이고, 게다가 모든 사건은 단일한 시간과 공간에서 단 한 번만 일어난다고 라투르가 이미 진술했으므로 그는 순간적으로만 현존하는 존재자들을 신봉한다.

앞에서 서술했듯이, 라투르는 잠재력을 거부함으로써 논리적 연역을 이 사유에서 저 사유로 자동적으로 이끄는 투명한 채널로 여기는 모형을 버리게 된다. 라투르는 칸트를 매우 대범하게 공격하면서 다음과 같이 서술한다.

연역 같은 것은 결코 존재했던 적이 없다. 한 문장에서 다른 한 문장이 따라 나오고, 그다음에 세 번째 문장은 두 번째 문장이 첫 번째 문장 속에 이미 함축되어 있었거나 잠재되어 있었다고 단언한다. 선험적 종합판단에 관하여 이야기하는 사람은 루르드Lourdes에서 목욕하는 신자들을 비웃는다. 그렇지만 결론이 전제 속에 놓여 있다고 주장하는 것은 물 속에 성령이 존재한다고 믿는 것에 못지않게 기괴하다(PF, 176).[20]

---

19. 같은 책, p. 170. [같은 책.]
20. 구두점이 약간 수정되었다.

논증들은 각기 그다음 것을 자동으로 쓰러뜨리는 도미노 골패들이나 카드로 만든 집처럼 연계되어 있지 않다. "논증들은 우리가 그것들을 시험해 볼 것을 잊어버릴 때만 체계나 구조를 형성한다. 그렇지 않은가? 내가 한 요소를 공격한다고 다른 요소들이 모두 조금도 망설이지 않은 채 내 주변에 몰려올 것인가? 이런 사태가 일어날 개연성은 매우 낮다! 행위소들의 모든 집합에는 게으른 자와 비겁한 자, 이중간첩, 무관심한 자, 반대자가 포함되어 있다"(PF, 177). 이런 까닭에 우리 앞에 놓여 있는 것의 **토대** 속에서 진리를 찾는 것은 잘못된 일이다. "토대와 기원에 관한 모든 연구가 피상적인 이유는 그런 연구가 여타의 것을 잠재적으로 포함하는 어떤 〔행위소들〕이 식별될 것을 기대하기 때문이다. 이런 일은 불가능하다. … 토대를 찾는 사람은 당연히 환원주의자이고, 게다가 환원주의자임을 자랑스럽게 여긴다"(PF, 188). 사유하는 사람은 제일 원리나 토대에서 실재를 연역하거나 비판하거나 구성하지 않는다. 오히려 그는 푸주한과 공학자, 기술자, 목수, 광대와 마찬가지 방식으로 행위소들과 협상하면서 **작업할** 뿐이다.

더 일반적으로, 이로써 우리는 각기 다른 **층위들**로 구성된 실재에 이르게 된다. 한 문장이 다른 한 문장에서 자동적이고 논리적인 힘으로 도출되지 않는다면, 한 행위소가 다른 한 행위소를 결코 잠재적으로 포함하지 않는다면, 이 행위소를 질료로 지칭하고 저 행위소를 형상으로 지칭하거나, 또는 이것을 부분으로 지칭하고 저것을 전체라고 지칭하는 것은 불가능한 일이다. "전체도 없고 부분도 없다. 조화도 없고 구성도 없고 종합도 없고 체계도 없다. 무언가가 어떻게 결합하는지는 전장에서 결정된다…"(PF, 164). 상황에 따라 모든 행위소는 이런 역할들(질료나 형상, 전체나 부분) 가운데 무엇이든 수행할 수 있다. 라투르는 라이프니츠적 이미지를 사용하여 라이프니츠를 무력화하면서 다음과 같이 진술한다. "우리가 아무리 멀리 가더라도 형상은 항상 존재하는데, 이를테면 각각의 물고기 안에는 물고기들로 가득 찬 연못들이 있다. 다른 사람들은 원료지만 자신은 주형이라고 믿는 사람들이 있는데, 이 믿음은 엘리트주의의 일종이다. 어떤 힘을 명부에 올리려면 그 힘과 공모해야 한다. 힘은 금속판처럼 찍어낼 수 있거나 주물의 경우처럼 쏟아부을 수 있는 것이 결코 아니다"(PF, 161).

이로써 라투르의 형이상학이 나타내는 또 하나의 놀라운 특징에 이르게 된다. 라투르의 우주 전체는, 어떤 주어진 순간에도 동맹들의 총체에 속하지 않는 다른 숨은 차원이 없거나 잠재력이 없는 각기 다른 행위소들, 즉 매 순간에 전적으로 전개되는 사건들로만 구성되어 있다는 사실이 밝혀졌다. 바로 이런 이유로 '시간'으로 알려진 독립적인 실재는 전혀 존재할 수 없는데, 외관상 행위소들이 지금 여기에 현존하는 자신의 총체적 실재와는 뚜렷이 구별되는 어떤 생성의 유출, 즉 어떤 일시적인 약동이나 지속에 의해 추동되는 것처럼 보이더라도 말이다. 라투르는 특정한 존재자들을 제외하고 유출과 흐름에는 아무 관심도 없으므로 생성을 행위자의 구체적 상태들의 계열과 다른 것으로 여기는 베르그송과 들뢰즈 같은 인물들과 구별된다. 라투르가 이 점을 강조하지는 않지만, 기본적으로 그는 베르그송이 혐오하는 바로 그런 종류의 우주, 즉 영화처럼 전개되는 개별적 순간들의 우주를 옹호한다.[21] 라투르는 사실상 반(反)베르그송적이다. 권력과 논리, 진리의 경우와 꼭 마찬가지로, 라투르는 시간이란 존재자들 사이에 성사된 협상들의 결과일 뿐이지 이런 협상들이 성사될 수 있게 하는 것이 아니라고 주장한다. 라투르가 서술하는 대로 "시간은 행위자들의 먼 결과로 행위자들이 각기 자기 자신을 위해 되돌릴 수 없는 기정사실을 만들어내고자 하면서 나타나는 결과다. 이런 식으로 시간이 지나간다"(PF, 165). 더 정확히 말하자면, "시간은 지나가지 않는다. 시간이란 힘들의 겨루기에 걸려 있는 것이다"(PF, 165). 행위소들 사이에 성사된 어떤 협상들은 비대칭적이거나 비가역적인 것을 낳는데, 바로 이것이 우리가 시간으로 지칭하는 것이다. "쉽게 무화될 수 없기만 하다면 원하는 대로 행동하라. 행위소들이 수행한 작업의 결과로서 어떤 것들은 본래의 상태로 되돌아가지 않는다. … 승자와 패자가 있고, 방향이 있으며, 어떤 것은 다른 것보다 더 강해진

---

21. 어딘가 다른 곳에서 나는, 정반대의 외양에도 불구하고 하이데거의 철학 역시 베르그송의 시간성보다 개별적 순간들의 영화적 모형과 더 정합적이라고 주장한 적이 있다. 여기서 라투르와 하이데거가 공유하는 몇 가지 숨은 논점 가운데 하나가 밝혀진다. 또한 나의 책 *Tool-Being : Heidegger and the Metaphysics of Objects*, Chicago, Open Court, 2000, pp. 63~66 을 보라.

다"(PF, 160). 더욱이 "행위소가 비대칭적인 것을 만들어내려면 자신보다 조금 더 지속할 수 있는 힘에 의존할 필요가 있을 뿐이다"(PF, 160). 마지막으로, "'시간'은 이런 게임, 즉 대부분이 겨루기에 걸었던 것을 잃는 게임의 끝에 발생한다"(PF, 165). 라투르의 우주에서는 어떤 외부의 힘도, '시간'조차도, 행위소들의 전적으로 구체적인 전개를 넘어서지 못한다.

이런 결론에 힘입어 라투르는 수많은 다리와 배가 불타오르게 되는 대단원에 도달한다. 일례로, 지식인만이 수행할 수 있는 일종의 특권적이고 초월적인 비판이 있는 것처럼 보이지만 '생각'이라고 지칭할 만한 특별한 활동은 없다. "'사유'에 대하여 언급할 때는 가장 회의적인 사람도 비판 능력을 상실한다. 통속적인 마법사와 마찬가지로 그런 사람도 '사유'가 마법처럼 빠른 속도로 먼 거리를 여행하게 내버려 둔다"(PF, 218). 마찬가지 이유로 라투르는 '과학' 같은 것이 현존함을 부인한다. 이런 견해가 몇몇 관찰자에게는 유행하는 프랑스 상대주의의 다른 사례일 뿐이라는 인상을 줄 것이지만, 그 견해는 세계를 행위소들의 네트워크로 여기는 라투르의 모형에서 바로 도출된다. "그래서 당신은 수학이 물리적 세계에 적용되는 상황이 기적이라고 믿는가? 그렇다면 나는 당신이 다른 기적을 찬양하기를 권한다. 나는 아메리칸 익스프레스 카드로 전 세계를 여행할 수 있다"(PF, 221). 몇 쪽 앞에서 라투르는 같은 통찰을 더 강하게 표현했다.

전혀 알려지지 않은 열렬한 포퍼주의자가 '반증'에 대하여 말하면 사람들은 깊은 신비를 볼 준비가 되어 있다. 하지만 창문 청소부가 자신이 닦아내고 싶은 얼룩이 안쪽에 있는지 바깥쪽에 있는지 알아내려고 머리를 움직이면 아무도 놀라지 않는다. 젊은 부부가 거실에서 가구 한 점을 옮긴 다음에 그것이 제대로 어울리지 않는 것처럼 보일 뿐 아니라 전체적으로 다시 어울리려면 모든 가구를 옮겨야 할 것이라는 결론을 서서히 내리게 된다면, 누가 이 상황이 주목할 가치가 있다고 인지하는가? 하지만 탁자가 아니라 '이론'이 옮겨지면 사람들은 흥분하여 쿤의 '패러다임 전환'을 언급한다. 내 표현은 통속적이지만, 불평등이 매우 심대한 분야의 사정은 본질적으로 이렇다. 공중부양을 믿는 사람은 비웃음을 사지만, 이론이 세계를 들어 올릴 수 있다는 주장은 아무 반대도 받지 않으면서 제기된다(PF, 217).

과학의 힘은 매우 다양한 행위소들의 혼성 함대에서 비롯되는데도 과학의 결과는 은행가와 음악가에게는 이상하게도 허락되지 않은 특수한 형식의 초월적 비판에 귀속된다.

이런 네트워크들이 모두 현재의 철학으로 불분명해진다면, 이 사태는 객체에서 주체를 정화하고 사회에서 자연을 정화하려는 근대주의적 충동의 결과인 것으로 판명될 것이다. 소박한 실천과 비판적-지적 초월의 분리를 시도한 세탁 행위는 중지되어야 한다. 라투르에게 근대성은 객관적인 자연적 사실과 임의적인 인간적 시각을 본원적으로 분리하려는 불가능한 시도다. 더욱이 근대주의자는 객체들을 이런 인위적인 분리의 이쪽 아니면 저쪽에만 할당함으로써 그것들을 정화하려고 시도하는데, 그 결과 그것이 무엇이든 중간에 놓여 있는 것의 현존을 부인한다. 근대세계의 찬양자와 비판자는 적어도 근대세계가 **현존**한다는 점에 대해서는 의견이 일치한다. 하지만 사실상 우리는 결코 근대인이었던 적이 없는데, 이 사실은 같은 제목의 고전적 저작에서 라투르가 예증할 것이다. 라투르는 하이데거를 다시 공격하면서 다음과 같이 적는다. "이 '근대세계'는 여타의 세계와 **다르**다고, 전적으로 그리고 본원적으로 **다르**다고 한다. … 이 가련한 세계는 영혼이 전적으로 빠져 있고, 매우 번지르르한 수공 나막신이 깡통보다 더 풍성한 존재다"(PF, 208). 라투르는 깡통에도 충만한 존재를 부여하는 철학자로 적절히 서술될 수 있다.

이 첫 장에서 나는, 1984년 이래로 독자들이 읽을 수 있게 된 『비환원』의 힘과 정밀성을 전달하려고 노력했다. 1984년에 체르넨코는 소비에트 연방을 이끌었고, 레이건은 워싱턴에서 임기를 절반만 마쳤으며, 오늘날 유럽연합의 십 개국은 일당독재 경찰국가이거나 아직 존재하지 않았다. 1984! 20년도 더 지났는데 새로운 객체지향 철학은 하나도 없다.

2장

과학의 실천

라투르는 자신의 형이상학보다 과학철학으로 더 잘 알려졌지만, 1987년에 출판된 책 『과학의 실천』[1]은 둘 다를 충분히 제공한다. 라투르는 이따금 이 저작의 어떤 양상들에 거리를 두지만, 그 책은 출판되었던 때와 마찬가지로 오늘날에도 여전히 참신하다. 유용한 한 쌍의 부록(SA, 258~9)에서 라투르는 그 책의 핵심 관념들을 일곱 가지 방법의 규칙과 여섯 가지 원리로 나누어 자세히 서술한다. 여기서 나는 임의대로 이 규칙들과 원리들을 두 가지 기본 개념, 즉 (1) 블랙박스와 (2) 원격작용으로 재구성할 것이다. 이 두 주제는 모두 라투르의

---

1. [옮긴이] 1987년에 영어로 출판된 라투르의 책 *Science in Action : How to Follow Scientists and Engineers Through Society*은 2016년에 『젊은 과학의 전선 : 테크노사이언스와 행위자-연결망의 구축』(황희숙 옮김, 아카넷)이라는 제목으로 한국어판이 발간되었다. 이 책 『네트워크의 군주』에서는 과학이 어떤 행위소들의 네트워크면서 또 하나의 행위소 또는 객체로서 세계에 작용한다는 사실을 드러내려고 *Science in Action*의 제목을 이미 출판된 한국어판과 다르게 『과학의 실천』으로 옮겼다. 이것은 나중에 이 책의 본문에서 나타나는 "객체의 실천"(Objects in Action)과 "행위소의 실천"(Actants in Action)이라는 구절들과도 의미상으로 부합한다.

경력 전체에 걸쳐서 어떤 식으로 공명한다. 그 두 주제는 각각 철학사에서 중추적인 개념들 가운데 두 가지 개념, 즉 (1) 실체와 (2) 관계에 대한 라투르의 참신한 접근방식을 드러낸다. 라투르는 이런 전통적인 두 주제에 대하여 급진적인 견해를 밝히는데, 이를테면 영속적인 실체는 블랙박스로 대체하고 직접적인 관계는 개별 행위소들 사이의 간접적인 연계로 대체한다. 『과학의 실천』을 이런 식으로 읽으면, 라투르의 관점이 형이상학의 역사에서 유서 깊은 흐름에 속하는 것으로 강화된다.

'블랙박스'라는 용어는 라투르 자신의 발명품은 아니지만, 그는 그 용어를 철학에 도입한 공적을 인정받을 자격이 충분하다. 매우 확고하게 자리 잡고 있어서 우리가 그것의 내부를 당연시할 수 있는 행위소라면 무엇이든 블랙박스다. 블랙박스의 입력과 출력에만 관심을 두는 한 그것의 내부 특성은 중요하지 않다. 나는 이 글을 매킨토시 파워북 G4 랩톱 컴퓨터로 작성하고 있다. 이 특수한 기계의 배경에는 긴 역사가 있는데, 이를테면 개인용 컴퓨터가 친숙한 일상 제품으로 자리 잡는데에는 수많은 기술 경쟁과 판매 경쟁이 필요했다. 드물게 일어나는 일에 불과하더라도, 내가 이 기기의 내부 공학에 관하여 곰곰이 생각한다면 나에게 그것은 완전히 불가사의한 수수께끼일 것이다. 그런데 이전의 내 컴퓨터(공교롭게도 검은색이었던 컴퓨터)가 내 자료를 아무 경고도 없이 지우기 시작한 것은 겨우 여덟 달 전이었다. 그리하여 이전의 블랙박스는 신화에 등장하는 어떤 사악한 악령처럼 공황을 불러일으키는 불가사의한 기기가 되었고, 어떤 파일들이 그 재앙에서 남아 있지 못했는지 천천히 검토하느라고 몇 주 또는 몇 달 동안 내 삶은 엉망진창이 되었다. 마찬가지 방식으로 우리는 모두 비행기에서 나는 뜻밖의 폭발음이나 윙윙거리는 소리에서 비롯되는 일시적인 공포를 느낀다. 그 순간에 비행기 여행이라는 블랙박스가 부서져 열리면서 우리에게 자신이 지표면 위 3만 5천 피트 상공에 날개도 없을 뿐 아니라 독립적인 호흡 수단도 없이 떠 있다는 사실을 떠올리게 한다. 라투르에게 블랙박스는 전통적인 실체를 대체한다. 세계는 모든 표면적 변동을 견뎌내는 자연적 단위체들이나 정수로 구성되어 있지 않다. 오히려 각각의 행위소는 다정하게 또는 난폭하게 조립된 수많은 이전의 힘들이 초래한 결과다. 전통적인 실체는 일자인 반면에 블랙박스는 다자인데, 사실상 블랙박스가 우리 속에서 견고히 유지되는 한에서만 우리는 그것을 일자로 여길 뿐이다. 하이데거의 도구와 마찬가지로, 블랙박스가 매끈하게 작동하기만 한다면 우리는 그것을 구성하는 동맹들의 방대한 네트워크를 무시할 수 있게 된다. 행위소는 갈등과 논란의 와중에 생겨나는데도 결국은 안정된 배치로 굳어진다. 하지만 논란이 되살아나서 블랙박스가 다시 열리면 행위소가 매끈하고 통일된 본질을 전혀 지니고 있지 않음을 또다시 깨달을 것이다. 행위소는 다자이므로 군단이라 부르자.

이제 우리에게는 소중하게 여겨지는 자연적 실체들의 특권적 층위 대신에 어떤 층위도 다른 어떤 층위보다 더 통합적이지도 자연적이지도 않은 여러 겹의 층위로 구성된 세계가 있다. 모든 행위소는 상황에 따라 블랙박스 아니면 다중적 네트워크로 여겨질 수 있다. 행위소는 맥락에 따라 질료 아니면 형상이 될 수 있는데, 이를테면 자신을 사용하는 더 큰 조립체에 대해서는 질료가 되고 자신의 우산 아래 통합하는 더 작은 구성 요소들에 대해서는 형상이 된다. 내 랩톱 컴퓨터는 질료인가 형상인가? 그 답은 내가 글을 쓰고 있을 때 질문을 받는 상황인지('질료'), 아니면 그것을 구성하는 수많은 부품에 대하여 질문을 받는 상황인지('형상')에 달려 있다. 세계는 블랙박스들로 구성되어 있다고 말하는 것은 세계가 수많은 민주주의적 층위로 구성되어 있다고 말하는 것인데, 그 결과 세계의 최하층에 놓여 있는 독특하게 견고하고 영속적인 실체는 존재하지 않게 된다. 혼란스럽거나 다면적인 행위소도 적절한 환경에서는 견고한 것처럼 보일 수 있고, 또한 마찬가지로 이른바 어떤 블랙박스도 해체당하여 구성 요소들이 재배치되거나 조사받을 수 있다.

이렇게 하여 『과학의 실천』의 두 번째 형이상학적 개념인 원격작용에 직접 이르게 된다. 우리는 라투르가 객체들의 민주주의를 강력히 주장함을 알게 되었는데, 이를테면 모기는 나폴레옹과 꼭 마찬가지로 실재적이고 쓰레기 처리장의 플라스틱도 핵탄두에 못지않게 실재적이다. 우리는 객체를 의식 속의 외양으로도 환원할 수 없고 언어로 규정되는 속성으로도 환원할 수 없다. 더욱이 애초에 다른 행위소가 들어 있는 행위소는 전혀 없는데, 이는 자기 안에 자식이 '은연중에' 들어 있는 부모가 없는 것과 꼭 마찬가지다. 객체들의 민주주의는 **객체들이 모두 서로에게 외부적임**을 뜻한다. 이 사태가 라투르가 원격작용으로 의미하는 것이다. 어떤 객체에도 다른 객체가 들어 있지 않으므로 객체들은 모두 서로 얼마간 떨어져 있는데, 게다가 전체도 자신의 부분들에서 떨어져 있다. 하지만 작용은 근접성도 가리키는데, 그 이유는 무언가에 작용한다는 것은 어떤 식으로 그것에 영향을 미치거나 접촉하거나 간섭함을 뜻하기 때문이다. 다시 말해서, 원격작용은 그야말로 '원격 근접성'을 뜻한다. 그리고 이 상황이 라투르 철학뿐 아니라 철학 전체의 주요한 역설이다.

원격작용이라는 주제는 오래전부터 고찰된 형이상학의 주요 문제였다. 서양 전통에서는 데카르트 이후로 **소통** 문제가 결정적으로 중요해졌다. 몸과 마음이 전적으로 다르다면 소통 수단이 난제가 되기에 그런 두 종류의 실체를 매개하는 데 신이 필요하다. '기회원인론'occasionalism으로 널리 알려진 이런 유형의 철학은 17세기에는 수용될 수 있었지만 오늘날에는 그만큼 조롱받는다. 하지만 그 문제는 사실상 절대 사라지지 않았고, 오히려 새롭고 덜 흥미로운 형태를 띠었을 뿐이다. 데카르트는 영혼과 육체 사이 그리고 영혼과 영혼 사이의 소통에는 문제가 있음을 깨달았지만 물리적 우주에 대한 자신의 모형 덕분에 **육체들** 사이에서 이루어지는 소통의 문제는 무시할 수 있었다. 이런 심층적인 의문은 더 일찍이 이슬람 세계에서 알-아샤리(873?~936?)와 알-가잘리(1058~1111) 같은 인물들에 의해 이미 제기되었으며, 니콜라 말브랑슈(1638~1715)와 제로 드 코르드무아(1626~1684)가 데카르트 이후의 상황에서 물리적 세계에 대한 원자 모형을 채택하면서 말브랑슈에 의해 부활되었다. 이 책의 목적을 위해 유일하게 중요한 것은, 소통 문제가 사실상 결코 사라지지 않았으며 흄과 칸트에 의해 더 지루한 형태로 변환되었을 뿐이라는 사실이다. 소통 문제는 모든 생명 있는 존재자와 생명 없는 존재자 사이에서 발생하는 소름 끼치고 당혹스러운 최고 수준의 문제에서 인간과 세계 사이에서만 발생하는 따분하고 지역적인 난제로 축소되었다. 인간이 관련되지 않은 모든 관계가 지금은 대체로 철학의 범위를 벗어나는 것으로 여겨지면서, 건초가 당나귀 사료용으로 비축되는 것과 꼭 마찬가지로, 자연과학에만 적합한 주제로 한정된다.

라투르의 미덕들 가운데 하나는, 이쪽에 있는 실제적이고 시무룩한 생각하는 인간들과 저쪽에 있는 무감각하고 생명 없는 물질 덩어리들 사이에 벌어진 단 하나의 마법적 간극에 집중하기를 거부한다는 점이다. 라투르가 우주의 행위소들 가운데 어느 것에도 다른 어떤 것이 들어있지 않음을 인정하면서 우주의 모든 행위소에게 완전한 민주주의적 권리를 부여하자마자 소통 문제는 새롭게 제기된다. 라투르의 행위소들은 모두 서로에게 외부적이다. 행위소들의 소통 방법에 대한 그 자신의 대답은 **번역**이다. 사물들이 우리가 알아낸 그 상태로 그냥 있다면 그것들은 서로 접촉하지 않는다. 사물들이 접촉하려면 접점이 필요하고, 게다가 접점을 형성하는 데에는 노동이 필요하다. 결국 접촉이 이루어지려면, 아무리 일시적이더라도, 소통하는 두 항을 연결하는 새로운 존재자가 출연해야 한다. 이 문제에는 인간 사유에 대해서 1장에서 다루어진 것과 같은 모형이 수반되는데, 다시 말해 세계를 뛰어넘어 사물을 있는 '그대로' 성찰적으로 바라보는 특별한 비판적 초월로서의 '사유' 같은 것은 전혀 없다. 오히려 내 마음과 방 사이에 맺어진 관계는 방 안의 컴퓨터와 탁자 사이에 맺어진 관계와 형이상적으로 전혀 다르지 않다. 두 경우 모두에 완전한 자율권을 부여받은 두 행위소 사이에서 발생하는 소통 문제가 있다.

A. 블랙박스

『과학의 실천』이라는 제목은 특정적이고 한정된 주제인 과학, 이를테면 역사나 문학, 요리, 스포츠와 대립하는 것으로서의 과학을 시사한다. 마찬가지 이유로 라투르는 종종 '과학철학자'로 불리지만, 사실상 그가 다루는 주제는 단 하나의 인간 활동 영역에 한정되지 않았다. 더욱이 그 책에는 과학적 실천에서 끌어온 수많은 사례가 들어 있다는 것도 맞는 말이다. 하지만 행위소들과 벌이는 여타 종류의 거래들을 마법적으로 초월하는 '과학'으로 지칭되는 특별한 유형의 실재가 존재함을 라투르가 이미 부인했다는 사실을 떠올리자. 사실상 그 책은

『객체의 실천』이나 『행위소의 실천』으로 쉽게 부를 수 있을 것이다. 라투르는 유혹자나 기계공, 도둑, 요리사에 관해서도 이에 비견할 만한 책을 저술할 수 있었을 것인데, 실제로 법관에 관한 책을 한 권 저술한 적이 있다(『법의 제조』). 라투르는 '과학철학자'라기보다는 오히려 과학철학 어법으로 작업하는 형이상학자다. 행위소라는 낱말이 즉시 시사하는 대로 행위소가 행하는 것은 행위다. 부정적으로 표현하면, 이 명제는 행위소가 매번 우연히 관계를 맺는 기성의 본질이 아님을 뜻한다. 행위소는 항상 위기와 논쟁에서 생겨나는데, 그것이 세계속에 발판을 확립하는 데 성공할 때에만 우리는 탄생의 고난을 무시하면서 마침내 행위소를 매끄러운 블랙박스로 취급한다. 특히 과학에 집중하는 이유는 단지 행위소를 다루는 대부분의 다른 방식보다 과학이 더 명시적인 논쟁을 통해 자신의 객체들을 생성하기 때문이다. 해변의 조약돌은 그것을 천천히 형성시키는 화산이나 퇴적물의 응력을 지질학자가 가르쳐줄 때까지는 수집되거나 던져질 블랙박스로 여겨지기 쉽다. 로마 제국의 몰락 또한 기번Gibbon의 책을 읽으면서 퇴폐적인 인물들과 일어났을지도 모르는 일에 대한 슬픔을 둘러싸고 몽상에 빠지기 전까지는 학창시절의 기억을 떠올리며 그저 지루한 단원으로 여길 뿐이다. 객체의 실천에 대하여 말하는 것은 객체를 블랙박스에서 압도적인 힘겨루기로 변환하는 것인데, 요컨대 세계 속에 가장 명백한 사실을 산출한 격정적인 사건을 재연한다. 신의 가호로 우리는 매번 모든 행위소에 대하여 이런 작업을 행하지 않으며, 신의 가호로 우리는 우리 부모들의 사랑 이야기에 담긴 아슬아슬한 승리의 격동적인 세부내용을 모른다.

어떤 요약도 과학과 산업에서 블랙박스가 어떻게 논쟁을 통해 생겨나는지를 상세히 보여주는 라투르의 책에 소개된 다량의 사례를 대체할 수 없다. 라투르가 제시한 매우 훌륭한 몇몇 사례에는 디젤 엔진과 백신, 폴로늄이라는 화학 원소가 포함된다. 하지만 1953년 이후로 이중나선 모양을 갖는다고 서술된 DNA에 관한 사례를 고찰하자. 백과사전을 펼치면 다음과 같은 문장이 적혀 있다. "DNA는 이중나선 구조를 갖는다." 몇몇 괴짜나 비주류 인사를 제외하고는 아무도 이 사실을 더는 의문시하지 않는다. 그것은 이제 유전학의 중심 원리가 되었다. 화학 전문가 전체와 교육받은 대중 대다수의 놀림을 기꺼이 받을 각오가 되어 있기만 하다면 당신은 자유롭게 그 원리에 대항하여 싸울 수 있다. 이중나선은 블랙박스가 되었기에 더 불확실한 이론들에 대한 확고부동한 근거가 될 수 있고, 게다가 벌써 여러 세대의 아이들에게 교육되었다. 하지만 이 특수한 블랙박스를 열고 싶다면 그것이 어떻게 생겨났는지에 대하여 제임스 왓슨이 해설한 고전[2]을 읽기만 하면 된다. 1951년 케임브리지 대학에서 크릭과 왓슨이 공동연구를 시작

---

2. James Watson, *The Double Helix*, New York, Norton, 1983. [제임스 왓슨, 『이중나선』, 최돈찬 옮김, 궁리, 2006.]

했을 때 DNA가 유전 활동의 매개물인지 전혀 분명하지 않았던 이유는 많은 사람이 여전히 단백질이 유전의 전달 수단이라고 믿고 있었기 때문이었다. 더욱이 DNA 분자의 모양은 전적으로 미지의 것이었고 결정학자들이 찍은 사진들은 확정적인 것이 아니었다. 젊은 두 다크호스가 DNA 구조를 밝히려면 다양한 난관을 물리치고 다수의 동맹자를 결집해야 했다. 크릭과 왓슨은 노벨상을 두고 라이너스 폴링과 경쟁하면서 경쟁자들의 괴롭힘뿐 아니라 자신들의 연구실 책임자의 경고도 견뎌내야 했다. 그들이 최종 모형을 조립하려면 샤가프Chargaff의 법칙과 케임브리지 대학 공작소의 금속 조각들을 비롯한 수많은 요소를 배합해야 했다. 마침내 크릭과 왓슨의 모형은 의심을 견뎌내기에 충분할 만큼 강해졌고, 대다수의 진지한 동료 연구자에게서 승인받았으며, 그들의 획기적인 논문은 관련 분야에서 최고로 평가받는 저널인 『네이처』에 출판되었다. 하지만 사정이 이러했는데도 논쟁이 항구적으로 끝나지 않은 이유는 그 후 여러 해 동안 진지한 과학자들이 DNA에 대한 대안적인 삼중나선 모형들을 여전히 제시하였기 때문이다. 여기서 그들의 진술이 점점 더 확고해지는 진전 상황이 나타나는데, 이를테면 "우리는 그것이 이중나선이라고 믿는다"라는 진술에서 "크릭과 왓슨은 그것이 이중나선이라고 주장하지만 약간의 의문이 제기될 수 있다"라는 진술과 "크릭과 왓슨은 그것이 이중나선임을 증명하였다"라는 진술을 거쳐 "DNA는 이중나선이다"라는 단순한 진술의 최종 단계에 이른다. 진술이 그것의 유래나 심지어 저자도 전혀 언급되지 않으면서 노골적인 사실로 단순히 제시될 때 우리는 진정한 블랙박스를 갖는다. 라투르가 묻듯이, "물에 대하여 H_2O 식을 쓸 때 누가 라부아지에의 논문을 언급하겠는가?"(SA, 43) 디젤 엔진을 사용하는 트럭 운전자들은 이 엔진의 당황스러운 초기의 실패 사례들에 관한 이야기를 결코 들어본 적이 없는데, 사실상 이런 사례들로 인해 디젤 엔진의 진짜 발명가를 둘러싼 논쟁이 발생했고 결국은 디젤 본인이 자살하였다.

어떤 의미에서 모든 인간 활동의 목표는 블랙박스를 만들어내는 것이다. 보잉사 기술자들은 신형 제트 엔진을 만들어내려고 일하는데, 시험비행 동안 엔진의 여러 부분이 파괴되면 그것은 절대 출시되지 않을 것이다. 친교를 맺거나 결혼을 결심하거나 원고를 작성할 때 우리의 바람은 끊임없이 닳거나 파괴되지 않는 영속적인 무언가를 확립하는 것이다. 자신의 역할이 매주 다시 할당되거나 정서적으로 불안정한 상사에게 언제라도 해고당할 위험이 있는 직업은 누구에게나 견딜 수 있는 두통거리를 넘어서는 것이다. 자신의 성적증명서와 학위논문이 남은 생애 동안 매달 전문가위원회의 조사를 받거나 정규직 교수들이 여름마다 종합시험을 다시 치러야 한다면 박사학위는 힘들게 취득할 가치가 없을 것이다. 현재 우리는 일상 언어에서 어떤 자동차와 사람을 "유지비가 많이 드는"이라는 멋진 어구로 언급한다. 당연히 블랙박스는 유지비가 적게 든다. 블랙박스는 주어진 것으로 우리가 그것이 어떻게 될지 절대 걱정하지 않으면서 앞으로 나아가려고 의지하는 것이다. 자신의 작업에 대하여 외부의 비전문가와 이야기하는 것이 매우 신선한 일이거나 아니면 매우 성가신 일이 될 수 있는 이유는 관련 전공 분야에서 널리 인정받는 블랙박스들을 비전문가가 모르고 있기 때문이다. 철학 초심자는 플라톤의 견해와 칸트의 견해를 거칠게 공격하곤 하는데, 이런 공격을 진지하게 감행할 때에는 새로운 전망이 펼쳐지지만, 문제를 일으키는 내부자의 반골적인 도발 형식으로 감행할 때에는 좌절이 생겨난다.

블랙박스는 서로 정반대되는 두 가지 주요한 위험, 즉 다른 행위자에게 주목을 너무 많이 받는 상황이나 너무 적게 받는 상황에 직면한다. 블랙박스가 주목을 너무 적게 받을 때 그것은 무시당할 뿐이다. 더욱이 이것이 세계에 존재하는 객체들 대다수의 운명이다. 어떤 주어진 순간에도 우리는 수십 조 개의 행위소로 둘러싸여 있으며 우리의 더 소중한 객체들 사이에서 우글거리는 다수의 쓸모없는 파리와 딱정벌레, 전자를 간과한다. 대다수 특허는 시장에서 결코 인기를 얻지 못하거나 절대로 제조되지 않는 발명품들에 대한 것이다. 대다수 소설과 학술 논문은 전혀 읽히지 않은 채로 사라지기에 비판받지 않고 간과될 뿐이다. 블랙박스는 다른 존재자들의 의무적인 통과 지점이 되지 못하면 아무짝에도 쓸모없다. 블랙박스의 두 번째 위험은 정반대의 상황인데, 이를테면 회의주의와 면밀한 조사의 형태로 주목을 너무 많이 받는 것이다. 한국의 부정한 복제 박사가 수행한 작업은 간과되지 않았고 유타 대학의 실패한 저온 핵융합 연구자들이 수행한 작업도 그랬다. 오히려 그들의 블랙박스들은 그것들에 대해 의심을 한 정교한 사람들이 찢고 개봉함으로써 초토화되었다. 우리는 자신의 연애편지가 무시당하기를 바라지 않지만, 이의가 제기되거나 비판을 받거나 문법이 빨간 펜으로 지적당하는 것도 바라지 않는다.

어떤 과학 논문이 몇몇 독자에게 주목을 받게 된다고 가정하자. 라투르가 주장하는 대로(SA, 60) 여기서 독자가 나타낼 수 있는 반응은 세 가지가 있는데, 이를테면 포기하기giving up, 따라가기going along, 다시 행하기re-enacting가 있다. 흥미로운 방식으로 라투르는 각 반응 유형의 빈도 비율이 얼마인지에 대한 대략적인 추정값을 제시한다. 전체 사례들의 대략 90%에서 과학 텍스트나 학술 텍스트의 독자는 흥미를 잃거나 전문용어에 압도당해서 무슨 글이든 그것을 따라가거나 그것에 이의를 제기하려는 시도를 포기할 따름이다. 어쨌든 그런 독자들은 모호하게 깊은 인상을 받든지 아니면 "논문은 꽤 훌륭해 보이지만 내가 따라가기에는 너무 난해하다"라는 말을 전달함으로써 그 텍스트의 위신에 기여할 것이다. 하지만 그런 독자들은 논문에 대한 주요한 지지기반이 아니다. 크릭과 왓슨이나 파스퇴르, 하이데거, 라투르, 에드워드 사이드가 제시하는 논증에 기본적으로 설득당해서 논문과 동행하면서 그것을 자신의 부가적인 주장을 위한 블랙박스로 사용하는 9%

〔*웃음* — 하먼〕 정도로 추정되는 독자들이 지지기반을 구성한다. 그러므로 다시 행하는 독자들이 차지하는 비율은 겨우 1% 정도가 되는데, 그들은 실험을 반복하거나 철학적 논증의 정확한 단계들을 추적하는 회의주의자이거나 열성가로 논문을 검증하거나 수정하거나 노골적으로 부정한다. 이런 대담한 1%가 장갑을 끼고 블랙박스를 개봉할 때 우리가 위험한 상황에 부닥치게 되는 이유는 개봉된 블랙박스가 결국 파괴되거나 철저히 대체될 수 있기 때문이다.[3]

그런 행동에 대한 극단적인 일례로, 라투르는 '반대자'로 지칭되는 경이로운 사람, 말하자면 자신이 실험실에서 관측하는 모든 사소한 것에도 이의를 제기하는 반골 성향의 냉소주의자를 고안한다. 라투르는 반대자가 과학 논문에서 다음과 같은 문장을 읽는다고 가정한다. "그림 1은 전형적인 패턴을 보여준다. 엔도르핀endorphin의 생물학적 활성은 기본적으로 두 영역에서 발견되었는데, 영역 2의 활성은 낼럭손naloxone 때문에 전적으로 가역적이거나 통계적으로 가역적이었다"(SA, 64). 이 주장을 적극적으로 의심하는, 1% 정도로 추정되는 독자들 가운데 한 사람으로서 반대자는 교수와 직접 대화를 나누려고

---

3. 한편으로, 블랙박스를 두드러지게 개선하지 않은 채로 사용함으로써 그것을 그냥 강화할 뿐인 충실한 9%와는 대조적으로, 플라톤들을 수정하는 아리스토텔레스들과 뉴턴들을 수정하는 아인슈타인들도 1%에 포함된다. 당신은 어떤 종류의 제자를 두고 싶은가? 결국에는 누가 후설에 더 도움이 되었는가? 그를 모방한 후설주의자들인가, 아니면 그를 변형시킨 하이데거인가?

실험실에 나타난다. 자신의 논문을 둘러싼 의문들을 인식한 교수는 "당신에게 보여 주겠습니다"라고 말하면서 한 통의 그래프용지 위에 봉우리와 계곡을 골고루 기입하는 장치를 가리킨다. 교수는 계속해서 말한다. "자, 이것이 기준선입니다. 이제 제가 엔도르핀을 주입할 것입니다. 무슨 일이 일어날까요? 보십시오?!" 그래프용지 위에 기입된 봉우리의 크기가 즉시 감소하여 결국에는 완전히 평평해진다. "즉시 그 선은 극적으로 떨어집니다. 그리고 이제 낼럭손을 관찰합시다. 보십시오?! 기준선 수준으로 되돌아갑니다. 그것은 전적으로 가역적입니다"(SA, 65).

이런 기록 장치는 기구instrument인데, 라투르의 정의에 따르면 기구는 우리가 스스로 '직접' 무언가를 볼 수 있게 하는 변환들을 연결하는 긴 사슬의 최종 고리다. 일반적으로 기구는 의심을 받기 전까지는 드러나지 않은 채로 남아 있는데, 이를테면 대체로 우리는 어떤 반대자가 렌즈의 왜곡 결함을 들춰내는 일을 시작하기 전까지는 카메라와 망원경으로 얻은 영상들을 의심할 나위 없는 데이터로 수용한다. 이런 식으로 바라보면, 올바른 조건에서는 모든 객체가 힘이 이 지점에서 저 지점으로 넘어갈 때 신뢰성 있게 그 힘을 매개하려고 작동하는 기구로서 기능을 수행할 수 있다. 하지만 우리의 반대자는 그래프용지 위에 기입된 기록에 만족하지 않을 것이다. 이런 까닭에 교수는 그를 데리고 가서 "육중한 전자 하드웨어가 다른 기구, 즉 유리 기구에서 오는 신호를 기록하고 보정하고 증폭하며 조절하는"(SA, 65) 실제 실험 장치인 생리기록기를 보여준다. 이제 탄성체인 듯 보이는 무언가가 속에 들어 있는 유리 버블링 체임버를 볼 수 있다. "그것은 확실히 탄성체라고 교수는 진지한 어조로 말한다. 그것은 내장, 기니피그 내장이다. … 살아 있는 상태로 유지되면 이 내장은 규칙적으로 수축하는 특성을 갖는다"(SA, 65). 죽은 동물의 탄성체 유해가 주입되는 화학물질에 반응하여 그래프용지 위에 무언가를 기입하는 것이다. 꿈틀대는 그 내장 조각만을 관찰한다면 무슨 일이 진행되고 있는지 시각적으로 이해하기 어려워서 그래프용지를 사용하는데, 그 결과 거칠게 떠는 근육에 판독하기 쉬운 형태가 부여된다. 잠시 후에 교수는 그 실험에 만족하지 않게 되고, "그 내장을 욕하며 '상태가 나쁜 내장'이라고 말한다"(SA, 66). 그는 첫 번째 기니피그를 해부한 기술자를 비난하면서 이제 두 번째 불운한 동물을 도살하라고 명령한다. 라투르는 그 장면을 단호하게 서술한다. "기니피그 한 마리가 해부대 위에 놓인 다음에 수술 투광등 아래에서 마취되고 고정되며 절개된다. … 갑자기 우리는 논문이라는 종이 세계에서 훨씬 더 멀리 떨어져 있다. 이제 우리는 이 작은 털북숭이 동물에서 회장을 추출하는 동안 속이 약간 메스꺼움을 느끼면서 내장이 뒤범벅된 피 웅덩이 속에 있다"(SA, 66).

원래 논문을 읽었을 때 반대자가 논문 내용을 의심하는 것은 어렵지만 가능한 일이었다. 하지만 이제는 의심하기가 엄청나게 더 어렵다. 그가 교수를 의심하려면 그래프용지와 다양한 기록 장치의 기반을 약화하는 어떤 방법을 찾아내야 한다. 결국 반대자는 살아 있는 동물을 절개하는 섬뜩한 기법도 익혀야 할 것이다. 라투르가 서술하듯이 "'보여주는 것'과 '보는 것'은 단순히 순간적으로 번쩍이는 직관이 아니다. 우리가 그 존재를 의심한 실제 엔도르핀이 실험실에서 직접 제시되는 경우는 한 번도 없다. 실제 엔도르핀의 영상을 마련하고, 그 영상에 초점을 맞추고, 그 영상을 교정하면서 시연하는 작업이 필요한 다른 세계가 우리에게 나타난다. 우리는 논문에 대한 의심을 해소하려고 실험실에 왔지만, 미궁에 빠져버렸다"(SA, 67). 교수의 시연 과정 어디에서도 우리가 엔도르핀 자체와 대면할 때 천사들이 하프를 연주하고 번개가 멀리서 번쩍이지는 않는다. 무언가를 '직접' 본다는 것은 이 매체에서 저 매체로 계속해서 이어지는 변환들의 긴 연쇄를 따라감을 뜻한다. 규칙적인 패턴들을 나타내는 그래프용지의 배후에는 방대한 일련의 객체들이 놓여 있는데, 각각의 객체는 자신의 메시지를 다른 층위의 세계로 번역한다. 애초에 우리는 단순히 도서관에서 후속 논문들을 참조함으로써 교수와 논쟁을 벌일 수 있다고 생각했을 것이다. 그런데 우리가 교수의 안내를 받으면서 '자신의 눈으로 보았'기 때문에 이제 반대하려면 괴롭게도 더 많은 시간과 에너지와 돈이 소요될 것이다.

현시점에서 계속하려면 기니피그, 수술등과 탁자, 생리기록기, 전자 하드웨어, 기술자, 모르핀이 필요하고, 소량의 정제된 엔도르핀도 당연히 필요하다. 게다가 이 요소들을 모두 다룰 줄 아는 기술뿐 아니라 그것들을 교수의 주장에 대한 적절한 반대로 전환하는 기술도 필요하다. … 실험실을 찾아내고, 장비를 구매하고, 기술자를 고용하며, 회장 분석에 익숙해지려면 길고 긴 여정이 필요할 것이다(SA, 67).

다시 말해서, 우리는 어떻게든 '자연'에 직접 호소하지 않으면서 교수의 논문에 반대할 수 없고, 오히려 다양한 중간 단계에 개입해야 한다. 사실상 우리는 여전히 반대할 수 있을 것이지만 고립과 배척의 형태로 치러야 할 비용이 높을 것이다. 실제로 가난과 조소 속에서 줄곧 지냈던 외로운 과학자들과 외로운 예술가들이 있었다. 하지만 그런 영웅들은 결코 자신의 관념이 인기를 얻지 못한다고 해서 그저 자신의 통찰을 시끄럽게 떠벌리며 대중의 무지와 부패를 비난할 수만은 없다. 성공하려면 이 외톨이들은 먼저 자신에 맞서서 쌓여 있는 블랙박스들의 네트워크 전체를 대체할 필요가 있는데, 몇몇 블랙박스는 특히 매끈하고 무겁다. "과학자는 부드러우면서도 어쩌면 역설적인 웃음을 띠며 '자신의 눈으로 보십시오'라고 말한다. '이제 이해했습니까?' 연구 논문이 넌지시 언급하고 있던 물질 자체를 직접 본 반대자는 이제 사실을 인정하거나 아니면 자신의 정신 상태를 의심해야 하는데, 당연히 후자가 훨씬 더 괴로운 일이다."(SA, 70)

그래도 우리의 반대자는 여전히 이해하지 못하면서도 자

신의 정신 상태를 의심하지 않을 만큼 아주 건방지다. 교수는 자신이 그래프용지와 다른 여러 점의 전문 장비를 공식적으로 대변하는 것처럼 행동한다. 하지만 교수는 그런 기구들이 그가 주장하는 만큼 투명하게 실험을 통해 스스로 말하게 내버려 두지 않을 것이다. 그래프는 아무것도 증명하지 않을지도 모른다. "이런 특별한 분석에서는 모든 종류의 화학물질이 같은 형태를 나타낼지도 모른다. 또는 교수가 자신의 물질이 모르핀이기를 간절히 희망하여 무의식적으로 두 개의 주사기를 혼동하고 같은 모르핀을 두 번 주입함으로써 사실상 똑같아 보이는 두 형태를 산출할지도 모른다"(SA, 73). 반대자가 계속해서 의구심을 나타내면, 교수는 그에게 스스로 주입해 보라고 조용히 제안할 것이다. 이제 반대자는 두 시약병의 라벨을 확인한 후에 처음에는 모르핀을 사용하고 그다음에는 엔도르핀을 사용함으로써 같은 시간이 지나면 같은 결과가 얻어진다는 사실을 알아낸다. 다시 한번 교수의 정당성이 입증되는 것처럼 보인다. 그는 "자신의 주장과 분리될 수 없다"(SA, 74). 교수는 고립되지 않고 오히려 실험에 동원된 블랙박스들을 모두 자신의 편으로 만드는 반면에, 반대자는 가능한 동맹자들을 점차 잃게 된다.

그러나 우리의 반대자가 매우 회의적인 인물이어서 이제 공공연히 무례해졌다고 가정하자. '모르핀'과 '엔도르핀'이라는 라벨이 부착된 시약병들이 뒤섞이거나 의도적인 사기 행위의 대상이 아님을 어떻게 확신할 수 있는가? 교수는 여전히 입을 다문 채로 반대자에게 숫자로 가득 찬 규정집을 보여주면서 분류번호와 특정한 화학물질 시약병의 상관관계를 보여준다. 이 행위도 여전히 우리의 반영웅, 오만한 회의주의자를 만족시키기에는 충분하지 않다. "지금쯤은 모든 사람을 의심하고, 아무도 믿지 않으며, 최종적으로 자신의 눈으로 실제 엔도르핀을 보고 싶어 하는 경찰 조사관처럼 행동할 만큼 충분히 상스러운 반대자를 상상해야 한다"(SA, 76). 이런 상스러운 기백으로 반대자는 규정집에 기재된 숫자가 시약병 안의 화학물질과 실제로 관련되어 있다는 사실을 공공연히 불신한다. 처음으로 교수는 화가 난 기미를 보이기 시작한다. 그는 반대자를 액체가 백색 물질에 천천히 스며드는 유리 분리관으로 가득 찬 방에 데리고 간다. 마침내 원하는 화학물질이 일렬로 늘어선 매우 작은 플라스크들 안으로 걸러져 내려오는데, 여기서 플라스크들은 액체가 백색 물질을 통과하는 데 걸리는 시간에 따라 분류된다. "여기에 엔도르핀이 있다고 안내자가 말한다. 여기에 당신의 엔도르핀이 있습니다"(SA, 76). 반대자가 계속해서 회의적인 태도를 나타낼 때 교수는 짜증을 내면서 장비가 작동하는 방식을 기술적으로 설명하는데, 결론적으로 반대자가 사용한 엔도르핀 시약병이 이틀 전에 같은 선반에서 가져온 것이라고 화를 내며 말한다. 그래도 반대자는 여전히 완강한데, 이를테면 각기 다른 화학물질들이 모두 다른 속도로 장비를 거쳐 여과될 것이라는 원리에 이의를 제기함으로써 애당초 교수가 어느 것이 어느 화학물질인지 확신할 수 있음을 노골적으로 부정한다. "압력이 고조된다. 실험실의 모든 사람이 격노의 외침이 터져 나올 것이라고 예상하지만, 교수는 점잖게 방문자를 실험실의 다른 지역에 데리고 간다"(SA, 76). 여기서 교수는 화학물질이 그것의 광학 스펙트럼으로도 식별될 수 있기에 그것의 정체를 명확하게 입증할 수 있다고 설명한다. 이런 예증에 대하여 반대자가 침묵으로 응대할 때 교수가 더 이상의 시간 낭비에 맞서서 압도적인 선제공격을 가하는 상황을 묘사하면서 라투르는 자신의 뛰어난 연극적 재능을 정교하게 발휘한다.

그래요, 알겠습니다! 아마도 당신은 제가 당신이 본 엔도르핀 시약병으로 실험을 했다는 사실을 반신반의하겠지요? 여기 HPLC 규정집을 보십시오. 같은 분류번호, 같은 시간인지 확인하십시오. 아마도 당신은 제가 여기 있는 이 신사분께 규정집을 위조하고 저를 위해 다른 화학물질로 이 봉우리를 얻어달라고 요청했다고 주장하겠지요? 아니면 당신이 광학 스펙트럼의 측정을 의심할지도 모르겠습니다. 당신은 그것이 이미 폐기된 물리학의 한 부분이라고 생각할지도 모르겠네요. 친애하는 동료여, 그런 행운은 없습니다. 뉴턴이 이 현상을 전적으로 정확히 서술했습니다만, 당신에게는 충분하지 않겠지요 (SA, 76~77).

라투르의 모든 책에는 이런 종류의 매우 재미있는 가공의 담화들이 산재하여 있다. 더욱이 모든 훌륭한 희극배우와 마찬가지로 라투르는 절정이 명백히 지나간 후에도 관객들이 마지막 웃음을 머금고 귀가하게 만든다. 교수의 목소리는 이제 분노로 떨리고 있고 반대자는 결단해야 한다. 정말로 그는 HPLC 규정집이나 액체가 스며드는 분류 수집기를 의심함으로써 실험실의 모든 사람을 모욕할 준비가 되어 있는가? "원리적으로는 그렇게 할 수 있지만, 현실적으로는 할 수 없는 이유는 이미 시간이 너무 많이 흘렀고 모든 사람의 목소리에 담긴 적개심이 느껴지기 때문이다. HPLC 규정집의 원형을 고안한 수자원협회와 논쟁을 벌일 사람이 도대체 누가 있겠는가? 그는 지난 300년 동안 아무 의심 없이 수용된 결과〔광학 스펙트럼에 관한 뉴턴의 법칙〕, 이를테면 수천 점의 현대 기구에 묻어 들어가 있는 결과에 의혹을 제기할 준비가 되어 있을까?"(SA, 77). 반대자는 마지막 시도로 그래프에 반영된 순수한 화학물질이 실제로 엔도르핀인지 큰 소리로 의문을 제기한다. 교수는 기술적으로 대단히 정확하고 압도적인 분석으로 대응한다. 그러고 나서 교수는 자신의 적이 다른 가능한 의심을 궁리해 낼 수 있는지 묻는다. "아닙니다, 인정하겠습니다. (반대자 속삭인다.) 저는 매우 깊은 인상을 받았습니다. 이것은 정말 진짜 엔도르핀인 것 같습니다. 안내해 주셔서 감사합니다. 그냥 계십시오. 제가 알아서 나가겠습니다 … (반대자 퇴장한다.) … "(SA, 77).

라투르는 여기서 이야기를 끝내지만, 반대자에게 미친 여파는 당황스러운 퇴장보다 훨씬 더 나쁠 것이다. 반대자가 떠난 지 몇 분 지나지 않아 교수의 분노는 환희로 바뀌면서 그의 행동에 대하여 큰 소리로 껄껄 웃는다. 교수의 조수들은 포복절도하며 적극적으로 참여하는데, 그들 가운데 몇 사람은 '그 자식'을 욕하면서 '그의 문제가 무엇인지' 궁금해한다. 일과 후에 기술자들은 모두 술을 마시려고 만나는데, 매번 새로운 친구가 주점으로 들어올 때마다 교수는 자신의 조롱을 뿜어낼 새로운 기회를 얻는다. "안녕, 알렉스. 자네는 오늘 실험실에서 일어난 일을 믿지 못할 거야!" 해 질 녘에 그 이야기는 수십 통의 전자우편으로 전 세계의 동료들에게 거듭 전해질 것이다. 이제 반대자는 과학계 웃음거리가 된다. 미래의 학술회의에서는 반대자의 논문 발표에 굳이 참석한 사람들 사이에서 선웃음과 알고 있다는 눈길이 교환된다. 이제 반대자가 제안하는 연구계획서들 가운데 몇 개는 영문도 모르게 선정되지 않고, 한때 우호적이었던 공동연구자들은 그가 다가가면 복도의 반대편으로 피해 가는 것처럼 보인다. 반대자가 지나치게 의심이 많은 사람일 뿐인가? 아니, 그렇지 않다. 반대자의 과학적 고립은 영구적으로 커졌다. 이전 동맹자들은 작당하여 그를 버리고, 그가 교수에게 비굴한 사과 편지를 보낸 후에도 경력이 회복되는 데에는 여러 해가 걸리는데, 한편으로 교수는 여백에 빈정대는 자신의 주석을 붙인 그 편지를 무정하게 회람시킨다.

나는 부분적으로는 즐기려고 이 시나리오를 매우 자세히 다시 읽었다. 지루한 철학자들이 언제나 너무 많이 있었는데, 다행스럽게도 라투르는 지루한 철학자가 아니다. 그런데 실험실 생활에 대하여 라투르가 경험적으로 설명하는 진술의 꼼꼼한 세부를 얼마간 제대로 다루는 일도 중요했는데, 다른 상황이라면 이 책과 같은 형이상학 저서에서는 그런 진술이 틀림없이 배제된다. 그 이야기가 보여주는 것은, 반대자가 무한히 계속해서 이의를 제기할 수는 있지만, 고립이 심화하고 아마도 정신 질환까지도 앓게 되는 비용을 치르고서야 그럴 수 있다는 점이다(그리고 이것은 농담이 아니다). 교수는 동맹자들이 셀 수 없이 많은데, 이를테면 기니피그 내장, 기록 장치, 아이작 뉴턴 경, 기술자 집단, 연구비, 나중에 반대자를 조롱할 수 있는 유력한 친구들이 있다. 그에 반해서, 반대자는 자신의 의심을 뒷받침해 줄 사람도 없고 사물도 없다. 개봉하기가 가능하지만 사실상 대단히 어려운 수많은 블랙박스가 교수를 둘러싸고 있다. 교수가 매우 많은 블랙상자를 층층이 쌓아 올려서 반대자는 그것들의 단합된 힘에 압도당한 채 어떻게 벗어나야 할지 전혀 모른다(SA, 59). 실험이든 존경받는 권위자든 강한 제도적 지위든 매력적인 관념이든 간에 우리 편에 서는 각각의 블랙박스는 우리를 더 강하게 만들고 우리의 적은 더 약하게 만든다(SA, 93). 우리가 블랙박스와 연결될 때마다 우리의 적은 우리를 그것에서 분리하느라고 힘든 시간을 보낼 것이다.

이제 앨런 소칼뿐 아니라 다른 과학적 실재론자들도 다 알고 있다는 듯이 고개를 끄덕이기 시작할 순간이다. 그들은 브뤼노 라투르를 현장에서 붙잡았는데, 그들이 보기에 라투르는 과학 전체를 인간의 권력정치의 궤변술로 환원한다. 라투르에 따르면 유력한 실험실 책임자는 자신의 약한 부하를 강압적으로 복종하게 만든다. 지식은 권력일 뿐이다. 하지만 내가 생각하기에는 라투르에 대한 이런 독법이 어떻게 공정한 독자의 마음에 떠오를 수 있는지 이해하기 어렵다. 우선 라투르는 어떤 식으로도 자연과 정치권력을 각각 이편과 저편에 두면서 깔끔하게 나누지 않는다. 『비환원』이 보여주듯이 행위소들은 모두 지위가 평등하다. 앞의 사례에서 라투르는 교수가 반대자보다 정치적으로 더 유력하다는 이야기는 절대 꺼내지도 않았다. 우리는 끝에 반대자가 스스로 공개적인 웃음거리가 되었다는 것만을 안다. 그런데 그 사례는, 교수는 연구비가 빈약한 무소속 생물학자이고 반대자는 공격적인 학술원 수장이나 오만한 노벨상 수상자인 경우에도 마찬가지로 쉽게 일어날 수 있는 사태일 것이다. 이런 식으로 다시 쓰면, 그 이야기는 풋내기 회의주의자를 못살게 구는 저명한 교수의 '권력'에 관한 것이 더는 아니라, 오히려 평범한 기성 과학에 대항한 대담한 실험의 승리에 관한 것이다. 게다가 순전히 사회적인 견지에서 교수가 반대자보다 실제로 '더 유력한' 인물이었더라도 그의 승리는 여전히 보장되지 않는다. 우리가 아는 것은 반대자가 완전히 사기가 꺾여 불명예스럽게 실험실을 막 떠났다는 사실뿐이다. 하지만 반대자가 돌아가서 이전보다 더 성실히 연구한다면 어떻게 될까? 그는 과학의 새로운 '기적의 해'로 이어지는 영감을 얻어서 이 년 후에 뉴턴 광학에 대한 독창적인 반박으로 세계를 깜짝 놀라게 했을지도 모른다. 이제 최후에 웃는 자는 반대자다. 스톡홀름에서 행하는 그의 극적인 노벨상 수상 연설의 끝으로 건너뛰자. "십오 년 전에 저는 한 유명한 실험실에서 당대의 한 선도 과학자에게 조롱당했습니다. 그의 이름은 이제 잊혔고, 저는 생존해 있는 그의 동료들을 더 이상 난처하게 하지 않을 것입니다. 중요한 것은 광학 스펙트럼에 대한 해석의 새 시대가 시작되었다는 사실입니다. 실험 연구는 이제야 조롱과 고립의 가장 어두운 시기에 씨앗이 뿌려진 작물을 수확하고 있습니다. 종교재판소의 지하 감옥에 갇힌 조르다노 브루노의 용기에서 배운 교훈이 다시 한번 증명되었습니다. 그러므로 외로운 진리 추구자여, 권력자의 조소를 절대 두려워하지 맙시다! 〔기립박수가 이어진다〕." 라투르의 요점은 사회적 권력이 객관적 증명을 이긴다는 것이 아니다. 오히려 요점은, 과학상을 주요한 실험실의 으스대는 귀족주의자가 받든 매력적인 다크호스가 받든 간에 둘 다 같은 영광에의 길을 따라가야 한다는 것인데, 요컨대 자신의 적을 굴복시키려면 블랙박스를 가능한 한 많이 조립해야 한다는 것이다.

실험실 우화가 알려주는 것은, 우리는 결코 진리를 실물로 직접 볼 수는 없다는 사실이다. 반대자는 불쾌한 골칫거리일 것이지만 그의 행동은 일리가 있는데, 요컨대 어떤 것에도 이의를 제기할 수 있다는 것이다. 우리가 올바른 답을 떠올릴 때, 이제 진리를 얻었다고 자신의 귀에 속삭이는 요정이나 마법의 정령이 없을 뿐 아니라 자신의 머릿속에 적색 신호등이 번쩍

켜지는 경우도 절대 없다. (크릭과 왓슨은 자신들의 당혹스러운 첫 번째 해결책을 올바른 두 번째 해결책과 꼭 마찬가지로 확신했다.) 오히려 우리는 교향곡이나 전력망처럼 힘들여 진리를 조립하며, 이것들 가운데 어느 것이나 예기치 않은 저항의 무게에 붕괴할 수 있다. 유력한 상급자와 지배적인 패러다임은 여타의 것보다 더하지도 덜하지도 않은 블랙박스다. 『이중나선』의 뛰어남은 그 책이 경성硬性 과학[4]과 일시적인 흥미, 소문, 명예욕을 모두 같은 지위에 두는 방식에 있다. 이것들은 모두 사건으로 행위소들을 포함한다. 왓슨의 걸작보다 더 라투르적인 책을 상상하기는 어렵다. 브뤼노 라투르를 어떤 식으로 지칭해도 좋지만, 그를 상대주의자나 유력한 정치가, 사회구성주의자로는 지칭하지 말아야 한다. 세계는 매 순간 많은 행위소로 구성되며, 대부분의 행위소가 좁은 의미로 '사회적'인 것이 아닌 이유는 행위소가 인간의 공모로 구성되는 것만큼이나 쉽게 시멘트나 기하학적 입체들로 구성될 수 있기 때문이다.

그러나 라투르의 행위소는 인간의 권력 놀음으로 생성되는 환영에 불과한 것도 아니지만 바위처럼 단단한 객관적 실체도 아니다. 객체는 실체가 아니라 수행이다. "동화 속 영웅들은 가장 추악하고 머리가 일곱인 용을 물리치거나 온갖 역

---

4. [옮긴이] 경성 과학(hard science)은 과학적 방법론의 엄밀성과 고도의 정밀성 및 객관성을 갖춘 과학을 말하는데, 일반적으로 물리학·화학·생물학 등의 자연과학이 경성 과학으로 여겨진다. 한편으로, 경제학·사회학·심리학 등의 사회과학은 대체로 연성 과학(soft science)으로 서술된다.

경을 딛고 공주를 구한다. 실험실 안에 있는 영웅들은 석출 precipitation에 저항하거나 [금속 원소의 일종인] 비스무트를 이긴다"(SA, 89). 여기서 라투르는 폴로늄으로 지칭되는 새로운 화학원소를 규명한 마리 퀴리와 피에르 퀴리 부부의 연구를 언급하고 있는데, 처음에는 그 원소가 다른 모습으로 나타난 잘 알려진 원소일 뿐이라고 주장한 반대자들이 있었다.

> 시험의 배후에 있다고 하는 이 유명한 것들은 무엇으로 구성되는가? 그것들은 일련의 승리로 구성된다. [폴로늄은] 황화수소 게임에서 우라늄과 토륨을 물리쳤고, 황화암모늄 게임에서 안티몬과 비소를 물리친 다음에 납과 구리를 강제로 퇴출한다. 그 결과 비스무트만이 멀리 준결승전까지 진출했지만, 그것 역시 가열과 냉각의 마지막 게임 중에 격파되었다! 사물을 규정할 때 첫머리에 제시되는 것은 일련의 겨루기에 대한 **성적표**다(SA, 89).

이런 식으로 라투르는 사물을 속성들 또는 한정된 특성들의 목록으로 여기는 관념을 고수함으로써 프레게나 러셀이 반실재론자가 아닌 것과 마찬가지로 반실재론자가 아니게 된다. 차이점은 라투르에게 속성은 무생물적 성질이 아니라 경쟁자들에 대한 적극적인 승리 또는 수행이라는 사실이다. 이런 라투르의 견해에 반대하는 논증은 다양한 형이상학적 이의를 제기함으로써 확실히 전개할 수 있지만, 라투르는 세계의 비실재성에 대한 멋진 헛소리를 유포하는 또 하나의 프랑스 상대주의자일 뿐이라는 주장은 하지 말아야 한다.

라투르는 영원히 바로 그런 모습으로 공허 속에서 선회하는 무생물적 실체나 본질 대신에 블랙박스를 제시한다. 블랙박스는 고려해야 하는 힘이고 힘겨루기에 저항한다. 그렇지만 블랙박스는 오로지 관성으로 세계에 머무르지는 않는다. "가장 우호적인 환경에서도, 즉 블랙박스가 일상적인 장비일 때도 계속 존재할 수 있으려면 그것은 다른 사람들을 동반해야 하고 적극적인 고객이 있어야 한다"(SA, 137). 블랙박스가 오래 지속할 수 있으려면 일탈적인 이단자들을 때려눕히는 토마스주의적 정통이나 다원주의적 정통의 성채가 항상 있어야 한다. 모든 학교는 혼돈을 막는 보루로서의 무자비한 집행자가 있어야 한다. 하지만 블랙박스는 결코 완전히 닫혀 있지는 않아서 문제가 생길 위험이 전혀 없지는 않다. 겉보기에 확고부동한 블랙박스, 이를테면 뉴턴의 중력 법칙과 로마제국에서도 결국 균열이 생긴다. 어떤 지성적 정통의 경우에도 마찬가지 사태가 일어날 수 있다. 사실상 이 책의 목표들 가운데 하나는 진부한 분석철학/대륙철학 이중 군주제라는 블랙박스를 개봉하여 그것의 내부를 햇빛과 독수리, 개의 공격에 노출하는 것이다. 블랙박스는 유지비가 적게 들지만, 전혀 들지 않는 것은 아니다.

라투르는, 나중에 기계에 대하여 언급할 때와 꼭 마찬가지로, 블랙박스가 다양한 요소를 단일한 완성품으로 조립한다는 사실을 강조한다. "많은 요소가 하나로 활동하게 되면, 이 것이 이제 내가 블랙박스라고 지칭할 객체다"(SA, 131). 처음에 객체는 활동 중인 객체인데, 이를테면 자신이 거두는 대승과 다른 행위소들과 맞서는 힘겨루기로 식별된다. 하지만 시간이 흐름에 따라 우리는 이런 드라마를 잊어버리고 블랙박스는 실체 같은 것으로 바뀐다. "새로운 객체는 **사물**이 되는데, 이를테면 소마토스타틴, 폴로늄, 혐기성 세균, 초한수, 이중나선, 이글 컴퓨터처럼 자신을 형성한 실험실 조건에서 격리된 사물, 즉 이제는 자신의 기질을 드러내는 겨루기와 무관한 듯 보이는 이름을 가진 사물이 된다"[5](SA, 91). 이런 사물은 능력 또는 잠재력을 소급해서 부여받고, 이렇게 해서 그것은 단단한 본질로 오인된다. "각각의 수행에는 영웅이 호된 시련을 전부 견뎌낸 이유를 소급하여 설명하는 **능력**이 〔미리 갖추어져 있는 듯 보인다〕. 영웅은 더는 행위들의 성적표가 아닌데, 요컨대 그나 그녀나 그것은 각자의 표현들을 통해 천천히 드러나는 본질이다"(SA, 89). 이제는 태어난 순간부터 신의 축복을 받은 것처럼 보이는 인물들이지만 그 당시에는 그들 가운데 누구도 결코 이런 식으로 느껴지지 않았던 아리스토텔레스나 맥스웰, 칸토어, 보어의 동시대 적들은 학술전문가들만이 기억한다. 라투르는 이른바 '휘그주의 역사'[6]로 항상 방향을 바꾸는 이 과

---

5. 구두점들을 간소화하였다.
6. 〔옮긴이〕 휘그주의 역사는 승자의 관점에서 서술한 역사를 말한다. 휘그주의적 역사관은 현재의 궤적이 역사적으로 특정하고 우연적인 과거의 결정

정을 찬양하지 않는데, 이를테면 연합군은 더 능숙하고 더 강했기 때문에 나치를 물리쳤고, 파스퇴르는 더 명료하게 이해했기 때문에 푸셰를 물리쳤고, 불은 연소력을 부여받았기 때문에 종이를 태웠고, 알약은 수면력을 품고 있기 때문에 우리를 잠들게 한다는 등의 주장에 라투르는 절대 동조하지 않는다. '자연 또는 본성'이라는 낱말은, 오히려 특정한 행위자들 사이에서 일어나는 번역들의 구체적인 드라마로 설명해야 할 무언가를 설명하는 데 절대 사용하지 말아야 한다.

다음 주제로 넘어가기 전에 블랙박스라는 관념으로 성취하는 것을 다시 한번 검토하자. 첫째, 실체와 달리 블랙박스는 우주의 모든 가능한 층위에 존재하는데, 그 이유는 이를테면 분장한 배우들과 공원 안을 순환하는 자동차들, 자동차의 타이어들, 타이어를 구성하는 고무, 고무 안의 분자 및 원자들 각각에 못지않게 디즈니랜드도 블랙박스이기 때문이다. 한낱 부분들의 집성체에 불과한 것에 대립하는 실체가 존재하는 특별한 차원의 실재는 전혀 없다. 이런 까닭에 라투르는 아리스토텔레스적 전통뿐 아니라 유물론적 전통과도 어긋난다.

둘째, 블랙박스는 자신의 관계나 우유적인 것과 오직 상대적인 의미에서만 다르다. 우리는 행위자로서의 러시아를 그것의 정치 및 문화적 현 상태의 세부와 구별할 수 있을 것이다.

들에서 비롯된 것으로 간주하지 않고, 필연적으로 이렇게 될 수밖에 없는 본질적 원인을 현재의 결과에서 소급하여 찾아낸다.

하지만 실제로 이렇게 구별하려면 추상화의 노동을 수행해야 하는데, 그 이유는 현재 존재하는 것은 자신의 모든 세부를 포함하는 총체적이고 구체적인 사건으로서의 러시아뿐이기 때문이다. 환경에서 무언가를 끌어내려면, 환경이 더는 블랙박스로 조용히 작동하는 것이 아니라 오히려 개봉할 수 있는 상자처럼 인식되어야 한다.

셋째, 시간이 흘러도 지속하는 대다수 전통적인 유형들의 실체와 달리 라투르의 블랙박스는 자동으로 지속하지는 않는다. 블랙박스는 사건이므로 자신이 맺고 있는 관계들을 모두 자신의 일부로 포함한다. 그런데 이런 관계들은 매 순간 변하므로, 우리가 블랙박스를 일련의 사소한 변환을 겪으면서 시간을 가로지르는 '궤적'으로 여기지 않는다면, 블랙박스는 순간적으로 지속할 뿐이다. 한편으로 블랙박스는 끊임없이 유지되어야 한다. 이런 까닭에 라투르는 연속적 창조라는 학설의 동맹자가 되는데, 이 학설은 기회원인론 철학의 상습적인 특질이기도 하다. 순간들 사이에 아무 관련성도 없는 이유는 각각의 순간이 절대적으로 독특한 사건으로 아무것도 한 순간에서 그다음 순간까지 자동으로 지속하지 않기 때문이다. 하지만 기회원인론은 앞에서 이미 언급된 것보다 훨씬 더 강한 함축, 즉 어떤 두 행위자도 서로 직접 접촉할 수 없다는 뜻을 품고 있다. 라투르 역시 기회원인론의 이런 특질을 고수하는지 여부를 판결하기 전에 관계를 원격작용의 일종으로 여기는 라투르의 모형을 고찰해야 한다.

B. 원격작용

라투르에게는 지금 여기서 실재에 기입되어 있는 것의 배후에 놓여 있는 불가사의한 본질이 전혀 없다. 모든 가능한 변양태의 행위소들이 있을 뿐이고, 게다가 행위소들은 매 순간에 아무것도 유보되지 않은 채로 완전히 표현된다. 객체의 새로운 특질들이 잇단 사건들의 전개를 통해 나타나는 것이 사실이지만, 아마도 소급하여 적용하는 방식이 아니라면 이런 새로운 특질들은 '잠재력' 또는 '역량'에 귀속시킬 수 없다. 행위자는 사건이고 사건은 항상 전적으로 전개된다. 행위자는 잠재적 기층의 운동이 일으키는 우연한 표면효과라기보다는 실재의 총합이다. 이런 점에서 라투르에게는 오직 하나의 세계만 있는데, 모든 행위소는 오로지 여기에 존재할 따름이다. 하지만 이렇다고 해서 라투르가 전체론자인 것은 아님을 인식하자. 라투르의 경우에 모든 것이 여타의 것에 영향을 미치지는 않는다. 라투르의 책 『아라미스』에 등장하는 한 인물이 무자비한 물리력으로 이 점을 예증한다. "그가 주먹으로 책상에 내리친 격렬한 타격은 문자 A 아래 분류되어 책꽂이의 꼭대기에 꽂혀 있는 아리스토텔레스의 책 『형이상학』의 내용에 어떤 가시적인 영향도 미치지 않았다. 보다시피, 모든 것이 어우러지는 것도 아니고, 모든 것이 연결된 것도 아니다"(AR, 152). 네트워크의 철학은 네트워크에서 따로 떨어진 부분이 없어야 하는 상황을 요구하지 않는다. 모든 것이 이미 연결되어 있다면, 라투르에게 번역은 그렇게 긴급한 쟁점이 아닐 것이다.

　전통적인 실체 관념은 라투르의 철학에서 완전히 제외되고, 다양한 힘겨루기에 저항하는 블랙박스들의 끝없는 충위들로 대체된다. 관계에 대한 라투르의 이론은 여전히 규명되어야 하지만, 여타의 영역과 전적으로 부합하지는 않는 별개의 영역들이 존재하더라도 객체들은 모두 실재의 같은 평면에 놓여 있다는 그의 결론을 반영해야 할 것이다. 객체들은 서로 연결될 수 있지만, 대체로 아직은 연결되어 있지 않다. 하지만 객체들이 이왕이면 연결되고 싶다는 희망을 품고 있다는 순전한 사실은 행위소들이 서로 분리되어 있더라도 각자의 성질들을 통해서 서로 연결될 수 있음을 가리킨다. 두 행위자는 부분적인 형태로만 연결될 수 있을 것인데, 어떤 두 사물도 완전히 같은 속성들을 지니고 있지 않은 이유는 매우 비슷한 두 존재자도 우주에서 각기 다른 발판을 차지할 것이어서 다른 사물들과 각기 다른 관계를 맺을 것이기 때문이다. 우리는 아무 노력도 하지 않으면서 오스트리아와 스웨덴, 포르투갈을 하나의 연방으로 통합할 수는 없고, 게다가 자동차 엔진과 유리를 녹여서 균질한 덩어리로 만드는 데에도 엄청난 에너지가 소요된다. 그럼에도 이 행위소들이 아무튼 연결될 수 있으려면 그것들이 어떤 특질들을 공유해야만 한다. 이 행위소가 저 행위소에 어떤 영향을 미칠 때마다 이것은 '원격작용'으로 서술될 수 있는데, 그 이유는 행위소들이 모두 자기 자신이라는 바로 그 사실에 의해 미지의 방화벽으로 다른 행위소들과 분리되어 서로 떨어져 있기 때문이다.

동맹을 맺을 때면 언제나 원격작용을 하고, 원격작용이 없다면 어떤 종류의 실재도 없을 것이다. "실재는…많은 양상을 나타내며, [하나의] 주장과 결부된 요소들의 수에 전적으로 의존한다"(SA, 105). 그런 요소들은 인간과 비인간 사이에 벌어져 있다고 여겨지는 어떤 간극도 건너는데, 그 결과 "사악한 장군, 기만적인 다국적 기업, 갈망하는 소비자, 착취당하는 여성, 굶주린 아이, 왜곡된 이데올로기"(SA, 175)와 같은 '사회적 인자들'로 때때로 오염되는 객관적이고 깨끗한 과학은 없다. 그런데 탐욕스러운 사람들과 희생당한 사람들에 대한 도덕적으로 나무랄 데 없는 이런 명단과 더불어 "세균, 방사성 물질, 연료전지, 약품"(SA, 175)도 잊지 말아야 한다. 이것들은 모든 억압자와 피억압자에 대한 학구적 정념이 없을 것임에도 행위소다.

이론에 관한 것이든 군대에 관한 것이든 정책에 관한 것이든 음식점에 관한 것이든 기계에 관한 것이든 간에 모든 상황에서 제기해야 하는 유일한 물음은 그것들이 번성하기에 충분할 만큼 행위소들을 연결할 수 있는지다. 그렇지 않다면, 이론은 붕괴하고 소대는 포화 속에서 퇴각하며 기업은 몇 달 안에 도산한다. 행위소들이 모두 우리를 먼지 쌓인 유령 마을처럼 버려둔 채로 다른 지점들을 통과하는 동안 우리는 고립되어 환상적인 내면의 삶에 갇히는 상황에 부닥치게 될 것이다. 과학적 목적을 위해서 라투르는 이런 사태에서 다음과 같은 결론을 끌어낸다. "'과학적'이라는 형용사는 어떤 신비로운 능력 덕분에 대중의 견해에 맞설 수 있는 **고립된** 텍스트에 귀속되지 않는다. 어떤 문서가 과학적 텍스트가 되는 상황은 그 문서의 주장이 고립된 상태에서 벗어날 때인데, 요컨대 그 문서의 출판에 관여한 사람들이 많고 그들이 텍스트 속에 명시될 때다"(SA, 33). 라투르의 논제는 다음과 같이 쉽게 바꾸어 쓸수 있을 것이다. "'음식점'이라는 명사는 어떤 신비로운 능력으로 대중을 끌어들이는 고립된 상점에 귀속되지 않는다. 어떤 음식점이 실재적인 것이 되는 상황은 그 음식점이 **고립된** 상태에서 벗어날 때인데, 요컨대 그곳에서 식사하는 사람들이 많고 그들이 그 음식점을 명시적으로 알릴 때다." 두 진술은 모두 똑같이 흥미로울 뿐 아니라 같은 비판에 대해서도 똑같이 취약하다. 일반적으로 주목받기 전에 멘델의 유전학 연구는 정말로 덜 과학적이었을까, 오히려 멘델은 알려지지 않은 위대한 과학자이었지 않았을까? 맹렬한 광고 활동 덕분에 갑자기 인기를 얻게 되었을 때에 비해 삼 주 동안 악전고투를 겪었을 때 차이나하우스는 정말로 덜 좋은 음식점이었을까, 오히려 그것은 발견되지 않은 보석이었지 않았을까? 다른 사람들에게 인정받기 전에 세잔은 덜 훌륭한 화가였을까, 휠덜린은 덜 훌륭한 시인이었을까, 라투르는 덜 훌륭한 철학자였을까? 이런 곤경은 고독하고 고립된 본질에 대한 라투르의 적대감이 초래하는 곤혹스러운 결과들 가운데 하나다. 라투르는 이런 사태를 깨달은 것 같은데, 이를테면 어떤 개인적 질문에 다음과 같이 응답한다. "『과학의 실천』은 승자 쪽으로 대단히 편향되어 있고 패자를 제대로 다루지 않습니다 … 약자는 소홀히 취급됩니다."7 하지만 어떤 의미에서 승자와 패자의 차이가 가장 문제가 많은 균열이 아닌 이유는 어쨌든 라투르가 승자와 패자를 구별하는 한 가지 기준, 즉 승자는 더 강한 동맹을 맺고 있다는 기준을 제시하기 때문이다. 더 흥미로운 일은 승자와 패자 모두에서 그럴 만한 자격이 있는 자와 자격이 없는 자를 구별하는 것이다. 모든 승자가 동등하지는 않은 것과 꼭 마찬가지로 모든 패자가 동등하지는 않다. 이런 의문이 그저 역사적 작업을 위해 흥미로운 것만이 아닌 이유는 그것이 라투르가 실체를 거부한다는 사실과 관련되어 있기 때문이다. 실체는 근본적으로 약자이기에, 만약 실체가 존재한다면 그것은 자신을 배치하는 네트워크의 이면에 은폐된 채로 항상 있을 것이다. 하지만 실체가 라투르의 철학에서 배제된다는 것은 『비환원』을 읽으면 처음부터 알게 된다. 은폐된 객체나 본질보다 구체적인 사건에 최고의 지위를 부여하는 형이상학에서 '승자'가 아닌 누군가가 우세할 수 있는지 아니 **존재**할 수조차 있는지 여전히 의심스럽다.

이 문제는 잠깐 제쳐두자. 라투르가 서술하는 다양한 조립체의 목표는 수많은 동맹자를 분명히 단일한 전체로 융합하는 것인데, 요컨대 동맹자들에게는 도발적이고 독자적인 어

---

7. Bruno Latour, Personal Communication, Electronic mail to Graham Harman of 14 January, 2006.

떤 행위도 금지된다. 블랙박스는 기계의 일종으로 "그 이름이 의미하듯이 … 하나의 술책, 하나의 전략, 일종의 간계인데, 여기서는 차용된 힘들이 서로 견제하고 있어서 아무것도 집단에서 떨어져 나갈 수 없다"(SA, 129). 이상적으로 기계는 자신의 부분들이 능률적인 전체에 대항하여 반란을 일으킬 기회가 거의 없도록 매우 잘 설계되어 있어야 하는데, 이를테면 블랙박스는 매우 효과적으로 조립되어서 그것을 변화시키는 것은 상상할 수조차 없는 일처럼 보인다(SA, 122). 새로운 블랙박스가 어떤 종류의 혁신이나 개량의 조짐을 보여주는 것은 사실인데, 그렇지 않다면 아무도 굳이 그것을 사용하지 않을 것이다. 그런데 혁신이 우리에게 너무나 많은 것을 바꾸라고 요구하면 그것의 운명은 일반적으로 행복하지 않다. 대성공을 거두는 실험적 소설들이 있다. 하지만 실험적 내용(말하는 버섯들이 유일한 등장인물임), 그리고 실험적 형식(임의의 순서대로 뒤섞이는 놀이 카드에 소설을 인쇄하기), 그리고 실험적 메시지(사이언톨로지의 교리를 설교하기), 그리고 실험적 배포(텔레비전 광고를 통해 카드발급 신청을 권유하기), 그리고 실험적 언어(미합중국 남부의 노동자 계급에서 차용하여 5행 속요로 구성한 단축 속어), 그리고 실험적 독자(메시지를 최근의 이민자들에 맞추기)를 조합하려고 시도한 야심만만하고 전위적인 소설을 생각해 보자. 이런 기괴한 사례는 너무나 많은 블랙박스를 한꺼번에 열려고 한 시도가 초래할 냉혹한 결과를 암시한다. 마셜 매클루언은 한 출판업자가 자신에게 책이 성공하려면 내용의 십 퍼센트만이 새로워야 한다고 말했음을 알려준다. 라투르 자신은 아라미스, 즉 제안된 파리 자동지하철 체계의 실패에서 같은 교훈을 끌어낸다. "모든 점에서 한꺼번에 혁신하지 마라"(AR, 298). 또는 『과학의 실천』에서 서술되는 대로 "너무 소심하면 당신의〔과학〕논문은 실패할 것인데, 너무 대담해도 마찬가지일 것이다"(SA, 51).

그러나 블랙박스의 단연코 가장 큰 위험은 그냥 무시당하는 데 있다. 우리의 노동에 대한 가장 잔인한 비판조차도 순전한 무관심보다는 덜 해로운데, 이를테면 책을 출판한 저자라면 누구나 서평이 전혀 없는 것보다는 악의적인 서평을 받는 것이 더 좋음을 안다. "이런 사항이 과학의 제조를 결코 가까이 접하지 않은 사람들이 파악하는 데 가장 어려움을 겪는 것이다. 그들이 생각하기에 과학 논문들은 모두 대등하며 하나씩 차례로 자세히 검사받으려고 병사들처럼 줄지어 늘어서 있다. 하지만 대부분의 논문은 전혀 읽히지 않는다"(SA, 40, 강조가 첨가됨). 다음 주장은 라투르가 견지하는 동맹의 형이상학을 강력하게 뒷받침한다.

한 논문이 이전 문헌에 어떤 영향을 미치든 간에 그 논문으로 어떤 일을 행하는 사람이 아무도 없다면 그것은 절대 존재하지 않았던 것이나 마찬가지다. 당신이 어떤 치열한 논쟁을 단번에 잠재우는 논문을 썼을 수도 있지만, 독자들이 그 논문을 무시하면 그것은 사실로 전환될 수 없다. 절대 **그럴 수**

없다. 당신은 그 부당함에 대하여 항의할 수 있다. 자신이 옳다는 확신을 마음속에 소중히 간직할 수 있지만, 그 확신은 결코 당신의 마음을 벗어나지 못할 것이다. 다른 사람들이 돕지 않는다면 당신은 결코 확신을 진전시키지 못할 것이다. 사실 구성은 매우 집단적인 과정이어서 고립된 개인은 사실이 아니라 꿈과 주장, 느낌을 만들어낼 뿐이다(SA, 40~41).

라투르의 경우에 일반적으로 그렇듯이, 그 진술은 인간 영역을 벗어나더라도 여전히 마찬가지로 강력하다. 라투르는 마찬가지로 쉽게 다음과 같이 쓸 수 있었을 것이다. "객체가 무엇이든지 간에 그 객체가 다른 어떤 객체에도 영향을 미치지 않는다면 그것은 절대 존재하지 않았던 것이나 마찬가지다. … 실재는 매우 집단적인 과정이어서 고립된 객체는 사실이 아니라 한낱 꿈이나 주장, 느낌에 불과한 것일 뿐이다."

새로운 블랙박스를 만들어내려면 각기 다른 생명 있는 객체들과 생명 없는 객체들을 명부에 올려야 한다. 객체들의 행동을 될 수 있는 대로 최대한 통제해야 하는데, 그렇지 않다면 그것들은 '유지비가 많이 드는' 요소처럼 행동하면서 블랙박스의 매끈한 작동에 간섭할 것이다. 우리의 목표는 블랙박스를 매우 매끈하고 안전하게 만들어서 아무도 개봉할 생각조차 하지 못하게 하는 것이다. 길고 매혹적인 한 절에서 라투르는 다른 행위소들을 조력자로 모집하기 위해 실행할 수 있는 상이한 전략들을 숙고한다(SA, 108~121). (1) 펜타곤 계약자들이 일반적으로 그렇듯이, 우리는 행위소들이 필요로 하는 것을 제공함으로써 그들의 이해관계에 영합할 수 있다. (2) 우리는 행위소들에게 그들이 바라는 것은 실행할 수 없는 것이어서 오히려 여타의 것에 관심을 가져야 함을 납득시킬 수 있다. (3) 우리는 행위소들에게 그들이 가고 싶어 하는 곳에 닿으려면 우리가 행하고 있는 것을 거쳐 약간 우회하면 된다고 말할 수 있다. (4) 더 복잡한 전략으로, 우리는 동맹자들의 목표를 대체하고, 동맹자들을 고무하는 새로운 목표를 만들어내고, 우리가 바라는 것을 마찬가지로 바라는 전적으로 새로운 집단을 형성하며, 처음부터 우리가 우회로를 따라 인도하고 있다는 사실을 숨기려는 시도까지 해볼 수 있다. (5) 마지막으로 우리는 우리 자신을 필수 불가결한 요소로 만들어서 어떤 행위소도 우리가 없다면 작용할 수 없도록 시도할 수 있는데, 그 결과 어떤 유형의 힘에 대한 독점권이 창출된다. 마지막 전략이 성공한다면 우리는 '의무 통과점', 즉 여타의 행위소가 어쩔 수 없이 거래해야 하는 의무적인 통관 항이 된다(SA, 132).

스스로 동맹자들을 규합하는 것과 더불어 우리의 적들을 그들 자신의 동맹자들에서 떼어내는 것도 좋은 생각이다. 라투르가 서술하는 대로 "저자와 반대자의 힘겨루기에서 그저 상대방과 그의 지지자들을 연결하는 고리들을 절단함으로써 가장 느닷없는 반전이 일어나기도 한다"(SA, 85). 앞의 사례에서 반대자는 교수와 그의 모든 장비를 연결하는 고리들을 끊으려고 시도했다. 반대자는 매번 실패했다. 하지만 규약집에 명백한 오류가 있었거나, 생리측정기의 전선 연결에 문제가 있었거나, 바늘이 그래프용지 홈에 고정된 것으로 드러났거나, 교수가 광학 스펙트럼에 관한 뉴턴의 법칙을 잘못 이해했거나, 노골적인 부정행위가 탐지되었다면 무슨 일이 일어났을지 생각해 보자. 교수는 몹시 약화하였을 것이며 반대자가 승자로 판명되었을 것이다. 이 세기 동안 임마누엘 칸트의 코페르니쿠스적 혁명은 구식처럼 보이지 않기를 바라는 철학이라면 무엇이나 거쳐야 하는 의무 통과점이었다. 신의 존재나 우주의 무한성에 대한 구식의 합리주의적 증명을 제시하는 사람이면 누구나 주류 철학에 의해 진지하게 받아들여지는 데 어려움을 겪을 것인데, 이 상황은 인간 경험과는 별도로 물자체에 관하여 말할 수 있는 능력을 주장하는 사람이면 누구에게나 마찬가지일 것이다. 분명히 빈틈이 없는 알프레드 노스 화이트헤드는 자신의 주요한 동맹에서 칸트를 퇴출하려는 대범한 시도를 감행하는데, 다시 말해서 인간과 세계 사이의 간극이 여타 종류의 존재자들 사이의 간극들보다 철학적으로 더 중요하다는 관념을 퇴출시키려고 한다. 칸트의 동맹자 사슬을 이렇게 한 번 절개하자마자 화이트헤드는 이른바 17세기 철학의 고물 집적소 안에 쉽게 진입함으로써 오늘날 대부분의 철학자가 데이빗슨Davidson과 콰인Quine을 진지하게 받아들이는 만큼이나 라이프니츠와 버클리를 진지하게 받아들일 수 있다. 하지만 화이트헤드는 이 도박의 대가를 비싸게 치르는데, 결국 그는 여전히 작은 소수자 집단의 고립된 영웅이어서 철학의 주류를 사변적 형이상학으로 되돌릴 수 있을 만큼 블랙박스들을 충분히 쌓을 수 없다. 사망한 후에 승리를 거둘 것이지만, 직업적인 철학자들 대다수에게 화이트헤드는 여전히 기껏해야 영리한 상상력과 모호한 산문 문체를 나타내는 독창적인 괴짜다. 화이트헤드의 동맹자 목록은 여전히 칸트보다 훨씬 더 미약하다.

한 행위자를 자신의 동맹자들과 단절시키는 일이 생각보다 더 쉬운 이유는 동맹자들이 결코 생각만큼 블랙박스에 순종적이지 않기 때문이다. 라투르가 서술하는 대로 "실험실의 시연에 '변함없이' 설득되었던 동료들도 한 달 후에 자신의 마음을 바꿀 수 있다. 확립된 사실은 가공의 사실로 빠르게 변환되고, 당황한 사람들은 묻는다. "우리가 어떻게 그런 터무니없는 것을 믿었을 수가 있었지?" 영원히 존속할 것처럼 보였던 기성 기업들이 갑자기 시대에 뒤진 것이 되고 파산하기 시작하며 더 새로운 기업들로 대체된다"(SA, 121). 우리가 우리 적의 동맹자들에게 진영을 바꾸라고 적극적으로 강요하면 이런 과정은 가속화될 수 있다. 매우 놀랍게도, 우리 적의 동맹자 네트워크의 기반을 약화하는 가장 쉬운 길은 종종 우리 적의 약점이 아니라 강점을 공격하는 데 있다. 오디세우스가 키클롭스의 발이나 손을 찌른다면 화만 돋을 뿐이다. 하지만 머리를 향해 불길한 외눈을 곧장 찌를 때 키클롭스가 무력해졌다.

최근의 정치에서는 미합중국 전직 대통령 조지 W. 부시의 정치 고문 칼 로브의 사례가 있다. 정확한지는 잘 모르겠지만, 로브는 자신의 적에게 명백히 유리한 소송에 맞서 이런 정공법을 능숙하게 사용했다고 전해지곤 한다. 당신의 적이 아동의 권리를 옹호하는 운동가라면 그가 소아성애자라는 소문을 퍼트려라.[8] 케리 상원의원이 베트남 전쟁 영웅이라면 그의 전쟁 이야기에 의문을 제기하는 퇴역군인들을 동원함으로써 그의 강점을 공격하라. 그런데 로브에 대하여 어떻게 생각하든지 간에 동맹자들을 연결하는 고리를 끊는 데 사용하는 것은 거짓말과 중상일 필요는 없다. 철학에서 칸트가 일으킨 코페르니쿠스적 혁명의 지배에 대항하려는 노력의 일환으로 칼 로브를 상담역으로 고용한다고 생각하자. 칸트는 조용하고 금욕적인 진리 추구자로 유명하므로 로브는 칸트의 은밀한 도덕적 타락에 관한 소문을 퍼드리면서 시작할 것이다. 이야기를 단순화하기 위해 그 소문이 정말로 사실이라고 생각하자. 놀랍게도 로브의 조사팀은 한밤중에 처녀 범하기 행각과 사탄에게 바치는 보들레르적 송가들을 기록한 충격적인 일기와 더불어 칸트와 감옥에 갇힌 마르키 드 사드 사이에 오고갔지만 지금까지 은폐된 서신들을 찾아낸다. 발견 결과가 공표되면 칸트의 유산 옹호자들은 처음에는 그 결과를 의심한다. 그들은 로브가 저지른 더러운 공작의 긴 역사를 지적함으로써 대응하고 "지독한 추문 정치"로 철학을 공격하는 행태를 한탄

---

8. 나는 로브에 대한 이런 혐의들의 정확성에 대해서는 아무 주장도 하지 않으며, 그것들을 잘 알려진 항간의 사례로만 사용한다.

하는데, 심지어 로브의 집 앞에서 철회를 요구하는 시위를 하는 사람들도 있다. 하지만 흠잡을 데가 없는 과학 수사 전문가들이 칸트 문서가 진본임을 확증한다고 가정하자. 로브는 진실을 말하고 있었고, 사실상 칸트의 어두운 이중생활에 관한 뉴스에 우리와 꼭 마찬가지로 놀랐다. 이 경우에 무슨 일이 일어날지 상상하기는 쉽다. 교양 언론에서 한바탕 **소동**이 벌어진 후에 악인이 여전히 위대한 사상가일 수 있는지를 둘러싸고 지루한 지상 논쟁이 여러 해 동안 이어질 것이다. ("새롭게 폭로된 자료에 의하면 칸트가 찬양할 만한 인간은 결코 아니었음을 알 수 있지만, … 라는 사실은 여전하다.") 그런데 칸트의 정체가 충격적인 위선자인 것으로 드러났음에도 철학적 입장을 크게 바꾸는 사람은 아무도 없을 것이다. 그 인물의 전기는 새삼 불쾌하지만, 그런데도 여하튼 그의 철학과 무관한 것처럼 보여서 그의 코페르니쿠스적 철학은 여전히 지배적인 패러다임일 것이다. 요약하면, 인격적 올곧음에 대한 칸트의 명성은 그의 가장 중요한 동맹자들 가운데 하나가 아닌 것으로 판명되었다. 로브는 그 전투에서 패배했음을 깨닫고서 칸트의 문헌적 유물에 관한 조사를 재개한다.

몇 달 후에 로브는 비도덕적인 일기보다 훨씬 더 위협적인 자료를 찾아내고 기뻐한다. 오래된 논문들이 보관된 나무 상자 안에 파묻힌 색 바랜 수고에서 로브 팀은 또 하나의 몹시 충격적인 사실을 발견하는데, 사실상 칸트는 자신의 철학 전체를 하나의 장난에 지나지 않는 것으로 저술했던 것처럼 보인다! 칸트는 자신의 저작을 결코 한 마디도 믿지 않은 것으로 판명되는데, 이런 까닭에 그는 앨런 소칼의 더 악의적이고 체계적인 전신이 된다. 핵심 구절은 다음과 같다. "바보들! 내 말을 있는 그대로 받아들이다니 … 그들의 무지는 엄청나서 사소한 자극만으로도 검은 것이 희다거나, 차가운 것이 뜨겁다거나, '혁명'이 철학을 오래된 양말처럼 뒤집었음을 그들이 믿게 할 수 있다." 칸트가 가짜 논증의 각 단계를 작성하면서 느꼈던 달콤한 쾌락에 관한 서술과 더불어 그 장난을 벌인 쓰디쓴 동기에 대한 끔찍한 개관이 이어진다. 칸트의 유산은 이제 단순한 불멸성의 사례에 속하기보다는 훨씬 더 당혹스러운 처지에 놓이게 된다. 여기서 다시 한번 로브의 책략에 대한 초기의 의심이 아마도 1790년대 초 어느 시점에 칸트 자신이 그 문서를 저술했다는 반박할 수 없는 증거로 대체된다고 가정하자. 그 후에 이어지는 논쟁은 즐겁기도 하고 혼란스럽기도 할 것이다. 칸트를 연구하는 학자들은 당황하면서 여러 달 또는 여러 해를 보낼 것인데, 심지어 소수의 학자는 처음부터 역설을 감지했다고 주장할 것이다. 하지만 일단 먼지가 가라앉으면, 철학 세계는 거의 아무것도 변하지 않았음을 깨달을 것이다. 화이트헤드와 라투르, 흄, 아퀴나스의 추종자들은 이런 사태로 그들의 경쟁자가 약화함으로써 새삼 용기를 얻은 느낌이 들었을지도 모른다. 하지만 결국 대부분의 관찰자는 칸트가 자신이 말한 바를 진정으로 의도했는지는 그렇게 중요하지 않다고 결론을 내릴 것이다. 칸트의 논증이 그것과 거의 무관한 칸트 자신의 냉소적인 의도와는 독립적으로 '진정한 장점'을 갖추고 있기만 하다면, 그 논증은 여전히 진지하게 받아들여질 것이다. [미합중국 동부] 버지니아 교외로 다시 돌아간 칼 로브는 이제 자신이 어려운 처지에 있음을 알아챈다. 그의 충격적인 폭로조차도 칸트를 현대철학의 중앙 본거지에서 쫓아내지 못한다. 자신의 경력에서 가장 큰 실패에 직면한 로브는 이제 임마누엘 칸트를 격퇴하려는 생각에 사로잡힌다.

로브는 그 논쟁에 대한 언론의 해설을 읽으면서 처음으로 소수의 고립된 반대자가 제기한 칸트에 대한 비판을 알게 된다. 로브는 인간과 세계의 관계는 관계 일반의 특수한 사례일 뿐이고, 이런 까닭에 모든 철학적 의문을 초험적transcendental 입장에 뿌리를 두는 것은 잘못된 관점이 된다는 그들의 주장에 끌렸다. 로브는 도서관에서 긴 밤들을 보내면서 라이프니츠와 다른 사상가들에게서 유용한 절들을 추가로 발견하기 시작한다. 몇 년이 지나지 않아 로브는 칸트 철학에 반대하는 자신의 첫 번째 그럴듯한 철학적 변론을 마련하여 학계의 다른 핵심 인물들을 포섭하려고 부단히 노력하는데, 이를테면 그는 관계에 관한 칸트 이전의 이론들을 사용하여 그들의 언어철학과 심리철학을 훨씬 더 효과적으로 다시 쓰는 것이 어떻게 가능한지를 보여준다. 그 후 20년 동안 후속 연구를 수행한 후에 이제 나이가 지긋한 로브는 철학계 거물이 되어 많은 집단에서 당대의 가장 독창적인 형이상학자로 환영받는다. 로브는 한 가지 중요한 교훈을 배웠다. 그는 사생활을 빗대어서 하는 말로 소수의 핵심적인 지렛대 유권자 집단을 움직임으로써 몇 번의 팽팽한 미합중국 선거에서 승리할 수 있었지만, 소문이 완전한 진실에 근거하고 있을 때에도 이런 식으로는 칸트를 권좌에서 끌어 내릴 수 없었다. 게리 하트를 파멸시키고 빌 클린턴의 명예를 더럽힌 그런 종류의 사적인 추문이 철학계에서는 비교적 대단하게 여겨지지 않는 것으로 판명된다. 칸트의 주요한 강점은 그의 도덕적 기질에 있지 않고 그의 성실성에도 있지 않으며 오히려 비판 모형 그 자체의 힘에 있다. 로브나 여타의 사람에게도 스스로 본격적인 철학자가 되지 않으면서 칸트의 모형을 무너뜨릴 길은 전혀 없는데, 결국에는 철학적 무기로 철학자와 싸우게 된다. 위대한 철학자 칸트를 물리치는 데 필요한 블랙박스들을 모으려면 칼 로브는 **스스로 위대한 철학자가 되어야** 했거나, 아니면 최소한 그 자신이 영예를 차지하는 동안에 사람들에게 알려지지 않은 채로 연구를 수행하는 어떤 무명의 위대한 사상가에 대한 능숙한 대변인이 되어야 했다. 다시 말해서, 임마누엘 칸트의 평판을 '사회적으로 구성'하려는 로브의 시도는 실패했다. 오히려, 이중나선이 크릭과 왓슨의 삶을 구성한 것과 꼭 마찬가지로, 칸트의 관념들이 칼 로브의 새로운 삶을 구성했다.

행위소는 항상 하나의 힘이고, 힘은 자신의 주변에 다른 행위소들을 모으는 중심이다. 라투르는 프랑스 탐사 항해에 대한 자신의 상세한 해설을 요약하면서 그런 항해는 어떤 친숙한 범주에도 속하지 않음을 상기시킨다. 우리가 사실상 그것을 '지식'으로 부를 수 없는 이유는 "먼 사건들과 친숙해지는 데에는…왕, 사무실, 선원, 목재, 삼각돛, 향신료 무역이 필요하기 때문이다"(SA, 223). 그런데 '권력'으로 그 항해를 설명할 수 있다고 말하는 것은 마찬가지로 터무니없는 일일 것이다. 결국 "육지를 추정하기, 장부에 기입하기, 기울어진 배에 타르 바르기, 돛대에 돛을 달기라는 행위들을 이 낱말〔'권력'〕의 표제어 아래 나열하는 것은 부조리할 수밖에 없다"(SA, 223). 더 일반적으로,

권력이나 지식, 이윤, 자본과 같은 모든 범주를 제거해야 하는 이유는 우리가 마음먹은 대로 연구하기 위하여 이음새가 없기를 바라는 천이 그런 범주들에 따라 분할되기 때문이다.… 물음은 오히려 간단하다. 낯선 사건과 장소, 사람에게 어떻게 원격작용을 할 수 있는가? 답:이런 사건과 장소, 사람을 어떻게든 집으로 가져옴으로써. 멀리 떨어져 있는데 어떻게 이런 일을 해낼 수 있는가? 다음과 같은 〔방법들〕을 고안함으로써 해낼 수 있다. (a) 그들이 다시 옮겨질 수 있도록 그들을 이동성이 있게 만드는 방법, (b) 그들이 추가적인 왜곡이나 부패, 퇴화 없이 앞뒤로 움직일 수 있도록 그들의 상태를 안정적으로 유지하는 방법, (c) 그들이 무엇으로 구성되어 있든지 간에 점점 더 쌓일 수 있거나 한 벌의 카드처럼 섞일 수 있도록 그들을 조합할 수 있게 만드는 방법이 있다. 그런 조건들이 충족되면, 처음에는 여타의 장소만큼 허약했던 지방 소도시나

무명의 실험실, 차고 안의 보잘것없는 소기업이 다른 많은 장
소를 원격으로 지배하는 중심이 될 것이다(SA, 223).

행위소는 이동성이 있게 되고 안정성이 있게 되고 다른 행위
소들과 조합할 수 있게 됨으로써 중심과 연결될 수 있다. 그리
고 여기에 라투르 철학의 핵심적인 국면이 있는 이유는 당연
히 그의 행위소는 일반적으로 이동성이나 안정성, 조합 가능
성이 없기 때문이다. 모든 행위소는 전적으로 구체적인 것이므
로(게다가 『비환원』에 따르면 한 시점과 한 지점에서 단 한 번
만 일어나므로) 행위소를 이동성이 있게, 안정성이 있게, 조합
할 수 있게 만들려면 바로 그 시점과 지점에서 어떤 종류의 추
상화를 수행해야 한다. 그런데 라투르가 구상하는 형태의 추
상화는 초월적인 인식 주체로서의 인간뿐 아니라 어떤 객체도
수행할 수 있다.

　추상화는 전前이론적 행위자의 소박한 믿음을 넘어섬으
로써 일어나는 것이 아니라, 다른 행위소의 에너지를 원격으
로 흡수할 수 있게 함으로써 일어난다. 이런 의미에서 어떤 관
계도 하나의 추상화다. '추상적으로' 행동하는 것은 칸트와 아
인슈타인만이 아니다. 이를테면 달이 천칭자리에 있을 때 태
어난 모든 사람을 그들이 공유하는 허영심과 공정한 경쟁의
식을 통해 연결함으로써 점성술사는 추상화를 수행한다. 토
끼가 겪은 미지의 특정한 역사에 개의치 않고 그것을 향해 급
강하함으로써 독수리는 추상화를 수행한다. 레이놀즈 인자

Raynolds factor가 같은 온갖 난류성 유체를 연결함으로써 방정식은 추상화를 수행한다. 색채에 개의치 않고 모든 덩어리를 끌어당김으로써 지구는 추상화를 수행한다. 향기에 개의치 않고 어떤 바람에도 회전하고 정확한 알갱이 형태에 개의치 않고 자신의 모든 목재 부품을 통합함으로써 풍차는 추상화를 수행한다. 추상화는 세계를 마법처럼 넘어서는 인간 특유의 능력이 아니고, 오히려 관계 자체의 가장 중요한 요소다. 행위소들은 모두 전적으로 구체적이며 단일한 때와 장소에 한정되어 있으므로 엄밀한 의미에서는 서로 도저히 소통할 수 없다. 행위소들은 오로지 서로 추상화를 수행함으로써 상호작용한다. 나무는 벌목장에서 건설 현장으로 옮겨짐으로써 **이동성**이 있게 된다. 또한 나무는 이 장소와 저 장소 사이에서 여전히 항구적인 특질에 대해서만 선택됨으로써 **안정성**이 있게 된다. 게다가 나무는 그것이 연결되어야 하는 여타의 존재자에 부합하는 특질에 대해서만 선택됨으로써 **조합할** 수 있게 된다. "가능한 한 많은 자원을 한 장소에 모으려고 각 단계가 아래 단계에서 요소들을 추출하는 과정이 추상화가 뜻하는 것이라면, 어쩌면 우리는 원유를 점점 더 순수한 석유로 분류하는 정유 공장을 조사하는 것과 꼭 마찬가지로 … 추상화 과정을 연구해 왔다"(SA, 241). 불행하게도 추상화에 대한 일반적인 관점은 이것과는 꽤 다르다. "'추상화'라는 낱말의 뜻은 **생산물**에서 … **과정**으로 바뀌었을 뿐 아니라 **생산자의 정신**으로까지 바뀌었다. … 라페루즈Lapérouse가 위도와 경도를 다룰 때 중국인들보다 더 추상적으로 작업한다고 할 것이고, 멘델레예프가 카드를 뒤섞을 때 경험적인 화학자들보다 더 추상적으로 생각한다고 할 것이다"(SA, 241). 라투르에게 이런 일은 불가능하다. 추상화가 인간 정신의 특질이 아니라 하여간 관계의 특질인 이유는 두 사건이 완전히 구체적이어서 서로 추상화를 수행하는 비용을 치르고서야, 즉 전체보다 서로의 작은 부분을 다루고서야 여하튼 접촉하기 때문이다. 다시 말해서, 라투르는 추상화에 관한 인식론적 개념보다 형이상학적 개념을 제시한다.

이 장에서 우리가 알게 된 것은 다음과 같이 요약할 수 있다. 실체 대신에 영원하지 않거나 자연적이지 않거나 지속할 수 없는 블랙박스가 있으며, 블랙박스는 미래에 논쟁이 벌어지는 동안 언제나 다시 개봉될 위험이 있다. 더욱이 아무것에도 영향을 미치지 않는 무해한 관계가 있기는커녕 언제나 관계는 관계를 맺지 않으면 단일한 때와 장소에 갇혀 있을 행위소들이 수행하는 난폭한 추상화다. 블랙박스와 원격작용은 현대철학의 중심 문제에 대한 라투르의 답변을 제공할 것이다.

3장

우리는 결코 근대인이었던 적이 없다

『우리는 결코 근대인이었던 적이 없다』라는 책은 1991년에 프랑스어로 처음 출판되었다.[1] 이 책은 라투르에 대한 최고의 입문서이고 어쩌면 그의 가장 뛰어난 저작일 것인데, 지난 20년 동안 더 독창적인 철학서가 발간되었는지 나는 알지 못한다. 그 책은 독자의 뇌를 가로질러 새로운 길을 내며, 현대철학의 더 친숙한 경향 중 하나로 분류하기가 여전히 불가능하다. 사실상 내가 이 책을 쓰게 된 최초의 동기는 그 책을 다시 읽었을 때 변함없이 느낀 경이감에서 비롯되었다. 『우리는 결코 근대인이었던 적이 없다』는 재기가 넘치고 충격을 주며 균형이 잡힌 책이다. 더욱이 그 책은 카페에 한두 번 들러서 읽으면 내용을 충분히 소화할 수 있는 얇은 책치고는 놀랍도록 포괄적

---

1. [옮긴이] 1991년에 출간된 프랑스어판(*Nous n'avons jamais été modernes, essai d'anthropologie symétrique*, Paris, La Découverte, 1991)은 1993년에 수정과 증보를 거친 영어판(*We Have Never Been Modern*, trans. Catherine Porter, Cambridge, Harvard University Press, 1993)으로 출간되었으며, 2009년에 홍철기가 영어본을 저본으로 하여 한국어로 번역하였다 (『우리는 결코 근대인이었던 적이 없다』, 갈무리, 2009).

이다.

이 탄탄한 대표작은 내용이 풍부한데도 주요 주제들은 단순하다. 첫째, 내가 알기로는 라투르가 근대주의modernism에 대한 가장 강력한 정의를 개진한다. 근대성modernity은 세계를 전적으로 대립하는 두 개의 영역으로 나눔으로써 세계를 정화하려고 한다. 이쪽에는 인간권이 있는데, 이 권역은 투명한 자유로 구성되고 임의적이고 통약 불가능한incommensurable 시각들의 지배를 받는다. 저쪽에는 자연 또는 외부 세계가 있는데, 이 권역은 단단한 사실들로 구성되고 기계처럼 정확히 객관적으로 작동한다. 나중에 라투르가 『자연의 정치』라는 책에서 서술하듯이, 다원주의적인 다문화주의는 동질적인 일자연주의에 언제나 대립한다. 자연은 하나지만 인간들은 자연에 대해서 매우 다양한 시각을 갖는다고 말한다. 당연히 라투르는 이런 근대주의적 관점을 거부한다. '세계'와 '인간'으로 불리면서 어떤 종류의 마법적 도약으로 연결되어야 하는 서로 격리된 두 영역은 없다. 오히려 행위소들만 있을 뿐이다. 그리고 대부분의 경우, 어느 주어진 행위소가 속하는 정확한 권역("자연인가 아니면 문화인가?")을 식별할 수 없다. 세계를 두 영역으로 나누는 것이 무의미한 허구인 까닭은 우리가 세계를 정화하는 데 결코 성공했던 적이 없기 때문이다. 우리는 결코 근대인이었던 적이 없다. 자연적 영역과 문화적 영역을 분리할 수 없는 이유는 두 영역이 어찌할 도리가 없이 얽혀 있기 때문이 아니라 애초에 자연과 문화의 이원론이 아무 근거도 없기 때문이다. 세계는 경쟁하는 두 동아리, 동독과 서독을 닮은 가엾은 두 지역의 노예 같은 구성원들로 이루어져 있지 않다. 이쪽과 저쪽으로 정화할 수 없는 이유는 애초에 대립하는 두 영역이 절대 존재하지 않았기 때문이다. 오히려 각기 다른 행위소들의 우주적 폭풍만이 있을 뿐인데, 생래적으로 자연적인 행위소도 없고 생래적으로 문화적인 행위소도 없다. 사실상, 세계를 두 지역으로 정화하려고 시도했다는 바로 그 이유로 이른바 근대시대는 이전에 알려졌던 것보다 훨씬 더 많은 혼성물 hybrid을 만들어내었다.

A. 근대성

"우리는 한정된 문제에서 … 더 넓고 더 일반적인 문제로 넘어간다. 근대인이라는 것은 무엇을 뜻하는가?"(NM, 8). 라투르가 근대인이 아닌 이유는, 그가 자신의 철학은 세계를 두 영역으로 정화하려는 어떤 노력에 대해서도 반대한다고 규정하기 때문이다. 라투르가 반근대인 일파의 일원도 아닌 이유는, 이 분파가 이전에 생겨난 모든 것을 변형시켰다는 근대주의의 주장을 기묘하게 수용하면서도 근대 혁명들에 대해 기뻐하기보다는 오히려 비관주의라는 음의 부호를 덧붙일 뿐이기 때문이다. 더욱이 라투르가 탈근대인도 아닌 이유는 탈근대인 집단이 행위소들의 실재와 단절되어 콜라주와 시뮬라크르 사이로 잘난 체하며 떠돌기 때문인데, 그들은 어쩌면 자베스Jabès

와 말라르메Mallarmé에서 끌어낸 영리한 문학적 수사 같은 것들 외에는 실재적인 원자핵이나 허리케인, 폭발물에 대한 여지를 철학에 조금도 남기지 않는다. 오히려 라투르는 비근대인이다. 이전에 생겨난 것과 본원적으로 단절되었던 적은 결코 없다. 네안데르탈인과 참새, 버섯, 먼지와 꼭 마찬가지로 우리 자신도 다른 행위소들이 분주히 돌아다니는 중에 그들을 압박하며 그들에 저항하거나 아니면 그들의 타격에 굴복하면서 행동할 수밖에 없었기 때문이다.

근대인들은 "잘 연마된 칼로 고르디우스의 매듭을 잘라버렸다. 축이 부러졌는데, 이를테면 그들은 왼쪽에는 사물에 관한 지식을 놓았고 오른쪽에는 권력과 인간 정치를 놓았다"(NM, 3). 근대성이란 각각의 절반에서 반대쪽의 어떤 잔류물도 제거하려는 시도인데, 그 결과 사실을 사적인 가치 판단에서 비롯되는 어떤 오염에서도 벗어나게 하면서 가치와 시각을 단단한 실재의 시험에서 해방한다. 이제는 이런 친숙한 분할이 매우 명백하여 우리는 그것에 내재하는 기묘함을 거의 잊어버렸다. 실재를 왜 바로 이런 두 영역으로 나누는가? 고대 물리학에서 그랬듯이 유서 깊은 천상의 영역과 지상의 영역으로 나누는 건 어떤가? 원시문법의 구조에서 그랬듯이 모든 것을 남성 아니면 여성으로 지칭하는 건 어떤가? 타는 사물과 녹는 사물로 구별하는 건 어떤가? 아니면 물질과 반물질로 구별하는 건 어떤가? 그 이유는 이제 인간 지식이 한 유형의 존재자가 세계를 마법처럼 초월하여 그것에 대한 다소 흐릿한 표상들을 형성하는 독특한 현장으로 여겨지기 때문이다. 인간과 산 사이의 간극은 이제 벼락과 산 사이의 간극과 **종류가** 다른 것으로 여겨진다. 인간에게 특별한 초월적 권력을 이렇게 유증함으로써 거대한 분할의 한쪽이 형성되는 것과 동시에 나머지 한쪽에는 시계장치와 마찬가지로 기계처럼 무감각하게 작동하는 멍청하고 로봇 같은 객체들이 모이게 된다. 전자는 민감하고 시적이지만 본질적으로 모호하며 반증할 수 없다고 여겨진다. 후자는 유용하게 정확하지만 꼼짝 못 하게 결속되어서 단단하며 무자비하다고 여겨진다. 하지만 거대한 분할의 양쪽 모두 같은 꾸러미에 속한다. "근대성은 종종 인간주의 humanism라는 용어로 규정되는데, 이를테면 '인간'의 탄생을 찬양하는 방식과 인간의 죽음을 선언하는 두 가지 방식 중 하나로 규정된다. 하지만 이런 습관 자체가 근대적인 이유는 그것이 여전히 비대칭적이기 때문이다. 근대성은 '비인간'─사물이나 객체나 짐승─과 소거된 신crossed-out God이라는 마찬가지로 기묘한 존재의 동시적인 탄생을 못 본 체하는데, 그 결과 비인간과 신은 열외로 밀려나게 된다"(NM, 13). 이제 우리에게는 "실재 전체가 거주하는 자연과 사회라는 양극단의 교점"(NM, 87)만 남게 된다.

이 단일한 선을 두고 실재론자와 구성주의자는…수 세기 동안 다툴 수 있을 것이다. 실재론자는 아무도 이런 실재적인 사실을 조작하지 않았다고 선언할 것이고, 구성주의자는 우리가 독자적으로 이런 사회적 사실을 만들어 내었다고 선언할 것이다.…

〔그러나〕 자연과 사회라는 거대한 덩어리들은 판 구조론의 식어버린 대륙에 견줄 수 있다. 그것들의 운동을 이해하고 싶다면, 마그마가 분출하며 이 분출을 기반으로 하여…우리가 확고히 발 딛고 있는 두 개의 대륙판이 만들어지는 현장인 지글지글 끓는 열곡으로 내려가야 한다(NM, 87).

칸트의 코페르니쿠스적 혁명이 인간을 철학의 중심에 놓고 세계의 나머지 부분을 불가지적 객체들의 집합으로 환원했다면, 라투르가 권하는 것은 반혁명이다. 자연과 문화가 '풀릴 수 없게 연결되어' 있는 것이 아니다. 왜냐하면 그것들은 두 개의 각기 다른 영역이 결코 아니기 때문이다. 라투르는 비웃는 듯한 어조로 이렇게 언급한다. "근대인들은 〔부패의 지상계와〕 변화도 불확실성도 모르는 천상계를 차별하는 16세기의 세계관만큼이나 급진적인 존재론적 차이를 강요했다. 갈릴레오와 함께 그런 존재론적 구별을 마음껏 비웃었던 바로 그 물리학자들이 이제는 물리 법칙들이 사회적으로 오염되지 않게 방비하려고 서둘러 그런 구별을 재정립한다!"(NM, 121). 이런 점에서 라투르는 형이상학의 갈릴레오로 단단한 과학적 사실의 천상계와 인간 권력 경쟁의 지상계 사이의 분열을 비웃는다. 하지만 사회구성주의자와는 달리 라투르는 권력 경쟁이 우위를 점하는 전도된 분열을 새로이 창출하려고 이 분열을 불안정하게 만드는 것이 아니다. 라투르에게는 이런 의미에서의 '우세한 세력'이란 없는데, 오로지 행위소들만 있을 따름이고 행위소들은 두 개가 아니라 무수히 다양하게 생겨난다. 라투르는 자신의 준동맹자 스티븐 셰핀 및 사이먼 셰퍼와 대화를 나누면서 공기펌프를 둘러싸고 보일과 홉스 사이에 벌어진 논쟁을 길게 해설함으로써 자연/문화 분리를 멋지게 설명한다(NM, 15~43). 이 역사가들이 자연 실재에 대한 사회 권력의 승리를 인정한 "홉스가 옳았다"고 결론을 내릴 때 라투르는 무뚝뚝하게 반대한다. "그렇지 않다. 홉스는 틀렸다"(NM, 26). 라투르는 자신의 철학이 사회구성주의나 마찬가지라는 견해를 미리 타파하면서 다음과 같이 적는다.

〔셰핀과 셰퍼는〕공기펌프의 진화와 유포, 대중화를 능숙하게 해체한다. 그런데 왜 그들은 '권력' 또는 '힘'의 진화와 유포, 대중화를 해체하지 않는가? '힘'은 공기의 탄성보다 덜 문제가 있는가? 자연과 인식론이 초역사적 존재자들로 구성된 것이 아니라면 역사와 사회학도 마찬가지인데, 몇몇 저자들의 비대칭적 자세를 취해서 자연과 관련된 문제에서는 구성주의자가 되는 동시에 사회와 관련된 문제에서는 실재론자가 되는 것에 동의하지 않는다면 말이다!… 하지만 공기의 탄성이 영국 사회 자체보다 더 정치적인 기반을 갖는다는 것은 그다지 있을 법한 일이 아니다…(NM, 27).

객체의 기계적 무감각과 인간 주체의 초월적 존엄성의 이런 본원적인 분열은 근대시대 동안 서양이 전형적으로 나타내는 특질이다. 하지만 사실상 전근대인과 근대인 사이에는 본원적인 단절은 없고 규모의 차이만 있을 뿐이다.

> 서양인들이 자신들은 타자들과 다르다고 생각하는 것은 오만함 때문만이 아니라 절망감 때문이기도 하고, 게다가 자신들에게 내린 처벌인 셈이다. 그들은 자신들의 운명에 겁을 먹기를 좋아한다. 서양인들이 야만인들과 그리스인들을 대비시키거나 중심과 주변을 대비시킬 때, 또는 신의 죽음이나 인간의 죽음, 유럽의 위기, 제국주의, 아노미, 필멸한다고 알려진 문명들의 종말을 찬양할 때 그들의 목소리는 부들부들 떨린다. 우리 서양인들은 우리 자신이 타자들과 다를 뿐 아니라 우리 자신의 과거와도 매우 다르다고 해서 왜 그렇게도 즐거워하는가? 영속적인 위기에 처해 있기를 좋아하는 우리 서양인들의 침울한 즐거움을 설명해줄 만큼 치밀한 심리학자가 과연 있을까?… 왜 우리 서양인들은 집합체들 사이에서 나타나는 규모에서의 작은 차이를 극적으로 과장하기를 좋아하는 것일까?(NM, 114).

첨단 서양과 고대의 전통 사회들 사이에 있다고 여겨지는 어떤 차이도 소박한 믿음을 비판적 자유로 대체하는 어떤 급진적인 초월성에서 나오는 것이 아니라 서양의 다양한 네트워크로 동원되는 수많은 행위소에서 나올 뿐이다. 더욱이 "우리가 서양의 혁신들을 네트워크로 여기면, 그 혁신들은 여전히 알아볼 수 있고 중요한 것이지만 영웅담, 이를테면 급진적인 단절, 피할 수 없는 운명, 돌이킬 수 없는 행운이나 불운에 관한 광대한 영웅담의 소재로는 더는 충분하지 않다"(NM, 48). 일단 우리가 세계를 행위소들 사이에서 벌어지는 힘겨루기를 포함하는 변화무쌍한 네트워크들의 집합으로 여기면, 근대 서양 세계가 자기반성을 거쳐 농부와 무당의 소박한 행위와 급진적으로 단절한 것이라기보다는 오히려 행위소들의 여타 조립체보다 더 당혹스럽지도 않고 덜 당혹스럽지도 않은 것으로 이해되기 시작한다. "보일의 공기펌프가 아라페시족의 신당神堂보다 덜 이상한가?"(NM, 115). 이런 수사학적 물음은 우리의 고상한 비판적 탑에서 우리 적들의 무지를 드러냄으로써 그들의 정체를 폭로하는 행위를 그만두라고 요청한다. 에든버러 학파가 이미 역설한 대로 우리는 승자와 패자를 공평하게 다루는 대칭적인 설명을 제시해야 한다. "비행접시의 존재에 대한 믿음을 설명하고 싶다면 그 설명이 대칭적으로 블랙홀에도 활용될 수 있음을 확인해야 한다. … 심령학의 정체를 폭로한다고 주장한다면 같은 인자들을 심리학에도 활용할 수 있는가? … 파스퇴르의 성공을 분석한다면 그의 실패도 같은 논리로 설명할 수 있는가?"(NM, 93).

근대인들이 나쁘다고 해서 이 사실이 반동적인 반근대인들이나 경박한 탈근대인들이 더 나은 무언가를 제공한다고 말하는 것은 아니다. 세 집단 모두 인간과 사물의 본원적인 분열에 대한 근대성의 주장을 수용한다는 점에서는 통일되어 있다. "양 또는 음의 부호를 제외하면 근대인들과 반근대인들은 같은 확신을 공유한다. 언제나 태도가 뻐딱한 탈근대인들은 상황이 사실상 파국적이라는 생각을 받아들이지만, 그런 상황에 대하여 슬퍼하기보다는 오히려 환호해야 한다고 주장한다!"(NM, 123). 근대성의 황무지에 반감을 느끼는 반근대인들은 아직 구조할 수 있는 것이라면 무엇이든, 이를테면 "영혼, 마음, 감정, 인간관계, 상징적 차원, 인간적 온정, 지역적 특수성"(NM, 123)을 구조하려고 한다. 구조된 잔류물이 아무리 창백하고 생기가 없더라도 그 잔류물은 탈근대인들의 희극적인 자세뿐 아니라 주변부와 전복, 모든 피억압자에 대한 그들의 집착보다 종종 더 바람직하다. 탈근대적 저자들이 "광기, 어린이, 동물, 대중문화, 여성의 신체〔와 같이〕 경계가 모호한 분야들"(NM, 100)에서 학술 경력 전체를 구축하는 이유는 오로지 근대성이 이미 여타의 것을 정복했다고 그들이 불필요하게 인정하기 때문이다. 라투르는 전혀 싸우지도 않고서 체코 국경을 포기한 네빌 체임벌린의 유화 정책을 참조하여 이런 포기 행위를 '지적인 유화 정책'으로 서술하곤 한다. 라투르가 신랄하게 서술하는 대로 "주변부를 옹호하려면 전체주의적 중심이 존재한다고 전제해야 한다. 하지만 중심과 그것의 전체성이 환영이라면 주변부를 찬양하는 것은 다소 어처구니없는 일이다." 예를 들면, "정신의 힘이 기계적 자연의 법칙을 초월함을 증명해 보이는 것은 경탄할 만한 일이지만, 물질이 결코 물질적이지 않고 기계가 결코 기계적이지 않다면 이런 계획은 헛수고에 불과하다"(NM, 124). 라투르는 감동적으로 호소하는 어조로 독자들에게 묻는다. "언어 게임도, 의미의 해체라는 영원한 회의주의도 이제 넌더리가 나지 않는가?" 만약 그렇지 않다면 그래야 하는 이유는 다음과 같다. "담론은 독자적인 세계가 아니라 사물과 사회가 뒤섞여 있는 행위소들의 집단으로 사물과 사회를 다 같이 지지하고 둘 다에 의지한다"(NM, 90).

근대적 이분화로 인해 사실상 세계는 덜 흥미롭게 되는데, 요컨대 우주는 인간 주체들과 기계적 객체들로 분할되며 그 두 영역은 경계가 모호하거나 '불확실한' 소수의 검문소를 통해서만 지나갈 수 있는 베를린 장벽으로 분리된다. 근대인이 보기에 비판적이고 초월적인 서양인은 더는 평범한 존재자가 아니라 오히려 모든 종류의 행위자가 맺는 일반적인 관계들에서 벗어난 "스타트렉의 스파크Spock와 같은 돌연변이"(NM, 115)의 일종이다. 인간 사유에 대한 이런 우울한 삽화에 반대하는 라투르는 썩은 달걀과 토마토로 합당한 집중 사격을 퍼붓는다.

지금까지 우리는 세계가 탈주술화되었다는 사실에 대하여 충분히 슬퍼하지 않았던가? 영혼이 없는 차가운 우주로 내몰려 무의미한 세계에서 불활성의 지구 위를 방황하는 가련한 유럽인들을 보면서 우리는 충분히 겁을 먹지 않았던가? 기계화된 자본주의와 카프카적인 관료제의 절대적인 지배를 받으면서 언어 게임 도중에 세차게 버려지고 시멘트와 포마이카 속에서 길을 잃은 기계화된 프롤레타리아의 스펙터클 앞에서 우리는 충분히 벌벌 떨지 않았던가? 오로지 자동차 운전석과 텔레비전이 있는 거실 소파만을 오가며 매체와 후기산업사회 권력 기관들의 조종을 받는 소비자에 대하여 우리는 충분히 연민을 느끼지 않았던가?(NM, 115).

그리고 마찬가지로 통렬한 구절로 이렇게 표현한다.

약간의 시장 점유율을 확보하려고 안간힘을 쓰는 어떤 작은 기업체 사장, 열병에 걸려 오들오들 떠는 어떤 정복자, 실험실에서 어설프게 만지작거리는 어떤 가련한 과학자, 몇 가지 다소 우호적인 힘의 관계들을 이어 맞추는 어떤 초라한 기술자, 말을 더듬거리고 겁을 먹은 어떤 정치인을 생각하자. 그들에 대한 비판을 하고 싶은 대로 할 수 있게 하면 무엇을 얻게 되는가? 바로 자본주의, 제국주의, 과학, 기술, 지배인데, 이들은 하나같이 절대적이고 체계적이며 전체주의적이다. 첫 번째 시나리오에서는 행위자들이 오들오들 떨고 있던 반면에 두 번째 시나리오에서는 그렇지 않다(NM, 125~6).

라투르는 오들오들 떠는 행위소들의 예언자일 뿐 아니라 이른바 헤게모니와 전체주의적 규약의 풍자가다. 이런 점에서 그는 내 청년 시절을 어느 정도 망쳐 놓은 강단의 위선에 대한 대망의 파괴자다. 라투르가 집에 들어오면 탈근대적 주역들은 걱정할 수밖에 없다. 『판도라의 희망』에 실린 한 구절로 미리 건너뛰면, "그렇다. 우리는 세계를 상실했다. 그렇다. 우리는 영원히 언어의 포로다. 그렇다. 우리는 결코 확실성을 되찾지 못할 것이다. 그렇다. 우리는 결코 자신의 편견을 넘어서지 못할 것이다. 그렇다. 우리는 영원히 자기중심적인 관점에 갇혀 있을 것이다. 좋다! 앙코르!"(PH, 8). 여기서 우리는 이미 얻은 통찰들을 강요하는 지루한 직업적 철학자들과는 대조를 이루는 진정한 철학자의 박력 있는 태도와 마주친다.

B. 준객체

근대적 합의가 흔들리는 상황은 라투르가 **혼성물**로 부르는 것, 즉 (미셸 세르에 따르면) 준객체quasi-object들이 증식하는 현상에서 가장 분명히 드러난다. 일반적인 신문 기사를 읽을 때 이른바 사회적 구성물이나 가치의 투사물과 이른바 단단한 사실을 구별하는 일은 사실상 불가능해진다. 라투르가 읽은 일간 신문을 살펴보면 "11페이지에는 전파 추적 장치가 부착된 목걸이를 착용한 고래들이 있고, 게다가 같은 페이지에는 노동자 착취의 상징이면서 희귀식물의 번성을 조장함으로써 생태적 보존 대상으로 이제 막 분류된 북부 프랑스의 광석 찌꺼기 더미가 있다! 12페이지에서는 교황과 프랑스 주교들, 몬샌토, 나팔관, 텍사스 근본주의자들이 한 가지 피임약을 둘러싸고 기묘한 한패를 이룬다"(NM, 2).『르 몽드』신문에는 "소설가들이 몇 가지 자기도취적인 자아의 모험("나는 너를 사랑해 … 너는 그렇지 않아")을 대단히 즐기는 문화부록 면"(NM, 2)과 더불어 몇 페이지에 걸쳐 정치만 다루는 면이 있을 것이다. 그런데 명백한 혼성물의 수가 압도적으로 많은데, 이를테면 "냉동 배아, 전문가 시스템, 디지털 기계, 센서가 장착된 로봇, 이종교배 옥수수, 데이터뱅크, 향정신성 의약품, 레이더 경보장치가 부착된 고래, 유전자 합성기기, 청중 분석기"(NM, 49~50)가 있다. 세계를 두 개의 정화된 구역으로 깔끔하게 절단하려는 어떤 시도에도 이런 혼성물은 악몽이다. 이런 까닭에 근대적 입장은 의도적으로 혼성물을 "두 가지 순수 형태의 혼합물"(NM, 78)로 잘못 읽을 것이다. 하지만 애초에 두 가지 순수 형태가 존재하지 않는다면 그런 혼합물은 불가능하다. 라투르의 혼성물은 침범하기 쉬운 경계지대를 좋아하는 자의 야영지로 적절한 회색지대들의 또 하나의 집합에 불과한 것이 아니다. 그 이유는 우리 세계에는 혼성물들 외에 아무것도 들어 있지 않고, 게다가 '혼성물'이라는 낱말도 두 가지 오염되지 않은 성분의 혼합물이라는 그릇된 함의로 오해를 일으킬 수 있기 때문이다. 우리가 혼성물을 준객체로 지칭한다면, '준'이라는 접두사에 의해 행해지는 작업은 다채롭게 다양하고 대등하게 타당한 문화적 관점들을 통해 접근하는 견고한 자연적 객체를 떠올리게 하면서 좀처럼 사라지지 않는 어떤 기미도 제거하는 것이다. 오로지 행위소들만이 있을 뿐인데, 행위소들은 모두 다른 행위소들과 벌이는 수많은 힘겨루기를 거쳐서 구성되며 자신을 해체하려는 어떤 노력에도 부분적으로 저항하는 밀접한 통합성을 갖추고 있다.

근대인들은 고르디우스의 매듭을 양단하는 반면에 과학학에서 라투르와 그의 친구들이 설정한 목표는 그 매듭을 다시 묶는 것이다(NM, 3). 라투르는 그들의 이름까지 거론하는데, 이를테면 도널드 매켄지, 미셸 칼롱, 토머스 휴즈(NM, 3) 등 수많은 사람의 이름이 그가 저술한 책들의 무수한 구절에서 나타난다. 래퍼가 콤팩트디스크 재킷에 수백 명에 이르는 협력자의 이름을 나열하는 관행과 마찬가지로 이렇게 동맹자들의 이름을 나열하는 행위는 힘을 과시하려고 하는 것이 아니다. 라투르가 협력을 갈망하는 것은 행위소가 작용하는 방식에 대한 자신의 시각에 부합되는 태도일 뿐이다. 최근의 모든 철학자 중에서 라투르가 친구와 동료 없이 홀로 있는 상황을 상상하기 가장 어렵다. 하이데거의 '검은 숲' 오두막은 한 인간과 존재 자체 사이에 이루어진 수도사적 교감의 상징이었던 반면에, 프랑스 중부에 있는 라투르 자신의 오두막은 마을의 이웃들로 둘러싸이고 수다스러운 손님들에게 원칙적으로 개방된, 연못과 성 근처의 쾌적한 작업 공간에 불과하다. 하이데거는 학술회의의 공허함을 비웃었던 반면에 라투르는 대규모의 학술 모임에서 가장 편안한 것처럼 보인다. 라투르와 그의 동맹자들이 수행한 작업을 통해서 "과학학은 집합체를 구성하는 과정에서 객체들이 담당하는 역할을 모든 사람이 새로이 재고하여 철학에 이의를 제기하도록 강요하였다"(NM, 55). 철학이 그렇게 제기된 이의에 응대하지 않았다면, 이 사태는 라투르의 입장이 갖는 장점보다 철학의 현재 상태에 대해서 더 많은 것을 말해 준다.

근대 세계가 인간적 영역과 자연적 영역을 정화하기를 요구하고, 심지어 그 두 영역을 순수한 분리 상태로 유지하면서도 기록적으로 많은 수의 혼성물을 산출해 왔다는 근대 세계의 역설을 떠올리자. 사실상 정화 작업이 최대로 가능한 수의 혼성물을 생성하기 위한 바로 그 전제 조건인 것처럼 보이지만 "여타의 〔전근대적〕 문화는 혼성물들을 구상하는 데 몰두함으로써 그것들이 증식할 여지를 배제하였다"(NM, 12). 여기서 라투르가 최근에 발표한 정치적 저술을 논의할 수는 없지만, 그것의 주요 논점들 가운데 하나는 근대의 정치 형태들은 자연과 사회의 멸균 처리된 분열을 근거로 하여 전적으로 세워진다는 것이다. 라투르는 이런 분열에 반대하면서 다음과 같이 주장한다. "우리는 괴물의 존재를 공식적으로 대표함으로써 증식 속도를 늦추고 증식 방향을 재조정하면서 그것의 증식을 조절해야 할 것이다. 다른 민주주의가 필요해질 것인가? 사물에까지 연장된 민주주의가 필요해질 것인가?"(NM, 12).[2] 그런데 혼성물, 즉 준객체들의 지배는 피할 수 없는 일인데, "객

---

2. 또한 라투르의 *Politics of Nature*을 보라.

체와 주체의 대립 아래에는 정신없이 벌어지는 매개자들의 활동이 있다"(NM, 46).

지나치게 반실재론적인 탈근대적 철학은 준객체에 대하여 아무것도 말해주지 않는다. 과학적 실재론자는 '준'이라는 접두사를 빼버리고 객체에 대해서만 말하고 싶어 하지만, 탈근대인은 '준'이라는 접두사만을 찬양한다. 브뤼노 라투르의 강연에 참석하여 같은 화제들에 대하여 탈근대적 선구자들이 흥미로운 진술을 정말로 할 수 있었는지 자문해 보라. 데리다는 파리의 살구 가격에 대하여 무엇을 말했는지, 푸코는 아마존의 토양 표본에 대하여 무엇을 말했는지, 리오타르는 새로운 지하철 차량 시제품의 브레이크 파열에 대하여 무엇을 말했는지 자문해 보라.

> 우리가 과학과 기술을 다루고 있을 때는 우리가 곧 스스로 적고 있는 텍스트이고 스스로 말하고 있는 담론이며 기의 없는 기표들의 유희라고 오랫동안 상상하기는 어렵다. 우주 전체를 거대서사로 환원하고 아원자 입자들의 물리학을 텍스트로 환원하고 지하철 체계를 수사학적 장치로 환원하며 모든 사회적 구조를 담론으로 환원하기는 어렵다. 기호의 제국은 알렉산더의 제국만큼이나 단명하였고 알렉산더의 제국처럼 분할되어 장군들에게 분배되었다(NM, 64).

과학적 실재론자도, 사회학의 권력경쟁론자도, 해체주의자도 혼성물을 파악할 수 없는 이유는 "우리가 어떤 준객체의 흔적을 추적하자마자 우리에게 그것은 때로는 하나의 사물로, 때로는 하나의 서사로, 때로는 하나의 사회적 유대로 보이게 되어서 결코 단순한 존재자로 환원되지 않"(NM, 89)기 때문이다. 하지만 관련된 이중 분할에서와 마찬가지로 여기서도 '사물'과 '서사', '사회'라고 지칭하는 각기 다른 세 가지 영역은 존재하지 않는다. 기껏해야 이것들은 이질적인 행위소들의 방대한 지형을 나누기 위한 실용적인 견지에서 대체로 유용한 개념들이다. 중요한 것은 오직 행위소들과 그것들의 네트워크들이다. 준객체를 쫓는 것은 네트워크를 추적하는 것이다(NM, 89). 이런 생각에는 무언가 원대한 것이 없는 이유는 "사실들과 법칙들의 네트워크를 차라리 가스 배관망이나 하수관 체계를 바라보듯이 살펴보는 것"(NM, 117)이 최선의 절차이기 때문이다.

라투르는 이제 자신의 초기 저작들에서 제시한 주장, 즉 존재자는 네트워크와 분리하여 생각할 수 없는 사건이라는 주장을 상기시킨다(NM, 81). 존재자는 시간과 공간을 관통하여 지속하는 본질의 고립된 점이 아니라 오히려 궤적과 같은 것이다(NM, 87). 여기서 라투르의 형이상학이 결코 완전히 해소하지는 못하는 사건과 궤적의 긴장 관계가 드러난다. 한 사건이 단일한 시간과 공간에서 일어나고 전적으로 구체적인 이유는 그것이 본질적인 요소들과 비본질적인 요소들로 분해될 수 없기 때문이다. 필연적으로 이것은, 매 순간에 항상 일어나듯이,

한 사물의 상호작용에서 일어나는 일말의 변화조차도 한 사건을 전적으로 새로운 무언가로 전환하기에 충분함을 의미한다. 내가 뛰어오르든, 셔츠의 단추를 끄르든, 머리카락이 아주 작게 빠지든, 각각의 경우에 나의 현존이 전적으로 다른 사건이 되는 이유는 라투르가 영속적으로 같은 것의 '우유적' 변이에 대하여 말할 여지를 남겨 두지 않기 때문이다. 이런 까닭에 사건은 사실상 자신의 절대적으로 특정한 장소와 일련의 관계로 응결되고, 그 결과 그런 장소와 관계들을 벗어나서 지속할 수 없을 것이다. 이와는 대조적으로, 궤적이라는 (파생)관념은 정반대의 교훈을 가르쳐 준다. 한 궤적을 생각할 때, 우리는 결코 단일한 시간과 장소에서 한 사물을 발견하는 것이 아니라 오로지 한 사물의 생성들을 지켜보고 이력의 세부를 살펴봄으로써 그것을 알게 된다. 우리는 그 사물이 승리하거나 궁지에 몰린 채 나오는 잇따른 겨루기에 대하여 알게 된다. 그런데 여기에 역설이 있다. 한편으로 라투르의 객체는 단일한 순간에 전적으로 갇히지만, 다른 한편으로는 시간과 공간의 경계들을 모두 무너뜨리고 항상 새로운 모험에의 비행 노선을 따라 이륙한다.

그러나 두 경우에 모두 **본질** 모형에 대해서는 일말의 여지도 없음을 인식하자. 우리가 순간적인 사건에 대하여 말하고 있다면, 그 순간 바뀌고 있는 우유적인 것들 아래에 놓여 있는 본질적인 내부 핵심은 존재하지 않는다. 그리고 궤적이나 변형에 대하여 말하고 있다면, 사물의 내부에서 시간을 가로

질러 지속할 수 있었던 불가해한 내적 본질 역시 존재하지 않는데, 여기서 사물은 여전히 세계의 표면에서 발견되지만 이제 그것은 절대적으로 특정한 영화적 프레임이라기보다 일련의 다양한 형태를 거쳐 전개되는 표면이다. 순간적인 점들과 비행하는 궤적들이 연출하는 거대한 드라마에서 외견상 본질에 불과한 것이 점차로 응축될 것인데, 일단 그것이 결정화되더라도 이른바 본질은 어떤 것들을 같은 것으로 식별하는 데 도움이 되는 실용적 가치만 있을 것이다. 대체적으로는 본질과 실체에 대한 이런 눈부신 공격이 라투르 형이상학에서 내가 가장 적게 선호하는 측면이며 2부에서 주요한 비판 대상이 될 것이다. 하지만 라투르의 본질 개념에는 내가 기쁘게 경의를 표하는 다른 한 측면이 있는데, 그것은 곧 라투르의 철학에서 본질의 역할이 아무리 제한되어 있더라도 적어도 그는 그것을 모든 존재자에게 부여한다는 점이다. 라투르는 생명 없는 객체를 불굴의 기계 같은 정리자 아니면 인간 범주들을 위한 텅 빈 용기로 여기기보다는 오히려 그것을 적극적인 매개자, 즉 "자신이 수송하는 것을 번역하고, 다시 규정하고, 다시 배치하며, 배반도 할 수 있는 역량을 부여받은 행위자로 바꾼다. 노예는 다시 한번 자유로운 시민이 되었다"(NM, 81). 이와는 대조적으로, 하이데거와 데리다 같은 사람들은 저쪽 어딘가에 있을 모든 쓸모없는 암석과 다이아몬드, 나무를 다루는 더러운 작업을 과학에 맡기는 노예 경제에서 살이 찐다. 라투르의 경우에 그는 노예제와 관련된 것은 아무것도 바라지 않는다. "역사는 더는 사람들의 역사에 불과한 것이 아니라 자연적인 것들의 역사도 된다"(NM, 82). 다시 말해서 "사르트르가 인간에 대하여 말한 것, 즉 인간의 실존이 인간의 본질에 앞선다는 명제는 모든 행위소에도 적용되어야 하는데, 이를테면 사회뿐 아니라 공기의 탄성에도, 의식뿐 아니라 물질에도 적용되어야 한다"(NM, 86). 라투르가 의미하는 바는 사물의 본질이란 세계에서 그 사물이 행한 공적인 수행의 결과일 뿐이라는 것이고, 이런 점에서 그는 어떤 탈근대적 조류에 동의하는 셈이다. 하지만 주디스 버틀러 같은 사람들이 인간 행위자뿐 아니라 생명 없는 객체의 '수행성'을 인정하리라고는 거의 생각할 수 없다. 이런 식으로 라투르는 모든 유형의 언술-행위speech-act 이론에 암묵적으로 타격을 가하는데, 결국 그가 제공하는 것은 언술-행위 이론이 아니라 **행위자-행위**actor-act 이론이다.

이제 수많은 진부한 이원론이 무너진다. 예를 들면, 행위소들의 네트워크들로 구성된 세계에 전체적인 것과 국소적인 것을 구별하는 무언가가 남아 있는가? "IBM사 내부를 돌아다니든, '붉은 군대'의 지휘 계통을 추적하든, 프랑스 교육부 건물의 복도에서 문의하든, 비누 하나를 사고파는 과정을 연구하든 간에 우리는 결코 국소적 층위를 벗어나지 않는다. 우리는 항상 네댓 명의 사람과 교류하고 … 책임자들이 나누는 대화는 일반 직원들이 나누는 대화와 별반 다르지 않다 …"(NM, 121). 자신의 변덕을 다 들어주는 부하들이 완벽하게 시행하는 명령을 내리는 붉은 군대 사령관은 사라졌다. 단순한 실체와 복잡한 집합체의 고전적 구별도 사라졌는데, 즉 "집합체는 자신을 집합적으로 이루고 있는 것과 다른 어떤 실체로 만들어지지 않는다"(NM, 122). 한 쌍의 다이아몬드를 조롱하고 단 하나의 다이아몬드를 궁정 식으로 존중하며, 인간 영혼은 실체라고 확신하면서 네덜란드 동인도회사를 사이비 실체라고 비웃는 라이프니츠의 행위는 라투르의 손에서 철저한 충위들의 민주주의로 용해된다. 실체로 알려진 순수한 자연적 단일체를 드러내려고 모든 우유적인 것과 조합물이 옆으로 밀려나는 우주의 어떤 불가사의한 자연적 기층은 없다. 어떤 블랙박스도 개봉될 수 있으며, 내부에서는 더 많은 블랙박스만 발견될 것이다. 마찬가지 이유로, 인간들이 모든 소박한 믿음을 제거한 채로 세계를 초월하여 비판적으로 세계를 관찰하도록 서 있을 수 있는 특별한 충위는 없다. "네트워크를 … 횡단함으로써 우리는 특별히 동질적인 어떤 곳에 멈추게 되지 않는다. 오히려 우리는 여전히 **내재적 물리계**infra-physics 안에 머무른다"(NM, 128, 강조가 첨가됨). 라투르는 라이프니츠의 용어를 사용하여 다음과 같이 말한다. "우리는 **사슬**vinculum 그 자체, 즉 통로와 관계에서 출발하는데, 그 결과 집합적이자 실재적인 것인 동시에 담론적인 것이기도 한 이런 관계에서 나오지 않는 어떤 존재자도 출발점으로 인정하지 않는다. 우리는 최근에 출현한 인간에서 출발하지 않고 더 최근에 나타난 언어에서 출발하지도 않는다"(NM, 129). 오히려 우리는 모든 "사절, 매개자, 대리인, 물신, 기계, 입상, 기구, 대표자, 천사, 부관,

대변인, 케루빔"(NM, 129)과 함께 비근대적 세계를 탐험하는데, 여기서 인용된 구절은 하이데거의 전집에서는 결코 찾아내지 못할 것이다. 우리에게는 준주체를 뜻하기도 하는 준객체들의 소란스러운 세계밖에 없다(NM, 139).

근대적 관점에 따르면, "우리는 과학을 미화하거나 권력 투쟁을 벌이거나 실재의 존재에 대한 믿음을 조롱할 수 있지만, 이처럼 부식성이 높은 세 가지 산성 용액을 혼합하지 말아야 한다"(NM, 6). 준객체들이 펼치는 네트워크들은 "이란과 이라크, 터키라는 세 국가에 속해 있는 쿠르드족처럼 찢어지는데, 한편으로는 밤이 되면 쿠르드인들은 국경을 살짝 넘어가서 결혼하고 그들을 나누고 있는 세 나라에서 떨어져 나와 형성될 공통의 모국을 꿈꾼다"(NM, 6~7)라고 라투르는 아름다운 영상을 떠올리게 하면서 받아친다. 특히, 정당화되지 않은 인간과 자연의 이분화를 공고화함으로써 쿠르디스탄을 파멸시킨 사람은 칸트다. "〔자연과 인간의〕 단순한 구별이었던 것이 완전한 분리로 선명해져서 하나의 코페르니쿠스적 혁명으로 탈바꿈한다. 물자체는 이해할 수 없게 되고, 대칭적으로 초월적 주체는 세계와 무한히 멀어지게 된다"(NM, 56). 이른바 물자체를 인간 주체로 다시 흡수하든 애초에 그런 의문이 어떤 의미가 있음을 부인하든 간에 우리가 이 주제에 의한 변주곡을 아무리 연주하더라도, 인간과 세계 사이의 간극은 항상 나무와 바람 사이의 간극이나 불과 양모 사이의 간극보다 특권적이다. "확실하게도 객체들이 그 주변을 공전하는 태양왕은 다른 여러 경쟁자, 이를테면 사회, 지식, 정신 구조, 문화적 범주, 상호주관성, 언어를 위해 폐위될 것이지만, 이런 까닭에 지금까지 내가 주체/사회라고 부른 초점이 그런 궁정 혁명들로 인해 바뀌지는 않을 것이다"(NM, 56~7). 모든 형태의 비판철학에 반대하는 라투르는 어떤 형태의 고발이나 폭로도 회피한다. 르네 지라르가 실재적인 화형용 기둥들이 인간 갈등에 관여함을 부인하거나(NM, 45) 에든버러 학파의 '강한 프로그램'에서 사회가 실재를 흡수하는(NM, 55) 데에서 나타나는 것처럼 모든 것을 인간 주체의 극장에 밀어 넣는 행태를 라투르는 거부한다.

우리는 이미 라투르가 탈근대인을 혐오한다는 사실을 알고 있다. "나는 이와 같은 지적 운동 … 인간과 비인간이 표류하게 내버려 두는 이런 지적인 방관적 태도를 지칭하기에 충분히 흉한 말을 찾지 못했다"(NM, 61). 탈근대인은 "이쪽에 물질적이고 기술적인 세계를 두고 저쪽에 발화 주체들이 벌이는 언어 놀이를 두는 완전한 〔근대적〕 분리를 받아들인다"(NM, 61). 탈근대인이 보기에는 "가치가 있는 것은 아무것도 없는데, 그 이유는 만물이 반영, 시뮬라크르, 부유하는 기호이기 때문이다. … 탈근대인들이 진화하는 텅 빈 세계가 그들이 스스로, 그리고 오직 그들만이 비워낸 세계인 이유는 그들이 근대인들의 말을 곧이곧대로 믿었기 때문이다"(NM, 131). 라투르는 더 중요한 과녁인 하이데거에게로 자신의 공격을 확대하는데, 그 이유는 하이데거의 충실한 종복들이 상반된 주장을 펼침에도 불구하고 하이데거도 현존재와 세계를 분리함으로써 마찬가지로 근대적 이분화의 죄를 명백히 범했기 때문이다. 다음과 같은 리트머스 시험지를 절대 잊지 말아야 한다. 실재론과 관념론에 관한 모든 수사법을 무시하고서 어떤 철학에 대해서도 그것이 무생물의 관계를 인간과 세계의 관계와 같은 지위에 놓고 있는지 물어야 한다. 그렇지 않다면 우리는 여전히 코페르니쿠스주의자들에 둘러싸여 있으며 그것으로 끝이다. 이 기준에 따르면 하이데거는 확실히 그런 부류에 속한다. 그 이유는 "하이데거와 그의 아류들이 검은 숲의 '숲길'을 벗어나면 존재를 발견하리라고 기대하지 않"기 때문이다. "존재는 보통의 존재자들에게 있을 수 없다. 사방이 사막이다"(NM, 65). 내 관점(하지만 라투르의 관점은 아님)에 따르면 하이데거는 20세기의 가장 위대한 철학자이지만, 그가 응징을 받아야 마땅한 순간들이 확실히 있다. 하이데거의 엄숙하고 거만한 어조와 자신이 게르만화한 소크라테스 이전 철학자들의 역할에 대한 하이데거의 참을 수 없는 권리 주장에 누가 싫증을 내지 않겠는가? 라투르는 하이데거를 적절하게 풍자한다. "여기에도 신이 존재한다. 라인강 제방의 수력발전소에도, 아원자 입자에도, 손으로 속을 파서 만든 오래된 나막신뿐 아니라 아디다스 신발에도, 오래된 풍경뿐 아니라 산업화한 농업에도, 횔덜린의 비통한 운문뿐 아니라 가게 주인의 계산에도 신이 존재한다"(NM, 66).

근대성은 라투르가 거부하는 특정한 시간론에 따라 진보

를 판단한다. "과거는 사물과 인간을 혼동한 시기였고, 미래는 양자를 더는 혼동하지 않을 시기다"(NM, 71). 처음부터 우리가 존재하지 않는 두 영역을 정화하려는 어떤 희망도 거부한다면 우리의 시간론 역시 바뀌어야 할 것이다. 라투르는 그의 스승 미셸 세르를 떠올리게 하는 어투로 이렇게 주장한다. "대개 우리는 섬세한 층류 대신에 주로 소용돌이와 급류로 구성된 난류를 얻을 것이다. 비가역적이던 시간은 가역적인 것이된다"(NM, 73). 이런 사태는 현재 세상을 얼핏 살펴보면 쉽게이해할 수 있다. "피레네산맥에 곰을 방사하기, 구소련의 집단농장 콜호스, 에어로졸, 녹색 혁명, 천연두 백신, 스타워즈, 이슬람교, 자고새 사냥, 프랑스 혁명, 서비스 산업, 노동조합, 저온 핵융합, 볼셰비즘, 상대성 이론, 슬로바키아 민족주의, 상업선, 기타 등등이 시대에 뒤진 것인지, 첨단의 것인지, 미래주의적인 것인지, 시간을 초월한 것인지, 현존하지 않는 것인지, 아니면 영원한 것인지 더는 아무도 모른다"(NM, 74). 시간은 전진하는 행진이 아니라 소용돌이와 반전으로 구성되어 있다. 국가들은 모두 다양한 역사 시기의 다양한 요소를 뒤섞는 '대립의 땅'이다. 우리 자신의 신체와 유전자 코드도 마찬가지다. "나는 전기드릴을 사용하기도 하지만 망치도 사용한다. 전기드릴은 발명된 지 삼십오 년이 되었고 망치는 수십만 년이 되었다. … 내 유전자들 가운데 몇 가지는 5억 년이 되었고 몇 가지는 300만 년이 되었고 몇 가지는 10만 년이 되었는데 내 습관은 며칠에서 수천 년까지 걸쳐 있다. 『클리오』에서 페기Péguy

가 말했고 미셸 세르도 되풀이한 대로 우리는 시간의 교환수 이자 시간을 빚는 자다. … 우리를 규정하는 것은 이런 교환이 지 근대인이 우리를 위해 마련했던 달력이 아니다"(NM, 75). 제대로 풀어헤치면 『우리는 결코 근대인이었던 적이 없다』라 는 책에는 라투르의 철학 전체가 들어 있다. 우리가 결코 근대 인이었던 적이 없는 이유는 우리가 결코 인간과 세계를 정화 하는 이분화를 실행했던 적이 사실상 없기 때문이다. 이런 까 닭에 시간은 비가역적인 혁명의 방식대로 지나가는 것이 아니 라 행위소들의 네트워크들이 변화함에 따라 선회하고 소용돌 이친다고 말할 수밖에 없다. 행위소는 순간적인 사건이지만 어 떤 주어진 순간도 앞지르는 궤적이기도 하다. 이런 역설적인 논점에 대해서는 1999년에 출판된 라투르의 뛰어난 책 『판도 라의 희망』에서 살펴볼 수 있다.

4장

판도라의 희망

『판도라의 희망』[1]에 실린 장들은 부분적으로는 새로운 글이고 부분적으로는 일찍이 1993년까지 거슬러 올라가는 논문들을 다시 작성한 것이다. 라투르는 파리보다 오히려 라스베이거스에서 글을 쓰고 있는 것처럼 자신의 전 경력을 아우르는 자신만만한 메들리를 부르면서 20세기 말 무렵에 자신이 거쳤던 여러 단계를 회고한다. 독자는 엿듣는데, 그 메들리는 밀림에서 과학적 사실들을 구성한 작업의 서곡에서 파스퇴르와 세균의 발라드를 거쳐 비근대주의적 양식의 반코페르니쿠스적 리듬을 탄 후에 사물들의 민주주의 정치에 대한 마지막 선율까지 이어진다. 그런데도 그 책은 한 가지 강력한 중심 주제에 고무된 통합적인 저작이다. 더욱이 그 책은 냉소적인 기

---

1. [옮긴이] 브뤼노 라투르가 1999년에 영어로 저술한 이 책(*Pandora's Hope: Essays on the Reality of Science Studies*, Cambridge, Harvard University Press, 1999)은 2018년에 한국어로 번역 출간되었다(『판도라의 희망: 과학기술학의 참모습에 관한 에세이』, 장하원·홍성욱 책임 번역, 휴머니스트, 2018).

지를 발휘하면서 자신의 적들과 격렬한 전투를 벌이는 라투르를 보여준다. 칸트의 철학은 "쾨니히스베르크 통신"(PH, 5)이라는 별칭으로 불리고, 그의 물자체는 고작 "우리는 여기 존재하고, 당신이 먹는 것은 먼지가 아니다"(PH, 6)라고 말하는 것으로 간단히 처리된다. "칸트에서 지옥으로의 느린 하강"(PH, 21)에 대하여 언급하는 경우도 마찬가지다. 라투르가 비꼬는 듯한 찬사를 바치는 이유는 "칸트에게는 애처로운 태양 주위를 공전하는 녹색 행성처럼 불구의 독재자〔인간 주체〕주위를 공전하는 것이〔적어도〕여전히 있었"(PH, 6)기 때문이다. 탈근대주의자들은 변변찮은 대접을 받는데, 이를테면 신랄한 "좋다! 앙코르!"라는 아첨의 찬사를 받고 "흡족한 포로들"로 서술된다(PH, 8). "해체하다"라는 그들의 동사는 "서서히 파괴하다"라는 의미로 규정된다(PH, 8).

『판도라의 희망』은 제목과 부제에 대하여 간단히 숙고함으로써 가장 잘 이해된다. 제목은 전설적인 판도라의 상자를 라투르가 이제 막 개봉한 과학의 '블랙박스'에 대한 상징으로 사용한다.

두 문화의 황무지에 남아있었고 … 객관화의 모든 위험을 회피하려는 인간주의자와 무질서한 군중이 다가서지 못하게 하려는 인식론자에게 속 편하게 무시당하는 동안〔판도라의 상자는〕단단히 봉해져 있었다. 이제 그 상자가 개봉되어 재앙과 저주, 죄와 질병이 주위를 휘감고 있으므로 할 일은 한 가지뿐인데, 그 일은 유서 깊은 전설에 따르면 바닥에 남아있는 것, 즉 희망을 되찾으려고 거의 텅 빈 상자 안으로 훨씬 더 깊이 곧장 내려가는 것이다(PH, 23).

마찬가지로 유용한 것은 '과학기술학의 참모습에 관한 에세이'라는 부제다. 여기서 '참모습'reality이라는 낱말은 실재론 철학에 대한 노골적인 요청을 뜻한다. 더욱이 그런 요청이 놀라운 이유는 라투르가 실재는 인간 사회가 구성한다고 믿고 있는 것으로 종종 여겨지기 때문이다. 첫 번째 장의 냉소적인 제목 "당신은 실재를 믿습니까?"가 보여주듯이, 라투르는 이런 평판을 알고 있다. 책 제목과 부제를 함께 숙고해보면, 라투르는 서로 맞물린 블랙박스들의 새로운 실재론을 목표로 하고 있다. 하지만 라투르가 제시하는 유형의 실재론은 최소한 세 가지 논점에서 친숙한 종류의 실재론과 다른데, 요컨대 그의 이전 저작들을 검토한 후에는 그 논점들 가운데 어느 것도 놀랍지 않다.

첫 번째 논점: 전통적 실재론은 일반적으로 어떤 궁극적인 실체를 수용하는데, 이를테면 그것이 다른 세상의 원형(플라톤)이든, 구체적인 개별적 사물(아리스토텔레스)이든, 신(아우구스투스, 스피노자)이든, 거울 같은 모나드(라이프니츠)든, 파괴할 수 없는 물리적 물질(데모크리토스, 맑스)이든, 이것들의 어떤 변종이든 간에 말이다. 하지만 이런 실체는 최종적인

블랙박스, 즉 절대 개봉되어 조사받을 수 없는 실재의 마지막 층위로 여겨질 뿐이다. 라투르의 실재론은 그 위에 여타의 것이 세워지는 어떤 궁극적인 층위도 거부한다. 개봉될 수 없는 블랙박스, 여타의 것을 파생시키는 실체의 마지막 층위는 없다.

두 번째 논점: 전통적 실재론이 실체와 더불어 본질이라는 그것의 평행 관념을 종종 옹호하는 이유는 실체가 자신의 우유적 특질이나 관계에 대립하는 본질적 특성을 갖추어야 하기 때문이다. 이와는 대조적으로, 라투르는 사물에 본질이 거주할 수 있을 내부 지성소가 있음을 전혀 인정하지 않는다. 라투르의 행위소는 항상 개방된 것으로 밀폐되어 있지 않다.

세 번째 논점: 더욱이 전통적 실재론은 사물과 그것이 지각되는 방식의 차이를 믿는다. 라투르에게 이런 분열은 물자체와 현상의 코페르니쿠스적 균열을 초래할 뿐이다. 라투르의 탈출 경로는 실재가 어떤 식으로 우리에게 저항하더라도 우리는 항상 실재와 접촉하고 있다고 단언하는 것이다. 실재는 장막 뒤에서 숨바꼭질 놀이를 하지 않는다. 사물들은 서로 관계를 맺고, 서로 번역하며, 결코 서로 단절되지 않는다.

판도라의 상자가 나타내는 형이상학은 민주주의적인 행위소들의 우주를 산출한다. 어떤 행위소가 물리적이든 순전히 환상적이든 간에, 그것은 여타의 행위소와 함께 힘겨루기에 관여한다. 우리가 필요한 노동을 수행하기만 하면 모든 행위소는 개봉되어 자신의 구성 요소들을 드러낼 수 있다. 여타의 것을 단순한 이데올로기적 상부구조로 환원하는, 실재의 마지막 하부구조는 없다. 행위소에는 자신의 사소한 외피나 자신이 다른 것들과 맺고 있는 관계들에서 거대한 간극을 두고 격리된 본질적인 내부 핵심이 없다. 이런 원리들의 목록만으로도 몇몇 관찰자는 자신이 실재론자라는 라투르의 주장을 부인할 것이다. 그런데 내게는 이 책의 후반부에서 중요해질 단하나의 사항만 유보한 채로 라투르에게 실재론자라는 칭호를 부여하는 경향이 있다.

A. 순환 준거

'순환 준거'라는 용어는 주체와 객체 사이의 비극적인 간극을 서로 대결하는 무수한 행위자의 단일 평면으로 대체하는 라투르의 형이상학적 입장 전체를 포착한다. 우리는 이런 행위자들의 절대적 평등을 이해했는데, 이를테면 행위자들은 단단한 진정한 원자들과 한낱 인간의 가공물에 불과한 것들로 양분될 수 없다. 라투르는 퀴리 부부의 사위이자 당대에 방사능 화학을 선도한 세계적인 권위자였던 프레데리크 졸리오에 관해서 길게 서술한 역사적 사례 연구에서 훌륭한 모범 사례를 제시한다(PH, 80~92). 졸리오와 그의 동료들은 실험실에서 우라늄 분열 문제에 대하여 고심하면서 우라늄이 충격을 받았을 때 방출되는 중성자들의 평균 개수를 계산하려고 노력한다. 그런데 우라늄이 그들의 유일한 관심사는 아니다. 핵분열 연구를 진행하면서 그들은 이른바 '중수'를 주목하게 되고, 노르스크히드로엘렉트리스크라는 노르웨이 기업만이 충분한 양의 중수를 생산한다. 나중에 그 기업의 공장이 나치 독일에 점령당할 때, 우리는 "노벨상만을 원한 누군가가 노르웨이에서 펼칠 특수 작전을 조직하는 데〔착수한다〕"(PH, 87)는 사실을 알게 될 것이다. 한편으로 졸리오 팀은 실험용 우라늄을 제공할 벨기에령 콩고의 한 광산 업체와 골치 아픈 협상에 들어간다. 동시에 졸리오 팀은, 그들의 독자 중에 나치 독일이나 소련 과학자들이 있을까 봐 두려워서 그들의 발견 결과를 발표하지 말라는 강력한 권고를 물리학자 레오 실라르드에게서 받는다. 졸리오는 내각의 각료 라울 도트리에게 재정 지원을 구해야 하고, 게다가 자신의 외국인 조수 할반과 코와르스키가 적국 사람이라는 이유로 잠재적 간첩으로 여겨져 실험실에서 잠시 배제되면서 그들 없이 연구해야 한다.

전통적 실재론 일반과 마찬가지로 전통적 과학사는 이 이야기를 매끈하게 양분할 것인데, 그 결과 "순전히 정치적인 요소나 경제적인 요소가 순전히 과학적인 요소에 덧붙여질 것이다"(PH, 90). 하지만 졸리오의 이야기는 하나이지 둘이 아니다. 우라늄이 졸리오가 통제할 수 없는 실재적인 행위자라는 것은 사실인데, 정확히 올바른 지점을 공격하지 않는다면 우라늄은 자신의 비밀을 털어놓지 않을 것이고, 게다가 비밀을 털어놓을 때도 무수한 경이로운 것으로 깜짝 놀라게 할 것이다. 그런데 벨기에 산업체와 노르웨이 산업체, 레오 실라르드, 프랑스 각료, 중수 발전소를 지키는 독일 초병의 경우에도 마찬가지다. 자연의 순수한 사태가 사회적 요소들에 의해 걸러지거나 형성되는 어떤 "힘들의 평행사변형"(PH, 133)은 없다. 어떤 "두 가지 순수한 기록부의 유감스러운 혼합"(PH, 90)은 없다. 중성자와 중수소, 파라핀은 각료와 간첩보다 더 실재적인 것도 아니고 덜 실재적인 것도 아니므로 첫 번째 조치는 이런 객체들을 구별함을 거부하는 일이어야 한다. 라투르의 입장은 "졸리오의 이야기를 양분하고자 할 연구 프로그램 전부를… 거부한다"(PH, 84).

라투르는 자신의 견해를 강화된 형태의 실재론으로 여긴다. 하지만 전통적 실재론자는 그 입장을 완고한 형태의 사회구성주의로 부를 것이다. 이런 불일치의 이유가 흥미롭다. 라투르의 경우에는 여타의 것을 궁극적으로 물질적 상호 작용으로 환원하면서 세계가 매우 작은 물리적 입자들로 구성되어 있다고 가정하는 자연주의적 관점에서 시작할 수 없다. 처음에 철학자는 무엇이 실재하는 것이고 무엇이 실재하지 않는 것인지 모른다. 라투르에게는 실재적인 물질적 존재자들의 특권적 계급을 일단의 인공적 가공물과 분리함으로써 이런 혼란을 제거하는 것은 관념론의 일종이다. 그런 견해는 다양한 힘겨루기를 거쳐 매우 조심스럽게 드러나게 되는 행위자의 어리둥절한 특질을 실재하는 것들의 특질에 관한 선험적 독단으로 대체한다. 이런 까닭에 라투르에게는 일반적인 행위자 형이상학이 유일하게 진정한 형태의 실재론인 것처럼 보인다. 프레데리크 졸리오와 노르스크히드로엘렉트리스크를 파라핀과 마찬가지 방식으로 다루지 않는 이론은 **유물론**일지는 모르겠지만 **실재론**일 수는 없을 것이다. 일반적으로 유물론은 탁월한 실재론적 철학으로 여겨지지만, 사실상 유물론은 행위자들의 신비를 만물의 근원에 놓여 있는 확장된 물리적 질료라는 독단적인 **관념**으로 대체하는 은밀한 관념론이다.

그런데 라투르는 유물론보다 훨씬 더 큰 표적을 타격한다. 유물론자가 아니었던 라이프니츠조차도 자연적 모나드와 인공적 조립체를 비슷하게 구별한다. 라이프니츠적 체계에서 졸리오와 도트리는 여타의 인간처럼 모나드를 부여받을 것이지만, 공장과 우라늄 광산(한낱 '조립체')은 말할 것도 없거니와 우라늄 원자들(한낱 모나드들의 '사슬')도 그렇지 않을 것이다. 라이프니츠 외에 수많은 철학적 실재론자에게 이런 종류의 균열이 존재한다. 실재에 대한 그들의 주요 기준은 항상 인공적인 것에 대립하는 것으로서의 자연적인 것처럼 보인다. 하지만 이 기준의 약점은 플루토늄의 사례에서 명백히 드러나는데, 플루토늄은 인공적으로 제조되어서 자연에서는 절대 발견되지 않지만, 어느 모로 보나 납이나 금만큼 실재적인 화학 원소다. 프랑켄슈타인 박사가 재빨리 깨달았듯이, 무언가가 인공적으로 만들어진다는 사실이 그것에서 실재성을 박탈하지는 않는다. 이 논점에 대해서 라투르의 논증은 설득력이 있으며, 그에게 '반실재론자'의 꼬리표를 붙이는 것은 마땅하지 않다. 좋은 실재론은 어떤 독단적인 예비 기준으로 수많은 행위자를 환원하지 않기를 사실상 요구한다. 이런 까닭에 "황금산, 플로지스톤, 일각수, 프랑스의 대머리 왕, 키메라, 자연발생, 블랙홀, 매트 위의 고양이, 검은 백조와 하얀 까마귀는 모두 햄릿, 뽀빠이, 람세스 2세와 같은 시공간을 차지할 것"(PH, 161)이라는 라투르의 풍자적인 표현을 망설이지 말고 승인해야 한다.

그러나 전통적 실재론자가 라투르 체계의 핵심을 더 가까이 타격하는 다른 한 논점이 있다. 전통적 실재론자에게 실재는 자연적이거나 물리적인 것으로 여겨질 뿐 아니라 "우리가 어떻게 생각하든 간에" 현존하는 것으로도 여겨진다. 실재는 인간의 지각과 독립적이고, 인간의 지각이 만들어내는 것이 아니며, 모든 인간과 여타 동물이 몰살되더라도 살아남을 것이다. 더욱이 전통적 실재론자가 다음과 같은 논점에 결코 많은 관심을 두는 것처럼 보이지는 않지만, 원칙적으로 실재는 주변의 다른 생명 없는 사물들에 미치는 효과와도 독립적이어야 한다. 이것이 라투르가 비실재론적 방향으로 진로를 바꾼 것처럼 보일 유일한 논점인 이유는, 그가 제시하는 시각은 환경과의 상호작용들보다 더 아래에 놓인 비관계적 객체들의 실재론이 아니라 관계들의 실재론이기 때문이다. 라투르는 실재적인 것을 그것의 모든 일그러진 연합 관계와 분리하는 전통적인 태도에 반대하면서 사물은 연합 관계를 더 많이 맺으면 맺을수록 점점 더 실재적인 것이 된다고 주장한다. 라투르가 본격적인 반실재론자가 확실히 아닌 이유는 객체가 현상학자나 언어철학자가 허용하는 것보다 더 많은 일을 할 수 있도록 허용하기 때문이다. 내가 보기에 라투르가 과학적 자연주의자보다 훨씬 더한 실재론자인 이유는 그가 물리적 물질 덩어리들 이외의 실재들은 모두 존재하지 않는다고 규정함으로써 시작하지 않기 때문이다. 라투르가 사회구성주의자가 분명히 아닌 이유는 우라늄과 파라핀이 어느 모로 보나 프랑스 사회가 주조하고 형성하는 것만큼이나 졸리오의 존재를 구성하기 때문이다. 하지만 라투르는 확실히 **관계주의자**이고, 게다가 관계주의 철학자들은 인간의 언어 구조나 사회 구조가 모든 관계 작업을 수행한다고 종종 주장하므로 그의 견해가 다른 견해들과 혼동되는 이유는 이해할 만하다. 관계주의, 즉 사물은 본질이라는 외로운 내적 핵심보다 오히려 자신의 효과와 동맹으로만 정의된다는 관점이 라투르가 견지하는 입장의 역설적인 핵심인데, 이 관점이 라투르의 모든 획기적인 견해와 한껏 과도한 주장의 원인이다.

이 논점을 둘러싸고 벌어져야 할 가치가 있는 철학적 논쟁이 있다. 관계주의는 정당화되지 않을지 모른다. (나 자신이 생각하는 대로) 형이상학은 사물의 내적 실재와 그것이 다른 존재자와 맺는 관계를 구별하기를 **요구하는** 것인지도 모른다. 그렇다고 여기서 라투르의 적들, 즉 자연적 객체와 인간적 주체라는 두 가지 특정한 종류의 존재자들에게 각각 실재와 관계를 할당하는 명백한 대실수를 저지르는 자들의 편을 들 수는 없다. 다시 말해서 전통적 실재론은 자연에는 단지 객관적 실재만 포함되고 관찰하는 인간이 이 실재에 그릇된 관계들을 투영한다고 생각하는데, 그래서 계몽된 사람은 이런 관계들을 계속해서 폭로하고 고발해야 한다. 전통적 실재론에 의하면, 자연은 모든 실제 작업을 행하고 문화는 모든 왜곡 작업을 수행한다. 그런데 (내가 하는 대로) 사물의 내적 핵심과 다른 사물들에 대한 그것의 표현을 분리함으로써 라투르의 관계주의에 이의를 제기하고 싶은 사람이 있다 하더라도 이런 균열은 세계와 인간 사이에만 놓여 있는 우주적 간극에 대한 동의어일 수가 없을 것이다. 오직 인간만이 이런 이원론을 산출하는 것은 아닌데, 만약 그렇다면 우리는 근대성의 가장 우울한 특색으로 되돌아가게 된다. 전통적 실재론자는 인간/세계 분할을 따라 실재와 관계를 할당하려고 함으로써 인간에게 세계를 왜곡하는 독특한 마법사의 능력을 허용하게 되고, 따라서 인간에게 너무 많은 능력을 부여한다. 라투르는 모든 행위자에게 동등한 종류의 능력, 즉 관계를 맺고 조립할 수 있는 능력을 부여함으로써 이런 오류를 단박에 폐기한다. 라투르를 공격하는 사람들은 반실재론과 사회구성주의라는 그릇된 혐의에 대해서가 아니라 관계주의에 대해서 공격하자.

라투르에게는 세계와 인간 사이의 특권적 균열이 근대성의 가장 유감스러운 특징이라는 점을 알게 되었다. 라투르가 종종 단언하는 대로 "언어철학은 언어와 세계 사이의… 대응을 탐색함으로써 좁혀야 하는 유일하고 본원적인 간극을 두고 분리된 두 개의 고립된 권역이 있는 것처럼 보이게 한다"(PH, 69). 화이트헤드와 거의 마찬가지로 라투르는 이 간극을 무한히 쪼개어 세계의 모든 곳에 위치시킨다. 모든 곳에서 우주는 간극들로 가득 차 있다. 그런데 그런 간극들이 결코 연결될 수 없는 것은 아닌 이유는 그것들이 번역 작업으로 끊임없이 교차되기 때문이다.『판도라의 희망』의 2장에서 라투르는 전형적으로 멋진 사례 연구로서 밀림의 한 구역이 초원에서 후퇴하고 있는지 아니면 초원을 향해 전진하고 있는지를 둘러싼 논쟁에 대하여 논평하기 위해 시도된 아마존 여행 사례를 제시한다(PH, 24~79). 여기서 우리는 '과학의 실천'에 대한 완벽한 사례와 마주친다. 이야기의 어느 곳에서도 그 밀림의 진실이 한눈에 볼 수 있게 구체적으로 나타나 있지 않다. 그 밀림에 관한 우리의 지식은 지적인 행위자든 순전히 육체적인 행위자든 간에 매개하는 행위자들의 긴 연쇄를 거쳐야만 나온다. 먼저 아마존의 원풍경을 이해하기 쉽게 채색된 형태들의 연쇄로 번역하는 위성 지도가 있다. 그 지도는 문진文鎭이나 손으로 단단히 누르지 않으면 말리는 경향이 있으므로 문진이나 손이 과학 기구가 된다. 밀림의 나무들은 숫자로 표기되어야 한다. 토양은 휴대용 차트 위에 나타낸 색깔로 비교해야 하고, 심지어 손으로 빚어서 주관적으로 판단해야 한다. 이것은 '모래질 진흙'인가 아니면 '진흙질 모래'인가?(PH, 63). 마지막으로 토양과 식물 표본들을 후속 시험을 위해 자연적 맥락에서 물리적으로 분리하여 대학교에 가져가야 한다. 과학자들의 논증에 빈틈이 있다면 그들의 논문은 절대 출판되지 않을 것이다. 그런데 지프를 몰고 집에 오는 도중에 충돌하여 표본을 떨어뜨리거나, 무력 정변으로 연구자들이 감옥에 갇히거나, 부주의한 모욕으로 인해 공동 저자들의 우정이 깨지는 경우에도 마찬가지일 것이다. 매개자들의 사슬은 지적 지점이든 물리적 지점이든 정치적 지점이든 도덕적 지점이든 간에 어느 지점에서도 교란당할 수 있다. 단절이 일어나는 곳이라면 어디에서든지 그 단절 사태로 인해 연구에 필요한 연속적인 전기 회로가 끊어질 것이다.

시인들에 대하여 언급하려고 하이데거가 채택한 것과 같은 용어를 사용하여 라투르는, 밀림이 전진하고 있는지 후퇴하고 있는지에 대한 진리는 행위자들의 긴 사슬로 정해진다(하이데거의 독일어로는 gestiftet)고 말한다. 사실의 즉각적인 가시성은 결코 없고 일련의 매개만 있을 뿐인데, 각각의 매개는 더 복잡한 실재를 진행 중에 더 쉽게 무시될 힘을 갖춘 무언가로 번역한다. 어떤 회의주의자가 이런 매개자는 마지막에 버려질 수 있는 용품에 불과하다고 주장할 수 있지만, 변형을 일으키지 않는 수송 같은 것은 없다. 진리는 아무 유사성도 없이 한 행위자에서 다음 행위자로 이어지는 번역의 연쇄일 뿐이다. 종점에만 초점을 맞추는 것은 진리의 의미를 왜곡하는 것이다. 지금까지 철학자들은 "마치 전선을 끊은 후에 전등과 스위치가 어떻게 서로 '대응'할 수 있는지 이해하려고 노력했던 것처럼 전체 사슬에서"(PH, 73) 양극단, 즉 주체와 객체를 취했다. 이것이 '순환 준거'의 의미다. 라투르가 서술하는 대로 "우리가 파스퇴르는 실제 사태에 대하여 사실 그대로 이야기한다고 말할 때, 우리는 그에게 언어에서 세계로 도약하라고 더는 요청하지 않는다.〔오히려〕 우리는 "오늘 아침에 부드럽게 움직이는 도시 고속도로"와 매우 유사한 것을 말한다"(PH, 149). 우리는 세계에 덧붙여진 왜곡하는 지각의 층위들을 제거하는 것이 아니라 "필터가 더 많이 있을수록 시야가 더 맑아지는 것처럼"(PH, 137) 오로지 매개자의 수를 증가시킴으로써 실재에 접근할 수 있다. 진리는 우리 정신에 실제 사태를 복사하기라는 광학적 또는 회화적 비유가 아니라 '산업적' 비유로 가장 잘 서술된다. 그 이유는 "산업공학도가 사우디아라비아의 지층에 깊이 매장된 석유와 프랑스의 잘리니라는 작은 마을에 있는 오래된 주유소에서 내 차의 연료통에 주유하는 휘발유 사이에 다수의 변형과 매개가 있었다고 단언할 때, 휘발유의 실재성에 대한 자격은 결코 줄어들지 않"(PH, 137)기 때문이다. 근대철학자의 경우에는 번역의 문제들이 모두 인간이 세계와 만나는 단일한 중요 지점에서 일어난다. 하지만 라투르의 경우에는 번역이 곳곳에 존재하는데, 요컨대 모든 관계는 하나의 매개이며 어떤 관계에서도 잡신호가 없는 진공을 가로지르는 오염되지 않은 데이터 전송은 절대 존재하지 않는다. 데카르트는 몸과 마음 사이의 간극에 대하여 고민했지만 라투르는 말브랑슈와 그의 아랍 선조들에 더 가까운데, 그들에게는 먼지 알갱이들이 충돌할 수 있는 데에도 신이 필요했다. 그 이유는 몸과 마음 사이의 간극은 아니지만 먼지 알갱이들 사이에도 간극이 존재했기 때문이다. 라투르는 신의 개입을 요청하는 대신에 자신의 매개자들을 국소적으로 찾아낸다. 중성자와 정치를 연결한 사람은 졸리오였기에 "이 연결 관계가 형성된 것은 오로지 졸리오의 작업 때문이다"(PH, 92). 두 행위자는 항상 제3의 행위자가 매개하는데, 이 사실이 순환 준거의 궁극적인 교훈이다. 이 같은 라투르의 '국소적 기회원인론'은 형이상학에서 중요한 타개책이 제시될 것임을 보여주는데, 2부에서 더 자세히 논의될 것이다.

순환 준거라는 라투르의 개념에는 필연적으로 그의 민주주의적 행위자 형이상학이 수반되는데, 여기서 각각의 행위자는 인간과 세계 사이의 간극만큼 넓은 간극을 두고 여타의 행위자와 격리되어 있고, 어떤 메시지도 변형되지 않은 채로 그냥 두지 않는 매개자 또는 번역자로서의 구실을 한다. 라투르의 주적은, 윌리엄 제임스가 매우 강력하게 비판했듯이(PH, 73~4), 내부에서 외부로 목숨을 건 도약을 감행한 칸트의 코페르니쿠스적 혁명이다. 오히려 라투르는, 위험한 도약은 한 번이 아니라 끊임없이 일어나고 항상 그렇게 위험하지는 않다고 생각한다. 더욱이 이 관념은 전통적인 질료/형상 구별에 대한 우리의 구상도 변화시킨다. 한 종류의 존재자(자연)에 질료를 할당하고 다른 한 종류의 존재자(인간)에 형상을 할당하는 대신에 라투르는 질료/형상 구별을 세계 전체에 퍼뜨린다. 이제 모든 행위자는 두 역할을 동시에 떠맡는다.

> 우리는 포름알데히드로 보존된 지렁이들이 들어 있는 소중
> 한 마분지 상자들과 꼬리표가 깔끔하게 붙은 작은 흙 봉지
> 들을 지프에 싣는다. … 우리는 레스토랑 실험실에서 1천 킬로
> 미터 떨어진 마나우스에 소재하는 다른 한 실험실을 향해 출
> 발하고, 게다가 그곳에서 6천 킬로미터 떨어진 파리의 쥐시외
> 대학으로 이동한다. … 내가 말했듯이, 각 단계는 자신의 뒤
> 에 이어지는 것에 대한 질료이고 자신에 앞서는 것에 대한 형
> 상인데, 각각의 단계는 낱말로 여기는 것과 사물로 여기는 것
> 사이에 벌어진 거리만큼 넓은 간극을 두고 서로 격리되어 있
> 다(PH, 74).

라투르가 인간과 세계 사이의 독특하고 나쁜 간극을 강화했
다고 비난하는 철학들 가운데 하나는 현상학이다. 라투르가
현상학파에 거의 공감하지 않는 이유는 "현상학이 오로지 인
간-의식에-대한-세계를 다룰 뿐"이기 때문이다. 더욱이 현상
학은 "우리가 어떻게 자신을 자신이 보는 것에서 결코 떼어놓
을 수 없는지, 우리가 어떻게 멀리 떨어진 광경을 결코 응시하
지 않는지, 우리가 어떻게 세계의 풍성하고 활기찬 짜임새에
항상 빠져 있는지에 대해서 많은 것을 가르쳐 준〔다고 주장할〕
것"이지만 "우리는 인간의 지향성이라는 협소한 초점에서 절대
벗어날 수 없을 것이다." 게다가 현상학은 "이 슬픈 이야기 전

체에서 가장 극적인 분열을 보여 주는데, 이쪽에는 완전히 차갑고 절대적으로 비인간적이며 전적으로 방임된 과학의 세계가 있고 저쪽에는 인간에 전적으로 한정되어 사물의 자체적인 정체성과 절대적으로 분리된 지향적 입장의 풍요로운 체험 세계가 있다"(PH, 9) 다시 말해서, 라투르가 현상학에 반대하는 이유는 그것이 **실재론**을 명백히 결여하고 있기 때문이다. 훨씬 정당하게도 라투르는 물리적 힘들의 단일한 실재적 세계로 데카르트의 정신/세계 이원론에 반대하는 과학적 자연주의에 대해서도 마찬가지로 항의한다.

> 정반대의 해결책을 선택하여 통-속의-정신을 완전히 무시하는 것은 어떤가? '외부 세계'가 현장을 침범하여 유리제품을 깨뜨리고 부글거리는 액체를 흘리며 정신을 뇌, 즉 생존 투쟁을 벌이는 다윈주의적 동물 내부에 자리 잡고 있는 신경 기계로 전환하게 내버려 두는 것은 어떤가? … 그럴 수가 없는 이유는 이 '자연', 즉 이제는 〔또한〕 인간종을 포함할 지배적이고 모든 것을 포괄하는 이 자연을 구성하는 요소들이 통-속의-뇌 내부에서 바라본 세계의 광경을 구성한 **바로 그 요소들**과 같기 때문이다. 비인간적, 환원주의적, 인과적, 법칙 같은, 확실한, 객관적, 차가운, 생기 없는, 절대적이라는 표현들은 모두 자연 **자체**와 관련된 것이 아니라 실상을 왜곡하는 유리 용기 프리즘을 통해 바라본 대로의 자연과〔만〕 관련된 것이다 (PH, 9~10).

라투르에게 현상학이 충분히 실재론적이지 않은 이유는 그것이 세계를 괄호에 넣고 인간 의식에 현시되는 것에 관한 서술에 집중해서 과학이 더는 규명되지 않는 인과론으로 비인간 영역을 다루게 내버려 두기 때문이다. 자연주의 역시 충분히 실재론적이지 않은 이유는 그것이 그런 괄호에 넣기 작업을 거부하고 통렬한 인간적 감정들을 중성자와 파라핀과 마찬가지로 유물론적으로 취급할 뿐이기 때문이다. 당연히 본격적인 관념론도 충분히 실재론적이지 않은 이유는 그것이 자연주의를 뒤집어 물리적 실재를 인간 지각의 권역 속에 가둘 뿐이기 때문이다. 이 세 견해가 다른 듯 보일지라도 그것들은 모두 같은 기본적인 오류를 공유한다. 다시 말해서, 정확히 두 가지 가능한 존재 유형 ─ 자유로운 인간 의식과 시계처럼 기계적인 인과관계 ─ 이 있는 근대주의적 정화의 틀 속에서 모두 작동한다. 그 세 입장은 다만 이런 이분화를 다른 식으로 용인하여 실재의 한 조각을 각각의 존재 유형에 건네준다는 점, 즉 인간을 자연적 원인으로 완전히 환원하거나 자연적 원인을 인간 의식 속의 현상으로 완전히 환원하려고 시도한다는 점에서 다를 뿐이다. 이것은 알렉산더 제국이 분할된 사태와 쿠르디스탄이라는 통일 국가가 수립되지 못하는 사태처럼 『우리는 결코 근대인이었던 적이 없다』에서 마주친 상황과 마찬가지다. 이 입장들 가운데 어느 것도 충분히 실재론적이지 않은 이유는 그것들이 모두 개별 객체에 어떤 실재성도 부여하지 않기 때문이다. 라투르가 『판도라의 희망』에서 자신의 형이상학을 지칭하는 데 사용하는 이름인 '과학기술학'이라는 대안적 입장에 자부심을 느끼는 것은 정당하다. 라투르의 철학에서는 "이제 실재론이 기세 좋게 복귀하고", 『판도라의 희망』의 장들은 "더 '실재론적인 실재론'으로 가는 길을 따라 놓여 있는 이정표처럼 보일 것이다"(PH, 15) 다시 말해서, "실재론은 외과 의사가 능숙한 솜씨로 이제 다시 연결한 수많은 혈관을 관통하는 혈액처럼 복귀한다. … 누구도 "당신은 실재를 믿습니까?"라는 당혹스러운 질문을 제기할 생각조차 하지 〔말아야〕 한다. 적어도 우리에게는 말이다!"(PH, 17). 그리고 마지막으로, "실재론에 대한 철학적 논의들 대다수가 얼마나 비실재론적이었는지 분명해져야 한다"(PH, 24). 라투르가 더 실재론적인 실재론으로 서술하는 것을 조금 더 자세히 살펴볼 때가되었다. 그 이유는 놀라운 조치로 라투르가 실재와 관계를 동일시하게 되기 때문이다.

B. 관계의 실재론

진리에 대한 번역 모형은 대응설을 불가능하게 만든다. 대응 모형에 따르면 인간 마음속의 지식은 마음 바깥의 실재를 복사하는데, 여기서 이런 복사 작업은 다만 '점근적'일 수밖에 없어서 결코 복사 대상에 완전히 도달할 수 없다는 일반적인 조건을 전제로 한다. 개량 카메라가 촬영 대상에 대한 훨씬 더 사실적인 이미지를 제공하는 것과 꼭 마찬가지로 지식의 진보는 세계에 대한 점점 더 정확한 사본 만들기를 의미할 것이다. 하지만 모든 관계가 복사라기보다 오히려 번역이라면 광학적 모형은 실패한다. 어떤 포도주에 관한 서술은 그 포도주와 '닮은' 것이 아니라, 그 포도주의 스타일 같은 것을 불러일으키려고 역사가 각기 다른 다양한 낱말과 비유를 축적한다. 프랜시스 파크먼이 서술한 퀘벡의 역사는 덜 흥미롭게 서술된 퀘벡의 역사만큼이나 실제 사건들과 '닮지' 않았다. 잘리니의 휘발유는 아랍의 열구裂溝 안에 깊이 갇힌 석유와 '닮지' 않았는데, 휘발유는 다만 석유의 어떤 것, 즉 내연기관이 이해할 수 있는 용어로 표현되는 일종의 석유 즙을 보유할 뿐이다. 그런데 진리 대응설을 포기하는 것은 당연히 실재론도 포기하는 일이라고 흔히 믿는다. 복사물로서의 진리 모형을 폐기하고 번역 모형으로 대체하면 이 번역이 저 번역보다 뛰어나다고 판단할 여지가 명백히 남지 않게 된다. 지식과 세계 사이에 아무 대응 관계도 없다면 '무엇이든 괜찮다'라는 식으로 보일 것이다. 하지만 이런 결론이 당연히 도출되지는 않는다. 질적으로 다양한 셰익스피어의 프랑스어 번역본이 무한히 있을 수 있는 것과 꼭 마찬가지로 더 좋거나 더 나쁜 번역들이 여전히 있을 수 있다. 그런데 여기서 그 비유가 허물어지는 것처럼 보이는데, 결국 (문헌학자들이 사실을 확정하는 데 고된 시간을 보내지만) 셰익스피어의 원래 텍스트가 실제로 존재하기에 우리는 유추를 거쳐 행위자들이 수행하는 모든 번역의 대상인 원래 세계 역시 존재한다고 주장할 수 있다. 하지만 그런 생각은 라투르의 관계주의와 잘 어울리지 않는다. 라투르에게 유추는, 셰익스피어의 텍스트가 오로지 번역의 순간에 존재하고 바로 그 번역으로 사실상 규정될 때에만 명백히 작동할 것이다. 이 견해는 마음과 독립적인 실재에 관한 실재론적 이론처럼 거의 보이지 않으므로 주류 실재론자들이 여전히 라투르에게 이의를 제기할 수 있는 까닭이 쉽게 이해된다. 번역되지 않은 원래 실재에 대한 문제는 이 책의 후반부에서 다루어질 것이다.

라투르의 관계주의는 매우 명료하다. 전통적 실재론과 달리, 사물은 다른 사물들과 더 적게 연결되어서 실재적이라기보다는 오히려 동맹자들과 더 많이 연결되면 될수록 더욱더 실재적인 것이 된다. 라투르는 파스퇴르의 세균에 관하여 이야기하면서 역설적으로 이렇게 진술한다. "우리는 세균이 자신의 연쇄적인 역사적 표현들을 조금 더 넘어서는 실체를 지니고 있음이 틀림없다고 짐작한다. 우리는 [실체의] 수행들이 모두 네트워크 내부에 항상 머무름을 기꺼이 인정할 것이지만…실체가 수행보다 제약을 덜 받으면서 움직인다는 느낌을 억누를 수 없다"(PH, 167). "조금 더 넘어서는 무언가"로서의 실체에 대한 이런 느낌이 바로 라투르가 반대하는 것이다. 라투르는 화이트헤드의 말을 그대로 흉내 내어 자신의 견해는 "이미 존재하는 **실체**가 시간을 **가로지르는** 여행을 기록하지 않는다"(PH, 162)고 말한다. 사물은 자신이 맺고 있는 관계들과 분리되지 않고, 사실상 "각각의 요소는 자신이 맺고 있는 연합들로 정의될 것이기에 그런 연합들이 각각 **성사되는** 순간에 생겨나는 사건이다"(PH, 165, 강조가 첨가됨). 그다음에 때때로 놀라운 보기들의 목록이 이어진다. "루앙이라는 도시, 황제, 파리 뒬름 d'Ulm 거리에 있는 실험실, 신, 파스퇴르와 푸셰 자신의 입지, 심리학, 전제 조건뿐 아니라 젖산 효소의 경우에도 이런 상황은 마찬가지다"(PH, 165). 이 목록에서 신은 우연히 또는 경솔히 지나가는 순간에 포함된 것이 아니다. 라투르는 자신의 가톨릭 신앙 탓에 억지로 신을 여타의 행위자보다 더 지속적인 실체로 생각하지 않고, "근대인의 감상적인 초월신 개념"(PH, 267)도 존중하지 않는다. 라투르는 단순히 행위자들의 형이상학을 제시하는 것이 아니라, 연합이 **성사될 때**에만 생겨나는 행위자들의 형이상학을 제시한다. 이런 연합들이 항상 사소한 방식으로 변화할 뿐 아니라 혁명적인 방식으로도 변화하는 한, 지속하기보다는 오히려 영구적으로 소멸하는 행위자들이 존재한다. 같은 취지로 화이트헤드는 자신의 '현실적 존재자'를 '현실적 계기'와 동일시하는데, 요컨대 이 용어는 존재자의 전적인 일시성, 즉 존재자는 자신이 세계와 맺고 있으며 고작 잠깐만 지속하는 특정한 일련의 관계들로 완전히 정의됨을 강조할 의도로 채택된 것이다. 이런 상황으로 인해 화이트헤드와 라투르는 둘 다 중세 이라크에서 버클리까지 이어지는 기회원인론 철학이라는 위대하고 저평가된 전통과 명백히 연결된다. 하지만 기회원인론은 신을 유일한 화강암 기둥, 즉 여타의 존재자가 끊임없이 해체되고 있는 가운데 서 있는 단단한 실체로 여기는 반면에, 독실한 라투르는 신 자체도 동맹의 강에서 벗어나게 하지 않는다.

행위자는 실체가 아니라 오히려 탐험가의 일종인데, 요컨대 견딜 수 있는 것과 견딜 수 없는 것을 조사한다. "어떤 존재자도 그런 탐험, 그런 일련의 사건, 그런 실험이다. … 만약 푸셰가 자신의 적이 수행한 실험을 받아들여서 아카데미의 지지를 잃고 대중적인 반체제 언론의 지지를 얻는다면, 그의 존재자, 즉 자연발생은 다른 존재자일 것이다. 그것은 변하지 않은 채로 19세기에 걸쳐 있는 단일한 실체가 아니다"(PH, 162~3). 자신에 대해서도 마찬가지로 언급하는 라투르는 이렇게 말한다. "파스퇴르는 훌륭한 실용주의자인데, 그에게 본질은 현존이고 현존은 행위다"(PH, 123). 한 페이지 앞에 쓰여 있는 대로, "파스퇴르는 릴에 있는 자신의 실험실에서 **행위자를 설계하고 있다.** … 〔그〕는 그 행위자가 자신의 기질을 나타내도록 몇 가지 겨루기 실험을 설계한다. 왜 행위자는 겨루기를 통해서 규정되는가? 그 이유는 행위자를 규정하려면 그것의 행위를 통해서 규정하는 것밖에 다른 방법이 없고, 게다가 행위를 규정하려면 관심의 초점인 기질로 인해 어떤 다른 행위자들이 **수정되거나 변형되거나 교란되거나 생성되는지** 묻는 것밖에 다른 방법이 없기 때문이다"(PH, 122, 강조가 첨가됨). 더욱이 "〔어떤〕 진술의 정확성은 저 너머의 사태와 관련된 것이 아니라, 일련의 변환을 추적할 가능성과 관련되어 있다"(PH, 123). 마지막으로,

'실체'라는 낱말은 역사에 영향을 받지 않은 채로 '아래에 남아 있는 것'을 가리키는 것이 아니라, 다수의 행위자를 안정되고 일관된 전체로 모으는 것을 가리킨다. 실체는… 그 위에 무엇이 세워지든 간에 아무 변화가 없는 암반이라기보다는 오히려 진주 목걸이에서 진주들을 함께 엮는 목걸이 줄에 더 가까운 것이다. 실체는 조립체의 **안정성**을 가리키는 이름이다 (PH, 151).

라투르는 더 전통적인 용어에 대하여 언급하면서 "속성들에 **덧붙여** 실체를 갖고 싶어 하는"(PH, 151) 사람들을 일축한다. 여기서 그는 영국 계몽주의의 전통뿐 아니라 '실체'는 성질들의 다발일 뿐이라는 그 전통의 관념을 암묵적으로 지지하면서 통일된 객체에서 출발하여 속성을 파생물로 여기는 현상학적 관점에 반대한다. 독립은 고립된 개별 사물에 대한 출발점이 아니라 길게 이어진 변환들의 최종 결과인데, "**파스퇴르**가 작업을 더 많이 할수록 그가 공들이는 실체는 더욱더 독립적인 것이 된다. … 우리는 단지 발효균이 모든 인공물처럼 구성되기도 하고 [또한] 실재적이기도 하다고 말하고 싶은 것이 아니라, 기괴하게도, 사우디아라비아에 석유가 더 많이 있는 것이 내 차의 연료통에 휘발유가 더 많이 들어 있기 때문인 것처럼 발효균은 변환된 **후**에 더 실재적인 것이 된다고 말하고 싶다"(PH, 138).

그런 진술들에도 불구하고, 라투르가 세계는 강력한 인간 사회의 변덕스러운 사태들이 지배하는 가변적인 진흙이라고 주장하는 사회구성주의자가 아닌 이유는 분명할 것이다. 결국, 발효균과 신문이 파스퇴르에 저항하는 것과 꼭 마찬가지로 중성자와 정부는 모두 졸리오에 저항한다. 인간은 다른 행위자들을 형성하기도 하고 그들에 의해 형성되기도 하는데, 이것은 비인간 행위자들이 서로 형성하는 것보다 더하지도 않고 덜하지도 않은 현상이다. 라투르가 통상적인 실재론적 정신에서 벗어나는 점이 있다면, 그것은 그가 필시 돌의 '객관적 실재성'보다 인간 사회를 선호하는 데 있는 것도 아니고 사실상 주체/객체 이원론을 거부하는 데 있는 것도 아니라, 사물은 자신이 맺고 있는 관계들로 완전히 정의된다는 그의 관점에 있을 뿐이다. 이런 관계주의적 이론은 상식의 순리에 어긋나는 것인데, 상식은 인간의 일시적이고 변덕스러운 행위로 이따금 이리저리 떠밀리는 불변의 물리적 고체들로 구성된 세계를 단언한다. 하지만 형이상학은 상식의 하녀가 아니다. 더욱이 상식 자체가 평범하고 미심쩍은 형이상학의 퇴적물일 뿐이다. 이런 싱거운 실재론의 토대는 객관적 '사태'라는 관념인데, 이 관념에 따르면 우리가 어떻게 생각하든 간에 실재적이고 항구적인 사물들이 우주에서 빈둥거릴 뿐 아니라, 파스퇴르나 리비히가 관찰하든 아무도 관찰하지 않든 간에 그것들은 마찬가지 방식으로 빈둥거린다. 이것은 하이데거가 눈-앞에-있음 Vorhandenheit이라는 용어로 비판한 것과 같은 개념이다. 이 책의 뒷부분에서 나는 객관적인 물리적 사태라는 이 관념이 라투르가 옹호하는 것보다 훨씬 더 지지할 수 없는 유형의 관계주의로 가득 차 있다고 제시할 것이다. 이렇게 하여 라투르의 관계주의는 현대 형이상학의 "의무 통과점"이 된다(PH, 191). 그 이유는 여기서 두 가지 선택지만 있기 때문인데, 우리는 행위자에 대한 라투르의 관계적 정의를 수용하거나, 아니면 자신이 맺고 있는 모든 관계에서 독립된 실체에 관한 되살아난 이론을 추구할 수 있다. 그런데 후자를 선택하더라도 상식 유물론은 목적을 달성하기에 충분한 자격을 갖추고 있지 않다는 점이 판명될 것이다.

이제 라투르는 화이트헤드에게서 무미건조하지만 적절한 용어 하나를 빌려서 '명제'에 관하여 말한다. 일반적으로 명제는 외부 세계에 관한 인간 주체의 진술로 언어철학에 속한다. 하지만 라투르에게 "명제는 진술도 아니고, 사물도 아니며, 어떤 식으로든 그 둘 사이의 중간자도 아니다. 무엇보다 명제는 행위소다. 파스퇴르, 젖산 발효균, 실험실은 모두 명제다"(PH, 141). 기회원인론은 우주에서 일어나는 온갖 상호작용의 유일한 매개자의 지위를 신에게 부여하는 반면에, 라투르는 이런 신성한 힘을 프레데리크 졸리오와 우주의 여타 행위소에게 분배한다. 우리는 어쩌면 라투르가 기회원인에 대한 국소적 선택지, 즉 신(알-아샤리와 말브랑슈, 심지어 화이트헤드처럼)이나 인간 정신(흄과 칸트가 인간의 습관이나 범주를 모든 관계의 근원으로 바꿀 때처럼)으로 통용되지 않는 것을 역사상 처음 고안한 사상가일 것이라는 사실을 이해했다. 내가 보기에는 이것이 형이상학에서 라투르가 마련한 최선의 타개책이고 앞으로 수 세기 동안 그의 이름과 연관될 것이다. 라투르가 서술하는 대로 "〔명제는〕수다스러운 정신과 대면하는 무언의 객체들로 구성된 자연과 관련된 입장이나 사물, 실체, 본질이 아니라, 접촉하게 되는 다른 존재자들에게 주어지는 계기다"(PH, 141). 이런 새로운 기회원인론에서 중성자와 정치를 연합시키는 것은 신이라기보다 졸리오이고, 무엇이든 어떤 두 존재자가 접촉하게 만드는 것은 국소적인 다른 매개자들이다.

계기 덕분에 "존재자는 사건이 전개되는 과정 동안 자기규정을 수정할 수 있게 되"(PH, 141)는데, 이것이 라투르의 명제가 의미하는 바이다. 모든 행위자는 명제인데, 요컨대 함께 있으리라고 결코 기대하지 않았거나 적어도 자신들이 결성한 연합의 정확한 성격에 깜짝 놀란 요소들의 놀라운 결합이다. 더욱이 "명제들 사이에 확립된 관계는 크게 벌어져 있는 간극을 가로지르는 대응 관계가 아니라, 내가 **부각**articulation 2이라

---

2. [옮긴이] 영어 낱말 'articulation'은 흔히 '분절(화)' 또는 '절합'이라는 낱말로 번역되었고, 게다가 최근에 '접합하다'라는 뜻과 '언명하다'라는 뜻을 결합한 의미를 나타내기 위해 '접언'이라는 낱말도 사용되었는데(장하원·홍성욱, 2018), 이런 한글 번역어들은 'articulation'이 기본적으로 나타내는 뜻, 즉 '명백하게 함'이나 '두드러지게 함'이라는 의미를 선뜻 떠올리게 하지 않는다. 한편으로 라투르는 두 행위자가 '서로 규정하는 존재론적 관계'를 나타나는 데 'articulation'이라는 표현을 사용한다. 여기서 옮긴이는 'articualtion'의 기본적인 뜻과 더불어 라투르의 정의를 살리기 위해 '어떤 사물을 특징지어 두드러지게 함'(표준국어대사전)이라는 의미를 지닌 '부각'이라는 낱말을 한글 번역어로 사용한다. 더욱이 'articulation'의 동사형 'articulate'는 자연스럽게 '부각하다'라는 낱말로 번역된다.

고 부르려 하는 것이다"(PH, 142). 부각은 간극을 가로질러 일어나는 것이 아니라 이미 성사된 접촉을 더 잘 부각하는 것에 불과하므로 우리는 사물들의 관계가 더 잘 부각되기 전에 그것들이 이미 관계를 맺고 있어야 하는 흥미로운 상황에 부닥친다. 모든 부각은 이전의 부각에서 비롯되는 것이지 무에서 비롯되지 않는다. 파스퇴르와 푸셰는 각자 자신의 이론에서 무언가를 부각하는데, 그것은 근본적인 실체가 아니라 그 이론이 곧 만들어낼 명제만큼 잘 부각되지는 않은 이전의 명제다. 말할 필요도 없이, 이런 일을 하는 것은 인간만이 아니다. 다음과 같은 라투르의 진술에서는 어떤 사회구성주의도 찾아보기 힘들다. "부각은 무언의 사물들로 둘러싸인 인간 마음의 특권이기는커녕 명제들의 매우 흔한 특성이 되기에 많은 종류의 존재자가 관여할 수 있다"(PH, 142). 여기서 '많은 존재자'를 '모든 존재자'로 대체해도 무방한 이유는 라투르가 금속 광석 덩어리는 배제하면서 지능적인 고래와 원숭이를 목록에 추가하기를 절대 원하지 않는 것은 확실하기 때문이다. 명제의 부각은 일반적인 관계의 형이상학으로 분명히 여겨진다. "명제는 객체들의 고정된 경계가 없다. 명제는 다른 존재자들의 역사에서 놀라운 사건이다. 부각이 더 많이 이루어질수록 더욱더 좋아진다"(PH, 143). 라투르에게 행위자는 인간 행위자뿐 아니라 비인간 행위자도 있고, 자신의 동맹이 지속하는 한에서만 계속 존재하고, 동맹 관계를 더 많이 맺을수록 더욱더 실재적인 것이 되며, 이 행위자를 저 행위자의 용어로 번역할 수 있는 다른 한 행위자를 통해서만 연결된다.

관계를 세계의 질료로 깊이 신봉하는 라투르의 신념은 상식도 거스르고 주류 과학도 거스른다는 사실을 알게 되었다. 다음과 같은 종류의 진술을 여전히 표명하면서 실재론자로 자청하는 것은 보기 드문 대담함이 필요하다. "'발효균은 파스퇴르가 만들어내기 전에 이미 존재했던 거 아닙니까?' 대답을 피할 이유가 없다. '그렇지 않습니다. 파스퇴르가 나타나기 전에는 발효균이 존재하지 않았습니다.' 이 대답은 분명하고 자연스러우며 심지어 내가 앞으로 보이겠지만 상식적이기까지 하다!"(PH, 145). 이 구절의 수사학적 가치가 무엇이든 간에 라투르의 관계주의를 열렬히 지지하는 사람조차도 그 견해와 관련하여 '분명한' 것이나 '자연스러운' 것, '상식적인' 것은 전혀 없다고 인정해야 할 것이다. 사실상 라투르의 견해를 지지하는 사람들을 끌어들이는 강렬한 호소력은 대체로 그 견해가 나타내는 전적으로 불분명하고 부자연스러운 특질에서 비롯된다. 하지만 여기서 라투르의 동기가 인간 마음이 무에서 실재를 만들어낼 수 있게 하고 싶다는 바람이 아닌 건 분명하다. 오히려 라투르의 동기는, 발효균은 실체라기보다 명제이며 명제는 다수의 행위자가 필요하다고 말하게 하는 관계에 대한 그의 신념이다. 한 가지 당혹스러운 점은, 라투르가 이미 명제는 파스퇴르와 그의 동료 인간들에게만 속하는 것이 아니라 확실히 '모든' 행위자를 뜻하는 '많은' 종류의 행위자에게도 속한다고 단언했다는 사실이다. 파스퇴르와 나머지 인류가 몰살되더라도 수많은 행위자는 여전히 현장에 남을 것이다. 추정컨대 인간이 존재하지 않는 가운데 다양한 물질이 계속 발효할 것이다. 그런데 라투르에게 정말로 중요한 것은 이런 우발적 사태가 다른 명제일 것이라는 점이다. 그 이유는 파스퇴르와 파스퇴르화된 우리의 근대 사회가 더는 그 사태에 연루되지 않을 것이기 때문이다. 거대한 핵 참사가 모든 인간을 파괴한 지 오랜 시간이 지난 후에도 화학물질들을 다른 화학물질들과 연결하고 나무통들을 다른 나무통들과 연결하는 '명제들'이 있을 것이다. 하지만 그런 행위자들조차도 객관적인 사태가 아닌 이유는 그것들이 서로 맺고 있는 연합들이 사태를 전적으로 결정할 것이기 때문이다.

이런 관점들로 인해 라투르는 전혀 명백하지 않고 자연스럽지 않은 소급적 시간론을 구상하게 된다. 라투르는 언제든 어떤 순간의 참된 실재가 표면적으로 부각된 그 순간의 표현 아래에서 잠자고 있는 것이 아니라고 주장하는데, 오히려 그 순간은 바로 그렇게 부각된 표현 속에서 구현된다. 라투르의 경우에 과거를 다시 생각한다는 것은 대안적 판본의 과거, 즉 문제가 되는 그 순간에는 결코 실제로 존재하지 않았던 시간을 소급하여 산출함을 뜻한다.

이제 파스퇴르로서는 농경과 산업이 지금까지 알지 못한 채로 줄곧 행하고 있던 일을 소급적으로 이해하는 것이 가능하다. … 배양액에 세균 뿌리기는 파스퇴르 이전의 다른 사람들이 그 정체를 파악하지 못하면서 질병이나 침입, 불상사로 명명한 것을 파스퇴르가 다시 부각한 것이다.… 파스퇴르는 과거에 수행된 발효의 실습을 누군가가 이제는 맞서 자신을 보호할 수 있게 된 그 대상인 존재자들과 함께 어둠 속을 더듬거리는 것으로 재해석했다(PH, 169).

이렇게 하여 라투르는 역사적 시간에 관한 일련의 놀라운 진술, 그가 사회구성주의자라는 관점을 (틀렸지만 이해할 만하게도) 확증할 뿐인 진술들을 표명하게 된다. "파스퇴르가 했던 일은 1863년, 1862년, 1861년에 대한 새로운 판본을 1864년에 산출하는 것이었는데, 이제 이 판본에는 한 가지 새로운 요소, 즉 '사람들이 그릇되고 무계획적인 실천으로 무심코 맞서 싸운 세균'이 포함되어 있다"(PH, 169). 유럽인이 아우슈비츠 이후에 독일 문화의 역사를 다시 생각한 것과 꼭 마찬가지로 파스퇴르는 "과거를 자신의 미생물학에 소급하여 일치시켰는데, 요컨대 1864년 이후에 정립된 1864년은 1864년 내내 1864년이 산출한 것과 같은 구성 요소들과 조직들, 연합들을 갖지 않았다"(PH, 170).

그러니까 다시 말해서, 이런 관점들에 대한 어떤 반대 의견도 그것들의 뿌리, 즉 라투르의 관계 형이상학을 겨냥해야 한다. 라투르의 요점은 "역사란 어쨌거나 우리 자신의 이기적 가치들을 투영함으로써 이해하는 것"이라는 논점이 아니다. 그의 요점은, 다른 해와 마찬가지로 1864년 역시 이전에 표현되지 않은 채로 있었던 독립적인 실재를 결코 불가사의하게 유보하지 않으면서 완전히 부각된 사건이라는 논점이다. 결국 라투르의 관계주의적 형이상학은 처음부터 그런 선택지를 배제한다. 그러므로 새로운 1864년이 파스퇴르의 발견 결과로 드러난다면, 이런 사태가 일어날 수 있는 이유는 그것이 당시에 이미 존재했었고 이제야 마음 앞에 현시된 것에 불과하기 때문이라고 할 수 없다. 오히려 새로운 1864년은 새로운 **명제**일 수밖에 없는데, 요컨대 파스퇴르의 세균은 지난해를 세균의 견지에서 다시 읽음으로써 그 해와 상호작용한다. 여기서 문제는 라투르가 인간 행위자, 파스퇴르에 집중한다는 것이다. 어딘가 다른 곳에서 라투르 자신이 의도하는 대로 명제를 모든 행위자에게 확장한다면, 이런 시도는 1864년을 부각한 다른 표현들이 그 당시에 인간들이 전혀 인식하지 못한 채로 1864년 자체 내내 있었음을 뜻한다. 세균은 1860년에 존재했었을 것인데, 이를테면 당대의 인간 의료 지식과는 연동되지 않았더라도 포도주와 수프, 심지어 인간 신체와 연동된 상태로 명제들을 이루면서 존재했었을 것이다. 인간들이 세균을 인식하게 되려면 새로운 명제, 즉 파스퇴르를 과거에 일어난 무생물적 사건들과 연결하는 명제가 필요하기 때문이다. 더욱이 파스퇴르가 명제를 구성하면서 그런 사건들을 반드시 수정하거나 전송해야 하는 이유는 그런 행위가 모든 행위자가 해야만 하는 일이기 때문이다.

라투르는 시간에 대한 자신의 관점이 분명한 것이기도 하고 상식적이기도 하다고 주장하지만, 충격적인 그의 결론은 그 책을 계속 읽을수록 우리를 더 무겁게 짓누른다. 라투르는 자신의 관계 형이상학으로 인해 어쩔 수 없이 이중의 시간론을 구상해야 하는데, 요컨대 시간은 이제 '선형적' 종류의 시간과 '퇴적적' 종류의 시간으로 나뉜다. 라투르 자신의 말에 따르면 "년도는 단 하나의 축이 아니라 두 개의 축을 따라 정의되어야 한다. 첫 번째 축은 시간의 선형적 차원을 기록하는데⋯그런 의미에서 1864년이 1865년 전에 일어난다. 하지만 이것이 1864년에 관해서 말해야 할 전부가 아니다.⋯1864년 후에 산출되어 소급하여 1864년에 일어난 일의⋯일부로 만들어지는 것도 1864년에 일어난 일에 포함된다"(PH, 172). 더욱이 "앞으로 130년을 건너뛰어도 '1998년의' 1864년이 여전히 있는데⋯결국 푸셰가 승자가 되는 이유는 프리바이오틱스의 몇몇 결과를 예상했기 때문이라고 서술함으로써 그 논쟁을 완전히 수정한 개정판이〔포함〕될 것이다"(PH, 172). 당신이 이런 이상한 결론에 저항감을 느낀다면, 라투르는 당신의 저항이 선형적 시간과 퇴적적 시간을 "순전히 혼동하는 데"(PH, 172)서 비롯된 결과라고 말할 것이다. 동시에 라투르는 자신의 이론이 "터무니없는 형태의 관념론"에 해당함을 부인하는데, 그 이유는 "1864년에 포함된 퇴적적 부분들의 대다수에는 공기를 통해 퍼지는 세균이 실제로 들어 있기 때문이다. 따라서 '공기를 통해 퍼지는 세균은 1864년에 구성되었다'라는 진술과 '그것은 줄곧 존재했다'라는 진술은 아무런 모순 없이 둘 다 가능하다"(PH, 172~3). 또는 한 문장으로 표현하면 "1864년 후에 공기를 통해 퍼지는 세균은 줄곧 존재했다"(PH, 173). 라투르는 그 책의 5장을 시작할 때와 마찬가지로 격분한 마음으로 끝을 맺으면서 "이런 외관상의 수수께끼들에 대한 대답은 매우 간단하다"라고 주장하고, "그런 '불가사의한 것들'을 진지하게 고려할지 여부를 더는 물을 것이 아니라, 사람들이 왜 그것들을 과학기술학〔즉, 라투르의 철학〕이 터무니없다고 비난할 심오한 철학적 수수께끼로 여기는지 물어야 한다"(PH, 173)고 조롱하듯이 덧붙인다. 그런데 여기서 노골적인 터무니없음은 라투르의 위험 요소가 아닌데, 적어도 편견이 없는 독자에게는 그렇다. 결국 당연하게도 라투르의 시간론은 행위자란 아무것도 유보되지 않은 채로 철저히 부각된 사건이라는 자신의 관점에서 완전히 엄밀하게 도출된다. 라투르 비방자가 휘두르는 평범한 실재론보다 이런 행위자 관점을 선호할 매력적인 이유가 있다고 나는 주장할 것이다. 하지만 이 주장이 라투르의 행위자 형이상학 전체를 받아들여야 한다고 요구하는 것은 아니다. 비관계적 형태의 실재론, 이를테면 앨런 소칼과 과학 전사들이 승인하는 그런 종류보다 훨씬 더 기이한 실재론을 부활시켜야 할 좋은 이유가 있다.

C. 군중을 위하여

『판도라의 희망』이라는 경이로운 책에 대한 논의를 그만

두기 전에 소크라테스에 대한 라투르의 놀라운 비판을 고찰해야 하는데, 이 비판은 그 책의 두 장을 완전히 채운다. 니체 덕분에 우리는 오랫동안 소크라테스는 삶을 부정한 퇴폐적인 범죄형 인간이라고 비난하는 논평에 익숙해졌다. 동시에 최근에는 더 많은 저자가 오랫동안 비난받은 소피스트에게서 새로운 장점을 찾아내었다. 그렇다 하더라도 라투르의 반소크라테스적 견해는 여전히 놀랍다. 기하학자는 유클리드를 비난하지 않고, 기독교 수도승은 성 바울을 책망하지 않는다. 따라서 철학이라는 분과학문을 정초한 영웅이자 일반적으로 학생들에게 경건한 경외의 정신으로 제시되는 인물에 대하여 좋게 말할 것이 사실상 철학자인 라투르에게 전혀 없다고 한다면, 그 상황은 주목할 가치가 있다. 라투르는 절반은 미안해하는 기색으로 자신이 가하는 공격의 강도를 의식하고 있다. 그런데도 라투르가 그런 공격을 거의 회피할 수 없는 이유는 소크라테스에 대한 그의 부정적인 견해가 그의 놀라운 시간론과 마찬가지로 그의 관계 형이상학에서 직접 도출되기 때문이다.

플라톤의 대화편 『고르기아스』는 자질이 다른 세 명의 소피스트, 즉 고르기아스, 폴로스, 칼리클레스와 소크라테스 사이에 벌어진 토론을 묘사한다. 라투르는 칼리클레스의 짜증스러운 조소를 잘 알고 있지만 소크라테스에 대한 라투르의 공격은 훨씬 더 혹독하다. 니체 이래로 우리의 선구적인 역할 모델에게 그토록 다양한 비행 혐의를 씌운 철학자는 없다. "토론을 단념시킨"(PH, 219) 소크라테스는 "평온한 오만함"(PH,

220)의 마음가짐으로 활동한다. 소크라테스는 "살얼음판 위에"(PH, 231) 서 있으며 소피스트와 벌인 논쟁에서 "졌어야 하"(PH, 229)는데, 그들이 부적절하게 양보해서 지지 않았을 뿐이다. 소크라테스는 "소크라테스 교수"(PH, 244)라는 비꼬는 듯한 칭호로 대접받고 그가 아테네 정치에서 겪은 실패는 "불운"(PH, 238)이라는 구절로 처리된다. 소크라테스가 지하 세계에서 거둔 최종 승리조차도 신랄한 "짝 짝 짝"(PH, 257) 박수로 조롱받는다. "깜짝 놀랄 만한 범죄"(PH, 253)를 저지른 소크라테스는 소피스트들과 함께 "역겨운 자기 소멸"(PH, 245) 활동에 가담한다. 니체는 소크라테스가 "황금을 진흙으로 바꾸는"(PH, 240) 반미다스 왕이라고 말한 점에서 옳았고, 게다가 소크라테스를 " '르상티망ressentiment 3을 품은 사람들'이라는 자신의 공격 대상 명단"(PH, 246)에 올린 점에서도 옳았다. 더 나쁘게도, 소크라테스를 처형한 아테네 시민들의 행위는 "미친 과학자를 순교자로 만든 정치적 실수"(PH, 257)에 불과했다. 플라톤은 "인형을 조정하는 모든 줄을 쥐"고서 "허수아비 칼리클레스"(PH, 221)를 만들어낸 그 자신의 "비딱함"(PH, 253)으로 인해 마찬가지로 거친 취급을 받는다. 라투르는 마치 심술궂은 연극 비평가인 양 플라톤의 대화편 무대 연출이 "벌거벗은 그림자들이 종이로 만든 지옥을 걸어 다니

---

3. [옮긴이] 르상티망은 원한을 가리키는 프랑스어 낱말이다. 니체는 이 낱말을 사용하여 약자가 강자에 대한 원한과 앙심으로 자신의 나약함을 합리화하는 방식을 일컫는다.

고 인공 연기와 안개가 공중에 오래 머물러 아롱거리는 무대의 확실히 아름다운 효과"(PH, 227)를 나타낸다고 서술한다. 더욱이 플라톤이 위선자이자 개차반인 이유는 『고르기아스』가 "야만적인 침략자에 의해 저술된 것이 아니라, 모든 작가 중에서 가장 정교하고 박식하며 계몽된 인물로서 매우 어리석게도 아름다움과 부를 파괴하거나 정치적 이성과 성찰을 산출하는 행위와 무관한 것이라고 여기면서도 그것들을 평생 게걸스럽게 삼킨 자에 의해"(PH, 245) 저술되었기 때문이다. "현대 소피스트들의 느린 성상 파괴와 달리 이런 종류의 '해체'는 우리가 분노할 만한 것이다."(PH, 245).

그런데 라투르의 신랄한 공격은 서로 무관한 두 가지 이유로 진지하게 고려할 만하다. 첫째, 최근에 『고르기아스』를 읽은 적이 없는 독자는 그 대화편에서 느껴지는 소크라테스의 어조에 놀랄 것이다. 이 인물은 소크라테스에 대한 우리의 기억 속에서 발견되는 매력적이고 자극적인 풍자가가 아니라 더 공격적이고 냉혹한 대화자인데, 말하자면 그는 얼간이처럼 행동한다. 여기서 폴로스에 대한 소크라테스의 응대가 특히 끔찍한데, 이를테면 소크라테스는 문법을 쓸데없이 왜곡하고 이판사판으로 비아냥거리면서 다른 대화편들에서 하는 식으로 논쟁을 좀처럼 진전시키지 않는다. 나는 라투르 자신보다 플라톤주의에 더 공감하기는 하지만, 이 대화편에서 칼리클레스가 편협한 냉소를 표현하더라도 순전히 감정적인 층위에서 나 자신이 칼리클레스를 응원하고 있음을 깨닫는다. 하지만 둘째, 그리고 더 중요하게도, 소크라테스에 대한 라투르의 짜증은 이해할 만한 어떤 대의를 옹호하는 데에서 기인한다. 소크라테스는 라투르의 형이상학에 저주나 다름없는 입장을 옹호한다. 더욱이 오래전에 죽은 소크라테스뿐 아니라 1990년대의 과학전쟁에서 그를 모방한 사람들도 이런 입장을 옹호한다. 라투르는 스티븐 와인버그가 『뉴욕 타임스』에 기고한 글을 인용한다. "자연이 비인격적 법칙들의 엄격한 지배를 받는다는 사실의 발견은 우리 문명에 심대한 영향을 미쳤다. … 인류를 여전히 괴롭히는 불합리한 경향에서 우리 자신을 보호하려면 세계는 합리적으로 이해될 수 있다는 관점을 확인하고 강화해야 할 것이다"(PH, 216).[4] 이보다 덜 라투르적인 글을 상상하기는 어렵다. 와인버그는 두 가지 대립하는 권역, 즉 법칙들이 지배하는 비인격적인 자연과 비합리적인 인간 믿음의 자의적인 영역을 승인한다. 인간이 더 합리적인 존재가 될 수 있도록 두 번째 권역은 소박한 편견에 대하여 비난받아야 한다. 하지만 『뉴욕 타임스』의 같은 면에서 와인버그의 기고문을 반전시킨 탈근대주의적 글을 쉽게 상상할 수 있다. "지금까지 '자연'이 다른 사회에서는 다르게 여겨졌다는 사실, 즉 각각의 사회는 다른 목소리로 말한다는 사실의 발견은 우리 문명에 심대한 영향을 미쳤다. … 인류를 여전히 괴롭히는 제국주의적 경

---

4. 1996년 8월 8일 자 『뉴욕 타임스』 15쪽에 실린 와인버그의 기고문에서 라투르가 인용함.

향에서 우리 자신을 보호하려면 세계는 문화적 전제들로 구성된다는 관점을 확인하고 강화해야 할 것이다." 선택지들 사이의 선택만이 다를 뿐이다. 와인버그와 탈근대주의자에게는 마찬가지로 오직 두 가지 권역 사이의 협소한 대립이 여전히 있을 뿐이다. 하지만 라투르는 두 가지 선택지를 모두 거부할 뿐 아니라, 그 자신의 견해는 종종 둘 다와 **혼동된다!** 이런 상황이 분노를 불러일으키는 것은 조금도 놀랍지 않고, 게다가 이런 까닭에 소크라테스/와인버그 축에 대한 분노를 격렬히 폭발시키는 라투르의 행위를 용서하기는 쉽다.

그 대화편에 대한 라투르의 기본적인 통찰은 반박할 수 없는 것이다. 우선, 『고르기아스』는 힘 대 정의의 뻔한 교훈극인 듯 보인다. 소피스트에게는 권력이 유일하게 중요한 것이지만 소크라테스는 이타적인 진리 탐구를 위해 모든 권력을 희생한다. 소크라테스가 자랑스럽게 서술하는 대로 "작년에 나는 민회에 있었고 … 어떤 쟁점을 표결에 부쳐야 했을〔때〕나는 표결 절차를 알지 못해서 웃음거리가 되었다네. … 나는 더 큰 집단의 사람들에게는 연설을 시작조차 할 수 없다네"(PH, 238).[5] 소피스트는 설득력 있는 연설을 통해 자기 뜻대로 하는 데 관심이 있는 반면에 소크라테스는 인간적인 견지에서 비용이 얼마가 들더라도 진리를 추구하는 데에만 관심이 있다. 어떤 의미에서는 이런 전형적인 관점이 옳다. 하지만 소크라테스

---

5. 라투르가 첨가한 강조 표시는 제거되었다.

와 칼리클레스는 샴쌍둥이처럼 행동하며 둘 다 아테네의 군중을 적으로 삼는다고 주장하는 라투르도 마찬가지로 옳다. 소크라테스는 '정의'를 대표하고 칼리클레스는 '힘'을 대표하는 듯 보이지만, 근본적으로는 둘 다 우월한 위치에서 군중을 침묵시키고 싶어 한다. "소크라테스와 칼리클레스는 공통의 적이 있다. 그 적은 바로 아테네의 인민으로, 끊임없이 이야기하고, 기분 내키는 대로 법률을 제정하고, 어린아이처럼, 환자처럼, 동물처럼 행동하며, 풍향이 바뀔 때마다 의견을 바꾸는 아고라에 모인 군중이다"(PH, 219). 인민과 관련된 주요 문제는 "사람이 그저 너무 많다"(PH, 220)는 점이다. 소크라테스의 경우에 인민은 기하학으로 발견되는 논증적 진리보다 열등한 아첨, 억견, 관습, 일상의 지배를 받는다. 칼리클레스의 경우에 군중은 한낱 노예와 바보들의 집단에 불과하고, 게다가 군중의 집단적인 물리적 강함은 우수한 개인들의 더 큰 장점에 종속되어야 한다. 두 경우 모두에서 다수의 행위자('군중')는 실제 진리란 무엇인가에 관한 이론에 따라 멸시받는다. 여기서 소크라테스는 하이데거의 존재론적ontological/존재자적ontic 구별[6]을 먼저 행하고 있는데, 그런 그에게 진리란 기하학에는 있

---

6. [옮긴이] '존재론적'인 것은 존재자의 근거로서의 존재, 즉 특정한 객체들에의 어떤 관계와도 독립적인 존재에 관해 언급될 수 있는 것을 다루지만, '존재자적'인 것은 지각 가능한 세계에 존재하는 다양한 존재자들 또는 객체들의 영역을 가리킨다. 이 두 영역은 각각 하이데거의 '손-안에-있음'과 '눈-앞에-있음'에 해당한다.

지만 요리에는 없다. 칼리클레스에게 유일한 실재는 권력인데, 요컨대 권력이란 자신이 원하는 것이라면 무엇이든 아무 제재도 받지 않고 할 수 있는 능력이다. 참으로 우수한 인간은 연설술로 군중의 육체적 힘을 압도해야 한다. 다시 말해서 소크라테스와 칼리클레스는 둘 다 기본적으로 비민주적인 존재론(그리고 정치)을 옹호한다. 이런 까닭에 그들 둘 다 라투르와 정반대의 극에 위치하게 되는데, 우리가 이해하기로는 라투르의 형이상학은 "황금산, 플로지스톤, 일각수, 프랑스의 대머리 왕, 키메라, 자연발생, 블랙홀, 매트 위의 고양이, 검은 백조와 흰 까마귀가 모두 햄릿, 뽀빠이, 람세스 2세와 같은 시공간을 차지〔한다〕"(PH, 161)고 주장한다. 소크라테스 편에 서서 이 행위자들은 모두 현상과 억견의 권역에 속한다고 말을 하든, 아니면 칼리클레스 편에 서서 그들은 모두 연설술이 뛰어난 사람에게 압도당하기 위해 현존할 뿐이라고 말을 하든 간에, 어쨌든 그런 행위자들은 존재하지 않는다고 규정된다. 두 경우는 모두 사물의 참된 본성에 관한 어떤 전문적 이론에 의지하고, 게다가 이 이론을 사용하여 백조, 까마귀, 일각수, 파라오, 덴마크 왕자의 집단 전체를 소멸시킨다. 이런 행위가 바로 라투르가 하지 않는 것이다.

『고르기아스』에서 힘과 정의는 절대 대립하지 않는 것으로 판명된다. 둘 다 적을 먼지로 환원하는 단일체적 존재론으로 행위자들의 민주주의를 교체하려고 시도하는데, 이를테면 군중의 비합리적인 재잘거림을 비인격적인 법칙들로 침묵시키거나(소크라테스, 와인버그) 아니면 자의적으로 선택한 자신의 시각을 변덕스러운 군중에게 이해시킨다(칼리클레스, 탈근대주의자). 라투르에게 진리는 이처럼 결함이 있는 두 입장의 어떤 조합에 놓여 있는 것이 아니라, 어느 입장과도 아무것도 공유하지 않는 중간 입장, 즉 모두가 대등하게 실재적인 행위자들로 구성된 떠들썩한 군중의 "제3의 영지" 또는 "배제된 중앙"에 놓여 있다. "우리는 힘과 이성의 극적인 대립 대신에 세 가지 다른 힘, … 소크라테스의 힘과 칼리클레스의 힘과 인민의 힘을 고려해야 할 것이다"(PH, 235). 라투르는 줄다리기라는 유용한 비유를 사용하여 소크라테스와 칼리클레스 사이에서 벌어지는 줄다리기가 아니라 줄의 이편에 있는 두 사람과 저편에 있는 군중 사이에 벌어지는 줄다리기를 상상하라고 요청한다.

민주주의에 대한 라투르의 신념은 우리 시대의 정신에 영합하는 행태가 아니라 자신의 형이상학적 입장을 구성하는 본질적인 부분이다. 우주는 셀 수 없이 많은 행위자일 뿐인데, 여기서 그들은 군중에 맞서는 행위자로서가 아니라 동맹자들의 군중이라는 모습을 갖춘 행위자로서 서로 성사시키는 복잡한 협상과 연합을 통해서 실재성을 획득한다. 이 경우에 우리는 네트워크의 변화하는 동맹 관계들 바깥에 놓여 있는 어떤 권위(기하학, 권력)에 의지할 수 없다. 더욱이 이런 까닭에 민주주의의 소란은 소크라테스가 소란을 잠재우기 위해 사용하고 싶어 하는 전문성에 침묵당할 수 없다. "정치가 부과하는 숫자와 전체성, 긴급성, 우선성의 제약을 고려하면, 조립된 정치체가 결정을 내리기 위해서는 전문 지식에만 의존할 수는 없다"(PH, 228). 비인격적 법칙을 인용하는 전문가에게 의지하지 않는 정치는 "다중 자체만큼 다면적인 산재한 지식이 필요하다. 전체의 지식은 소수가 아니라 전체가 필요하다. 하지만 칼리클레스와 소크라테스에게 그런 상황은 하나의 추문, 모든 시대에 같게 지칭되었던 추문, 즉 민주주의일 것이다"(PH, 228~9). 민주주의와 대조하면 "[소크라테스와 칼리클레스]의 의견 차이는 그들의 의견 일치와 비교하면 부차적인데, 요컨대 둘 다 논쟁은 인민의 입을 더 빠르고 더 단단히 막는 방법에 대한 것이라는 데 동의한다"(PH, 229). 소크라테스가 자신은 군중보다 오히려 한 사람을 설득할 것이라고 자랑스럽게 말할 때, 라투르는 "오직 한 표를 얻기 위해 유세하는 것은 범죄보다 더 나쁜 정치적 실수다"(PH, 229)라고 응답한다.

라투르에게 '정치적 실수'는 사상가가 이기적이고 어리석은 군중을 지나서 진리를 입수해야 하는 유감스럽게도 부패한 세계에서 저지르는 전술적 대실수를 뜻하지 않는다. 라투르에게 정치적 타협은 와인버그가 구상하는 당구공들의 '비인격적' 충돌과 정확히 같은 지위에 있다는 사실을 떠올리자. 탈레랑Talleyrand과 사르코지Sarkozy는 파라핀과 중성자에 못지 않게 행위자다. '정치적' 실수가 이미 존재론적 실수인 이유는 실수가 벌어졌다는 사실이 조립체가 서투르게 구성되었음을 뜻하기 때문이다. 라투르는 "정치인에 대한 경멸이 오늘날에도 여전히 학계에서 가장 널리 합의를 이루는 것"(PH, 245)이 되는 상황이 못마땅하다. 이런 학계는 여전히 소크라테스와 칼리클레스의 적대적인 제자들로 구성되어 있는데, 그들은 모두 배제된 중앙을 못 보고 빠뜨리므로 정치를 전혀 파악하지 못한다. 라투르에게 모든 실재가 정치적인 이유는 인간 권력이 진리를 엄연히 구성하기 때문이 아니라, 법안이 의회를 통과하는 것과 마찬가지 방식으로 진리와 실재가 일련의 행위자를 거쳐 조립되기 때문이다. 이런 까닭에 모든 실재는 각각의 조립 단계에서 조금씩 변형되고 번역되며 성공하는 만큼이나 자주 실패한다. 모든 실재는 정치적이지만, 모든 정치가 인간적인 것은 아니다. 라투르는 자신의 친구 이사벨 스탕게스가 제시한 '코스모폴리틱스'cosmopolitics를 거론하면서 "별과 프리온, 소, 하늘, 사람을 함께 묶는" 것으로 다시 정의된 정치적 질서에 관하여 이야기하는데, 그 질서의 "과업은 이런 집합체를 '무질서한 혼란' 대신에 '코스모스', 즉 질서정연한 세계로 전환하는 것이다"(PH, 261). 라투르의 책 『자연의 정치』가 독일어로 『사물의 의회』*Das Parlament der Dinge*로 번역된 것은 우연이 아니다. 우리는 협소하게 인간적인 영역에서 정치를 해방해 프리온과 오존 구멍도 발언할 수 있게 해야 한다. 재잘거림이 이성으로 진압되든(소크라테스) 권력으로 진압되든(칼리클레스) 간에 어쨌든 정치적 매개자가 제거된다. 그러므로 라투르의 입장이 정치적으로 더 매력적일 뿐 아니라 형이상학적으로도 더 예리하다.

그래도 철학자는 소크라테스에게 이것밖에 없는지 궁금해할 것이다. 철학사에서 소크라테스의 유일한 의미는 이성이라는 오만한 이름으로 행위자들의 군중을 침묵시키는 것에 해당하는가? 물론 대답은 '그렇지 않다'이다. 소크라테스에게는 그 이상의 것이 있고, 게다가 그것이 소크라테스-플라톤 철학의 가장 중추적인 발견에 해당한다. 라투르가 이런 부가적 요소를 간과하는 이유는 한 인간으로서의 소크라테스에 대한 악의 때문이 아니라 자신의 독자적인 관계 형이상학 때문이다.『고르기아스』에는 라투르의 설명에서 아무 역할도 하지 않는 중요한 구절들이 있으며, 그것들은『메논』,『에우튀프론』,『국가』등 플라톤의 거의 모든 대화편에서 표현된 수없이 많은 다른 구절과 유사하다. 이런 구절들은 소크라테스가 군중에 대하여 품고 있는 경멸을 나타내는 것이 아니라 권력에 대하여 품고 있는 경멸을 나타낸다. 이 요소는 칼리클레스와 벌이는 논쟁보다 폴로스와 벌이는 논쟁에서 더 두드러지므로 여기서 나는 폴로스에 관하여 이야기할 것이다.

라투르가 소크라테스와 칼리클레스에 관하여 말하는 것은 모두 사실이다. 군중을 경멸한다는 점에서 그들은 확실히 통일되어 있어서 인민의 무질서한 혼란에 맞서 벌이는 줄다리기에서 그들이 협력할 것이라고 짐작하기는 쉽다. 하지만 소크라테스에게는 눈에 보이는 것이 전부가 아니고 소피스트에게는 눈에 보이는 것이 전부다. 소크라테스는『고르기아스』에서 만나게 되는 조용한 군중 청산인일 뿐 아니라 전설적인 무지의 교사다. 나는 "내가 아무것도 모른다는 사실을 알 뿐"이라는 소크라테스의 유명한 진술은 그가 다양한 대화자에게 나타내는 고압적인 태도와 모순되는 위선에 불과한 것이 아니다. 『고르기아스』에서 소크라테스는 논증으로 군중을 침묵시키는 행위를 구상하고 있을지라도, 그런 논증을 자기 마음대로 사용할 권리를 실제로 주장하는 구절은 플라톤의 대화편 어디에도 없다. 소크라테스에게 전문 지식과 인민의 아첨 및 꿍꿍이 사이의 대립보다 더 중요한 것은 지혜와 권력 사이의 대립이다. 지혜와 권력의 구별이 플라톤 철학의 "내적 진실과 위대함"이다.

소크라테스의 전략은 플라톤 대화편을 자주 읽는 독자에게 친숙한 것이다. 그 전략은 그런대로 무해하게 전개되기 시작한다. 폴로스와 벌이는 논쟁에서 소크라테스는 연설술을 만족감과 즐거움을 산출하는 한낱 요령이나 절차에 불과한 것이라고 비난한다. 폴로스가 그런 즐거움이 연설술을 훌륭한 것으로 만들지 않느냐고 물을 때 소크라테스는 이렇게 답한다. "뭐라고, 폴로스? 자네는 내가 연설술을 어떻게 여기는지 이미 알게 되었는데도 그것을 훌륭한 것으로 여기지 않느냐고 후속 질문을 하는 건가?"7 어조는 냉소적이고 조급하지만,

---

7. Plato, *Gorgias*, trans. W. D. Woodhead, in *The Collected Dialogues of Plato*, eds. Edith Hamilton and Huntington Cairns, Princeton : Princeton University Press, 1961, p. 245. [플라톤, 『고르기아스』, 김인곤 옮김, 이제이북스, 2011.]

소크라테스가 제기하는 그 논점이 바로 서양철학의 핵심이다. 소크라테스는 무언가를 규정하는 정의를 추구하는 것으로 유명하지만 마찬가지로 어떤 정의도 절대 제공하지 않는 것으로도 유명하다. 문제는, 마치 우리가 소크라테스가 마침내 연설술이 무엇인지 정의하도록 두세 페이지를 끈기 있게 더 기다릴 수 있는 것처럼, 폴로스도 소크라테스가 정의를 완결하도록 내버려 둘 필요가 있었다는 점이 절대 아니다. 소크라테스가 그런 정의에 결코 이르지 못할 이유는 개인적인 결점 때문이 아니라 무언가에 대한 어떤 정의도 결코 목표물을 맞히지 못할 것이기 때문이다. 『에우튀프론』에서는 경건함이 절대 정의되지 않고, 『국가』에서도 올바름이 정의되지 않고, 『소피스트』라는 대화편에서도 소피스트가 정의되지 않으며, 『메논』에서도 훌륭함에 대해서 그저 서너 개의 모호하게 근사적인 정의만 주어질 뿐이다. 라투르는 실체는 자신의 성질들에서 소급하여 구성된다고 주장하지만, 소크라테스는 정반대의 접근 방식을 취한다. 소크라테스의 경우에 우리는 경건함과 올바름, 훌륭함, 우정, 사랑, 소피스트가 정말 무엇인지에 대한 근사적인 감각이 있기는 하지만 이런 것들을 정확히 정의하려는 시도들은 모두 모순에 빠지게 된다. 『메논』에서 자신이 전기가오리와 다른 이유는 자신이 다른 사람을 마비시키는 만큼 자신도 마비시키기 때문이라고 말할 때 소크라테스는 젠체하고 있는 것이 아니다. 사실상 소크라테스는 대화편에서 전개되는 어떤 토론에서도 실제로 이기지 못하는데, 요컨대 승자는 모든 정의가 미흡해서 결코 완전히 파악할 수는 없는 사물의 형상이다.

어떤 의미에서는 이런 상황 덕분에 오히려 소크라테스가 라투르적 형이상학의 동맹자가 된다. 라투르의 출발점은 미리 정의될 수 없는 본성을 지닌 행위자다. 마찬가지 방식으로, 소크라테스와 플라톤이 옹호하는 것은 명시적으로 인식되지 않은 채로 모호하게 인식되는 실재다. 물론 라투르와 그들의 의견이 그저 부분적으로만 일치하는 이유는 라투르가 플라톤은 동굴 벽의 그림자라고 비난할 모든 것, 이를테면 정치 연설, 햄릿, 지하철에 완전한 실재성을 부여하기 때문이다. 하지만 소크라테스/플라톤이 동굴 밖에 있는 것을 파악할 수 있다고 전혀 주장하지 않는 이유는 오직 신만이 이렇게 할 수 있기 때문이다. 『고르기아스』에서 소크라테스가 잔인하게 괴롭히는 행위를 실행하더라도 그는 누구든 살아있는 전문가가 실제로 소유한 지식과 군중을 대립시키지는 않는다. 결국 소크라테스의 전 경력은 이 년 동안 그런 전문가의 정체를 체계적으로 폭로하는 것에서 시작하여 궁극적으로는 어떤 분야에도 전문가가 없는 것처럼 보인다는 결론에 도달함을 염두에 두자. 플라톤의 대화편에서 소크라테스는 아테네 군중의 구성원을 임의로 찾는 일이 좀처럼 없고, 오히려 해당 전문 분야에서 전문가로 추정되는 사람에게 늘 이의를 제기한다는 사실을 주목하자. 그는 정치가에게는 정치에 관하여 묻고 메논에게는 훌륭함에 관하여 물으며 파이드로스에게는 사랑에 관하여 묻는다. 민주주의를 깨뜨리는 데 사용될 것이라고 라투르가 걱정하는 전문 지식은 소크라테스가 그 자신을 비롯하여 어떤 생명체에서도 찾아내지 못하는 전문 지식이다. 이런 의미에서, 라투르와 소크라테스는 특권적인 전문가를 거부한다는 점에서 기묘하게 통일되어 있다. 그들의 주요한 차이는, 플라톤의 형이상학은 성질들로 부각되는 모든 표현보다 더 깊은 심층에서 실재를 찾지만 라투르는 그런 표현들의 바깥에 아무 실재도 없다고 생각한다는 데 있다. 그러므로 라투르적 동굴 신화는 결코 있을 수 없다.

이런 점에서 라투르와 소크라테스가 같은 진영에 합류한 어떤 줄다리기를 떠올리기는 쉬운 일인데, 이를테면 그들은 스티븐 와인버그와 탈근대주의자들, 처칠랜드 같은 사람들, 만물이 물이나 공기로 구성되어 있다고 생각하는 소크라테스 이전 철학자들에 맞서 줄을 힘껏 당긴다. 그 이유는 라투르와 소크라테스가 처음에는 무지의 자세를 공유하고 있기 때문인데, 나중에 그들이 꽤 다른 방식으로 이 자세에서 벗어나더라도 말이다. 플라톤 철학은 실재와 외양이라는 이중 세계를 통해 무지에서 벗어나는데, 라투르는 객체들의 민주주의로 이중 세계에 반대한다. 라투르에게 아디다스 신발은 그저 동굴 벽의 그림자가 아니라 어느 모로 보나 올바름 자체만큼 실재적인 행위자다. 라투르 형이상학은 행위자에 대한 실용주의적 정의를 통해 무지에서 벗어나는데, 여기서 행위자의 실재성은 그것이 다른 행위자들에게 미치는 영향으로 정의된다. 소크라테스는 자신이 모든 정의를 거부한 것과 마찬가지 이유로 이런 정의에 반대할 것인데, 그 이유는 그 정의가 성질들이 속하는 사물을 파악하지 않은 채로 사물을 일련의 성질로 전환하기 때문이다. 라투르는 철학의 궁극적인 민주주의자인데, 이를테면 널리 경멸받는 소비 대상도 사물의 의회에 들어올 수 있게 한다. 하지만 그것은 오로지 자신이 다른 사물들에 미치는 효과 덕분에 들어올 수 있게 되는데, 그 이유는 라투르가 그것에는 이런 효과 이상의 것이 전혀 없다고 주장하기 때문이다.

이제 마찬가지로 플라톤의 대화편 전체에 걸쳐 계속 나타나는 한 가지 관련 논점을 다루자. 『고르기아스』에서 폴로스는 놀랍지 않게도 참주를 찬양하는데, 소크라테스는 역시 예상대로 참주를 비난한다. 이에 대응하여 폴로스는 소크라테스가 "누군가가 자신에게 좋아 보이는 대로 사람을 죽이거나 가두거나 재물을 빼앗는 걸〔볼 때〕부러워하고〔있지는 않은지〕" 냉소적으로 의심한다.[8] 조금 뒤에 폴로스는 "나라에서 자신이 좋다고 여기는 것, 이를테면 살해하고 추방하며 무엇을 하든 자신의 판단대로 하는 것을 자유롭게 할 수 있기"를 바란다.[9] 폴로스는 자신이 보기에 이상적인 성공 이야기의 일례로 마키아벨리의 반영웅들 가운데 누구와도 견줄 만한 마케

8. 같은 책, p. 251. [같은 책.]
9. 같은 책, p. 253. [같은 책.]

도니아의 아르켈라오스에 대한 사례를 제시한다. 아르켈라오스는 여성 노예의 아들로 태어났기에 만약 자신의 신분에 맞게 행동했었더라면 그는 항상 노예로 남았었을 것이다. 아르켈라오스가 권력을 획득하기 위해서는 우선 자신의 경쟁자들을 독살한 후에 일곱 살 먹은 자신의 배다른 동생을 연못에 익사시키고서 그 소년의 모친에게 그것은 우발적인 사고였다고 거짓말을 해야 했다. 폴로스는 아르켈라오스가 행복하다고 확신한다.[10]

이 이야기에 대한 소크라테스의 반응은 몇 페이지 앞에서 미리 나왔는데, 거기서 소크라테스는 깜짝 놀란 폴로스에게 연설가는 사실상 무력하다고 말했다. "어떻게 연설가들이나 참주들이 나라에서 큰 힘을 행사할 수 있겠는가? 소크라테스가 폴로스에게 논박당하여 그들은 자신이 원하는 것을 한다고 밝혀지지 않는다면 말일세. … 나는 그들이 자신이 원하는 것을 한다는 걸 부정하네."[11] 수많은 대화편에서 흔히 있듯이, 이 진술은 위대하고 오래된 플라톤적 음악이 시작된다는 신호다. 소크라테스에게 인간은 자신이 그 순간에 우연히 무엇을 행하고 있든 간에 그 행위를 원하는 것이 아니라 그 행위의 목적을 위해 그것을 원할 뿐이다. 이것은 들리는 것보다 더 명료하고 더 설득력이 있다. 『국가』에서 알 수 있듯이, 자신의 동

---

10. 같은 책, pp. 253~4. [같은 책.]
11. 같은 책, p. 249. [같은 책.]

지를 돕고 자신의 적을 해치려고 하는 참주는 누가 동지인지 누가 적인지 좀처럼 확신하지 못한다. 참주의 타락은 종종 엉뚱한 결과를 낳는데, 그가 정말 충성스러운 보좌관인 외관상 적들을 처형하여서 은밀히 공모하여 대항하는 외관상 동지들의 욕망을 한껏 채워줄 때 그렇다. 그러므로 소크라테스에게 유일한 진짜 미덕은 지혜다. 여타의 미덕, 이를테면 지능, 아름다움, 육체적 강함은 타인들과 자신에게 해가 되게끔 오용될 수 있다. 오직 지혜만이 이런 미덕들을 관장하여 그것들의 수행 목적이 항상 달성되게 한다. 더욱이 결국에는 전문가가 아니라 신만이 지혜로울 뿐이다. 『고르기아스』에서 소크라테스가 말하는 대로 "배를 타거나 다른 방법으로 돈벌이를 하는 자들도 마찬가지라네. 그들은 매번 자신들이 행하는 것을 하고 싶지 않다네. 배를 타고 가면서 위험을 겪고 고생을 하고 싶어 하는 자가 누가 있겠나? 하지만, 내가 생각하기에, 그들이 원하는 것은 배를 타는 목적인 부유해지는 것이네. 그들이 배를 타는 것은 부를 위해서니까."[12] 더욱이 "만약 어떤 사람이, 그가 참주든 연설가든, 사실은 자신에게 더 나쁜데도 더 좋다고 생각해서 누군가를 죽이거나 나라 밖으로 내쫓거나 재물을 빼앗을 경우에, 물론 이 사람은 자신이 좋다고 여기는 것을 하는 거겠지. 그렇지?"[13] 폴로스가 동의할 때 소크라테스는 이

---

12. 같은 책, pp. 249~50. [같은 책.]
13. 같은 책, p. 251. [같은 책.]

렇게 결론을 내린다. "따라서 나는 맞는 말을 한 거네. 나라에서 자신이 좋다고 여기는 것을 하는 사람이 큰 힘을 행사하지 못할 수가 있고 원하는 것을 하지 못할 수도 있다고 했을 때 말일세."[14] 그러므로 그 참주는 부러워할 대상이 아니다.

스피노자는 우리 시대에 가장 인기 있는 위대한 철학자지만, 플라톤은 인기 순위 목록에서 거의 맨 밑에 있음이 분명하다. 대부분 현대인은 합심하여 플라톤주의에 반대함으로써 현대인의 자격을 입증하는데, 그들은 모두 옆 사람보다 더 급진적으로 플라톤주의를 뒤집으려고 경쟁한다. 더욱이 충분히 참이게도, 권력에 맞서 지혜를 옹호하는 소크라테스적 견해는 종종 달콤하고 불성실한 것처럼 느껴질 수 있다. 하지만 어떤 의미에서는 플라톤주의를 둘러싼 이런 찬반 구별이 서양철학의 기반을 이루는 자세다. 참주가 한낱 욕망의 다발에 불과한 것이 아닌 것과 꼭 마찬가지로 사물이 성질들의 다발이 아닌 이유는 어떤 성질도 자신이 정의하고자 하는 것을 결코 제대로 평가할 수 없음을 소크라테스가 증명하기 때문이다. 미덕과 사랑은 모호하게 파악되더라도 실재적인데, 요컨대 우리는 잠정적으로 속성들로 그것들을 정의하지만 이런 특질들은 결코 물자체에 이르지 않는다. 참주나 연설가의 권력이 불충분한 이유는 이것들은 권력이 아니라 오직 **지혜**만이 탐지할 수 있는 실재에 좌우되는 한낱 피상적인 노력에 불과한 것

---

14. 같은 책, p. 251. [같은 책.]

이기 때문이다. 소크라테스의 지침이 되는 통찰은, 실재는 그것의 현재 지위, 그것이 지금 당장 세계에 미치는 영향, 그것의 속성들, 그것의 관계들, 그것이 다른 것들과 맺고 있는 동맹들을 넘어서는 것이라는 관념이다. 더욱이 여기서 소크라테스와 라투르 사이에 존재하는 더 진정한 대립점이 드러난다. 파스퇴르와 그의 세균을 대면했을 때 소크라테스가 파스퇴르에게 재잘거리는 프랑스 군중을 침묵시키는 데 자신의 전문 지식을 사용하라고 고무할 가능성은 거의 없다. 오히려 소크라테스는 세균의 정의에 대해서 파스퇴르를 틀림없이 괴롭힐 것이며, 파스퇴르의 노력은 결코 소크라테스를 만족시키지 못할 것이라고 미리 추정할 수 있다. 우리가 세균을 완전히 정의할 수는 없다는 점에 대해서는 라투르도 소크라테스에 동의할 텐데, 그 이유는 세균의 행위에는 항상 '약간 놀라운 점'이 있을 것이기 때문이다. 라투르가 거부하는 것은, 이런 놀라운 점이 부가적인 숨겨진 실재, 즉 "집중적으로 주목받는 캐릭터로 인해 어떤 다른 행위자들이 수정되거나 변형되거나 교란되거나 생성되는지"(PH, 122)와 관련하여 행해지는 기본적으로 실용주의적인 정의를 넘어서 놓여 있는 '그 이상의 무엇'에서 비롯된다는 주장일 뿐이다. 하지만 소크라테스는 실용주의자가 아니다. 만약 『라투르』라고 하는 플라톤의 대화편이 있었다면, 그것에는 다음과 같은 대사로 진행되는 불공정한 장면이 들어 있었을 것이다.

소크라테스 : 우리가 논의를 시작한 바로 그때 나는 자네가 내가 생각하기에는 이런 문제에 숙련되어 있어서 자네를 칭찬했다네. 그래서, 자네가 원한다면, 세균이 무엇인지 내게 말해주지 않겠나?

라투르 : 물론입니다. 소크라테스 선생님. 제 말은 우리가 세균 자체는 알지 못하며, 다른 행위자들이 그것으로 인해 수정되거나 변형되거나 교란되는 것만을 알 뿐이라는 겁니다.

소크라테스 : 맙소사. 이보게! 자네의 정의는 자네의 포도주 양조장만큼이나 관대하네그려! 루이의 아들인 브뤼노도 포도주와 포도주 생산, 포도주가 저장된 통을 배송하는 수많은 방법에 정통하다는 진술은 참이지 않겠는가?

라투르 : 그렇습니다. 소크라테스 선생님. 선생님의 말씀은 맞습니다. 선생님이 말씀하신 대로 제 가족 전체가 이런 일들을 알고 있습니다.

소크라테스 : 자 그렇다면, 내가 자네에게 포도주가 무엇인지 말해 달라고 청하고, 자네가 포도주는 여러 종류로 산출되고 여러 단계를 거쳐 생산되며 배, 기차, 비행기 및 다른 운송 수단으로 배송된다고 대답한다면, 이것은 포도주가 다자임을 뜻하는가, 아니면 다양한 방식으로 생산되고 운반되는 일자

임을 뜻하는가?

라투르: 그것은 오직 일자인 듯 보일 것입니다. 소크라테스 선생님. 그것이 어떻게 그렇지 않을 수가 있겠습니까?

소크라테스: 자 그렇다면, 해방의 신 디오니소스에게 가장 사랑받는 자여, 그대는 이제 치료의 신 아스클레피오스가 친애하는 자도 되었다네!

라투르: 무슨 말씀입니까? 소크라테스 선생님.

소크라테스: 내가 자네에게 세균이 무엇인지 물었을 때, 자네는 그것이 다른 것들을 수정하고 변형시키며 교란한다고 말했네.

라투르: 예, 그렇게 말했습니다.

소크라테스: 그렇다면 세균이 수정하고 변형시키며 교란하는 것은 한 사람인가 아니면 많은 사람인가? 확실히 자네는 페리클레스 시대 동안 창궐한 역병과 페르시아인뿐 아니라 스키타이인 사이에서도 퍼진 다른 전염병들에 대하여 알고 있겠지? 더욱이 질병이 단 한 번만 발생한 것이 아니라 다양한 나라에서 많은 전염병이 발생했고, 그것들로 인해 많은 사람

이 죽었다는 사실도 알고 있겠지?

라투르: 물론입니다. 소크라테스 선생님. 모든 사람이 이런 일들에 관해서 들었습니다.

소크라테스: 그렇다면 세균이 여러 나라에서 많은 사람에게 작용할 때 그것은 여전히 일자인가, 아니면 매 경우에 다른 세균인가? 제발 화내지 말고 내 질문에 답해 주게나.

라투르: 저는 그것이 매 경우에 다른 세균이라고 생각합니다. 각각의 경우에 그것은 다른 사람들뿐 아니라 다른 행위자들과도 동맹을 맺고 있기 때문입니다.

소크라테스: 맙소사! 자네는 델로스의 작은 만에서, 또는 시인 핀다르를 믿는다면 렘노스의 작은 만에서 출몰했던 신화 속의 나이아데스와 같다네. 자네는 그녀의 손에 동전 하나를 놓으면, 수백 개 또는 심지어 수천 개의 동전을 돌려받을 것이라는 옛 그리스인들의 이야기를 들어본 적이 있지 않은가?

라투르: 소크라테스 선생님. 저는 자세한 내용은 잊었지만, 그 신화에 관해서 들었습니다.

소크라테스: 그렇다면, 자네 놀라운 인간이여, 내가 자네 손에

동전 대신에 세균 하나를 놓는다면 그것은 수천 마리가 되어 나온다네! 나는 내가 서툰 연설가가 아닐까 두렵지만, 자네를 도시 위생에 위험한 사람으로 법정에 고발하는 것이 적절하다고 생각할 수밖에 없다네!

어조는 참을 수 없지만, 논쟁은 계시적이다. 이 가공의 '토론'에서 소크라테스의 목적은 자신이 이미 갖추고 있는 지식으로 대중을 침묵시키는 것이 아니라, 행위자는 그것이 다른 행위자들에게 미치는 교란들과 같다고 주장하는 라투르의 견해를 약화하려고 하는 것일 뿐이다. 소크라테스/플라톤은 행위자가 라투르가 규정하는 식으로 정의될 수 있음을 부인하거나, 어쩌면 사실상 어떤 다른 식으로도 정의될 수 있음을 부인한다. 이렇게 부인하기 위해 그들은 우리가 알고 있는 대로의 행위자를 동굴 벽 위에서 명멸하는 그림자로 환원하는 막대한 대가를 치른다. 플라톤은 참된 실재가 물이나 원자, 무한한 아페리온apeiron 15이라고 생각하는 대신에 에이도스eidos 또는 완전한 형상이라고 주장한다. 플라톤의 거의 모든 다른 대화편에서와 마찬가지로 이 주장이 『고르기아스』의 진정한 핵심이다. 하지만 라투르는 다양한 현상 아래에 놓여 있는 통일된 하

15. [옮긴이] 아페이론은 '무한'을 뜻하는 그리스어 낱말로서 대체로 '무한정한 것'과 '무규정적인 것'으로 번역된다. 아낙시만드로스는 아페이론을 만물의 근원으로 삼고서 규정적인 본성을 갖춘 것들이 하나의 아페이론에서 분리되어 나온다고 생각했다.

나의 실재에 관심이 없는데, 요컨대 라투르 자신의 형이상학에서는 아무리 해도 에이도스에 부여될 수 있는 장소가 없다.

그런데도 라투르와 소크라테스 사이의 유사성은 라투르와 소피스트 사이의 유사성보다 훨씬 더 크다. 라투르의 민주주의에 대한 옹호는 플라톤의 분명한 반민주주의적 성향에도 불구하고 소크라테스가 구현하는 것과 같은 유형의 자각된 무지를 옹호하는 것으로 읽을 수 있다. 하지만 소피스트를 옹호하면 정반대의 결과가 초래될 것이다. 모든 행위자의 행위가 약간 놀라운 것이라는 점은, 표면상의 외양적 권력이 실재적 권력과 같다거나 현시되는 외양적 행위자가 행위자 자체라는 생각을 라투르가 결코 옹호할 수 없음을 뜻한다. 문제는, 사물은 자신이 "수정하거나 변형시키거나 교란하거나 생성하는" 것으로 **알려질** 뿐 아니라 사실상 **바로** 이런 효과들에 불과하다고 말할 때 우리가 객체에 충분한 실재성을 부여하는지 여부일 뿐이다. 지식의 실용주의가 존재론의 실용주의가 된다면, 사물의 바로 그 실재는 다른 것들에 미치는 효과들의 다발로 정의될 것이다. 하지만 실재가 이런 식으로 정의되면, 우리는 소크라테스의 무지를 그의 오만과 더불어 잃어버리게 된다.

2부　　　　　　　　　　　　　　**객체와 관계**

5장

라투르의 공헌

이 책의 1부에서는 브뤼노 라투르가 형이상학자로 서술되었는데, 사서들과 출판 목록들은 다 같이 이 칭호를 그에게 부여하기를 거부한다. 라투르의 사상이 인류학과 지리학, 사회학, 과학사 같은 분야에서 널리 유포되고 있지만, 강단의 철학은 그와 거의 관련이 없다. 사실상 그의 이름은 최근 프랑스 사상에 꽤 정통하지 않은 철학 교수들에게는 때때로 전혀 알려지지 않았다. 서점들은 라투르의 저작들을 다양한 부문의 서가에 꽂지만, 적어도 네덜란드 밖에서는 '철학'이라는 표제어 아래 거의 배치하지 않는다. 라투르의 찬미자도 주로 형이상학에 대한 관심을 통해서 그의 저작에 접근하는 일이 좀처럼 없다. 그런데도 이 책의 2부에서는 라투르가 형이상학을 제시할 뿐 아니라 가까운 미래에 그 분야의 의무 통과점이 될 것을 제시한다는 주장이 전개된다. 첫 번째 장에서는 라투르의 형이상학적 입장이 기여한 공헌이 검토된다. 두 번째 장에서는 라투르 자신이 결코 완전히 해결하지는 못한 일련의 알려지지 않은 쟁점이 판별된다. 마지막으로 세 번째 장에서는 라투르가 새로운 객체지향 철학의 문을 연다는 주장이 펼쳐지지만, 그가 비관계적 존재자를 거부하는 것은 불행하게도 그런 철학의 정신을 제한하는 일이라는 주장도 펼쳐진다.

먼저 라투르가 최근 사변철학의 다른 인물들과 어떻게 다른지에 대하여 간략히 고찰하자. 라투르는 형이상학의 무대에서 결코 좋은 때가 있었던 적이 없으므로 나는 그를 대체로 자기충족적인 인물로 서술했으며, 그의 사유에서 감지할 수 있는 수많은 영향과 암묵적인 경쟁자들을 추적하려는 시도는 거의 하지 않았다. 그런 노력은 다른 연구에 맡기는 것이 최선이다. 하지만 간단한 지리학적 조사를 수행하여 라투르의 가장 주목할 만한 표지들을 다른 유명한 현대 학파들의 표지들과 구별하는 작업은 유용할 것이다. 여기서 내 목적은 최근 철학의 상세한 역사를 제시하는 것이 아니라, 이로쿼이족과 휴런족, 마이애미족, 체로키족, 크리크족이라는 다양한 종족이 거주하는 풍경을 묘사하는 것일 뿐이다. 이 집단들 사이에 가능한 흐릿한 경계들은 그 집단들 사이에 나타나는 명백한 차이들보다 덜 흥미롭다. 불길한 느낌의 레오 스트라우스는 1954년 예루살렘에서 강연하면서 "지난 사십 년 동안 가장 위대한 네 명의 철학자," 즉 베르그송과 화이트헤드, 후설, 하이데거를 지나가는 말로 언급했다.[1] 스트라우스 자신은 위대

---

1. Leo Strauss, *What is Political Philosophy?*, Chicago, University of Chicago Press, 1988, p. 17. [레오 스트라우스, 『정치철학이란 무엇인가?』, 양승태 옮김, 아카넷, 2002.]

한 철학자의 전형적인 상상력과 지적인 따뜻함을 결여하고 있지만, 그런 등급의 사상가들에 대한 그의 평가는 항상 예리하고 종종 주목할 만한 가치가 상당하다. 이 경우에 (적어도 나로서는) 베르그송과 화이트헤드, 후설, 하이데거가 해당 시기부터 영속하는 철학의 위인들이라는 그의 결론을 수긍하기가 쉽다. 그래서 1914~1954년의 이 "네 명의 위대한 철학자"와 갈채를 가장 많이 받은 20세기의 다른 조류들에 라투르가 무엇을 부가하는지 묻는 데에서 시작할 수 있을 것이다.

이 짧은 목록에서 우리는 후설과 하이데거가 스승과 제자라는 사실을 알아챈다. 그들 사이에 다른 점들이 널리 알려진 지는 오래되었지만, 그들은 '현상학'이라는 라벨 아래 안전하게 묶일 수 있다. 이 두 인물은 나의 가장 소중한 지적 영웅들 가운데 속하지만 라투르의 영웅들은 아니기에 라투르가 이런 전통에 관심이 없는 사실은 이해할 만하다. 후설은 자신을 인간 의식에 현시되는 현상에 관한 서술에 한정하므로 물자체로의 복귀에 대한 그의 요청에도 불구하고 그는 여전히 관념론자다. 라투르는 후설에 대한 이런 일반적인 비판을 수긍하는데, 그 비판은 대체로 정확하다. 하이데거의 경우에, 그는 존재자를 의식 속의 현시로 절대 환원하지는 않더라도 구체적 객체를 "존재자적"인 것일 뿐이라고 경시하면서 존재론은 구체적 존재자가 아니라 존재 자체를 다루어야 한다는 결론을 끌어낸다. 라투르가 왜 하이데거주의자가 아닌지는 아주 분명할 것이다. 라투르에게 철학은 미생물, 테이프 레코더, 풍차, 사과 등 실재적이든 실재적이지 않든 간에 누군가가 상상할 수 있는 행위자들 속에서 전개된다. 더욱이 라투르는 깊이의 정념에 아무 관심도 없다. 라투르의 행위자는 항상 우리를 놀라게 할 수 있지만, 이런 놀라움은 항상 세계의 표면에서 나타나는 것이지 에크하르트와 횔덜린의 유령이 지배하는 어떤 은폐된 지하세계에서 나타나는 것이 아니다. 그런데 내가 보기에 현상학은 자신을 라투르의 통찰과 수렴하게 하는 자원을 간직하고 있는데, 그것들의 출발점이 아무리 다를지라도 말이다. 세심하게 읽으면 후설과 하이데거는 객체에 집중하는 덕분에 이전 유형의 관념론에서 방향을 바꾸고, 게다가 이 추세는 메를로-퐁티와 레비나스와 링기스 같은 후기 현상학자들의 저작에서 계속 유지된다.[2] 그런데도 현상학의 내부자가 일반적으로 현상학을 찬양하는 방향이 객체에 집중하는 그것의 미덕보다 인간 의식에 집중하는 그것의 악덕을 향하기에 이런 관례를 비난하는 라투르의 행위는 정당화된다. 세계를 괄호에 넣기라는 후설의 방법과 모든 플라스틱 물질과 전기 기기를 경멸하는 하이데거의 행위, 저 너머의 신이라는 레비나스의 '감상적인' 개념은 라투르의 신세를 지고 있는 철학의 방식과 전혀 양립할 수 없다. 현상학은 대체로 칸트의 코페르니쿠스적 혁명에 여전히 갇혀 있다.

---

2. Graham Harman, *Guerrilla Metaphysics: Phenomenology and the Carpentry of Things*, Chicago, Open Court, 2005.

후설/하이데거 계곡 바깥에는 자크 라캉과 더불어 라캉의 뛰어난 찬양자 알랭 바디우와 슬라보예 지젝이 있다. 이 인물들이 아무리 다를지라도 세 사람은 모두 인간 주체에게 철학의 짐을 전부 맡기고 비인간 존재자에게는 아무것도 맡기지 않는다고 해도 무방하다. 라캉의 물리학은 생각할 수 없는 것이다. 실재가 주체 바깥에 존재한다는 주장은 소박한 추측이라고 지젝이 공개적으로 천명하는 한편으로, 바디우는 행위자는 누군가에 의해 단위체로 인정될 때에만 단위체라고 주장하고, 게다가 바디우가 비인간 행위자가 인정 행위를 실행할 수 있게 용납한다는 증거는 없다. 지젝의 화학과 바디우의 동물학도 마찬가지로 생각할 수 없는 것이다. 이와는 대조적으로 라투르는 비인간 행위자가 인간과 마찬가지로 존재론적 작업을 수행하게 하는데, 라투르의 저작에서 무생물 영역이 인간의 과학적 실천보다 거의 주목을 받지는 않더라도 말이다.

이제 베르그송과 그의 위대한 계승자 들뢰즈를 다루자. 라투르와 이 인물들 사이에 나타나는 차이는 충분히 명료할 것이어서, 서로 연결될 수 있다 하더라도, 어떤 중요한 측면에서도 베르그송과 들뢰즈 둘 다 라투르의 조상이 아니다. 두 인물과 라투르가 분리되는 이유는 그들이 구체적인 현실적 존재자가 세계에서 근본적임을 불신하기 때문이다. 대체로 그리고 정확하게도 베르그송은 전개체적 역동성을 옹호하는 철학자, 즉 개별 존재자로 굳어지기도 하지만 그런 개체화가 항상 파생적이고 일반적으로 개탄스럽게 여겨지는 약동 또는 지속을 옹호하는 철학자로 서술된다. 사실상, 탈육화된 생성이 개별 행위자를 능가하는 어떤 철학에 대해서도 라투르가 암묵적으로 반대한다는 사실을 고려하면, 그는 심지어 반베르그송주의자로 서술될 수 있을 것이다. 들뢰즈의 '가상계'the virtual 개념은 바로 철학을 현실의 화물열차와 살구나무에서 멀어지게 하려고 고안된 것인데, 요컨대 들뢰즈가 라투르의 '행위자'를 진지하게 여기는 일은 상상하기 힘들다. 라투르에게는 개별 행위자를 넘어설 '생성' 같은 것은 없다는 사실을 떠올리자. 개별 행위자를 넘어서는 어떤 잠재태도 없는 것과 꼭 마찬가지로 개별 행위자를 넘어서는 어떤 '가상태'virtuality도 없다. 많이 논의된 잠재태와 가상태 사이의 차이는 우리 시대에 들뢰즈의 열광적 팬들이 종종 곤봉처럼 휘두르는 것이지만 여기서는 무의미한데, 그 이유는 두 용어가 모두 정확히 같은 방식으로 라투르의 구체성 기준에 미치지 못하기 때문이다.

이제 화이트헤드가 남아 있는데, 확실히 그는 라투르의 가장 가까운 철학적 조상이다. 그들의 유사점들은 명백할 뿐 아니라 중추적이다. 화이트헤드의 '존재론적 원리'는 도대체 무엇이든 간에 어떤 것에 대한 이유는 항상 어떤 특정한 현실적 존재자의 구성 속에서 추구되어야 한다고 주장하는데, 이것은 베르그송도 수긍할 수 없고 들뢰즈도 도저히 수긍할 수 없을 원리다. 이 상황은 '과정철학' 같은 어떤 단일한 표제어 아래 이 인물들을 모두 묶으려는 노력이 허술함을 예증하는 데 충분하다. 더욱이 라투르와 화이트헤드는 관계에 대한 큰 호감을 공유하는데, 화이트헤드는 관계를 '파악'이라는 용어로 지칭한다. 어떤 사물에 대해서 그것이 맺고 있는 관계를 제외하고 말하려는 시도는 화이트헤드가 '공허한 현실태'로 부르는 것만 제공할 뿐인데, 이 용어는 그가 유물론과 여타 실체론을 일축하는 데에도 사용하는 용어다. 이제는 라투르가 그런 이론들에 대해서 기본적으로 같은 비판을 제시한다는 사실이 명료할 것이다.

화이트헤드의 철학이 라투르 철학에서는 상응하는 등가물이 없는 사변적인 우주론적 정신을 나타낸다는 것도 사실이다. 라투르를 오해의 소지가 있는 '과학철학자'로 부르곤 하지만 여태까지 아무도 그를 '자연철학자'로 부른 적이 없다는 사실은 계시적인데, 그 이유는 자연철학자가 화이트헤드에게는 쉽게 적용될 수 있는 용어이기 때문이다. 그런데도 여전히 나는 한 가지 중추적인 이유, 즉 관계에 관한 라투르의 이론이 나타내는 더 강한 세속주의 때문에 화이트헤드 형이상학보다 라투르 형이상학을 선호한다. 현실적 존재자들 사이에 일어나는 파악에 대한 화이트헤드의 모형에서는 '영원한 객체', 즉 신 자체에 귀속되는 보편적 성질이라는 막다른 골목에 몰리게 된다. 이 모형은 전통적 기회원인론의 한 변종에 불과하여서 그 학파의 결점들을 전부 공유한다. 라투르는 영원한 객체를 무시하고 상호작용을 국소적 층위에 붙잡아 두는 더 대범한 조처를 하는데, 이를테면 중성자와 정치를 연결하는 것은 졸리오지 신이 아니다. 사실상 라투르에게 **모든 행위자는** 졸리오 같은 것으로 널리 흩어져 있는 객체들을 연결할 수 있을 뿐 아니라 이런 노력에 실패할 수도 있는 번역 매체다. 세속적 관계 모형을 선호하는 이유는 오늘날 아방가르드의 독선적인 무신론에 영합해야 하기 때문이 아니라, 행위자들의 관계 문제가 마법처럼 신에게 양도될 때 그 문제는 그저 명령으로만 풀리기 때문이다. 모든 관계를 신에게 맡기는 것은 모든 관계를 인간의 습관이나 범주에 귀속시키는 흄/칸트 접근방식보다 더 나을 것이 없다(더 나쁠 것도 없지만 말이다). 두 경우 모두에서 생명 없는 행위자는 자율성을 박탈당하여 유아기에 질식당한다. 이와는 대조적으로 라투르는, 지금까지 알고 있는 대로, 객체들의 관계가 당혹스러운 난제일 뿐 아니라 인간이든 신이든 간에 어떤 특권적인 전제적 존재자에 의해 독점되지도 않는 제1철학을 제시한다. 이 마지막 논점이 이 책의 잔여 부분에서 고찰할 주요한 주제를 제공한다.

A. 행위자의 구체성

우리가 이해한 대로, 라투르 철학의 가장 전형적인 특색은 그것이 모든 크기와 모든 유형의 행위자에게 존엄성을 부여한다는 점이다. 중성자는 행위자이고 블랙홀도 행위자이고, 게다가 건물·도시·인간·개·암석·허구적 인물·묘약·부두教voodoo 인형도 행위자다. 몇몇 독자는 빈번히 나타나는 이런 목록을 지겨워하면서(또는 지겨운 척하면서) 그것을 객체들의

'주문'이나 '시학'으로 일축할 것이다. 하지만 대부분의 독자가 금방 지치지는 않을 이유는 이런 존재자 명단의 수사학적 힘이 그 명단이 현대 주류 철학의 결점에 직접 대립하는 데에서 비롯하기 때문이다. 칸트나 헤겔이 구체적 존재자들을 점호할 것이라고 상상할 수는 없는데, 그 이유는 구체적 존재자들을 호명함으로써 철학의 무게가 특정한 행위자들을 포괄하기를 원할 모든 구조에서 멀어지면서 행위자들 자체를 향해 이동하게 되기 때문이다. 모든 종류의 객체가 동등하게 비인간적인 것에 불과한 전면적인 인간/비인간 분리 정책이 시행되는 인간 접근의 철학들에서는 암묵적인 일원론이 나타난다. 이런 암울한 교착 상태에 대한 최고로 멋진 해독제는 어떤 통일 제국에도 저항하는 다수의 사물에 관해서 반복적으로 불리는 마법사의 노래다. 그런 목록은 이 책과 라투르 자신에게서만 발견되는 것이 아니라, 우리의 초점을 어떤 단일한 힘으로부터 그 힘의 잿더미에서 생겨나는 숨죽인 다수로 이동시키려고 노력하는 수많은 저자에게서도 발견된다. 리처드 로즈는 히로시마 파괴 사태에 관하여 서술하면서 라투르나 내가 여태까지 시도한 것보다 더 엄청난 객체의 시학에 착수한다.

> 파괴된 것은, 정확히 말하면, 남자와 여자, 수천 명의 어린이 뿐 아니라 음식점과 여관, 세탁소, 극장, 스포츠 클럽, 재봉 클럽, 소년 클럽, 소녀 클럽, 연애, 나무와 정원, 풀, 대문, 묘비, 절과 사원, 가보, 라디오, 동급생, 책, 법정, 의복, 애완동물, 식료

품점과 시장, 전화기, 개인 편지, 자동차, 자전거, 말 — 120마리
의 군마 — 악기, 의약품과 의료 기기, 평생 예금, 안경, 도시 기
록, 도보, 가족 스크랩북, 기념물, 약혼, 결혼, 고용인, 벽시계
와 손목시계, 공중교통, 거리 신호등, 부모, 예술 작품들이다.[3]

나는 히로시마와 나가사키에 직접 방문하여 마음이 깊이
동요된 적이 있으므로 내가 다양한 인간 접근의 철학이 각기
다른 방식으로 같은 객체 목록을 파괴한다고 말하더라도 히
로시마의 파괴된 객체들과 희생자들에게 무례하게 굴 생각에
서 그런 것은 아니다. 인간중심 철학은 형이상학의 히로시마,
즉 여타의 객체와 더불어 로즈가 상기시킨 객체들을 소멸시
키는 것이다. 하지만 라투르는 인간과 비인간에 대한 이런 범
죄 행위에 참여하지 않는다. 라투르는 풀과 대문, 묘비, 라디
오, 동급생, 법정을 한낱 존재자적 세부에 불과한 것으로 일축
하는 대신에 오히려 그것들이 다시 철학의 중심 주제가 될 수
있게 한다. 우리는 전혀 경솔하지 않은 채로 라투르가 햄릿, 뽀
빠이, 플로지스톤, 지하철, 네덜란드 동인도회사, 부활절 토끼,
성령도 철학적 영역에 기꺼이 받아들인다고 덧붙일 것인데, 반
면에 유물론자는 그런 객체들을 철학적 영역에서 잔인하게 추
방할 것이다.

---

3. Richard Rhodes, *The Making of the Atomic Bomb*, New York, Touch-
stone, 1986, p. 733. [리처드 로즈, 『원자폭탄 만들기』, 문신행 옮김, 민음
사, 1995.]

화이트헤드의 존재론적 원리는 생겨나는 모든 것은 특정한 존재자들의 실재에서 비롯된 결과라고 진술하는데, 한편으로 존재자들은 모두 어떤 결과를 낳는다는 라투르의 역정리도 화이트헤드의 존재론적 원리와 마찬가지로 유익하다. 객체들을 모두 대등한 지위에 두면, 철학사에서 나타나는 다양한 두 세계의 간극이 없어질 뿐 아니라 처음부터 두 세계를 접착하려는 수많은 가짜의 '급진적인' 노력도 사라질 것이다. 히로시마의 풀은 어떤 알 수 없는 풀-자체와 분리될 뿐 아니라 그 풀과 같은 실재의 평면에 존재하는 묘비와 악기와도 분리된다. 풀잎도 어떤 웅성거리는 통일된 존재자보다 모자라는 한낱 눈-앞에-있는 존재자에 불과한 것이 아니다. 원자와 뽀빠이가 일할 수 있는 것과 꼭 마찬가지로 풀도 세계 속에서 일할 수 있다.

행위자의 필연적 구체성으로 인해 특정한 존재자들보다 더 깊은 지위를 주장하고자 하는 어떤 전개체적 실재도 역시 유예된다. 어떤 새를 진지하게 여기는 것은 실재 전체가 현실적 새에 쏟아져 들어가게 함을 뜻하는 것이지, 그 새를 어떤 선조先鳥적 '도표'나 '비행 노선'의 일시적인 화신으로 여김을 뜻하지 않는다. 포유동물은 실재적이고, 게다가 멋진 마누엘 데란다가 잘못된 주장을 하는 대로[4] 포유동물이 가능한 척추

---

4. Manuel DeLanda, *A New Philosophy of Society: Assemblage Theory and Social Complexity*, London, Continuum, 2006 [마누엘 데란다, 『새로운 사회철학: 배치 이론과 사회적 복합성』, 김영범 옮김, 그린비, 2019]을 보라.

동물의 공간을 구성하는 토폴로지에 존재한다고 생각할 좋은 이유는 전혀 없다. 철학의 풍경을 특정한 사물들에서 이동시키는 것은 불필요한 조치로 행위자의 구체성에 대한 믿음을 상실할 때에만 이치에 맞다. 물론 라투르의 도박은, 행위자는 자신이 맺고 있는 관계와 동맹들로 완전히 정의된다는 그의 관념에 놓여 있다. 라투르의 초구체적 행위자 모형은 객체와 사건, 객체와 관계, 객체와 성질을 전혀 구별하지 않으면서 행위자는 당연히 전적으로 관계적이어야 한다고 요구한다. 이 모형에 따르면 관계를 바꾸는 것은 실재를 바꾸는 것이므로 행위자가 자신의 동맹에 일어나는 어떤 변화도 감당할 수 있도록 허용되지 말아야 한다. 라투르의 경우에 존재자가 항구적인 소멸 상태에 있어야 하는 이유는 자신의 특성이 조금만 바뀌어도 그 존재자가 존속할 수 없기 때문이다. 화이트헤드는 '사회'(지속할 수 있는 것)와 현실적 존재자나 계기(지속할 수 없는 것)를 대조함으로써 이런 결말에서 부분적으로 헤어난다. 이런 구별이 라투르에게는 덜 발달하여 있지만, 내 생각에 이 사실은 더 대담한 일관성을 나타내는 증거로 라투르의 신용에 중요하다. 우리가 이해한 대로 라투르는 때때로 행위자를 수많은 순간을 가로지르는 '궤적'으로 언급하면서 행위자는 자신의 동맹이 변화할 때 완전히 소멸하기보다 오히려 '역사'를 획득함을 암시한다. 예를 들면, 2009년 오바마의 백악관이 1959년 아이젠하워의 백악관과 같다고 주장할 수 있는 이유는 백악관의 주변부에 일어나는 변화가 백악관을 실제로 구성하는 사건들의 궤적에 사실상 영향을 미치지 않기 때문이다. 하지만 사물에서 무엇이 중요한 것인지 결정하는 바로 그 행위는 번역 작업이 필요함을 상기하자. 왜냐하면 사물에서 중요한 것은 본질이라는 어떤 전통적인 핵심처럼 행위자의 중심부에 놓여 있을 수 없기 때문이다. 거주자가 바뀌고 페인트 색깔이 변하더라도 수십 년 동안 내내 지속할 수 있을 백악관의 '실체적 형상'을 라투르가 인정하지 않는 이유는 백악관의 내적 실재를 새와 파괴자의 작업으로 인한 일시적인 변동에서 자동으로 분리하는 방식이 그의 철학에 없기 때문이다. 서로 오십 년이 떨어진 두 순간에 백악관이 같은 것임을 **확증**하는 데에는 항상 어떤 외부적 졸리오가 필요하다.

개별 행위자들은 그 자체로 단절되어 있고 바로 이 순간에 자신이 다른 행위자들과 맺고 있는 바로 그 관계들로 완전히 정의되기에 적어도 소멸하지 않고서는 그런 관계들을 바꿀 수 없다. 관계에 대한 라투르의 명백한 호감을 고려하면 행위자들의 이런 섬 같은 특성을 강조하는 것이 역설적인 말처럼 들리겠지만 이 역설의 정확한 특질은 조만간에 충분히 탐구될 것이다. 행위자는 자신이 다른 행위자들과 맺고 있는 관계들로 정의되더라도, 라투르에게는 이 상황이 그 행위자가 어쨌든 여전히 같은 것으로 있으면서 어떤 마법적 약동 덕분에 다른 일단의 관계 속으로 질주할 수 있음을 뜻하지 않는다. 행위자가 초기에 자신의 미래 상태를 품고 있을 수 있거나, 행위자가 시간이 흐름에 따라 하나의 본질적인 핵심으로서 지속하면서 변화무쌍한 상호작용의 폭풍우를 견뎌낸다면, 이 사태는 다른 무언가가 들어 있는 것은 아무것도 없다는 라투르 형이상학의 기본 원리에 어긋날 것이다. 모든 것은 여타의 것에 외부적이어서 어떤 두 사물을 연결하는 데에도 어려운 작업이 필요하다. 라투르는 특정한 행위자 자체를 넘어서는 어떤 시간적 유출의 힘도 인정하지 않는 것과 꼭 마찬가지로, 시간에 따른 지속이라는 어떤 최초 원리도 인정하지 않는다. 모든 사유자가 그래야 하듯이 세계에서 일어나는 변화를 설명하려고 노력한다는 사소한 의미에서만 라투르는 생성의 철학자, 곧 '과정철학자'다. 우리가 이해한 대로 라투르는 시간이 행위자들의 노동으로 산출되고, 게다가 그런 행위자들만이 이전과 이후의 비대칭성을 창출한다고 주장할 정도까지 나아간다. 마찬가지로 이 순간과 저 순간의 연결 역시 행위소들의 노동을 거쳐 산출되어야 하는 이유는 그 연결이 단일한 순간들의 감옥에서 자신을 해방할 사물들의 핵심에 있는 어떤 종류의 내재적 충동 또는 코나투스에 미리 주어져 있는 것이 아니기 때문이다. 결국 행위소의 전적인 구체성으로 인해 사실상 행위소는 한순간에 갇혀야 한다. 베르그송주의라기보다는 오히려 기회원인론적이게도 라투르의 행위자는 단속적인 영화 프레임을 차지할 수밖에 없다. 그렇지 않다면 행위자는 지속할 것이고, 게다가 지속은 변화하는 우발적인 사건들로 장식된 내부의 영속적인 핵심을 함축할 것인데, 이 결말은 가장 비라투르적인 논제다.

라투르의 지침이 되는 원리는 행위자는 자신의 동맹들로 정의된다는 것인데, 요컨대 동맹이 바뀌면 당연히 행위자가 변하므로 두 개의 백악관은 어떤 다른 행위자가 등가성을 보여줌으로써 그것들을 연결할 수 있을 때만 '같은' 백악관으로 연결된다. 어떤 라투르적 행위자도 다른 한 행위자를 '지향'한다고 주장하거나, 자신의 어떤 미래 상태를 향한 어떤 내재적 충동을 품고 있다고 주장하는 것은 순전히 터무니없는 일이다. 라이프니츠는 그런 주장을 펼치겠지만 라투르는 아니다. 라투르의 경우에 객체는 어떤 졸리오가 그 행위자와 다른 한 행위자 사이에 잘 구성된 연결 관계를 구축함으로써 지향하게 만들 때만 '지향한다.' 백악관이 자기 자신의 미래 상태를 '지향한다'고 주장하고 싶다면 중성자가 이미 벨기에 광산업체와 특공 작전을 '지향한다'고 주장하는 것이 좋을 것인데, 하지만 이주장은 졸리오의 중추적 역할에 관한 라투르의 진술과 곧바로 상반된다. 그 쟁점은 『비환원』을 꼼꼼히 읽는 사람이면 누구에게나 매우 명료하기에 라투르를 고립된 순간들의 철학자로 읽는 것에 대한 만연한 저항에 나는 당황하곤 한다. 내가 추측하기에는 그런 저항이 그저 우리 시대의 정신에서 비롯되는데, 그 정신의 취지에 따르면 (라투르처럼) 철학의 적은 바위처럼 단단하고 영속적인 실체이고 (라투르와 달리) 그런 독약에 대한 유일한 해독제는 과정과 유출, 흐름이다. 우리의 시대 정신은 모든 지성적 참신성이 정적인 존재에 대립하는 생성 쪽에 있다고 가정하는 경향이 있으므로, 라투르에게 그런 유출이 존재함을 부정하는 사람이라면 누구라도 그를 어리석다고 비난하고 있음이 분명하다고 가정한다. 여기서 잘못은 주요한 전제에 있는데, 그 이유는 철학의 진정한 참신성은 변화하는 유출자와 생성의 고리타분한 오행시에 더는 있는 것이 아니라 자신을 연결해 줄 매개자가 절실히 필요한 전적으로 구체적이고 완전히 단절된 존재자에 있기 때문이다. 행위자가 언제나 이미 연결되어 있거나 자신을 넘어서 지향되어 있다면 번역에 대한 라투르의 강박은 무의미할 것이다.

그러므로 라투르의 관계적 행위자 모형은 역설적으로 그를 고립된 순간들의 기회원인론적 이론으로 기울어지게 한다. 그런데도 또한 그 모형은 라투르가 뽀빠이와 일각수 그리고 바위와 원자를 같은 실재론적 클럽에 소속되게 허용함으로써 존재자들을 터무니없는 정도까지 증식시켰다고 불평할 수 있는 상황에서 그를 보호한다. 이것은 라투르의 관계주의가 불필요한 행위자들의 슬럼 지역을 없애기 위한 명백한 기준, 즉 라투르에게 어떤 사물이 실재적인 것이 되려면 그것이 다른 사물에 영향을 미치거나 다른 사물을 교란해야만 한다는 기준을 제공하기 때문이다. 라투르는 잘 알려진 실용주의적 공리를 좇아서 아무 차이도 만들어내지 못하는 행위자는 실재적 행위자가 아니라고 생각한다. 화성과 미시시피강, 샤를 보들레르로 조립될 수 있는 존재자는 이런 별난 연합이 어떻게든 다른 행위자를 교란해내지 못한다면 통일된 행위자가 아니다. 누군가가 그것들을 연결하는 데 성공할 실낱같은 확률은 항상 있다. 이 작업이 텔레비전의 물리적 부품들이 진정한 전체적 효과를 나타내게 하는 것보다 훨씬 더 어려우리라 추정되지만 말이다.

　마지막으로 우리는 라투르가 자신의 관계주의 덕분에 철학의 일반적인 이중 균열을 다수의 층위로 대체할 수 있음을 이해했다. 애처로운 인간/세계 간극이 폐기될 뿐 아니라, 질료와 형상 사이에 존재한다고 여겨지는 균열 역시 폐기된다. 더 보잘것없고 더 저속한 존재자들이 주조될 적나라한 질료의 최종 기체는 없다. 실체와 집합체 사이의 아리스토텔레스-라이프니츠 구별이 폐기되는 이유는, '자연'이 원자를 이쪽에 두고 기계와 군대를 저쪽에 두어서 구별하는 방식으로는 변변치 않기 때문이다. 라투르에게 행위자는 인공기술-없는-자연 덕택에 실재적인 것이 아니라 그것이 다른 존재자에게 미치는 효과 덕택에 실재적이다. 실체는 존재하지 않고 블랙박스들만 존재하며, 게다가 블랙박스는 판도라의 상자처럼 마음대로 열어서 그것이 존재할 수 있게 만든 미묘한 내부 협상들을 검토할 수 있다. '단순한 집합체'나 '이유 있는 단순한 것'이라는 전통적인 실재론의 도깨비는 더는 걱정거리가 아닌데, 결국은 모든 것이 수많은 구성 성분으로 조심스럽게 조립되거나 부주의하게 조립된 집합체이기 때문이다. 간극들은 무한히 증식하면서 제임스에게 마땅히 조롱당할 만한 불가능하고 위험한 도약이 아니라 번역 작업으로 항상 교차한다. 요약하면, 모든 관계가 제거되어 버렸을 실재의 마지막 층위는 없다. 여기서 우리를 아연실색게 하는 형이상학적 함의는 행위자들의 무한 소급인데, 라투르는 이 상황을 결코 공개적으로 논의하지 않는다. 블랙박스들만 있고 최종 실체가 결코 없다면 어떤 분석에서도 결코 최종 단계에 이르지 못할 것이다. 그런데 이런 무한 소급의 상황이 그저 인간의 독자적인 분석에서 비롯된 산물만은 아님을 유념하자. 라투르의 블랙박스는 세계 자체에 속하는 것이지 세계에 관한 인간의 언술에 속하는 것이 아니다. 요점은, 인간이 지쳐서 더는 할 수 없는 어떤 임의의 단절점을 넘어서지 않는다면 우리가 원하는 한 계속해서 블랙박스를 열 수 있다는 것만이 아니다. 이것 외에 라투르의 형이상학에는 블랙박스들이 사실상 무한한 깊이로 확장되는 사태가 수반된다. 라투르는 이런 결말이 칸트의 두 번째 이율배반을 노골적으로 업신여기더라도 눈물을 흘리지 않을 것이다.

정립:세계 내의 모든 것은 단순한 것으로 구성되어 있다.

반정립:단순한 것은 없고, 오히려 모든 것은 합성된 것이다.[5]

칸트는 우리가 그 둘 중에 하나를 선택하지 못하게 하지만, 라투르의 입장은 완전히 노골적으로 반정립을 함의한다.

---

5. Immanuel Kant, *Prolegomena to Any Future Metaphysics*, trans. Paul Carus and revised by James W. Ellington, Indianapolis, Hackett, 1977, p. 74. [임마누엘 칸트, 『형이상학 서설』, 백종현 옮김, 아카넷, 2012.]

돌아오는 새들의 노래가 봄을 알리는 것과 꼭 마찬가지로 형이상학의 귀환은 이율배반들에 의해 부추겨져 남쪽으로 간 새들이 다시 나타남으로써 알려질 것이다. 나머지 세 개의 이율배반(시간과 공간의 유한성/무한성, 자유/메커니즘, 필연적 존재의 유/무)에 대한 라투르의 입장 역시 추측하기 쉽다. 하지만 그런 이율배반들은 지옥과 그 너머까지 아래로 끝없이 이어지는 일련의 합성된 블랙박스보다 그의 사유에 덜 중요하다.

B. 유물론에 반대하며

이제 라투르와 그가 거의 공감하지 않는 인물인 에드문트 후설 사이에 한 가지 더 놀라운 역사적 유사점이 나타난다. 우리가 이해한 대로 라투르가 현상학에 대하여 심한 경멸감을 표출한 것은 잘못된 행태일 것이지만, 그가 경멸한 이유는 칭찬받을 만하다. 후설은 현실적 세계를 괄호에 넣고 의식 속의 현상에 집중함으로써 코페르니쿠스적 철학의 가장 음울한 양상을 승인한다. 이와는 대조적으로 라투르는 관념론을 거부하고 인간과 여타 행위자 사이에 어떤 고정된 간극도 없다고 주장한다. 이 모든 것은 사실이어서 대륙철학의 인간중심적인 신조를 폐기하는 데 라투르가 후설보다 더 멀리 나아감을 인정해야 한다.

그런데도 두 사상가 사이에는 주목할 만한 방법의 유사성이 있는데, 말하자면 둘 다 실재적 객체와 비실재적 객체를 결코 포괄적으로 구별하지 않는 절대적 다원론의 규칙을 준수한다. 라투르가 애초에 만화 캐릭터를 암석 및 원자와 같은 층위에 놓는 것과 꼭 마찬가지로 후설은 가장 터무니없는 상상의 산물도 즉각적으로 무시하지 않고 우리에게 나타나는 바로 그대로 서술되어야 한다고 요청한다. 이런 요구가 괄호에 넣기라는 관념론적 방법의 긍정적인 측면인 이유는 그 덕분에 후설이 현상들의 무질서한 집단을 비판적 폭로자들의 재빠른 파괴 행위에서 보호할 수 있기 때문이다. 바로 이런 까닭에 후설과 라투르는 분노한 반대자들을 공유하곤 하는데, 이를테면 그 반대자들은 켄타우로스와 일각수가 중성자 들판에서 자유롭게 풀을 뜯어 먹을 수 있게 허용될 때마다 분노하는 강경한 환원주의자다. 하지만 여기에 역설이 하나 있다. 라투르는 현상과 자연 세계의 어떤 분열도 금지하므로 현상계 내부에 여전히 완강하게 머무는 후설보다 확실히 더 실재론적인 철학자다. 그런데도 바로 이 사실로 인해 라투르는 후설이 여태까지 받았던 것보다 더 쉽게 유물론자에게 미움을 받을 수 있다. 결국 후설은 의식의 내용을 서술할 뿐이라고 주장하므로 자연주의자가 뛰놀면서 지배할 수 있는 절반의 실재가 온전히 남게 된다. 자연주의자는 후설이 손수 만든 인간의 성에서 무엇을 하든 간에 위협을 느끼지 않을 것이고, 게다가 원한다면 언제나 인지과학의 이름으로 그 성을 장악할 수 있다. 하지만 실재 **전체**를 대변한다는 라투르의 주장과 더불어 유물

론은 그런 실재에 관한 좋은 서술이 아니라는 주장은 그가
과학의 사냥터에 무례하게 침입함을 시사한다. 인위적인 인
간/세계 분할의 인간 쪽에만 머무는 철학자는 유물론에 아무
위험도 제기하지 않아서 유물론을 조용히 경멸하도록 대체로
방치된다. 하지만 철학자가 유물론자 왕국 자체에 침입하자
마자 그는 분노한 과학적 강경파의 습격을 받게 되는데, 이를
테면 라투르는 소칼이 주동한 '과학전쟁'에서 공격을 받았지
만 후설은 1996년에 살아 있었더라도 공격을 받지는 않았을
것이다.

자연주의는 물리적 사물들 모두에 균일하게 영향을 미치
는 실재적 원인의 특권을 세계에 부여함으로써 데카르트의 마
음/세계 이원론과 그것의 다양한 후예를 제거하려고 한다. 더
욱이 자연주의는 물리적 인과관계에 인간 영역을 침범할 권리
도 부여하는데, 그 결과 의식적 현상은 물리적 설명을 면제받
는 특수한 영역에 더는 속하지 않게 된다. 마음은 인과관계의
얼개에 구멍을 뚫고 세계 위에 오르는 주술화된 정신이 아니
라 한낱 뇌에 불과한 것이 된다. 내가 보기에 이런 태도는 지루
하고 낡은 이원론보다 더 낫기도 하고 더 못하기도 한다. 어떤
의미에서는 자연주의적 태도가 더 나은 태도인데, 그 이유는
그것이 갈릴레오 이전의 천상과 지상의 이중 물리학보다 궁극
적으로 더 나을 것이 없고 아무 근거도 없는 인간과 세계의 이
중 군주제를 제거하기 때문이다. 인지는 물리과학이 당연히
다룰 만하고, 코페르니쿠스적 독단에 피곤한 사람에게는 처칠

랜드 부부 같은 인물들의 작업이 항상 묘하게 신선하다. 하지만 어떤 의미에서는 자연주의가 더 못한 이유는 그것이 절대적 관념론이 나타내는 기본적으로 환원주의적인 자세를 뒤집을 뿐이기 때문이다. 관념론자는 생기 없는 충돌을 의식적 현상으로 환원하는 반면에 자연주의자는 정반대 방향으로 그럴 뿐이다. 자연주의자는 불을 한낱 불의 현상에 불과한 것으로 바꾸는 대신에 불의 현상을 한낱 불의 진정한 미시물리적 실재의 부수 현상에 불과한 것으로 바꾼다. 두 경우 모두에서 두 세계 이론은 하나의 신앙 조항으로 여겨지기에 한 항은 왕으로 격상되고 나머지 한 항은 노예로 격하된다. 그 상황은 세계대전 동안 플랑드르의 참호와 유사하여서 어느 진영도 백만 발의 총알이 발사될 때마다 겨우 몇 인치만 전진한다. 참호전 시기에는 두 진영 중 어느 쪽에도 입대하는 것이 어리석은 짓인 이유는 움직임이 좀처럼 없고 수명이 짧기 때문이다. 지적 논쟁의 두 진영이 상대방의 반전된 형식일 뿐이라는 사실을 알아차릴 때마다 교착상태에 놓이게 된다. 교착상태를 벗어나는 데 언제나 필요한 것은 두 진영의 참호를 돌파하고 허를 찌르는 어떤 새로운 전략이나 무장 차량, 충격적인 군사 전술이다. 이번 경우에는 '물리적' 행위자들과 '심적' 행위자들을 모두 같은 지위에 두는 라투르의 방법이 자연주의와 관념론이 벌이는 참호전을 종식하는 최선의 방식이다.

와인버그가 "오래 가는 비합리적인 경향들"을 우려하지만 유물론은 우리 시대의 기본적인 상식 철학이라고 해도 무방하다. 오늘날의 교육받은 계급은, 기쁘든 슬프든 간에, 우주는 기본적으로 단단한 물리적 질료로 구성되어 있다고 말없이 가정한다. 자연주의자는 이런 관점을 공개적으로 찬양하는 반면에, 이원론자는 인간의 성채, 즉 원자의 타격이 미치지 않을 것이라고 기대하는 특수한 피난처로 벌벌 떨면서 퇴각함으로써 물리적 미시입자에 대한 동등한 신앙을 저버린다. 이원론자의 '지적 뮌헨'[6]은 생명 없는 물질의 영역에서 공격 작전을 수행하기를 거부하는 데 있는데, 요컨대 이원론자는 덧없는 인간적 의미 영역에서 미약한 우월감을 품고서 자신을 격려할 때에도 물질 영역은 자연과학이 지배하게 내버려 둔다. 과학은 생각하지 않는다는 하이데거의 악명 높고 우울한 주장을 반복함으로써 이원론자는 자신의 사기를 북돋는다. 우리 시대에 철학은 유물론적이거나 아니면 유물론에 협박을 당할 뿐이다. 이 상황은 용납할 수 없다. 우리는 철학이 과학의 시녀임을 인정하지 않으면서 과학을 사랑하고 존중할 수 있다. 과학은 생각하지만, 이 사실이 과학이 다양한 지적 체임벌린 같은 자[7]에게서 부여받은 생각 독점권을 누릴 자격이 있음을 뜻하지는 않는다. 철학이 수행해야 하는 것은 생명 없는 세

---

6. [옮긴이] '지적 뮌헨'은, 2차 세계대전이 발발하기 직전 유화정책을 펴던 영국 총리 체임벌린이 '최후의 영토 요구'라는 히틀러의 말을 믿고 체코슬로바키아 영토를 나치독일에 넘기는 내용을 담은 협정을 1938년 9월 30일에 독일 뮌헨에서 체결한 역사적 사건, 즉 '뮌헨 협정'을 빗대어 표현한 것이다.
7. [옮긴이] 바로 앞의 각주 6을 참조하라.

계를 다시 다루는 것이지만 유물론적 견지와는 다른 견지에서 수행해야 하는 이유는 놀랍게도 유물론은 철학에 권할 것이 거의 없기 때문이다. 세계를 투과할 수 없는 물질의 단단한 층으로 여기는 모형은 물질이 다른 물질을 밀어내거나 강하게 타격할 수 있다고 말해줄 뿐이고, 게다가 여기에 인지과학이 이런 물질적 과정에서 인간의 마음을 더는 제외하지 못하게 할 것이라는 감미료가 첨가된다. 하지만 이 견해는 생기 없는 인과관계가 어떻게 발생하는지 전혀 설명하지 않으면서 그런 관계를 명백히 주어진 것으로 여길 뿐이다. 그것은 두 살 먹은 아이에게 적합한 형이상학인데, "팔간 공이 초롱 공을 밀어고…초롱 공이 바당에 덜어저쪄."

아리스토텔레스의 유명한 네 가지 원인 가운데 단지 작용인과 질료인이 존속하고 있다. 반면에 형상인과 목적인은 환상에 지나지 않는 것(목적인)이거나 파생적인 것(형상인)으로 무시당한다. 더 일반적으로 유물론자는 라투르와 달리 관계를 결코 하나의 **문제**로 여기지 않는다. 라투르는 행위자들의 관계가 항상 일종의 번역임을 보여줌으로써 철학을 생명 없는 자연에 대한 공포에서 해방하기 시작한다. 라투르는 외풍이 들어오고 모든 비인간 객체가 이미지로 환원되는 벌을 받고 추방된 인간의 성을 떠나라고 권유한다. 관념론이 철학은 강 건너 생명 없는 야생 지역에서 일어나는 일과 아무 관계도 없다고 주장하면서 유물론을 경멸하는 것은 유물론을 간과하는 것에 지나지 않음을 인식하자. 결국 유물론은 인간 실재도 영혼 없는 물질과 꼭 마찬가지로 물리화학적 법칙들의 지배를 받으므로 자신이 강의 양안을 모두 차지한다고 간단히 대응한다. 유물론에 대한 라투르의 경멸은 양자택일의 선택지보다 더 설득력이 있는데, 요컨대 강이 하나만 있는 것이 아니라 수백만 개가 있고 현존하는 어떤 두 존재자 사이에도 연결되지 않은 간극이 존재한다. 과학은 (원예와 곡예, 요리를 할 때처럼) 항상 이런 간극들을 건너서 큰 성과를 거두지만 **어떻게** 건너는지는 절대 말하지 않는다. 이것이 객체지향 철학의 과업이다. 형이상학다운 형이상학이라면 무엇이나 객체와 관계에 관한 형이상학이어야 한다.

라투르가 유물론을 일종의 관념론이라고 여기는 것은 옳은 일이다. 2007년에 라투르는 "우리의 유물론을 돌려주시겠습니까?"라는 애처로운 제목이 달린 논문에서 이런 견해를 가장 명쾌하게 표현한다. 이 논문은 "물질적 존재자에 대한 유물론적인(사실상 관념론적인) 정의의 한계를 극복하는 새로운 서술 양식"(MB, 138)이 필요하다고 선언한다. 문제는 "논의를 종결하는 수사로 사용될 수 있었던 근대 초 짧은 시기의 유물론을 되돌아보면, 그것이 이제는 물질과 그것의 행위주체성에 대한 상당히 관념론적인 정의로 보이는 것을 함축했다"(MB, 138)라는 사실이다. 이런 관념론적 유물론의 기원은 데카르트와 흄에서 비롯된 제1성질과 제2성질의 구별에 있다. 라투르가 서술하는 대로 "이런 까닭에 가까운 과거의 유물론이 이제는 매우 관념론적인 것처럼 보이는데, 요컨대 그것은 물자체가 어떠해야 하는지에 대한 관념, 즉 제1성질이라는 관념을 구상한 다음에 그것을 그림의 기하학적 재현과 '닮게' 만드는 기적을 계속해서 멍청히 바라본다"(MB, 139). 실재는 물질적 요소들로 환원할 수 있다고 주장하는 것은 행위자의 제1성질이 실제로 무엇인지에 대하여 독단적인 결단을 내리는 것으로 행위자의 영원한 불가사의를 연장된 고체로서의 행위자에 대한 독단적인 모형으로 대체한다. 다시 말해서, 언제나 어느 정도는 놀랍고 불투명한 행위자의 실재를 행위자에 대한 일차원적 관념이 대체한다. 유물론은 단호한 실재론적 견해가 아니라 여태까지 세상에 알려진 가장 노골적인 형태의 관념론인 것으로 판명된다. 라투르가 두려워했듯이 유물론은 소크라테스를 과학 전문가로 바꾼다. 하지만 행위자가 무엇인지 실제로 알고 있는 사람은 아무도 없으므로 단단한 물리적 물질과 관련하여 행위자를 정의하는 것은 매우 비철학적인 조치인데도, 그 조치가 대체로 채택되는 이유는 그 덕분에 유령과 전조前兆를 여전히 믿는 소박한 부류의 얼간이들을 모두 비웃을 수 있기 때문이다. 그런데 일반적으로 단지 어떤 다른 이론이 소박한 것임을 폭로하기 위해서만 존재하는 이론은 무엇이든 나쁜 이론일 것이다.

라투르가 유물론적 원리를 거부하고 행위자들에게 모두 같은 지위를 부여할 때 우리는 자신의 내면에서 일어나는 저항감을 알아챌 것인데, 이를테면 마치 어떤 수법이 연출되고 있고 무언가가 상실되고 있는 것처럼 느낄 것이다. 말하자면,

상실되는 것처럼 느껴지는 것은 우리가 계몽됨으로써 부조리한 환영을 일축하면서 "우리가 어떻게 생각하든 간에" 존재하는 참된 실재에 이를 수 있게 하는 비판적 무기다. 햄릿과 뽀빠이, 프랑스의 대머리 왕이 파라핀과 꼭 마찬가지로 실재한다면 우리는 "무엇이든 괜찮은" 나라에 있는 듯하다. 이제는 무차별적 객체들의 세계에 이르는 이런 추론이 라투르의 입장을 어떻게 왜곡하는지 분명히 보일 것이다. 라투르는 객체들을 모두 대등하게 실재적인 것으로 생각하는 것이지 객체들을 모두 똑같이 강한 것으로 생각하는 것은 아니다. 그는 어떤 평범한 산이 뽀빠이보다 실재성을 더 갖추고 있거나 적어도 더 끈질긴 부류라는 유물론자의 견해에 동의할 것이다. 그들의 의견이 일치하지 않는 점은 실재성의 기준에 대한 것이다. 비판적 폭로라는 성상 파괴적인 방법은 본원적인 인간/세계 이분화에 따라 실재성을 측정하기를 좋아한다. 그 방법은 이원론의 '세계' 쪽과 "우리가 어떻게 생각하든 간에 존재하는 실재"를 동일시하는 잘못을 저지르면서 이런 실재를 왜곡하는 행위─게다가 어쩌면 나중에 대응과 계몽이라는 구실로 그 왜곡을 무화하는 행위─에 대한 책임을 '인간' 쪽에 독점적으로 부여한다. 이 입장에 따르면, 사물이 '세계' 쪽에서 비롯된다면 그것은 실재적인 것이고 '인간' 쪽에서 추가된다면 실재적인 것이 아니다. 계몽은 비난함으로써 나아가고, 게다가 모든 사람의 소박한 조직에 구멍을 낼 때 크게 기뻐한다. 이런 식으로 성상 파괴는 유일한 인간/세계 간극과 진리 대응설을 모두 공고히 한다.

라투르의 해결책은 전적으로 다르다. 원자가 유령보다 더 실재적인 것이 되는 이유는 원자는 실제 사태로 존재하고 유령은 우리의 마음에만 존재하기 때문이 아니다. 오히려 원자가 더 실재적인 것이 되는 이유는 그것이 인간 영역을 훌쩍 넘어서는 동맹들을 포함하여 더 많은 동맹을 맺고 있기 때문이다. 실험은 원자의 존재를 증명하고, 기기는 원자를 안정화하여 간접적으로 볼 수 있게 하고, 과학 전공 분야들은 원자로 인해 변형되고, 여러 세대의 어린이는 원자에 관하여 배우고서 그 낱말을 전달하며, 다름 아닌 아인슈타인 자신이 주장했듯이, 브라운 운동은 물속의 입자들이 원자들로 인해 움직임을 입증한다. 이와는 대조적으로 유령은 자신의 실재성을 증언하는 동맹의 수가 얼마 되지 않을 뿐인데, 이를테면 흥분한 어린이들과 몇 가지 오랜 전설이 있다.

주체/객체 이원론 자체와 대체로 흡사하게도 실재에 대한 이런 라투르적 접근법은 설득력이 있기도 하고 없기도 하다. 세계가 모든 실재적인 것을 담당하고 인간이 (최소한 성장하여 세계에 대응하게 될 때까지) 모든 비실재적인 것을 담당하는 형태로 인간과 세계가 실재의 이중 법정으로 쓰일 수 없다고 한 점에서는 라투르가 옳다. 주체와 객체가 각각 인간과 세계와 동일시될 때 우리가 재앙을 겪게 되는 이유는 이제 진리와 허위가 각기 다른 두 **종류**의 존재자에 할당되기 때문이다. 라투르 역시 거부하는 제1성질과 제2성질의 구별에 대해서도 마찬가지 상황이 발생한다. 이런 구별에 따르면, 어떤 사물의 제1성질(옷감이나 설탕의 물리적 구조 같은 성질)은 "우리가 어떻게 생각하든 간에" 그 사물에 속하지만 제2성질(옷감의 색상이나 설탕의 맛 같은 성질)은 지각에 대해서만 존재한다. 여기서 전체적인 존재론적 구별임이 분명한 무언가가 하이데 거라면 '존재자적'인 것이라고 할 두 영역 사이에 적용되는데, 요컨대 생명 없는 것들은 모든 제1성질을 갖는 반면에 인간과 어쩌면 소수의 영리한 동물은 모든 제2성질을 추가한다.

그러나 이미 암시한 대로 이런 이원론들에는 라투르가 생각하는 대로 양립할 수 있지 않은 무언가 다른 일이 진행되고 있다. 라투르에 맞서 실재는 "우리가 어떻게 생각하든 간에" 존재한다고 반복해서 외치는 것은, 그것이 라투르적 행위자들의 민주주의가 파괴하는 인간/세계 분열을 인정하려고 하는 외침이라면 즉시 일축될 수 있다. 하지만 "우리가 어떻게 생각하든 간에 존재하는 실재"에는 더 옹호할 수 있는 한 가지 측면, 즉 우리가 어떻게 생각하든 간에 어떤 사물이 맺고 있는 관계들과 구별되는 그 사물의 실재가 있다. 라투르는 자신의 행위자 이론에서 절대적 관계주의자이므로 이 논점을 우호적으로 여길 수 없다. 그런데 물리학자의 절규 속에 담긴 일말의 진실은 어떤 행위자가 애초에 존재하고 있어야만 다른 행위자들이 그 행위자와 협상할 수 있다는 것이다. 예를 들면, 파스퇴르가 존재하기 전인 1700년에 세균 같은 무언가가 작용하고 있거나 아니면 작용하고 있지 않거나 둘 중 하나다. 라투르가 권하는 방식으로 세균을 소급하여 산출하는 것은 세균에 대한 인간의 의식을 너무 강조하면서 "우리가 어떻게 생각하든 간에" 1700년에 세균이 다른 비인간적 존재자들에게 미친 영향을 무시한다. 라투르는 확실히 이런 이의 제기에 진저리를 칠 것이지만, 내 생각에 여기서는 구시대의 실재론자가 핵심을 제대로 짚고 있다. 하지만 구시대의 실재론자는, 라투르가 인간/세계 분할을 정당하게 폐기함을 부인할 뿐 아니라 자신이 객관적 사태의 객관적이고 쉽게 반영할 수 있는 상태에 지나지 않는 것으로 여기는 무생물 영역에서 수행되는 모든 번역 작업도 부정함으로써 재빨리 자신의 주장을 망친다. 이런 과학 전사가 간과하고 있는 점은 단지 인간만이 세균의 실재를 번역하거나 왜곡한다는 것은 아니라는 사실이다. 과학 전사가 우리가 어떻게 생각하든 간에 세균이 존재한다고 말하고 싶다면 그는 개와 우유, 포도주가 어떻게 생각하든 간에 세균이 존재한다고 덧붙여야 한다. 말과 치즈 같은 존재자들은 인간 못지않게 세균을 대면하고, 게다가 그 존재자들도 세균 자체와 전적으로 겹치지는 않는 '제2성질'을 그 세균에 부여할 것이다.

우리가 이해한 대로 과학적 실재론자의 일반적인 접근방식은 사물에 제1성질을 할당하고 인간에 의한 사물의 왜곡에 제2성질을 할당하는 것이다. 라투르의 대조적인 방식은 제1성질과 제2성질의 어떤 차이도 도대체 거부하는 것인데, 그 이유는 라투르가 성질들은 모두 관계들로 구성된다고 여겨서, 더 관념론적 성향을 나타내는 버클리 역시 생각하는 대로, 라투르에게는 모든 성질이 제2성질이기 때문이다. 하지만 세 번째 가능성이 여전히 있다. 말하자면, 우리는 (과학 전사처럼) 제1성질과 제2성질의 구별을 수용하면서도 (라투르 자신이 거부하는 대로) 비인간과 인간에 각각 할당하기를 거부할 수 있다. 오로지 인간과 동물만이 자신이 마주치는 사물에서 제2성질을 생성할 수 있을 이유는 알기 어렵기 때문이다. 양모의 냄새와 색깔이 (인간에게) 제2성질이라면, 양모의 가연성은 (불에) 마찬가지로 제2성질이다. 한 객체는 다른 한 객체가 그저 가볍게 스쳐 지나가는 것이지 완전히 흡수하지는 못하는 것이다. 제2성질을 인간 정신에 독점적으로 위치시킴으로써 인간은 비인간 자연과 부당하게 동일시되는 참된 실재를 왜곡하는 독특한 힘을 부여받는다. 이렇게 하여 무생물 영역에서는 번역의 문제들이 모두 그릇되게 제거된다.

요약하면, 어떤 세균은 그 세균이 존재함으로써 교란되는 행위자들의 사슬에 불과하다고 말할 때 라투르는 무언가를 **정말** 잃어버린다. 그 이유는 관계주의적 행위자 이론이 어떤 사물의 실재를 다른 존재자들이 그 사물을 기입하는 방식들로 정의하는 '검증주의'의 일종이라고 해도 무방하기 때문인데, 여기서 중요한 단서조항은 라투르가 생명 없는 행위자들이 우리에게 작용할 뿐 아니라 서로에게도 작용할 수 있게 허용한다는 점이다. 행위자는 다른 행위자들을 교란하는 덕분에 실재적이라는 라투르의 관점은 실재론의 핵심 원칙들 가운데 하나, 즉 사물은 자신의 접근 가능성 조건을 초월하여 실재적이라는 원칙에서 방향을 바꾼 것이 아니다. 라투르의 위대한 성취는 인간과 세계 사이의 근대적 진동이 모든 계몽의 원천은 아니라고 말하는 것이다. 하지만 라투르는 다음과 같은 대가를 치르는데, 존재자들 사이의 간극은 올바르게도 무한히 증식되지만 그는 사물의 고유한 실재와 그 사물이 다른 사물들에 미치는 영향 사이에 존재하는 차이를 숫제 무시한다. 하지만 이것은 전통적 실재론이 치르는 대가보다 훨씬 더 작은 대가인데, 요컨대 전통적 실재론은 인간과 사물을 엄격히 분리하면서 마음이 마치 어떤 따분한 지방 예술학교에서 학대받는 학생처럼 억지로 모사하는 흐릿하고 독립적인 사태와 '실재'를 동일시하는 모형을 제시한다.

C. 국소적 기회원인론

이제 내가 국소적 기회원인론으로 부르는 견해로 돌아가자. 이 견해는 아마도 라투르의 가장 큰 철학적 성취일 것이고 (내가 이해할 수 있는 한) 형이상학의 긴 역사에서 전례가 없는 주제다. 일반적으로 주류 실재론은 인과관계의 큰 지지자로 여겨지지만, 그것은 인과관계가 어떻게 작동하는지 밝히지 않은 채로 불신자에 맞서 인과관계가 존재함을 단언할 뿐이다. 자연의 인과적 힘은 인과관계를 부인하는 극단적인 신학자들과 인과관계를 의심하는 회의주의자들을 모두 베는 칼로 휘둘러진다. 이슬람 기회원인론은 아베로에스의 반대를 받았고, 흄은 꽤 많은 실재론적 비판자의 반대를 받았다. 하지만 급진적인 비판자에게서 자연적 인과관계가 이런 임시방편적인 방식으로 구조될 때마다 한 가지 중요한 통찰이 상실된다. 그 이유는 기회원인론자와 회의주의자가 공유하는 정말로 번득이는 천재성이 있기 때문인데, 그것은 그들이 기꺼이 어떤 내부적 삶 안에서 사물들을 서로 단절함으로써 후속 설명이 없다면 사물들이 서로 번지게 내버려 두기를 거부하는 데서 비롯된다. 기회원인론 전통과 회의주의 전통 둘 다에서 관계는 관계를 맺고 있는 사물들 바깥에 있는 것이다. 기회원인론자와 회의주의자가 자신의 통찰을 최대한의 극한까지 밀어붙이지 않았다는 사실이 단 하나의 불운한 점인 이유는 두 체계가 모두 더할 나위 없는 위선에 바탕을 두고 있기 때문이다. 기회원인론자의 관점에 따르면, 불이 양모를 태울 수 없더라도 신이 그 일을 할 수 있다. 하지만 불이 양모를 태울 수 없을 때 신이 어떻게 그 일을 할 수 있는지 절대 분명히 규명되지 않으므로 공식적인 경건함이라는 가리개만이 이 뛰어나지만 성의가 없는 견해를 지지할 수 있다. 회의주의자 역시 불과 양모 사이의 연결 관계를 의심한다고 주장하지만, 그들은 항상 관습이나 습관이라는 줏대 없는 형태로 이 존재자들을 이미 연결했다. 결국 흄은 내가 내 마음속에서 불과 양모, 연소를 연결함을 절대 부인하지 않는데, 단지 그는 그것들에 대한 나의 경험 바깥에서 그것들이 자율적인 힘을 반드시 갖추고 있음을 논박할 뿐이다.

인과관계를 부인하는 두 견해의 강점과 약점이 이제 분명해질 것이다. 두 이론의 강점은 그것들이 서로에 대해서 순전히 외재적인 것으로서의 실재들 – 기회원인자론자들의 경우에는 완전한 실체들, 또는 회의주의자들의 경우에는 탈육화된 성질들 – 에 당연한 자율성을 부여한 것에 있다. 무엇이든 어떤 다른 것을 '지향'하거나 어떤 다른 것으로 번지는 것은 아무것도 없다. 모든 것은 자기 자신으로 물러나 있는데, 그 결과 신 아니면 인간의 마음이 모든 교량을 소유하고 작동한다. 두 이론의 약점은 같은데, 요컨대 그것들은 여타의 존재자에게는 잔인하게 강제되는 관계 금지 명령을 자신이 애지중지하는 단일한 존재자가 위반할 수 있게 허용한다. 두 이론은 모두 여타의 행위자를 지배할 수 있도록 인정받은 단일한 행위자의 봉건적 폭정에 아첨한다. 이런 거울상 철학들 사이에서 벌어지는 논쟁이 그저 먼지 쌓인 지엽적인 역사적 문제가 아닌 이유는 그것이 오늘날에도 계속해서 우리를 인도하기 때문이다. 기회원인론자와 회의주의자의 결투는 칸트가 자신의 철학에서 통일했다고 주장하는 이른바 합리론자와 경험론자의 결투로 다시 서술될 수 있다. 데카르트에서 라이프니츠에 이르는 17세기 대륙 사상은 오로지 신(또는 스피노자의 경우처럼 신과 같은 것)을 통해서만 매개되는 실체들의 독립성을 주창한다. 한편, 경험론자는 통일된 실체들을 인간 관찰자의 습관을 통해서 임의로 연결되고 다발로 묶이는 성질들로 대체한다. 신과 실체의 폭정은 합리론자 집단을 괴롭히지만, 마음과 성질의 폭정은 경험론자 집단을 노예로 삼는다. 두 집단은 단결하여 사적인 국소적 행위자를 억압하는데, 이제 그 행위자는 신의 꼭두각시가 아니면 한낱 의식 속의 현상에 불과한 것으로 환원된다. 울타리의 반대쪽을 살펴보면, 직접적인 인과관계에 대한 아리스토텔레스의 신념은 확실히 경탄할 만하지만, 그 신념은 합리론자와 경험론자가 명쾌한 극단주의로 단언하는 사물들의 상호 외재성을 채택하지 않는다. 따라서 그 신념에는 이런 극단주의자들의 통찰이 없다. 칸트는 단지 두 선택지의 가장 나쁜 점들을 혼합할 뿐인데, 요컨대 사물들이 현상 이외의 어떤 지위도 요구하지 않는 한 그것들이 마음속에서 결합하도록 내버려 두면서 상호작용할 수 있는 어떤 권리도 허용하지 않는 채로 실재적인 물자체를 고려한다. 이런 점에서 코페르니쿠스적 입장은 오로지 이쪽 아니면 저쪽을 택하는 적들로 둘러싸인 채로 하나로 말린 기회원인론과 회의주의를 제시하는데, 이를테면 독일관념론은 그런 이원론의 인간 쪽을 자랑스럽게 알릴 뿐이고, 자연주의는 비인간 쪽을 택하지만, 기회원인론 문제를 입문 과정 동안 잠깐 조롱하는 경우를 제외하고는 그것과 결코 정면으로 대처하지 않는다. 이 집단들 가운데 어느 집단도 한 번에 두 가지 일을 행할 수 없는 것처럼 보이는데, 요컨대 어느 집단도 국소적 인과관계를 고려할 방법을 모를 뿐 아니라 사물들의 절대적인 상호 외재성을 고려할 방법도 모른다.

다시 말해서, 기회원인론자와 회의주의자는 개별 사물들

에 관계를 맺을 수 있는 자율적인 힘을 부여하기를 거부한다
는 점에서 생각이 일치한다. 이렇게 하여 그들이 라투르에 대
립하는 것처럼 보이는 이유는 라투르가 관계를 매우 열렬히
옹호하기 때문이다. 그런데 라투르 이전에도 라이프니츠와 화
이트헤드의 경우에서 알 수 있듯이, 사물들을 서로 격리하는
것 그리고 사물들을 관계적인 것으로 만드는 것 사이에는 전
혀 모순이 없다. 라이프니츠의 모나드는 다른 것들의 거울이지
만 오로지 신과 직접 접촉하는 섬 같은 거울이다. 화이트헤드
의 경우에는 현실적 존재자들이 서로 파악하며 심지어 오로
지 관계들로 구성된 이유는 그렇지 않다면 그것들이 한낱 "공
허한 현실태"에 불과할 것이기 때문이다. 그런데도 현실적 존
재자들은 서로 직접 파악하지는 않는데, 파악은 오로지 신 안
에서 발견되는 "영원한 객체"를 거쳐 일어난다. 라투르처럼 화
이트헤드의 경우에도 관계는 어려운 결과이지 쉬운 출발점이
아니다. 여기에서 두 저자가 기회원인론 전통과 밀접하게 연결
된다. 라투르의 경우에 행위자는 자신이 현재 맺고 있는 동맹
들로 정의되지만, 이것이 행위자가 새로운 관계를 맺을 때 아
무 문제도 없음을 뜻하지는 않는다! 이 사실에 대한 가장 명료
한 증거는, 행위자가 미래 상태를 **잠재적으로** 포함하고 있다는
주장에 대한 라투르의 격렬한 거부와 더불어 번역에 대한 그
의 집착에서 항상 발견될 수 있다. 신과 영원한 객체에 호소하
는 덕분에 화이트헤드는 너무나 확고하게 전통적인 기회원인
론 진영 ─ 모든 관계를 매개하는 단일한 존재자에 대한 중요한 위

선을 지닌 진영 ─ 에 위치하게 된다. 라투르는 이전에 신이 수행한 의무를 졸리오와 여타의 행위자에게 부여함으로써 이 함정을 피한다. 더욱이 라투르는 인간의 마음이 관계에 대한 독점권을 갖고 있다는 주장을 거부함으로써 칸트와 경험론자의 궁지도 벗어난다. 인간 행위자들과 비인간 행위자들은 무수히 많은 간극을 가로질러 관계를 맺고, 이런 연결 작업은 항상 일어난다. 연결 작업은 언제나 변함없이 문제가 있는 것으로 어떤 신이나 인간의 마음에 의해 해결되기보다는 국소적으로 해결되어야 한다. 라투르의 경우에 행위자들은 어떤 다른 행위자가 그들이 연결하게 **만들** 때만 연결된다. 이런 상황을 나타내는 데 지금까지 내가 흔히 사용한 용어는 "대리적 인과관계"인데, 이 용어는 비바람에 시달린 신학을 너무나 쉽게 암시하는 "기회적 인과관계"에 대립하는 것이다.[8] 라투르는 인과관계의 바로 그 **특질**과 관련된 문제를 제기한 소수의 사람에 속하지만, 자연주의자는 그 특질을 그저 당연히 여길 뿐이다. 더욱이 라투르는 두 가지 종류의 인과관계, 즉 자연에 대한 인과관계와 인간 영역에 대한 인과관계가 있다는 주장을 거부함으로써 갈릴레오의 구실을 한다. 산이 조개에 미치는 영향은 카이사르가 카토Cato에 미치는 영향이나 미시시피 하와이안 스틸 기타가 델타 블루스에 미치는 영향과 더는 종류가 다르지

---

8. Graham Harman, "On Vicarious Causation", *Collapse*, vol. II, Oxford, Urbanomic, 2007을 보라.

않다. 인과관계에 관한 이론의 핵심은 인간을 원자적인 것이나 분자적인 것으로 환원하는 것이 아니라, 중성자에서 모르도르의 오크 군단에 이르기까지 모든 것을 포괄할 만큼 충분히 넓은 인과관계를 설명하는 것이다.

기회원인론 전통은 초기 이슬람에서 신학적 이유로 처음 발생했다. 쿠란의 어떤 행들은 가장 사소한 사건에도 신이 직접 영향을 미침을 암시하고, 일부 신자들은 폭넓은 결론을 끌어내었다. 그들이 보기에는 창조된 사물에 어떤 인과적 행위 주체성을 부여하는 행위는 그 사물을 소형 창조자로 만드는 것이나 마찬가지일 것이어서 그런 행위는 신성모독적인 결과를 낳는다. 그러므로 신이 일어나는 모든 일에 대해서 직접 책임을 져야 하며, 2 더하기 2를 5로 만들거나 공명정대한 사람을 아무 이유도 없이 지옥에 보내는 것 같은 비논리적인 일과 해로운 일도 할 수 있어야 한다. 원자와 우발적인 사건을 상정하는 아샤리파 형이상학에서 신은 사물에 개입하여 우발적인 사건을 부여하고, 게다가 지속 자체가 그저 다른 한 종류의 우발적인 사건으로 여겨지므로 존재자는 알라가 유지하거나 재창조하지 않는다면 지나가는 순간마다 사라질 것이다. 서양에서는 이런 주제들이 데카르트와 함께 뒤늦게 출현하여서 더 폭넓은 논점은 빠지지만 미묘하게 구별되는 다양한 형식으로 17세기를 지배한다. 창조된 실체들을 각기 다른 두 종류로 나눈 데카르트의 문제는 마음의 사유가 도대체 어떻게 몸의 운동에 영향을 미칠 수 있는가이다. 오직 신만이 그 간극을 연결할 수 있는 것처럼 보인다. 코르드무아와 다른 사람들이 데카르트의 연장 실체를 원자들로 일단 쪼개고 나면 말브랑슈는 신의 손을 몸들 자체가 맺는 관계들로 확장할 수밖에 없다. 한정된 몸-마음 문제가 몸-몸 문제로 바뀐다. 아샤리파 이슬람교도에게 이미 그러했듯이 기회원인은 다시 한번 포괄적인 것이 된다. 브뤼노 라투르에게도 그 문제가 포괄적인 이유는 한원자와 다른 한 원자의 연결 관계가 붉은 군대와 교황의 연결관계와 종류가 다르지 않기 때문이다. 우리가 이해한 대로 라투르는 신이나 인간의 마음에 유일한 관계적 특권을 부여하지않으면서 그 문제를 해결한다. 이렇게 해서 브뤼노 라투르는 **최초의 세속적 기회원인론자**이고, 내가 대리적 인과관계라고 부른 것을 정초하는 철학자다. 어떤 존재자도 이전에 아무 상호작용도 하지 않았었던 다른 존재자들 사이에 연결 관계를 형성할 수 있다. 더욱이 라투르는 국소적 원인이 결과를 초래하지 못할 수도 있음을 인정하는데, 이 상황은 명백한 이유로 신에게는 언제나 부여되지 않았던 인과관계의 흥미롭고 비극적인 측면이다. 졸리오는 정치를 중성자와 연결하는 데 성공할수도 있고, 아니면 푸셰처럼 수치스러운 실패자로 자신의 생을 끝낼 수도 있다. 연결은 언제나 모든 곳에서 나타나지만 성사시키기 쉽지 않다.

다시 한번 회의주의적 전통과 경험론적 전통으로 돌아가자. 흄이 말브랑슈의 찬미자였고 직접적인 인과적 연결 관계에 대한 말브랑슈의 의심을 높이 평가했다는 사실은 잘 알려져 있다. 하지만 흄의 경우에는 여전히 사물들 사이에 연결 관계가 있다. 그 관계는 실체들 사이에서 신이 성사시킨 실재적 연결 관계는 아닐지라도 각기 다른 인상들 또는 성질들 사이에서 인간의 습관이 성사시킨 외관상의 연결 관계다. 인간의 마음은 빵을 영양 공급과 연결하거나 불을 고통과 연결하는데, 사실상 이런 실재들 사이에는 필연적인 연결 관계가 전혀 없지만 말이다. 어떤 사과의 색깔과 질감, 모양, 풍미가 모두 단일한 통일체에 속한다(후설은 사전에 통일된 사과에서 그런 성질들이 나온다고 주장함으로써 이 논점을 뒤집는다)고 상습적으로 가정하는 인간의 습관으로 인해 성질들이 '다발'로 묶이게 된다. 흄은 자신의 모든 회의주의적인 주장에도 불구하고 습관이 그런 연결 관계를 성사시킴을 절대 부인하지 않는데, 당연히 습관은 그런 일을 한다. 흄은 단지 우리가 우리의 지각 바깥에 놓여 있는 자율적인 존재자들, 즉 인간의 습관이 지켜보고 있지 않을 때 독자적으로 연결 관계를 형성할 수 있는 고유 능력을 갖춘 존재자들에 대한 증거를 갖고 있음을 부인할 뿐이다. 흄에게 관습이 뜻하는 바는 기회원인론자에게 신이 뜻하는 바와 마찬가지인데, 말하자면 흄에게는 습관이 각기 다른 실재들 – 흄의 경우에 실체라기보다는 성질로서의 실재들 – 을 연결하는 단 하나의 진정한 매개자다. 라투르와 흄이 서로 의견이 일치하는 점이 충분히 명백한 이유는 둘 다 사물은 자신의 속성과 다르지 않다는 데 동의하기 때문이다. 라투르를 회의주의에서 구해내는 것은 그가 인간이 연결 관계를 성사시킬 수 있는 능력을 유일하게 갖추고 있음을 부인한다는 점이다. 어떤 행위자도 다른 행위자들을 서로 연결할 수 있다. 라투르의 경우에 수많은 기계 부품을 단일한 작업 기계로 연결하거나 많은 원자를 단일한 돌로 연결하는 것은 인간의 습관이 아니다. 오히려 습관은 기계와 돌의 저항을 느낀다.

지금까지 내가 '졸리오'를 행위자 일반을 가리키는 별칭으로 사용한 이유는 행위자들이 모두 졸리오가 한 일을 해야 하기 때문이다. 객체는 연결될 필요가 없었던 사물들을 연결하며, 때로는 연결하는 데 실패한다. 라투르가 제시한 비환원의 원리는 아무것도 무언가 다른 것으로 생래적으로 환원될 수 있는 것도 아니고 생래적으로 환원될 수 없는 것도 아님을 가르쳐 주는데, 요컨대 객체들을 서로 연결하려면 작업이 수행되어야 하고, 게다가 이 작업은 항상 위험이 따른다. 이런 식으로 라투르는 행위자들의 분리를 인정하고 행위자들 사이의 간극이 번역 작업으로 어떻게 연결되는지 보여 주려고 노력한다. 이렇게 해서 라투르는 간극이 국소적으로 연결되는 새로운 기회원인론적 이론을 세우는 철학자가 된다. 기회원인론자와 마찬가지로 라투르는 행위자들이 서로 단절되어 있다고 여기지만, 기회원인론자와 달리 라투르는 국소적 관계가 성사될 수 있다고 생각한다. 머리가 둘인 이 원리를 간과한다면 그냥 라투르를 이해할 수 없을 뿐이다. 행위자는 자신이 맺고 있는 관계들로 정의되지만, 바로 이런 까닭에 행위자들은 그들 자신의 관계적 미시우주 — 어떤 행위자가 유사한 행위자로 대체되기 전 잠깐만 지속하는 미시우주 – 안에서 서로 단절되어 있다. 행위자들의 연결 관계를 복구하거나 유지하려면 매 순간 매개 작업이 수행되어야 한다. 이런 이중적 시각에서 역설이 많이 생겨나지만, 그것들은 그야말로 오늘날 철학의 중심 주제가 될 만한 역설이다. 형이상학의 라투르 학파를 출범시키자.

6장

의문들

　오래된 격언에 따르면 두 종류의 비판자가 있다. 우리가 성공하기를 바라는 비판자와 우리가 실패하기를 바라는 비판자. 두 번째 종류의 비판자와 벌이는 논쟁은 항상 지루하다. 우리가 몸을 돌려 가는 곳이라면 어디에서나 그 비판자는 풍선을 펑 하고 터뜨리고 바닥에 기름을 쏟고 있는데, 이렇게 해서 우리는 자신이 비판적 주장과 마주치게 될 뿐 아니라 목소리와 몸짓을 통해 명백히 드러나는 공격과도 마주치게 됨을 알아챈다. 그런데 자신이 우월하다고 과시하는 그런 몸짓은 승자에게도 대단히 귀중한 것을 전혀 내주지 않은 채로 왠지 언제나 현 상태를 굳히는 듯 보인다. 그것은 타이어에 구멍을 냄으로써 장거리 버스를 '비판하는 것'과 유사한데, 요컨대 아무도 소도시를 떠나지 않고 아무것도 위태롭지 않다. 하지만 정정당당한 태도는 버스가 떠나게 내버려 두기를 요구한다. 우리가 조금도 양해해 주지 않고 아무것도 협조하지 않는다면 우리의 '비판적' 주장은 어떤 입장이든 이미 형성된 당대의 입장들 가운데 한 입장을 승인할 뿐이다. 오늘날의 비판자들은 비판을 옹호할 뿐 아니라, 애초에 절대 존재하지 말았어야 했을 두 조각을 접착함으로써 기만적으로 극복되거나 아니면 긍정되는 지긋지긋한 인간/세계 이원론도 대체로 옹호한다. 어떤 임의의 괴짜가 세계의 만물은 나무나 금속으로 구성되어 있다고 주장한다면, 우리는 이 두 재료가 결코 별개로 존재하지 못하게 막는 어떤 원시적인 '나무-금속'을 옹호하는 것이 아니라 그저 나무로 구성된 것 대 금속으로 구성된 것이 근본적인 균열이 아니라고 주장함으로써 그 괴짜에게 이의를 제기한다. 인간과 세계의 우울한 대립의 경우와 마찬가지로 우울한 화해의 경우에도 같은 깨달음이 일어날 것이다. 브뤼노 라투르는 이 상황을 지금까지 알려진 어떤 저자보다도 더 생생하게 보여준다. 두 유형의 행위자라는 미리 주어진 이원성에서 시작하기보다 무수히 많은 행위자로 시작함으로써 라투르는 철학을 교착 상태의 참호전에서 풍요로운 사물들 자체로 이동시킨다. 지금까지 앞에서 보여주려고 노력한 대로 수많은 획기적인 논점이 이 결단에서 도출된다.

내가 라투르가 실패하기보다 성공하기를 바란다는 사실을 고려하면, 이 책을 라투르의 철학에 대한 '비판'으로 마무리하지 않을 좋은 이유가 있다. 플라톤이나 아우구스티누스, 헤겔 급의 인물에서 오류와 모순을 찾아내는 것은 유치한 놀이다. 지금까지 모든 위대한 철학자는 잊힌 지 오래된 비판자들에게 무수히 논박당했는데, 비판자들은 대부분 잊히지만 이런 사상가들은 계속해서 읽힌다. 아리스토텔레스는, 실체는 다른 시점에 정반대의 성질들을 뒷받침할 수 있을 때에만 실체라고 강조했다. 마찬가지로 철학은 가능한 가장 모순적인 독법들을 제시할 때 가장 실질적인 철학일 것이다. 각각의 철학이 각기 다른 주장들의 목록으로 환원될 수 없는 이유는 명백히 서로 어긋나는 진술들을 발설하지 않는 철학자(또는 적어도 훌륭한 철학자)가 전혀 없기 때문이다. 철학은 일관성 있는 진술들의 목록이라기보다 실체나 인격체와 비슷하고, 이런 까닭에 철학은 일련의 참된 발언과 거짓된 발언이 아니라 전기 형식으로 제시될 필요가 있다.

비판의 실제 목적이 사물을 더 실재적인 것으로 만드는 것임에도 비판은 사물을 덜 실재적인 것으로 만든다고 라투르는 종종 지적한다. 인간 계몽의 드라마는 속기 쉬운 믿음이 제거되고 세계에 대한 비판적 거리가 멀어지는 장면으로 흔히 묘사된다. 하지만 더 멀리 떨어져 있고 접근하기 더 어려운 존재자들을 인간들이 오늘날보다 더 믿었던 적은 결코 없다. 옛날에는 지금보다 천사와 징조와 성인이 더 많이 있었을 것이지만, 그 대신에 지금은 훨씬 더 기묘한 모습을 갖춘 것들, 이를테면 퀘이사, 블랙홀, 중성자, 공룡, 대륙 이동, 네안데르탈인, 오르트 성운, 무의식적인 힘이 우리 이웃으로 존재한다. 최근 철학은 이런 과학적 존재자들의 연회에 어울린 적이 없었고, 기묘하게도 '절약'이라는 이름으로 모든 주장을 분해하고 모든 존재자를 폭파할수록 철학이 더욱더 과학처럼 된다고 생각한다. 훌륭한 대중 과학서를 읽은 다음에 브뤼노 라투르의 글과 주류 분석철학의 글을 읽어보면, 과학자들에 대하여 더 많은 것을 환기하는 사람은 라투르라는 사실을 깨달을 것이다.

우리는 철학의 결점으로 여기는 것들을 구실로 삼아 철학을 넘어뜨리고 두들겨 패서 결국 자신이 시작할 때와 마찬가지로 다양하고 평범한 편견으로 끝나고야 말 것이 아니라 오히려 철학자에게 더 활발히 개입할 수단을 찾아내야 한다. 내가 제안하는 방법은 경건하게 과대평가되는 '비판적 사유'를 좀처럼 사용되지 않는 **과장법적**hyperbolic 사유로 대체하는 것이다. 적어도 나는 전혀 뜻밖의 약점이 있는 책을 읽을 때에만 불합리한 추론과 논리적 오류에 주의를 기울이게 된다. 우리 마음을 가장 크게 흔드는 책은 오류가 가장 적은 책이 아니라 지도의 알려지지 않은 부분을 가장 밝게 비추는 책이다. 어떤 저자가 우리 관심을 끈다면 어떤 경우에도 우리는 마치 자신이 그에게 속아 넘어가지 않게 되기만을 바라는 것처럼 "여기서 그의 오류는 어디에 있는가?"라고 묻지 말아야 한다. 오히려 이렇게 물어야 한다. "이 책, 이 사상가가 당대에 가장 중요하다면 어쩔 것인가? 상황이 어떻게 바뀌어야 하는가? 더욱이 어떤 방식으로 우리는 해방되었다는 기분을 느낄 뿐 아니라 구속되었다는 기분도 느낄 것인가?" 그런 물음들은 지적 작업에 대한 적절한 평가의 척도를 회복시키는데, 그 척도에 따르면 현재 타당하고 신중한 것들의 경계 안에 여전히 남아 있는 출세 제일주의의 협잡꾼은 강등되고 새로운 세계를 드러내는 도박꾼은 승진한다. 니체는 동료 평가를 거친 평범한 논문보다 '오류'를 훨씬 더 많이 저지르는데, 이렇다고 해서 지적인 성인이 밤을 새워가며 니체 읽기를 그만두지는 않는다. 하지만 평범한 논문은 절대 오지 않는 날에 읽으려고 한쪽에 던져 놓는다.

과장법적 방법을 실천하는 한 가지 명백한 방식이 있다. 말하자면, 주어진 저자가 누구든 그를 가장 강한 처지에 있게 함으로써 시작해야 한다. 이 작업은 상상력을 발휘함으로써 가장 잘 수행된다. 라투르의 형이상학이 언젠가 절대적 승리를 거둔다고 상상하자. 그는 현재 주류 철학의 주변부에 자리 잡고 있지만, 마침내 운이 뜻밖에 반전되는 축복을 받게 된다. 라투르는 다양한 승리와 우발적인 행운의 사건을 겪은 다음에 철학계에서 완전한 헤게모니를 거머쥔다. 수 세대의 젊은 사상가들이 라투르의 형이상학을 전폭적으로 채택함에 따라 분석 학파와 대륙 학파는 기억에서 사라진다. 2050년에 전 세계 학생들은 『비환원』의 격언들을 주입받고 반대자들은 하찮은 존재가 되어 빠르게 시야에서 사라진다. 파리와 옥스퍼드, 보스턴, 도쿄에서 편집자들이 대가의 글이 나타내는 정확한 뜻을 두고 논란을 벌이는 이유는 이제 이전의 철학적 수수께끼들이 대부분 해결되어 버린 것처럼 보이기 때문이다. 전쟁 중인 라투르주의 학파들과 소수의 금지된 이설異說이 여전히 발견되지만, 라투르가 수행한 작업의 기본 원리들을 의문시하는 사람은 아무도 없다. 이 세계가 어떤 모습일지 어느 정도는 상상할 수 있다. 새로운 경험적 정신이 철학에 만연하여서 형이상학을 수행하는 모든 사람은 이제 '실험 형이상학'을 수행하고 있는데, 이를테면 실제 화산, 살구나무, 열차를 직접 연구함으로써 자신의 범주들을 전개한다. 오래된 인간과 세계의 근대적 분리는 이제 갈릴레오 이전의 자연학만큼이나 심하게 조롱받는 화석이기에 수십 년 동안 발간된, 칸트의 영향을 드러내는 분석철학 및 대륙철학의 출판물들은 비극적인 종이낭비처럼 보인다. 원로 사회구성주의자들과 백발의 유물론자들은 연단에서 야유를 받으며 은퇴를 종용받는 괴롭힘을 당하는데, 그들은 떠나면서 브뤼노 라투르라는 이름을 저주하는 악담을 퍼붓는다. 과학전쟁도 라투르에게 기막히게 즐거운 승리를 안긴 채로 끝나버렸는데, 이제 새로운 유형의 물리학자들이 그의 영웅적 위업에 경의를 표한다. '블랙박스'는 이제 모든 철학 사전의 주요 항목이고 '실체'는 사라진 지난날의 기억이다. 라투르의 출현을 염두에 두고서 근대 철학의 역사 전체가 다시 쓰인다. 적어도 내게는 그런 상상이 유쾌한 백일몽인데, 요컨대 학생 시절에 내가 겪은 데리다적 폭정과는 전혀 다른 경험이다. 하지만 우리 세계에는 에덴동산이 존재하지 않는다. 모든 독단의 폭력을 동원하여 라투르적 형이상학을 강요한다면 그를 대단히 찬양하는 사람도 의혹을 느낄 것이다. 나는 라투르가 엄격한 정통의 인물이 되어버린 2050년에 대하여 생각할 때 내가 행복한 기분과 불행한 기분 둘 다를 느낄 다양한 방식을 상상하고자 노력한다. 이런 지적 세계에서는 무엇이 빠져 있을까? 내가 그런 상대적인 낙원에서 무언가에 반항한다면 그것은 무엇일까?

내 경우에는 아마도 다섯 가지 논점이 그런 세계에서 빠져 있을 것이고, 나는 라투르의 성채에서 추방되는 대가를 치르고서라도 그 논점들에 대하여 기꺼이 논쟁할 것이다. 첫째, 존재자에 대한 관계주의적 모형에서 유발되는 문제들이 있다. 둘째, 사물을 자신의 성질들과 동일시하는 것은 추가적 문제들이 있는 것으로 여겨질 것이다. 셋째, 유물론은 치명적인 부상을 당했지만, 여전히 마지막 은신처가 있다. 넷째, 행위자들 사이의 번역에 대하여 아직 해결되지 않은 쟁점들이 있다. 그리고 다섯째, 우주론의 여러 쟁점이 전개되지 않은 채로 한쪽에 치워져 있다. 이 장에서는 이런 의문들을 각각 간략히 고찰할 것인데, 여기서 배경이 되는 2050년의 상황은 라투르주의 학파의 참담한 지배를 받고 있는 것처럼 절망적으로 묘사할 것이다.

A. 관계주의와 상관주의

2006년 초에 퀑탱 메이야수는 『유한성 이후』라는 뛰어난 책을 출판했다.[1] 메이야수는 '형이상학'이라는 낱말을 부정적

---

1. Quentin Meillassoux, *Après la finitude*, Paris, Éditions du Seuil, 2006. 이 책은 최근에 *After Finitude*라는 제목으로 영어 번역본이 출간되었지만, 이 장에서 인용되는 구절들은 필자가 프랑스어 원본을 참조하여 영어로 옮

인 용어로 사용했지만, 그의 사변 철학은 여전히 이 책에서 옹호되는 대로의 형이상학에 대한 좋은 본보기다. 인간이 세계에 접근하는 통로가 막힌 상황을 두고 메이야수는 그저 두 손을 비벼 대는 대신에 오로지 이성을 사용하여 각기 다른 여러 결론— 세계의 독립적인 실재성, 제1성질과 제2성질의 구별, 비모순율의 필연적 진리성, 자연 법칙의 필연적 우연성— 에 이른다. 인간중심적 철학의 길고 추운 겨울이 지난 후에는 파랑새가 다시 노래한다! 하지만 여기서 내가 메이야수의 책을 인용하는 이유는 그의 중요한 비판 때문인데, 비판을 받아 마땅한 대상은 그가 '상관주의'라고 일컫는 일반적인 신조다. 상관주의자의 주장에 따르면, 우리는 세계 없는 인간을 생각할 수 없고 인간 없는 세계도 생각할 수 없으며, 오로지 그 둘 사이의 원초적 상관관계나 교감을 생각할 수 있을 뿐이다. 상관주의자의 경우에, **자체적으로** 인간보다 앞서 존재한 세계에 관해서는 말할 수 없고 인간에 대해서 인간보다 앞서 존재하는 세계에 관해서만 말할 수 있을 뿐이다. 빅뱅은 인간보다 앞서는 선조적 실재가 아니라 우리에 대해서 저절로 일어났을 뿐인데, 여기서 '우리에 대해서'라는 어구는 메를로-퐁티가 공개적으로 승인했고 많은 다른 사람이 옹호했다. 현재 대부분의 철학이 이런 상관주의적 술수로 실재론을 얼버무려 넘기는데, 그 술수는 유명해지자 곧 우리 눈앞에서 용해되기 시작한다.

겄다. [퀭탱 메이야수, 『유한성 이후』, 정지은 옮김, 도서출판b, 2010.]

여러 가지 점에서 메이야수의 책은 대단히 비라투르주의적인 산물이다. 과학에 대한 메이야수의 논의는, 라투르가 자신의 방법을 스스로 특징짓는 것과는 달리, 매개자에 전혀 호소하지 않고 실제적인 과학적 실천에 전혀 주의를 기울이지 않는다. 라투르가 제1성질과 제2성질의 구별을 결코 수용할 수 없는 특별한 이유는 메이야수가 제1성질은 수학으로 표현될 수 있는 것으로 생각하기 때문이다.[2] 하지만 흥미로운 의문은 라투르가 상관주의자로 서술될 수 있느냐는 것이다. 2007년 2월에 라투르는 메이야수의 책을 논의하려고 너그럽게도 파리에서 살롱을 열었다. 이 행사의 진행 상황이 대단히 궁금했던 나는 자유롭게 주요 인사들을 만났는데, 그들은 한결같이 그날 밤에 대하여 훈훈하게 설명했다. 라투르가 장난삼아 말한 자기 비난성 농담에 대해서 메이야수가 들려준 이야기가 특히 흥미로웠다. 라투르는 다과 탁자 위에 다음과 같이 적혀 있는 알림 막을 설치했었다. "상관주의자 집에 오신 것을 환영합니다!"[3] 그 농담의 진의가 아무리 진지하지 않았더라도 라투르가 실제로 상관주의자인지에 대한 의문은 여전히 남는다. 대체로 지금까지 나는 실재론이라는 외투에 대한 라투르의 권리

---

2. [옮긴이] 제1성질이 수학으로 표현될 수 있다는 것은 제1성질이 무매개적인 것임을 뜻한다. 그런데 라투르의 경우에 무매개적인 것은 전혀 없기에 메이야수의 생각을 절대 수용할 수 없다.

3. Quentin Meillassoux, Personal Communication, Electronic mail to Graham Harman of 21 February, 2007, trans. Graham Harman.

주장을 옹호했다. 하지만 메이야수의 책에서 상관주의자가 실재론자일 수 있다는 점이 부정되는 이유는 영구적인 인간-세계 상관물이 그런 관계에서 헤어날 어떤 실재에도 도움이 되지 않기 때문이다.

라투르가 분명히 매우 상관주의적이었던 순간을 검토함으로써 시작하자. 세균이 파스퇴르보다 앞서 존재하였느냐는 문제를 다루면서 라투르가 내린 결론은 다음과 같았다. "1864년 이후에 줄곧 공기로 전염되는 세균이 존재하였다"(PH, 173). 다시 말해서, 세균은 엄밀한 의미에서 파스퇴르보다 앞서 존재하였던 것이 아니라, 오로지 **파스퇴르**에 대해서 그리고 그의 전통에 몸담은 사람들에 대해서 파스퇴르보다 앞서 존재하였다. 과거 사건은 독자적으로 줄곧 존재했었던 것이 아니라 소급하여 산출된다. 그런데 이것이 바로 메이야수의 1장이 공격하는 그런 종류의 진술이다. 메이야수는 "사건 x는 인간보다 여러 해 앞서 일어난다 — 인간에 대해서"[4]라고 말하는 상관주의자 단체를 상상한다. 그들은 "소여보다 앞서는 존재자의 소여"[5]가 있을 수 있다는 것은 터무니없는 일이라고 알아챌 것이어서 "존재자는 소여보다 앞서는 것이 아니라 소여보다 앞서는 것으로 **주어진다**"[6]라는 결론을 내릴 것이다. 그렇다면 상관주의자에게는 어떤 과거 순간도 이전에 독립적으로 존재한 사태라

4. Meillassoux, *Après la finitude*, p. 30. [메이야수, 『유한성 이후』]
5. 같은 책, p. 32 [같은 책], 강조가 제거됨.
6. 같은 책, p. 32. [같은 책]

기보다는 오히려 소급적인 산물이다. 더욱이 메이야수는 이런 태도가 과학적 진술이 나타내는 문자 그대로의 의미를 파괴한다고 주장한다. 사실상 메이야수는 라투르가 오히려 소칼이나 와인버그에게 쉽게 들을 한 가지 물음을 제기하면서 끝맺는다. "상관주의자에게 다음과 같은 물음을 제기하기만 하면 된다. 그런데 45억 6천만 년 전에 무슨 일이 일어났습니까? 지구가 형성되었습니까, 아닙니까?"[7] 메이야수에게 대답은 라투르가 자격을 부여한 예/아니요 혼성물이 아니라, 예 또는 아니요 둘 중 하나여야 한다. 상관주의에서 헤어나는 유일한 대답은 다음과 같을 것이다. "예, 지구는 45억 6천만 년 전에 형성되었습니다… 우리가 어떻게 생각하든 간에 말입니다." 이 순간 당퇴가에 있는 라투르의 아파트는 영락없는 상관주의자의 집이다.

그렇지만 그 이야기에는 잊지 말아야 할 한 가지 다른 측면이 있다. 상관주의가 유물론도 아니고 절대적 관념론도 아닌 이유는 그것이 애초에 인간과 세계를 접착제로 함께 붙여서 어느 쪽에도 우선권을 부여하지 않기 때문이다. 하지만 접착제는 라투르가 인간/세계 분열을 끝내기 위해 선호하는 물질이 아니라는 것이 종종 목격되었다. 말하자면, 라투르는 인간과 세계가 '떼려야 뗄 수 없게 연결되'어 있어서 분리될 수 없다고 말하는 것이 아니라 오히려 그런 두 가지 영역에 대해서는 절대 언급하지 말아야 한다고 말한다. 대부분의 행위자는

---

7. 같은 책, p. 34. [같은 책.]

매우 많은 인간 요소와 비인간 요소로 구성되어 있어서 행위자들을 이 왕국 아니면 저 왕국에 배치하는 것은 터무니없는 일일 것이다. 다시 말해서, 철학에서 라투르가 취하는 첫 번째 조치는 상관주의가 결합하고 싶어 하는 바로 그 두 항을 일축하는 것이다. 라투르는 고체/액체 상관물이나 짐승과 새의 원초적 관계를 옹호하지 않는 것과 마찬가지로 인간/세계 상관물도 옹호하지 않는다. 상관주의자는 인간과 세계가 항상 연결되어 있다고 생각하고, 게다가 그런 연결 관계와는 별도로 자체적으로 존재하는 것은 아무것도 없다고 생각하는데, 이것들은 각기 다른 두 가지 혐의다(메이야수는 그 두 주장을 분리하지 않지만 내 생각으로는 분리했어야 했다). 첫 번째 혐의에 대해서 라투르는 인간과 세계가 세상의 두 가지 특권적인 영역이라는 점을 부정함으로써 반농조로 자신에게 적용한 '상관주의자'라는 꼬리표에서 구제될 것이다. 조만간 나는, 1864년에 대한 라투르의 상관주의적 독법은 그의 사상을 이루는 핵심 요소가 아니라 과도한 것일 뿐이라고 주장할 것이다. 두 번째 혐의에 대해서 라투르는 행위자들 사이에 맺어진 모든 연결 관계의 바깥에 있는 독립적인 사태를 정말 부정한다. 하지만 라투르는 인간이 그런 연결 관계에 대한 목격자이어야 한다고 절대 말하지 않고, 게다가 이따금 인간이 그럴 필요가 없다고 명시적으로 표명한다는 사실을 기억하자. 그러므로 라투르에 대한 혐의는 '상관주의'에서 '관계주의'로 격하되어야 하는데, 관계주의는 그것이 처벌 대상에서 완전히 제외되기를 바라는 사람들이 있는 경범죄다(나 자신은 여전히 강경한 재판관이지만 말이다). 다시 말해서, 라투르가 견지하는 어떤 행위자와 자신의 동맹자들 사이의 원초적인 상관관계는 인간과 세계 사이의 상관관계와 같은 것이 아니다. 라투르의 식탁 위에 놓인 더 정확한 표지판에는 이렇게 적혀 있을 것이다. "관계주의자의 집에 오신 것을 환영합니다!"

그 쟁점을 계속해서 고찰하자. 상관주의자에게는 원초적인 관계 외에 어떤 독립적인 사태도 존재하지 않을 뿐 아니라 또한 인간 관찰자가 이 관계의 두 가지 구성 요소 가운데 하나이어야 한다. 하지만 하이데거의 사례는 인간과 세계의 관계에서 세계가 전적으로 드러난다고 믿지 않으면서도 인간과 세계가 항상 연결되어 있다고 믿을 수 있음을 보여준다. 더욱이 화이트헤드의 사례는 상관주의자가 아니면서도 관계주의자가 될 수 있는 방식을 보여준다. 칸트의 코페르니쿠스적 전환에 맞서는 의기양양한 반란자 화이트헤드에게 인간은 결코 아무 특권도 없어서 인간과 자신이 보는 것 사이의 관계와 마찬가지 방식으로 우박과 콜타르 사이의 관계에 대하여 언급할 수 있다. 『비환원』에서 라투르는 비인간 사물들 사이에서도 번역이 일어난다고 말하면서 그 작업을 관찰하는 인간이 그곳에 있어야 한다는 단서를 덧붙이지 않았다. 이런 까닭에 현대 사상가들 대다수의 경우와 달리 라투르 물리학은 가능한데, 요컨대 라투르가 행위자들에 포괄적으로 집중하는 덕분에 인간의 번역을 서술하는 데 사용되는 것과 같은 일단의 규칙을 사용하여 생명 없는 물체들도 다룰 수 있게 된다. 라투르의 저작들이 과학적 실천에 압도적으로 집중하여서 인간이 전혀 개입하지 않은 네트워크에 대해서는 대단히 희미한 암시만 제시한다는 주장은 사실이다. 이처럼 무생물 영역을 강조하지 않는다고 해서 누군가가 인간/세계 상관주의자가 되기에는 충분하지 않는데, 특히 그 사람이 자신의 경력을 다음과 같이 말하며 시작했을 때 그렇다. "오랫동안 이 텍스트와 저 텍스트 사이의 관계는 항상 해석의 문제라는 점에 대하여 의견이 일치했다. 이런 상황이 이른바 텍스트와 이른바 객체 사이에서도 마찬가지고, 게다가 심지어 이른바 객체들 자체 사이에서도 마찬가지임을 수용하는 게 어떤가?"(PF, 166, 강조가 첨가됨). 모든 유형의 객체들 사이에서 일어나는 이런 상호 번역은 모든 형태의 상관주의적 철학에 낯선 것이다.

라투르는 상관주의자의 집에 살고 있지는 않더라도, 그에게는 상관주의적 순간들이 있다. 1864년의 세균 사례는 세균이 과거에 소급하여 존재하기 시작할 수 있기 전에 인간이 세균에 관하여 알게 되어야 했음을 요구하는 것처럼 보인다. 이 주장이 어떤 실재론자도 격분하게 할 이유는 그것이 어떤 세계가 그 세계에 대한 인간의 지각과 별도로 존재함을 부정하는 것처럼 보이기 때문이다. 하지만 이미 주장한 대로 이 상황은 라투르적 입장의 주요 특징이 아니라 과도한 것일 뿐이라고 여겨야 한다. 그 이유는 라투르가 그런 시간 이론을 피할 수 있었을 뿐 아니라 행위자에 대한 그의 일반적 견해를 고려하면 심지어 그 이론을 **피해야 했었기** 때문이다. 라투르의 주요 논점은 실재는 **명제들로** 구성되어 있다는 것인데, 여기서 명제라는 용어의 의미는 화이트헤드가 정의한 대로 의식이 있는 인간들의 언어적 진술이 아니라 두 사물이 언제나 더 완전하게 서로 부각하는 상호 관계로 규정된다. 파스퇴르는 미심쩍은 회색 물질과 암시적인 다양한 증상에서 세균을 부각하는데, 결과적으로 세균은 파스퇴르를 천재이자 국가 영웅으로 부각한다. 파스퇴르와 세균은 서로가 필요하다. 라투르의 진술은 "1864년 이후에 줄곧 세균이 존재하였다"라는 것으로 한정되어 있지만, 확실히 그는 "1864년 이후에 줄곧 파스퇴르가 세균의 발견자였다"라는 대체 판본을 기꺼이 추가할 것이다. 이 현상은 독자가 전기의 앞 장을 읽을 때, 이를테면 파스퇴르나 헤겔, 예카테리나 대제, 맥스웰이 나중에 성취한 업적을 이미 염두에 두고서 그들의 어린 시절을 읽을 때 나타나는 친숙한 것이다. 두 살의 맥스웰과 관련하여 분명히 전자기적인 것은 아무것도 없었고 방금 태어난 헤겔과 관련하여 명백히 철학적인 것은 아무것도 없었지만, 그들의 초기 삶과 심지어 그들의 조상도 미래의 획기적인 업적에서 소급되는 후광을 띠는 경향이 있다. 마찬가지 이유로 1492년에는 세균과 관련하여 세균적인 것이 아무것도 없는 것이 당연한 일인 듯 보이는 이유는 나중에 세균의 정체를 알려주는 모든 동맹이 빠져 있기 때문이다.

문제는 명제의 양쪽이 비대칭적으로 다루어진다는 점이다. "1864년 이후에 줄곧 세균이 존재하였다"라는 첫 번째 진술이 있고 "1864년 이후에 줄곧 파스퇴르가 세균의 발견자였다"라는 두 번째 진술이 있다. 두 번째 진술이 실재론에 아무 위협도 되지 않는 이유는 그 진술이 나중에 일어난 전기적 사건들을 과거로 역투사하는 인간의 잘 알려진 성향을 부드럽게 보여줄 뿐이기 때문임을 인식하자. 그 진술은 파스퇴르가 스스로 세균을 상대하기에 앞서 존재하고 있던 어떤 잠재적인 재능을 갖추고 있었다는 점을 인정하지 않을 뿐이다. 이 점에 대해서도 나는 개인적으로 동의하지 않을 것이지만, 그 논점은 대단히 논란이 많은 화제가 아니고, 게다가 라투르가 평생 수행한 작업은 그 논점을 강화하는 데 크게 이바지했다. 행위자들은 서로 공共생산하는데, 이를테면 파스퇴르와 세균은 서로가 필요하다. 그런대로 공정하다. 진정한 논란은 파스퇴르가 어떤 객체를 발견함으로써 그 객체를 무에서 창조했음을 뜻하는 것처럼 보이는 첫 번째 진술에서 비롯된다. 라투르는 파스퇴르가 1850년에 이미 살아 있었음을 절대 부인하지 않지만, 그 시점에 세균이 존재하였음은 부인하는 것처럼 보인다. 그는 절대 "1864년 후에 파스퇴르가 1850년에 존재하였다"라고 말하지 않고, "1864년 후에 세균이 1850년에 존재하였다"라고 말한다. 비대칭성이 명백하다.

그리고 여기에 과도한 측면이 있다. 파스퇴르와 세균이 서로 부각한다는 점은 널리 인정받을 것인데, 이 착상은 설득력이 없다고 이의를 제기한 사람들이 있었지만 말이다. 이 존재자들에게는 자신이 다른 사물들과 맺고 있는 관계들의 전체

집합에 속하지 않는 것은 아무것도 없다는 점도 많은 사람이 (나와는 달리) 인정할 것이다. 인정받지 말아야 하는 것은 1864년 전에 존재할 권리를 파스퇴르가 세균보다 더 많이 지니고 있다는 점이다. 가능한 한 혼란을 피하고자 '파스퇴르'와 '세균'을 단지 1864년에 존재하기 시작한 행위자들로 언급하자. 그렇다면 우리는 발견이 이루어지기 이전의 파스퇴르를 가리키는 데 '전前파스퇴르'라는 이름을 사용할 수 있고, 그가 명백히 발견한 그 존재자를 가리키는 데 '전前세균'이라는 이름을 사용할 수 있다. 우리는 '전前파스퇴르'가 1850년대 내내 살아 있었음을 아는데, 달리 주장하는 것은 미친 짓일 것이다. 그런데 '전세균'의 경우에는 어떤가? 그것은 1864년 전에 존재했는가, 아닌가? 존재했다고 대답해야 한다. 무언가가 포도주 부패시키기, 우유 발효시키기, 양과 아이 죽이기라는 다양한 행위를 실행하고 있었다. 현대 생물학에 의한 급격한 수정을 제외한다면 전세균이 바로 그것이었다. 라투르의 행위자 이론은 세균, 우유, 포도주 같은 비인간 객체들 사이에서도 번역 작업이 일어날 수 있게 한다는 사실을 고려하면, 라투르가 그것들의 관계를 파스퇴르의 존재와 별도로 서술하지 않는 것은 불행한 일이다.

그러나 사실상 라투르가 나름대로 사용한 '명제'의 화이트헤드적 용법은 행위자들이 서로 연결되기 전에 존재함을 요구한다. 그렇지 않다면 어느 쪽도 부각할 것이 전혀 없을 것이다. 라투르는 파스퇴르가 세균을 부각하는 행위와 세균이 호혜적으로 파스퇴르를 부각하는 행위뿐 아니라 세균이 우유 및 인체와 맺고 있는 상호 관계 – 세균이 의학적 지식과 맺고 있는 관계보다 오래전에 형성된 관계 – 도 강조했어야 했다. 이렇게 하지 않으면 곧장 상관주의에 이르게 되는데, 요컨대 상관주의는 존재하는 모든 것에는 인간이 하나의 구성 요소로 들어 있음을 요구한다. 하지만 이런 실패는 라투르가 수행한 작업의 핵심에 놓여 있는 전략적 결점이라기보다는 전술적 과잉에서 비롯된다. 결국 라투르의 철학은 동맹을 구성하는 두 요소가 인간과 세계가 아니라 무엇이든 간에 두 행위자일 것을 요구한다. 나는 라투르가 행위자는 자신의 성질들과 효과들의 총합과 다르지 않다는 견해로 인해 이 위험한 다리를 건너갔다는 의구심이 든다. 이전에는 모호한 회색 물질을 돼지의 죽음 및 우유의 응고와 연합한 사람이 아무도 없었으므로 파스퇴르는 그것들을 연결하는 졸리오가 되고, 게다가 이런 까닭에 그는 세균의 발견자라기보다 오히려 발명자인 것처럼 보일 것이다. 하지만 이런 일은 있을 수 없다. 세균 자체가 이미 작은 졸리오로 인간이 알기 전에 자신의 다양한 '동맹자'를 잘 연결했다. 파스퇴르는 그 세균을 새로운 일단의 동맹자, 이를테면 실험실 책임자, 위생 활동, 의학 저널, 프랑스, 다양한 영예와 보상 등과 연결했을 뿐이다. 감염과 발효는 인간의 지식으로 아직 연결되지 않았더라도 이미 세균 자체를 통해서 연결되었다.

이런 까닭에 라투르는, 파스퇴르가 무명의 평범한 전前파스퇴르로 삶을 지속하려면 세균이 필요하다고 말할 필요가 없는 것과 마찬가지로 전前세균이 존재하려면 파스퇴르가 필요하다고 말할 필요가 없다. 하지만 이와는 대조적으로 세균 (또는 전前세균)이 결코 아무것에도 영향을 미치고 있지 않다면 그것은 존재할 수 없다는 논점은 **중요한** 라투르적 주제다. 세균이 포도주나 우유, 주변 공기, 동물의 몸, 개울의 진흙 등 여타의 것에 아무 변화도 일으키지 않고 있다면 라투르는 그 세균이 존재함을 전적으로 부정할 것이다. 이 견해가 내가 라투르의 **관계주의**라고 부른 것인데, 파스퇴르와 세균은 자신이 미치고 있는 효과들의 총합으로 정의되는 것이지 자율적인 숨은 본질로 정의되지 않는다. 예컨대 하이데거에게서 발견되는 꽤 다른 **상관주의적** 견해에 따르면, 세균이 인간 현존재가 그것을 드러내고 나서야 존재하게 되는 이유는 인간이 그림에서 빠지게 된다면 어떤 실재도 타당하지 않기 때문이다. 우주에서 인간들이 모두 사라져 버렸다고 가정한다면 우리는 이 상황을 서술하는 하이데거의 철학을 상상할 수 없다. 그렇지만 인류의 보잘것없게도 짧은 생애의 전후에 주변 이웃들과 상호작용하고 있는 항성 구름과 블랙홀에 대한 라투르적 설명은 확실히 전개할 수 있을 것이다. 라투르는 본질적으로 관계주의자이고, 단지 이따금 상관주의자일 뿐이다. 여기서 내 목적은 어떤 미래의 메이야수적 비판자에게서 라투르를 옹호하는 것이 아니라, 그가 상관주의자의 인간-세계 관계를 폭파한 사실에 대하여 적절한 영예를 얻기를 보증하는 것일 뿐이다. 상관주의의 지배에서 벗어나는 데에는 무언가가 상관물보다 앞서 존재해야 한다고 추론하는 것만으로 충분하지 않다. 이 '무언가'의 부분들이 상호작용하는 방식도 서술해야 한다. 라투르가 개진하는 행위자들의 민주주의는 관계들에 대한 부당한 독점권 — 일찍이 신이나 인간의 마음에 부여된 지배권만큼이나 협소한 권리 — 을 인간에게서 박탈하는 데 동원되는, 내가 아는 한, 최선의 수단이다. 단지 인간과 세계 사이의 관계가 아니라 무엇이든 간에 어떤 두 행위자 사이의 관계가 제기하는 문제가 있다.

상관주의 문제가 처리되었으므로 이제 쟁점은 관계주의 자체다. 라투르가 행위자를 그것이 맺고 있는 관계들로 정의한다는 것은 의심의 여지가 없다. 『판도라의 희망』에서 읽게 되듯이, 객체는 자신이 수정하거나 변형하거나 교란하거나 창조하는 것에 지나지 않는다. 라투르에게는 '더 이상의 것', 즉 행위자의 명시적인 행위 아래에 공공연히 드러나지 않은 채로 있는 잠재적인 실체가 존재하지 않는다. 행위자는 어떤 순간에도 완전히 현실화하면서 현재 자신이 맺고 있는 동맹들의 도식에 아무 유보도 없이 기입된다. 이 신조를 가리키는 데 때때로 사용되는 용어는 '현실주의'이고, 게다가 일부 저자들은 그 용어가 불쾌함을 깨닫는다. 현실주의라는 유령은 로이 바스카[8]로 하여금 존재자들에서 그것들이 준수해야 하는 법칙

---

8. Roy Bhaskar, *A Realist Theory of Science*, London, Continuum, 2006을 보라.

들로 옮겨 가도록 몰아가고, 마누엘 데란다[9]가 존재자들에서 그것들이 전개되는 위상학적 공간으로 옮겨 가도록 몰아간다. 이와는 대조적으로 라투르는 현실주의에 대한 최대의 헌신을 보여준다. 화이트헤드의 존재론적 원리는 우리가 무언가를 설명할 때 구체적 존재자들을 넘어설 수 있음을 부정하고, 게다가 라투르는 화이트헤드 프로그램의 이 요소를 절대 벗어나지 않는다.

행위자에 대한 현실주의적 관점이 아리스토텔레스가 매우 집요하고 유창하게 비판한 고대 메가라학파 사람들을 연상시킨다는 것은 이미 살펴보았다. 메가라학파 사람들은 사물은 어떤 은밀한 내실도 따로 숨겨져 있지 않은 바로 그런 것일 뿐이라고 여긴다. 아리스토텔레스가 언급하는 대로 이런 견해에는 당연히 사물은 잠재적인 것이 전혀 없다는 점이 수반될 것이고, 사물은 누군가가 접촉하거나 맛보지 않는다면 뜨겁거나 달지 않다는 점도 수반될 것이다. 라투르는 이런 함의들을 기쁘게 수용할 것인데, 요컨대 그는 행위자가 그것이 다른 사물들과 맺고 있는 관계와 단절된 제1성질을 갖추고 있음을 부정할 뿐 아니라 행위자의 잠재태도 흔쾌히 부정한다. 라투르는, 메가라학파 학설에 따르면 앉아 있는 사람은 일어설 수 있는 잠재력이 없으므로 결코 일어설 수 없을 것이라는 아리스토텔

---

9. Manuel DeLanda, *Intensive Science and Virtual Philosophy*, London, Continuum, 2002 [마누엘 데란다, 『강도의 과학과 잠재성의 철학』, 김영범·이정우 옮김, 그린비, 2009]을 보라.

레스의 불평도 일축할 것이다. 라투르의 경우에 사람은 내부에 저장된 잠재력에 의지하여 일어서는 것이 아니라 일련의 매개 작용 ― 신경 흥분이 근육을 움직이는 작용과 그다음에 근육이 몸의 하중을 탄력이 없는 딱딱한 바닥으로 옮기는 작용 ― 을 거쳐 일어선다. 우리 몸의 가장 단순한 움직임에도 수많은 동맹자가 작용하게 된다.

그러나 여기서도 역시 각기 다른 두 가지 쟁점이 개입된다. 잠재태 쟁점과 제1성질과 제2성질의 구별 쟁점은 별개의 것이다. 먼저 잠재태를 고찰하자. 라투르가 잠재력을 거부하는 것은 비환원의 원리 자체로 거슬러 올라간다. **잠재적으로 존재하는 무언가에 대하여 언급하는 것은 그것이 이미 존재하지만 단지 가려져 있거나 억제당하고 있음을 암시한다.** 이 상황은 라투르가 부정하는 것이다. 라투르에게 사물은 더 이전이 아니라 바로 지금 여기에 있을 때만 여기에 있을 뿐이다. 무언가를 현실화한다는 것은 지하에 숨어 있는 불가사의한 씨앗을 전개하는 것이 아니라 따로 출발하는 다양한 행위자를 조립하는 것이다. 예를 들면, 순전히 문학적으로 표현하는 경우가 아니라면 졸리오를 '원자 폭탄의 잠재적 아버지'라고 부르는 것은 터무니없을 것이다. 오펜하이머도 그러했듯이, 졸리오가 해야만 했을 일은 중성자, 중수, 우라늄, 대포 조립 부품, 플루토늄, 내파 장치, 다단계 증류, 시골 지역의 부지, 금속공학자, 보안 요원, 충성 서약, 정부 자금, 물리학 논문, 정치 동맹국, 군사 동맹국, 상처받은 자아, 목표 목록의 조립체를 구성하는 데

도움을 주는 것이었다. 원자 폭탄은 이 요소들 가운데 어느 것에서도 누워서 잠을 자고 있지 않았는데, 심지어 대체로 우연히 그리고 그의 관리 기량을 의심한 많은 사람이 매우 놀랍게도 맨해튼 계획의 책임자가 된 오펜하이머 자신의 경우에도 그랬다. 이런 점에서 라투르의 현실주의는 갈채를 받아야 한다. 잠재태를 옹호하는 바람에 실재론자들의 왕 아리스토텔레스는 기묘하게도 자율적인 실재에서 벗어나서 라투르 자신의 이론보다 훨씬 더 관계에 의존하는 이론으로 들어간다. 어떤 의미에서 참나무는 도토리 '안에 이미' 존재하는가? 참나무를 향한 꾸불꾸불한 먼 도정에서 처음 일단의 번역들을 진행하는 현실적 특질들이 도토리에 들어 있다는 의미에서만 그렇다. 무언가가 잠재력을 갖추고 있다고 말하는 것은 그것이 언젠가 영향을 미칠 여타의 것과 관련하여 그것을 규정하는 것이다. 라투르는 행위자를 그것이 영향을 미치고 있는 것으로 정의하는 것은 개의치 않지만, 행위자가 자신의 효과를 미리 빌리는 것은 용납하지 않는다. 모든 번역 단계에서 실시간으로 지급되어야 한다. 이런 의미에서 라투르는, 자기 형제보다 먼저 해리 포터 이야기의 마무리 부분을 읽는 정직하지 못한 소년처럼 이야기의 결말을 미리 몰래 봄으로써 실재계에서 절대 벗어나지 않는다. 아리스토텔레스에게 사물은 항상 바로 지금 그런 것을 넘어서는 것이지만, 라투르에게는 절대 그렇지 않다. 사물은 미리 존재하는 내부를 드러냄으로써 변하는 것이 아니라 다른 행위자들을 등록함으로써 변한다. 잠재태에 의지하는 것은 현실태를 미결정 상태로 남겨 두어서 마침내 흥미롭지 않은 것으로 만드는 술수인데, 그 술수는 현재 현실적인 것을 시간을 가로지르는 창발적 과정의 일시적인 의상衣裳으로 환원하여서 실제 작업이 현실태 자체의 바깥에서 일어나게 한다. '잠재적인 것'을 '가상적인 것'으로 대체한다면, 잠재태와 가상태가 다르긴 하지만 상황은 역시 마찬가지다. 두 경우에 모두 구체적 행위자 자체는 세계의 노동에 대해서 불충분한 것으로 여겨지면서 숨은 지배자에게 고용되는데, 요컨대 그 지배자는 잠재적인 것이든 가상적인 것이든 은폐된 것이든 위상학적인 것이든 유동적인 것이든 간에 바로 지금 여기에 현실적으로 존재하는 것에서 벗어나고자 하는 것이다. 이 점에 대해서 나는 라투르와 고대 메가라학파 사람들, 다른 현실주의 옹호자들에게 경의를 표할 수 있을 뿐이다.

그렇지만 그들이 제1성질과 제2성질의 다름을 부인할 때 나는 더는 동의하지 않는다. 여기에는 중대한 논점, 즉 관계주의의 바로 그 근거가 놓여 있다. 마치 세계는 그저 객관적 사태들로 구성되어 있고 인간은 그저 사태들을 왜곡하여 더럽히거나 유사하게 복사하는 것처럼 제1성질과 제2성질을 세계와 인간과 동일시하지 말아야 한다는 라투르의 의견에 나는 벌써 동의했다. 두 행위자가 관계('명제')를 맺으려면 그 행위자들은 서로 관련되도록 존재해야 한다. 더욱이 그 행위자들이 존재한다면 그것들은 성질도 갖추고 있어야 하는데, 그렇지 않다면 그것들은 서로 아무 차이도 없이 단조로운 덩어리일 것이기 때문이다. 라투르는 이 논점을 인정할 것이지만 여전히 강력한 무기를 손에 쥐고 있을 것이다. 말하자면, 세균을 발견하기 전에 파스퇴르라는 인물이 어떤 성질들을 갖추고 있어야 함을 인정하면서도 라투르는 이 성질들 자체가 파스퇴르가 이전에 일단의 행위자와 맺은 동맹들의 결과라는 주장을 덧붙일 것이다. 그리고 1850년대 동안 파스퇴르는 본질이라는 어떤 딴 세상의 진공 안에서 떠돌고 있던 것이 아니라, 더 유명한 나중의 동맹자들과는 다른 수많은 동맹자와 함께 이미 연맹을 결성하였다는 것도 맞는 말이다. 파스퇴르는 생의 어떤 순간에도 자신이 등록하는 동맹자들로 정의되는 것처럼 보인다. 이 상황은 "집 자체는 어디에서도 보이지 않는 집이 아니라 모든 곳에서 보이는 집이다"[10]라는 메를로-퐁티의 진술을 상기시킨다. 파스퇴르-자체는 존재하지 않는데, 오히려 자신이 수정하고 변형하고 교란하며 창조하는 모든 것과 결부된 파스퇴르만 존재할 뿐이다. 이렇게 해서 파스퇴르의 성질들은 모두 버클리가 요구하는 것과 꼭 마찬가지로 제2성질로 불릴 것이다. 제1성질이 존재할 곳이 어디에도 없는 이유는 파스퇴르와 여타의 모든 것에서 어떤 어두운 내부도 다 없애 버렸기 때문이다.

이런 관계주의적 우주 모형과 관련하여 정확히 두 가지 문제가 있고, 게다가 내 생각에는 그 문제들이 그 모형이 폐기되

---

10. Maurice Merleau-Ponty, *Phenomenology of Perception*, trans. Christopher Smith, London, Routledge, 2002, p. 79 [모리스 메를로-퐁티, 『지각의 현상학』, 류의근 옮김, 문학과지성사, 2002], 강조가 첨가됨.

어야 할 정도로 심각하다. 첫째, 관계주의는 행위자가 어떻게 변화할 수 있는지 설명하지 않으므로 행위자의 **미래**를 제대로 다루지 못한다. 둘째, 관계주의는 행위자가 자신을 부각하는 동맹들의 바깥에서 실재적인 것이 되도록 용납하지 않으므로 행위자의 **현재**를 제대로 다루지 못한다. 이 두 가지 문제는 아리스토텔레스가 이미 감지했지만, 그가 제시한 해결책은 부적절했다.

1. 앞서 언급한 대로 아리스토텔레스는 메가라학파 사람들이 앉아 있는 사람이 설 수 있음을 용납하지 않았다고 비난했다. 그 이유는 앉아 있는 사람이 아무 잠재력도 없다면 자신이 처해 있는 현재 상태의 어떤 양상도 바꿀 길이 없기 때문이다. 그 사람은 순전히 현실적이어서 자신이 현재 세계와 맺고 있는 관계들로 순전히 규정될 것이므로 자신의 상황에서 자유롭게 탈피하여 새로운 상황에 돌입할 수 없다. 라투르는 그 사람이 다양한 자세를 취하면서 모험을 겪는 지속적인 실체라는 점도 부인할 것이지만, 그것은 별개의 쟁점이다. 여기서 우리에게 의문은 앉아 있는 사람이 서 있는 사람으로 대체될 수 있게 하는 것이 무엇인가라는 점이다. 이 논쟁에서 라투르를 편들 좋은 이유는 잠재적인 것이 현실적인 것에 미리 기입될 수 없기에 현실적인 것은 자신이 언젠가 실제로 영향을 미칠 여타 행위자에게서 자신의 잠재력을 차용할 수밖에 없기 때문이다. 모든 변화의 원천은 **현실적인 것에서** 발견되어야 하는데, 그렇지 않다면 그 원천은 유령이다. 화이트헤드의 원리

를 화이트헤드보다 조금 더 밀어붙이면('영원한 객체'를 버림으로써) 현세에는 단지 현실적인 것들이 존재할 뿐이어서 나는 기꺼이 라투르에 합세한다. '현실주의'와 관련하여 잘못된 점은 하나도 없다.

그러나 아리스토텔레스는 자신의 긍정적인 논점에서는 잘못 생각하더라도 부정적인 논점에서는 제대로 생각하는데, 요컨대 라투르와 메가라학파 사람들은 여전히 변화를 설명할 수 없다. 문제는 그들이 잠재적인 것을 제치고 현실적인 것을 옹호한다는 점이 아니라 현실적인 것을 관계적인 것과 동일시한다는 점이다. 오로지 비관계적 형태의 현실태가 변화나 운동을 설명할 수 있을 뿐이다(그래서 철두철미 관계적인 잠재태는 변화나 운동을 설명할 수 없다). 앉아 있는 사람에게 운동의 숨은 씨앗을 심어서 그가 움직일 수 있게 되는 것이 아니라, 아무튼 그의 현실태가 현재 상태에서 벗어나야만 움직일 수 있게 된다. 그 사람이 자기 동맹자들의 총합이라고 한다면 이런 일이 일어날 수 없는 이유는 앉아 있는 자세와 소파의 푹신한 쿠션도 그 사람의 현재 동맹자들에 포함되기 때문이다. 앉아 있는 사람이 본질적으로 철두철미 '앉아 있는 사람'이라면 그가 '서 있는 사람'으로 바뀔 길은 확실히 하나도 없다. 오히려 우리가 찾고 있는 것은 설 수 있는 '사람'이거나 아니면 앉을 수 있는 '사람'일 뿐이다.

내가 이집트에서 교수직을 그만두고 내 고향 아이오와주에서 목수가 된다면, 라투르적 견지에서, 무슨 일이 일어나는가? 내가 카이로에서 교수로서 보낸 세월이 어떤 식으로 내 성격을 바꾸었다고 인정하자. 그 점은 논란의 여지가 없다. 이런 의문이 드는데, 요컨대 내 생이 바뀔 때 새로운 명제의 구성 요소들은 무엇인가? 그 새로운 명제에는 아이오와주와 목수의 연장, 나 자신은 포함되지만 나-이집트의-교수가 포함되지 않는 이유는 이 명제의 어떤 역사적 흔적이 새로운 나에게 남아 있을 수 있더라도 그 명제는 더는 존재하지 않기 때문이다. 이와 마찬가지로, 새로운 명제를 형성하는 것은 더는 존재하지 않는 행위자인 국립광업학교에서의-라투르가 아니라 파리정치대학과 상호작용하는 **라투르**다. 라투르가 ENSMP[11]에서 수십 년 동안 아무 탈 없이 변하지 않은 채로 나온 것은 아니라는 점은 사실일 것이지만, 그는 여전히 그 동맹자에게서 벗어나서 다른 동맹자와 연합할 수 있다. 이전 사무실에서 보낸 세월이 확실히 많은 흔적을 남겼지만, 이전의 라투르-ENSMP 동맹의 많은 특질이 영원히 사라졌기에 '정보 손실'도 충분히 있다. 라투르-파리정치대학이라는 새로운 명제에 계속 남아 있는 특질들은 그것들이 지구를 더 이상 걸어 다니지 않고 지금은 사라진 이전의 명제가 아니라 행위자 라투르에게 아무튼 기입되어 있을 때에만 지속한다.

요약하면, 사물들은 서로 부각하는 관계에서 부분적으로

---

11. ENSMP는 라투르가 이전에 오랫동안 근무했던 기관, 즉 Ecole Nationale Supérieure des Mines de Paris[파리 국립광업학교]을 나타내는 프랑스어 약어다.

분리되어야 한다. 이것이 사실이 아니라면, 사물들은 결코 새로운 명제를 제기할 수 없을 것이다. 이것은 '잠재태'라는 개념을 수용해야만 하는 상황은 아닌데, 요컨대 그저 현실적인 것은 관계적인 것과 같지 않다는 점을 강조할 뿐이다. '파스퇴르-세균'이라는 명제는 파스퇴르와 세균을 변형시킬 것이어서 확실히 두 존재자와 다른 새로운 존재자를 창조할지라도, 그 명제는 파스퇴르도 세균도 완전히 규정하는 것은 아니다. 달리말하는 것은 명제는 에너지가 줄지도 늘지도 않은 채로 자신의 구성 요소들을 반입한다고 주장하는 것이나 마찬가지일 것인데, 이 주장은 대단히 비라투르적인 격률이다. '파스퇴르-세균' 관계는 파스퇴르의 깊이도 세균의 깊이도 고스란히 측정하는 것이 아니라, 그저 두 존재자의 매우 작은 부분을 사용할 뿐이다.

　라투르가 사물은 그것이 맺고 있는 관계들과 다름을 부정할 때, 그는 관련되어 있지만 별개인 쟁점에 관하여 생각하고 있을 것이다. 이집트에서 아이오와주로 돌아온 '나'는 단순한 모나드적 영혼이 아니라 모여든 행위자들의 모든 태도가 들어 있는 블랙박스임을 라투르의 철학은 생생히 주장한다. 이런 '나'는 확실히 수많은 요소 ― 내 과거의 친구들과 학교들, 나를 형성한 책들, 나를 계속 살아있게 하는 장기들, 내가 섭취하는 곡물과 열매 ― 로 구성된 방대한 동맹이다. 하지만 내가 내부적 구성 요소들에 의존한다는 사실에는 나의 외부적 관계들에 대한 의존성이 수반되지 않는다. 나는 나를 구성하는 요소들이 없다면 존재할 수 없지만, 내 동맹자들이 없더라도 매우 잘 존재할 수 있다. 이 동맹자들이 결국 나를 형성할 것이지만, 그들이 형성하고 있는 것은 이전에 내가 맺은 일단의 동맹 – 대부분 현재의 나 자신에 절대 보존되지 않은 동맹들 – 이 아니라 바로 나다. 행위자의 구성 요소와 동맹 사이에 이런 근본적인 비대칭성이 없다면 순전히 전체론적인 우주가 존재할 것이다. 모든 것은 자기 아래에 있는 행위자들과 같은 정도로 자기 위에 있는 행위자들이 규정할 것이어서 실재에서 맥락이 완전히 규정하지 않는 장소는 하나도 없을 것이다. 하지만 이런 사태는 절대 일어나지 않는다. 오히려 일어나는 사태는 구성 요소들이 때때로 연합하여 새로운 행위자, 즉 자신의 조각들로 환원될 수 없는 '창발적' 실재를 형성하는 것이다. 그것은 자신의 구성 요소들에서 일어나는 어떤 변화들에서 살아남을 수 있고, 게다가 자신이 내던져진 외부적 관계들에서 훨씬 더 쉽게 살아남는다. 행위자는 방화벽인데, 자신의 구성 요소들에서 일어나는 모든 작은 변화가 자신에게 영향을 미치지 못하게 하면서 주변 환경이 블랙박스에 너무 쉽게 진입하지 못하게 한다. 객체는 자신의 구성 요소들이 어느 정도 필요하고 오히려 동맹자는 절대 필요하지 않다. 오로지 동맹 전체에 동맹자들이 필요하지만, 동맹 전체는 자신을 구성하는 각각의 요소들과 다른 존재자다. 간단히 서술하면, 파스퇴르는 세균의-발견자-파스퇴르와 같지 않다.

2. 우리는 두 번째 문제, 즉 행위자의 **현재**조차도 그것의 관

계들로 적절히 규정되지 않는다는 문제를 이미 다루었다. 메를로-퐁티가 "모든 곳에서 보이는 집"에 대하여 언급하면서 의미하는 바는 현재의 모든 관점에서 보이는 집이다. 하지만 그 집에 대한 다른 관점들을 고려할 수 있게 하는 한 가지 간단한 사고실험이 있다. 수백의 새로운 존재자가 이전에 시도되지 않은 각도나 거리, 분위기에서 그 집과 접촉하고 있다고 상상하자. 이 상황은 확실히 새로운 관계들을 형성할 것이지만 새로운 집을 건설하지는 않을 것이다. 이제 생각할 수 있는 모든 조건에서 모든 **가능한** 행위자가 모든 **가능한** 각도에서 그 집을 바라본다고 상상하자(칸토르는 이 상황을 용납하지 않는 것처럼 보일지라도 말이다). 이 당혹스러운 시나리오에서도 그 집의 작업을 수행하고 있는 것은 여전히 이런 관점들이 아니다. 이 무한히 많은 관찰자는 바람과 습기를 막아주는 행위자가 아닌데, 오로지 그 집 자체가 이 작업을 수행한다. 이것은 그 집이 자신이 맺고 있는 관계들 가운데 어느 것도 절대 접촉하지 않은 미지의 실재들을 포함하고 있음을 시사한다. 관계들은 사물을 철저히 규정하지 않고 오히려 사물에 의존한다.

이제 내가 전개하고자 하는 새로운 객체 모형을 살펴보기 시작했다. 라투르가 가르쳐주는 것과 꼭 마찬가지로, 끊임없이 서로 다투고 협상하는 다른 크기와 유형의 행위자가 무수히 많이 존재한다. 하지만 객체는 자신의 관계들로 정의되지 않는데, 오히려 객체는 우선 관계들을 맺는 것이어서 객체의 동맹자들은 결코 그 객체의 광석을 완전히 캐낼 수는 없다.

하이데거적 견지에서 객체는 관계를 맺으면서도 관계에서 물러서 있고, 게다가 객체는 구성 요소들로 구성되지만 자신의 구성 요소들을 넘어선다. 사물은 관계 속에 존재하는 것이 아니라, 어떤 이상한 종류의 진공 안에 존재하면서 다만 부분적으로 그 진공에서 벗어나 관계를 맺는다. 객체는 잠재적인 것이 아니라 순전히 현실적인 것이다. 하지만 이 현실태는 다른 사물들과 맺고 있는 일단의 관계로 규정되지 않는다. 이런 객체 모형, 즉 질료가 없는 자율적인 사물의 실재론은 확실히 꽤 기이하다. 하지만 이런 낯섦은, H. P. 러브크래프트가 시도한 '기이한 허구'의 방식으로, '기이한 실재론'을 객체지향 철학에 대한 동의어로 사용함으로써 슬로건으로 전환될 수 있다.

라투르에게는 관계가 매우 중요하므로 그는 동맹을 통해서 부각되는 것 외에는 어떤 실재도 인정하기를 꺼리는 것처럼 보일 것이다. 하지만 라투르가 '플라스마'plasma라는 용어를 사용하여 이 방향으로 흘깃 시선을 돌리는 순간들이 있는데, 페테르 에르데이 덕분에 나는 그 용어에 다시 주목하게 되었다. 이 개념은 적어도 두 곳에서 간략하지만 흥미롭게 논의되는데, 이를테면 1998년에 라투르와 에밀 에르망이 공동으로 저술한 텍스트 『파리 : 보이지 않는 도시』에서 그 용어가 사용되고,[12] 2005년에 라투르가 행위자-네트워크 이론을 생생하게

___

12. 이 저작에서 나타나는 '플라스마'라는 용어의 용법에 대하여 내 주의를 환

소개한 책 『사회적인 것의 재조립』에서는 그 용어가 조금 더 암시적으로 사용된다.[13] 플라스마라는 새로운 개념은 일찍이 2005년 저작에 실린 놀라운 주석들에서 고지되는데, "행위를 설명할 때 우리는 어떤 근원적인 이유보다 더 근원적인 '플라스마'라는 기묘한 표상과 맞닥뜨릴 것이다"(RS, 50, 주석 48). "〔나중에〕 '플라스마'라는 개념을 다루겠다. 텅 비어 있음이 사회적인 것이 순환하는 희귀한 도관들을 따라가는 데 필요한 열쇠다"(RS, 132, 주석 187). 이 진술이 라투르에게서 비롯되니 특히 흥미롭다. 라투르는 항상 '사회적'이라는 용어를 인간 행위자뿐 아니라 비인간 행위자도 가리키는 그런 방식으로 사용한다. 라투르에게 '사회'는 어디에나 있는 것이어서 그가 그것에 '희귀한'이라는 낱말을 덧붙인 표현을 읽는 것은 사실상 놀라운 일이다.

플라스마에 대한 주된 논의는 『사회적인 것의 재조립』의 끝에서 이루어진다. 라투르가 서술하는 대로 "형상화되지 않은 다른 여러 현상에 주목하지 않는다면 사회적인 것을 이해하지 못할 것이다. … 나는 이 배경을 플라스마라고 부르는데, 말하자면 이것은 아직 체제가 갖추어지지 않았고 아직 측정

기한 인물은 에드윈 세이즈였는데, 그 저작에서 라투르는 '플라스마'를 현재 유행하는 '가상적인 것'이라는 개념과 명시적으로 연결한다.

13. 에르데이는 '플라스마'라는 용어가 이 저작에서 차지하는 중요성에 대하여 내 주의를 환기한 최초의 인물이었는데, 그는 2007년 8월 15일에 라투르/하이데거 관련성 문제에 매우 생산적으로 전념하는 ANTHEM의 메일링 리스트에 게시한 글에서 그 점을 거론하였다.

되지 않았고 아직 사회화되지 않았고 아직 계측학적 연쇄에 연루되지 않았으며 아직 다루어지거나 조사받거나 동원되거나 파악되지 않은 것이다"(RS, 243~4). 천문학자가 암흑물질의 양을 간접적으로 가늠하는 것과 꼭 마찬가지로 라투르도 이 배경 플라스마의 크기를 어림잡는데, 이를테면 네트워크들로 구성된 사회적 세계가 런던 지하철 공간만큼 크다면 플라스마는 런던의 나머지 공간을 채울 것이라고 말한다. 사회화되지 않은 질료의 정말로 방대한 공간! 플라스마는 "사이에 존재하며 사회적 질료로 구성되지 않은 것이다. 그것은 은폐된 것이 아니라, 방대한 배후지〔처럼〕도시 거주자가 느끼는 시골〔처럼〕우주 무게를 상쇄하고자 애쓰는 우주학자의 암흑물질〔처럼〕그냥 **알려지지 않은 것이다**"(RS, 244).

몇 쪽에 걸쳐 이어지는 이 놀라운 글에서 라투르는 『비환원』의 실재론을 아름다운 이미지로 부연한다. "해석학은 인간의 특권이 아니라 이른바 세계 자체의 특성이다. 세계는 불확실한 것들의 호수들이 드문드문 흩어져 있는 사실들의 단단한 대륙이 아니라, 조정되고 안정화된 형상들의 섬들이 드문드문 흩어져 있는 불확실한 것들의 방대한 대양이다"(RS, 245). 라투르의 플라스마는 학술적 회계 처리의 성가신 잔여물에 불과한 것이 아니라, 알려진 모든 변화와 운동을 일으키는 원인이다. 무엇보다도 하이데거에게서는 절대 나오지 않을 멋진 구절이 있다.

왜 난폭한 군대가 일주일 만에 사라지는가? 왜 소비에트 같은 제국이 몇 달 만에 통째로 사라지는가? 왜 전 세계를 무대로 활동하는 기업이 다음 사분기 보고서가 공시된 후에 파산하는가? 왜 같은 회사가 육 개월도 지나지 않아서 엄청난 적자 상태에서 막대한 흑자 상태로 도약하는가? 왜 조용한 시민들이 혁명적 군중으로 돌변하거나 살벌한 대중 집회가 자유로운 시민들의 유쾌한 집단들로 나뉘게 되는가? 왜 어떤 둔한 사람이 불분명한 뉴스 한 편에 느닷없이 행동에 나서게 되는가? 왜 매우 진부하고 격식을 존중하는 음악가가 갑자기 대담한 리듬에 사로잡히게 되는가? 장군, 논설가, 관리자, 전문가, 도덕주의자는 그런 갑작스러운 변화들이 부드럽고 아주 미묘한 액체성을 지니고 있다고 종종 말한다. 그것이 바로 플라스마의 어원적 의미다(RS, 245).

이런 일들이 일어나는 이유는 관계들로 구성된 사회적 세계가 부각될 때 많은 것을 부각되지 않은 채로 남겨두기 때문인데, 이를테면 괴물과 천사가 지하로 스며든 쥐와 비둘기처럼 플라스마에서 새어 나온다. 라투르는 마지막으로 플라스마를 요약하면서 사적인 어휘 목록에서 한동안 금지당한 용어까지 사용한다. "숨은 질량들의 방대한 목록을 지금까지 내가 서술한 모든 행위에 추가해야 한다. 〔그리고〕 체제가 갖추어지고 국소화되고 연속적이며 타당한 모든 행위가 수행될…방대한 영토, 비축물, 예비군이 존재한다"(RS, 245, 강조가 수정됨). 여기서 라투르는 체제가 완전히 갖추어진 행위자가 도대체 어떻게 자신의 체제를 바꿀 수 있는지 설명하는 데 문제가 있음을 파악하고 있는 것처럼 보인다. 라투르의 새로운 사상이 가리키는 대로 유일하게 가능한 해결책은 행위자가 아무튼 동맹들로 완전히 구성되지는 않는다는 것이다. 어떤 비축물이나 저장물이 앞서 언급된 갑작스러운 변화들을 설명해야 하고, 게다가 더 점진적인 변화들도 설명해야 한다. 관계주의에서 벗어난다는 것은 라투르가 거론하는 플라스마 또는 암흑물질의 형이상학을 확립함을 뜻한다. 단 한 가지 점만 유의하면 된다. 플라스마는 아무 체제도 갖추고 있지 않다는 라투르의 견해에 동의할 필요가 없는 이유는 이 견해가 모든 체제는 관계에서 비롯되어야 함을 암시할 것이기 때문이다. 라투르는 그럴 가능성을 절대 생각하지 않겠지만 플라스마는 동맹 외의 다른 수단을 통해서도 체제가 갖추어질 것이다. 라투르는 체제 구성과 네트워크를 동등한 것으로 여기기에 기껏해야 단일한 플라스마-자체는 거의 인정하겠지만 모든 관계에서 물러서 있는 다수의 각기 다른 존재자는 인정하지 않는다.

B. 한겹 행위자와 네겹 행위자

이제 객체 자체의 내부에서 균열이 발생했다. 라투르는 자신의 선행자들과 달리 존재자들 사이의 간극들을 이미 증식시켰으며, 기회원인론적 신의 즉석 기도를 통해 존재자들을 연결하지 않을 만큼 참을성이 있다. 하지만 대체로 라투르는 각각의 행위자를 일자로 여기는데, 이를테면 나무는 자신의 성질과 틈을 두고 분리되어 있지 않을 뿐 아니라 어떤 숨은 나무-자체와 분열되어 있지도 않다. 나무는 다른 행위자들을 움직이고 교란할 수 있으며, 여느 블랙박스처럼 자신의 북적거리는 구성 요소들을 드러내도록 언제든지 개방될 수 있다. 하지만 나무는 여전히 다른 사물들에 대한 자신의 입지stance로 완전히 규정되는 단일한 행위자이지 변화하는 우유적인 것들 아래에 가려져 있어서 보이지 않는 불가사의한 핵이 아니다. 그렇지만 일단 객체는 자신이 맺고 있는 동맹들과 같지 않다고 말하기만 하면 상황이 바뀐다. 앞 절에서 서술한 이유로 세균에-대한-파스퇴르와 파스퇴르에-대한-세균은 파스퇴르 자체와 같을 수 없고 세균 자체와도 같을 수 없다. 행위자와 그것이 맺고 있는 관계들을 구별하게 되면 어떤 동맹 속에서 마주치게 되는 객체에 대립되는 '실재적' 객체 또는 행위자를 거론하고 있는 셈인데, 그 행위자가 동맹 속에서 마주치게 되는 객체는 자신이 부각하는 실재적 객체에 대한 대용물로 부분적으로 부각될 뿐이다. 여기서 우리는 엄밀히 라투르적인 기반 위에 더는 서 있지 않게 되지만 그의 기본적인 전망은 온전히 유지되는데, 그것은 바로 다양한 졸리오 같은 매개자만이 연결하는 간극으로 서로 분리된 채로 네트워크에 관여하는 행위자들의 민주주의적 우주다.

관계들은 관계를 맺고 있는 사물을 철저히 규정하지 않으므로 동맹들의 총합으로 정의될 수 있거나 심지어 가능한 동맹들의 총합으로 정의될 수 있는 사물은 하나도 없다. 새로운 관객을 데려와서 정말 새로운 각도에서 메를로-퐁티의 집을 바라보게 한다면, 얻게 될 것은 매번 새로운 집이 아니라 집을 하나의 구성 요소로 포함하는 수없이 많은 새로운 명제다. 집 자체는 모든 방식의 관계들을 맺게 되지만 그런 관계들이 집 자체를 생성할 수는 없다. 집 자체는 확실히 자신의 내부에서 이루어진 관계들로 구성되어 있지만, 이 관계들은 외부에서 맺어진 관계들과는 다른 지위를 갖는다. (여기서 나는 이른바 '내재적internal 관계'에 대하여 언급하고 있는 것은 아닌데, 그것은 사물 자신의 핵심으로 이식된 외재적external 관계일 뿐이다.) 이것의 가장 극단적인 사례는 라이프니츠일 것인데, 그는 어떤 모나드도 멀리 떨어져 있는 항성들과 행성들과 모든 미래 시간과 맺어지는 관계들을 이미 품고 있다고 생각했다. 여기서 나는 외재적 관계만 인정하는 사람에게 동의한다. 아무것도 다른 것을 포함할 수 없어서 모든 객체는 서로에게 외부적이다. 그러나 내가 사물의 내부에서 맺어지는 관계에 대하여 언급한 것은 확연히 다른 중요한 것, 즉 어떤 블랙박스의 내부에서 그 블랙박스를 존재할 수 있게 하는 행위자들의 조립체를 뜻한다. 더 좋은 용어가 없으므로 마땅히 고려되지 말아야 할 내재적 관계와 혼동하지 않도록 이런 관계를 '내부'domestic 관계라고 부를 수 있을 것이다. 나는 사물이 존재하는 데 어느 정도 필요한 내부 관계와 필요하지 않은 외부 동맹이 절대적으로 다르다고 생각한다. 하지만 행위자 자체는 둘 가운데 어느 것과도 동일시될 수 없다. 객체는 일단의 동맹으로 완전히 규정될 수 없다. 더욱이 객체가 그것의 조각들을 요약한 것으로도 완전히 규정될 수 없는 이유는 진정한 객체라면 무엇이나 자신의 구성 요소들을 넘어서는 창발적 실재이기 때문인데, 요컨대 객체는 구성 요소들을 지나치게 단순화하고 내부에서 일어나는 어느 정도의 격변을 견딜 수 있다.

숨어 있는 것과 자율적인 것에 대하여 언급하는 것은 라투르의 방식이 아니다. 그것은 화이트헤드의 방식도 아니다. 다소 놀랍게도 자신이 맺고 있는 관계들에서 떨어져 있는 사물에 가장 공감하는 최근의 전통은 마르틴 하이데거의 전통이다. 다음 절에서는 내가 다른 곳에서 자주 논의한 하이데거의 도구 분석을 검토할 것이다. 하이데거에 대한 일반적인 독법과는 반대로 그의 도구는 결코 관계적인 것이 아니라, 관계에서 전적으로 물러서 있으면서도 여전히 실재적이다. 하이데거는 동맹을 결성하여 네트워크를 구성하는 객체를 옹호하는 것이 아니라 뜻밖에도 독립적인 객체를 옹호하는데, 이 입장은 라투르 자신의 견해에 상반되는 것으로 미래 저작들에서 플라스마에 관한 전면적인 이론에의 전환이 뜻밖에 일어날 가능성을 차단한다. 하지만 라투르가 하이데거보다 뛰어난 점들은 이미 서술되었다. 하이데거가 번역에 대한 라투르의 요구를 결코 충족시키지 못하는 이유는 하이데거에게 객체는 은폐되어 있을 뿐이어서 오래된 '점근적' 진리 모형을 통해서 서

서히 현시되기 때문이다. 하지만 라투르는 우리가 이미 아리송하게 존재하는 무언가를 드러낼 수 있음을 부정하기보다는 오히려 그 사물이 출현할 수 있게 하는 수단이나 매개자들을 서술한다. 사실상 그것은 하이데거 자신의 모형보다 더 놀랍고 정교한 진리 모형이고, 행위자가 자체적으로 단절되어 있으면서 현재의 현실태에서 전적으로 전개된다고 주장하는 라투르의 형이상학에서 비롯된다. 더욱이 하이데거가 제시하는 실재적 객체zuhanden와 외양적 객체vorhanden의 대립은 물러서 있는 존재자의 본성을 명료화하는 데 거의 도움이 되지 않고, 게다가 무엇이 그 두 영역을 연결하는지 보여주는 데에는 결코 아무 도움도 되지 않는다. 우리가 라투르에게 사물을 그것의 동맹자들에게서 빼내라고 요청한다면 하이데거에게는 실재적 나무와 우리 눈앞에 현시되는 나무의 관계를 설명하라고 요청해야 한다.

그런데 고찰해야 하는 두 번째 균열이 있다. 라투르가 행위자를 그것의 관계들과 구별하지 않는다면 그는 또한 행위자를 그것의 성질들과 구별하지 않는데, 후자는 전자와 유사하지만 같은 주제는 아니다. 그 이유는 우리가 은폐된 망치의 하이데거적 지하 세계로 내려가기를 거부하더라도, 즉 서로 접근할 수 있는 통일된 평면에서 사물들이 모두 동맹을 맺고 있는 세계에 남아 있더라도, 사물이 온통 자신의 성질들로 이루어져 있는 다발이냐는 물음은 여전히 제기될 수 있기 때문이다. 경험에 따르면 우리는 어떤 객체 주위를 돌면서 다른 각도에서 그것을 바라볼 수 있으므로 그 사물을 변화시키지 않으면서도 그것의 특정한 시각적 윤곽을 변화시킬 수 있다. 하지만 사물 주위를 돌 수 없어서 어떤 단일한 순간에 한정되더라도 우리는 **사물**을 바라보는 것이지 이산적인 성질들의 다발을 바라보는 것이 아니라는 점은 여전히 사실일 것이다. 사실상 우리는 기울어진 머리나 일정치 못한 조명으로 인해 끊임없이 나타나는 왜곡을 무시하면서 성질들을 관통하여 통일된 객체를 직접 바라본다. 정말로 '빨강'을 본 사람은 결코 아무도 없다. 우리는 빨강이 속해 있는 객체의 양식이 주입된 사과-빨강이나 잉크-빨강이나 피-빨강을 보았다. 라투르가 확실히 동의할 것처럼 수많은 객체에서 재현되는 같은 성질을 언급하려면 장황한 추상 작업이 필요하다. 이런 까닭에 영국 경험주의자들이 일반적으로 보여주는 것보다 라투르가 구체적 객체에 대해서 훨씬 더 큰 재능이 있다는 점을 고려하면, 그가 성질들이 개별적 사물로 집결할 수 있게 용인하는 것은 다소 놀라운 일이다. 통일된 지각 대상과 그것의 수많은 성질이 다르다는 것은 후설이 발견한 대단한 사실인데, 요컨대 그의 중추적인 개념은 '지향적 객체'다. 후설은 관념론자임에도 불구하고 여전히 객체의 철학자인데, 여기서 객체는 의식 속에서만 발견되지만 여전히 자신의 모든 성질과 표면적 변화보다 훨씬 더 깊은 객체다. 후설의 기본적인 관념론적 태도에만 집중하면, 이전의 관념론들에서는 전혀 찾아볼 수 없는, 경험 대상과 그것의 성질 사이에 벌어진 특이한 균열을 놓치게 된다. 이어지는 글에서 나는 '지향적 객체'를 '감각적 객체'라는 색다른 이름으로 종종 부를 것이다. 그렇게 하려는 한 가지 동기는 '지향적'이라는 술어가 풍기는 몰개성적이고 전문적인 정취를 조금 더 매력적인 정취로 대체하는 것이다. 그런데 더 중요한 두 번째 동기는, 후설이 사물의 변화하는 표면적 성질을 지향적 영역에서 배제하면서 통일된 의식 대상만을 가리키는 데 '지향적'이라는 용어를 사용한다는 것이다. 이른바 '감각 소여'가 후설에게 지향적인 것이 아닌 이유는 바로 감각 소여가 객체지향적이지 않기 때문이다. 이런 까닭에 지속하는 의식 대상과 그것이 현시되려면 반드시 거치는 너무 명확한 외관 둘 다를 포괄하는 새로운 통합적 용어가 필요하다.

어쨌든 이제 객체는 두 번째 의미에서 자신에서 분열된다. 객체는 자신이 맺고 있는 관계들과 다른 것으로서 불가사의한 심연으로 물러서 있음을 진즉에 알았다. 그런데 이제 객체는 자신의 성질들과도 다르므로 세계의 바로 그 표면에서 드라마를 전개한다. 라투르가 행위자들 사이의 간극들로 연출하는 참으로 멋진 곡예는 이제 객체 자체의 내부에서 일어나는 추가적 매개에 대한 요구에 직면한다. 지금까지 이해한 대로 이 매개는 두 가지 방향으로 일어난다. 아무 특색도 없어서 여타의 것과 다르지 않게 되는 상황에 부닥친 나무 자체는 성질을 지니고 있어야 한다. 그런데도 나무 자체가 이 성질과도 구별되어야 하는 이유는 이 성질이 나무를 변화시키지 않으면서 어느 정도 바뀔 수 있기 때문이다. 동맹자가 마주치는 대로의 나무도 성질을 지니고 있는데, 여기서도 마찬가지로 그 나무는 그것을 변화시키지 않으면서 바뀔 수 있는 성질들의 어떤 특수한 집합과도 다른 것처럼 보인다. 그러므로 객체는 자신이 맺고 있는 관계들과 다르다는 점과 객체는 자신이 지니고 있는 성질들과 다르다는 점에서 객체의 두 가지 기본적인 균열이 발생한다. 객체는 네겹이 되는데, 말하자면 여전히 알 수 없는 플라스마가 연결하는 잎들이 달린 행운의 클로버가 된다. 이전에 출판된 저작들에서 나는 조롱거리가 된 하이데거의 네겹Geviert을 20세기 철학의 위업 중 하나로 서술했다. 더욱이 나는 이 네겹의 두 축이 하이데거와 후설에게서 나타나고 하이데거 자신이 접합하는 객체에 대한 두 가지 다른 개념에서 발생한다고 주장했다. 여기서 하이데거의 네겹 구조를 상세히 설명할 필요는 없다. 땅과 신들은 그저 암시될 뿐인 은폐된 차원의 세계를 구성하는 반면에 필멸자들과 하늘은 우리에게 현시되는 세계를 가리킨다고 말하는 것으로 충분하다. 그다음에 각 쌍이 내부적으로 또다시 분열되는 이유는 땅과 필멸자들은 존재의 통일성을 가리키고 신들과 하늘은 물러서 있는 것에서 나타나거나 현시되는 것에서 나타나는 다수의 성질을 가리키기 때문이다.

하이데거는 결코 이 길을 끝까지 따라가지는 않는다. 하이데거가 자신의 객체 모형을 전개하려면 브뤼노 라투르의 도움이 몹시 필요하다. 어떤 졸리오가 이 두 사상가를 서로에게 소개할 필요가 있으므로 이 책이 이 임무를 수행하고자 한다. 그러나 어떤 의미에서 이 저자들은 하이데거 자신의 결점 덕분에 쉽게 연결될 수 있다. 그 이유는 하이데거의 네겹에는 특별히 두드러지는 두 가지 문제점이 있기 때문이다. (1) 하이데거는 네겹 구조를 산업적으로 생산된 재화에는 허용하지 않지만 농부의 수공예품과 무너진 사원에는 허용한다. (2) 하이데거는 네 가지 극이 서로 관계를 맺는 방식을 설명하지 않는 대신에 거울과 춤, 결혼식, 노래를 모호하게 언급한다. 라투르는 자신이 견지하는 (1) 객체들의 민주주의와 (2) 존재자들 사이의 번역에 관한 이론 덕분에 누구보다도 두 가지 문제점을 모두 해결할 채비를 더 잘 갖추고 있다.

라투르가 하이데거를 찬양할 의도로 산만하게 언급한 진술들이 드문드문 있더라도, 라투르는 하이데거와 자신이 다양한 주제에 관하여 비슷하게 생각함을 감지하는 것처럼 보인다. 이것은 독일 카를스루에에서 개최된 미술 전시회의 카탈로그 『사물을 공공적인 것으로 만들기』에 첫 번째로 실린 라투르의 에세이에서 가장 명료할 것이다. 라투르는 이렇게 적는다. "하이데거의 모든 독자가 알다시피 … 사물을 뜻하는 'Thing' 또는 'Ding'이라는 오래된 낱말은 원래 어떤 유형의 고대 의회를 가리켰다"(MP, 22). 라투르는 노르딕 지역에서 지금까지도 여전히 이 어원에 매우 가깝게 의회를 가리키는 용어들, 즉 Storting(노르웨이), Althing(아이슬란드), Ting(만 섬)을 인용한다(MP, 23). 인간들은 정화된 인간의 정치적 영역에서 더는 추방당하지 않은 사물들과 더불어 의회를 구성한다.

하이데거/라투르의 모든 것에 대하여 날카로운 눈을 갖춘 에르데이는 개별적 사물은 그것을 사자(四者)로 만드는 균열과 분열이 교차하더라도 이미 자체적으로 의회임을 지적한다.[14] 라투르도 이 점을 감지하였는데, 이를테면 그는 하이데거의 네 겹 구조를 수정한 판본을 적용하여 "모둠은 필멸자들과 신들, 인간들과 비인간들을 소집할 수 있는 현장, 즉 사물에 관하여 말하려고 하이데거가 사용한 번역어다"(MP, 23)라고 말한다. 라투르는 옳게도 "〔'사물'의〕 이 의미를 하이데거와 그의 추종자들이 즐겨 혐오한 것, 즉 과학, 기술, 통상, 산업, 대중문화로 확대하는 것은 적잖이 아이러니한 일이다"(MP, 23)라고 말한다. 그리고 하이데거가 (나쁜) '객체'와 (좋은) '사물'을 대조했다는 사실을 환기하면서 라투르는 이렇게 논평한다. "객체는 모든 의회의 바깥에 남아 있을 수 있지만, 사물은 그렇지 않다. 그러므로 이렇게 묻고 싶다. 이 모든 조립체의 의미를 알 수 있는 의회의 다양한 형태는 어떤 것들이 있는가?"(MP, 24). 여기서 우리는 라투르가 '존재자적' 존재들을 무시하는 하이데거의 태도를 정당하게 고발함을 알아챈다. 그렇지만 여전히 언급되지 않은 것은 하이데거의 '사물'이 라투르의 유명한 '관심의 문제'와 도저히 같을 수가 없다는 사실이다. 무언가는 어떤

---

14. Peter Erdélyi, "ANT, the Fourfold, and the Thing in Common : A Multi-Case Study of Organizing, Strategising and ICTs in e-Tailing SMEs in the UK", unpublished thesis proposal, Department of Management, London School of Economics, 2007.

식으로 그것에 영향을 받는 이해관계자에게만 관심사가 될 수 있다. 이와는 대조적으로 하이데거의 주전자는 바로 다른 것들과 함께 모이지 않는 것이어서 적어도 어느 정도는 홀로 거주한다. 그래도 라투르가 제시하는 번역의 철학이 객체의 네 부분이 어떻게 함께 있는지를 설명하리라고 기대할 수 있는 최선의 철학이다.

라투르가 하이데거에 관하여 무슨 말을 했든 간에, 네겹 객체에 대한 그 자신의 근접성은 다른 곳에서 더 두드러진다. 나는 『판도라의 희망』이 영어로 출판된 바로 그 해, 즉 미래주의적 느낌이 드는 1999년에 프랑스어로 처음 출판된 라투르의 책 『자연의 정치』를 검토한다. 『자연의 정치』에서 라투르는, 자신이 오랫동안 대적한 세계/인간 균열이라는 적과 분명히 관련된 사실과 가치 사이의 근대적 분리와 전쟁을 벌인다. '사실'은 인간이 더럽히지 않은 확고한 사태지만, '가치'는 객관적 세계의 기준과 전혀 결부되지 않은 인간 욕망의 투영물이다. 이것은 라투르가 전 생애에 걸쳐 전복시키고자 한 것과 마찬가지의 모형, 즉 낡고 비참한 양원제 모형을 제공한다. 라투르가 이 분리를 공격하는 일반적인 방책은 행위자의 방대한 다원성으로 두겹 세계에 반대하는 것인데, 이 조치는 그의 저작들에서 절대 사라지지 않는다. 그런데 『자연의 정치』와 관련하여 흥미로운 점은 라투르가 모호한 다원성이 아니라 구체적인 사원제적 세계(오히려 그는 새로운 양원제주의라고 부르지만)로 양원제적 세계에 반대한다는 것이다. 말하자면, 라투르는 사실/가치 분리를 두 배로 만들어서 그 분리를 구원한다. 사실과 가치의 낡은 구별을 '고려하기'와 '정돈하기'의 새로운 구별로 교차시킨다(PN, 3~4장). 라투르와 하이데거의 서로 다른 근본적인 가정에도 불구하고 그들의 네겹 메커니즘들은 놀랍도록 비슷하다. '고려하기'는 이미 존재하여서 다루어야만 하는 세계와 마주친다. 이런 의미에서 그것은, 하이데거의 '내던져져 있음'이나 '과거', '은폐'가 그렇듯이, 세계의 낡은 '사실' 측면을 닮았다. 반면에 찾아내는 것을 배열해야만 하는 '정돈하기'는, 하이데거의 '기획투사'나 '미래', '탈은폐'가 그렇듯이, 낡은 '가치' 극을 분명히 닮았다.

하이데거와 마찬가지로 라투르에게도 두 번째 균열이 존재한다. 그런데 이 균열이 파악하기 더 쉬운 이유는 라투르가 어떤 용어들이 사실의 후예이고 어떤 용어들이 가치의 후예인지 공개적으로 단언하기 때문이다. 고려할 수 있는 능력은 당혹감(사실)과 협의(가치)로 양분된다. 순서대로 배열할 수 있는 능력은 제도(사실)와 위계화(가치)로 양분된다. 요약하면, '사실' 쪽에 하나의 사실/가치 분리가 있고 '가치' 쪽에 또 하나의 사실/가치 분리가 있다. 하이데거의 방법도 똑같은데, 존재 쪽에 하나의 존재/존재자들 분리(땅/신들)가 있고 존재자들 쪽에 또 하나의 존재/존재자들 분리(하늘/필멸자들)가 있다. 철학사에서 나타난 네겹 구조의 수는 믿기 어려울 정도로 많아서 사상가들이 새로운 구조를 생성하더라도 별로 놀랍지 않을 것이다. 일원론은 전체론이라는 점에서 너무 경건하며 감미롭고, 이원론은 참호전이라는 점에서 너무 고정적이며, 삼각 체계는 행복한 결말이라는 점에서 너무 의기양양하다. 하지만 네겹 구조는 다원성 못지않게 긴장 관계를 허용하므로 엠페도클레스, 플라톤, 아리스토텔레스, 스코투스 에리우게나, 프랜시스 베이컨, 비코, 칸트, 그레이마스, 매클루언 등은 세계를 네 쪽으로 나눈다. 두 가지 분열 원리가 현명하게 선택되고 네 가지 영역이 상호작용하는 방식에 대한 어떤 설명이 제시된다는 사실이 중요하다. 이 단서 조항을 고려하면, 우주를 호혜적인 한 쌍의 이중 거울로 여기는 시각에 대하여 할 말이 많다. 여기서 하이데거와 라투르의 주요한 차이점은, 하이데거의 네겹은 특정한 주전자와 다리의 내부에서 발견되는 반면에 라투르의 네겹은 공공적인 것, 즉 여러 사물 사이에서 제기되는 관심의 문제라는 것이다. 하지만 이 접근방식들은 겉보기만큼 다르지 않을 것인데, 요컨대 라투르가 어떤 주전자나 다리를 개방한다면 그는 항상 사물의 의회를 다시 찾아낼 것이다.

C. 물질과 관계들의 형제단

푸에르토리코에서는 흥미롭게도 적색 신호등과 녹색 신호등의 역할이 서로 바뀌었다고 한다. 운전자가 적색 신호등을 무시하던 행위가 이제는 널리 퍼져서 녹색 신호등에 접근하는 차량이 적색 신호등을 무시하는 차량에 대한 두려움으로 인해 멈추어야 하는 상황이 되었다. 지금까지 나는 푸에르토리코를 여행할 기회가 없었기에 이 전언을 증명할 수 없다. 하지만 나는 과거 철학자들을 읽을 때 나타나는 비슷한 현상을 서술하기 위해 '푸에르토리코 효과'라는 표현을 고안할 자유를 누릴 것이다. 모든 위대한 사상가에게 접근하려면 맨 먼저 진부한 표현들로 둘러싸인 후광을 거쳐야 하므로 비판적 사상가는 항상 그것들을 반전시키고 싶은 기분을 느낀다. 이런 반전을 수행할 때마다 좋은 이유를 제시해야 하는 이유는 우리는 항상 명백한 것의 권리를 존중해야 하기 때문이다. 하지만 당연히 그런 반전과 관련하여 자동으로 그릇된 것은 전혀 없다.

앞에서 주장한 대로, 아리스토텔레스의 실체가 다른 시점에 또는 다른 측면에서 뜨겁고 차가울 수 있거나 행복하고 슬플 수 있는 것과 꼭 마찬가지로, 정반대의 해석들을 지지하는 것은 위대한 사상가들의 전형적인 특징이다. 그런데 니체를 민주주의의 이론가로 읽거나, 스피노자를 다원성의 사상가로 읽거나, 라이프니츠를 일원론의 사상가로 읽거나, 아리스토텔레스를 실체를 인간의 로고스로 환원하는 사상가로 읽거나, 후설을 실재론자로 읽는다면, 이러한 독해들이 내게는 통념이 그릇되게 반전된 것처럼 보이지만 나는 이 모든 반전에 대한 실제 사례들을 들어본 적이 있다. 하지만 그 사례들은 들을 만한 가치가 충분히 있다. 흥미로운 일은 **이류** 사상가에 대해서는 그런 반직관적인 반전을 시도하는 사람이 아무도 없다는 것인데, 이를테면 배트맨에 대한 독법보다 햄릿에 대한 이해를 훨씬 더 쉽게 반전시킬 수 있는 것도 마찬가지 상황이다. 이것은 이류 저자나 이류 등장인물, 이류 개념, 이류 발명품, 이류 논증에 대한 훌륭한 정의, 즉 내용으로 환원될 수 있는 것이라는 정의를 제시한다. 사람이나 객체, 관념이 의미가 명료한 언명들의 목록으로 요약될 수 없을수록 더욱더 실체적인 이유는 실체가 다른 각도에서 보일 때면 언제나 다른 의상을 입기 때문이다. 이것은 철학에 중요한 양식적 함의를 품고 있다. '훌륭하고 쉬운 영어'로 쓰는 철학을 주장하는 프로그램에 반대하는 나는 훌륭하고 **생생한** 영어로 철학을 써야 한다고 생각한다. 알아듣기 쉬운 연설에는 연설가가 발언을 멈추자마자 잊히는 명료한 진술들이 들어 있는 이유는 연설가가 자신이 말할 수 있는 것을 모두 말해버렸기 때문이다. 하지만 생생한 연설은 멋진 허구적 등장인물처럼 독자적인 생을 나타내는 새로운 개념들을 구축한다. 그러므로 라이프니츠의 모나드와 칸트의 물자체는 끊임없이 '논박'을 당하면서도 틀림없이 미래의 꿈에 출몰할 것이다. 여기서 대륙철학이 분석철학보다 유리한 단 한 가지이지만 대단히 뛰어난 장점, 즉 철학은 참과 거짓 주장들의 목록 이상이라는 자각이 드러난다. 하지만 대륙철학자들은 위대한 사상가들을 배출한 숲을 탐사하기보다는 제단과 축문으로 위대한 사상가들에 경의를 표하면서 이 장점을 낭비한다.

이제 푸에르토리코 효과로 되돌아가자. 나는 『도구-존

재』[15]라는 첫 번째 저작에서 나 자신의 적색 신호등을 운영할 필요가 있음을 깨달았다. 하이데거는 눈-앞에-있는 존재자와 손-안에-있는 존재자를 구별한 것으로 유명하다. 눈-앞에-있음은 객관적인 물리적 실체를 가리키지만, 손-안에-있음은 인간이 사용하는 도구들로 구성된 것처럼 보인다. 하이데거의 경우에 우리가 객체와 마주치는 주된 방식은 그것의 손-안에-있음을 거치는 것인데, 한편으로 사물의 어떤 순전한 현시도 파생적인 것이고 일반적으로 도구가 오작동하거나 파손되었을 때 나타난다. 손-안에-있음이란 망치는 못에서 자신의 의미를 끌어내고, 못은 집에서 자신의 의미를 끌어내며, 집은 그것을 사용하는 인간에게서 자신의 의미를 끌어내는 관계들의 체계로 서술될 수 있으므로 하이데거는 자율적인 사물의 모형보다 관계주의적 세계관을 옹호하는 것처럼 보인다. 하지만 더 자세히 살펴보면 머지않아 푸에르토리코 효과를 상기할 필요가 있는데, 결국 겉으로 드러난 상황과 대조적으로 하이데거의 도구 분석은 사실상 관계적으로 체계에 융합되는 객체보다 자율적인 객체의 승리로 이어진다.

하이데거는 '눈-앞에-있음'이라는 용어를 항상 부정적으로 사용하면서 철학이 극복해야 하는 것으로 여긴다. 그가 그 용어를 여러 가지 다른 유형의 상황에 대해서 사용한다는 사실

---

15. Graham Harman, *Tool-Being: Heidegger and the Metaphysics of Objects*, Chicago, Open Court, 2002.

은 거의 인식되지 않는다. 때때로 눈-앞에-있는 것은 파손된 도구인데, 그것을 사용하는 순간에는 당연하게 여겨졌지만 이제 우리 앞에 눈에 띄게 놓여 있다. 때때로 눈-앞에-있는 것은 후설의 현상처럼 의식 속에서 지각되는 객체인데, 하이데거는 사물 속에 숨어 있는 심연을 가리키면서 그것을 공격한다. 마지막으로, 때때로 눈-앞에-있는 것은 인간의 실천 체계와 별개로 여겨지는 독립적인 물리적 질료를 가리키는 이름이다. 하이데거의 입장에서 그 용어의 이와 같은 삼중 용법이 서로 모순되지 않는 이유는 세 가지 국면이 모두 같은 특질을 공유하고 있기 때문이다. 모든 것은 **관계적**이어서 자신이 인간 현존재와 맺고 있는 관계로 환원될 수 있다. 첫 번째 두 사례, 즉 현상과 파손된 도구에서는 이 점이 직접 분명하다. 둘 다 외부에서만 보이기 때문에 눈-앞에-있는 것이다. 파손된 망치, 즉 에드문트 후설이 명료하게 서술하는 것으로서의 망치는 은밀히 작용하고 있는 망치를 제대로 다루지 못한다. 그럴 때 망치는 그저 일단의 가시적인 성질들로 여겨질 뿐이지 그것의 은밀한 '수행'Vollzug은 고려되지 않는다. 하이데거에게 망치는 마음에서 현시되는 그것의 어떤 배치에서도 물러서 있다. 파손된 망치나 현상적 망치는 이런 실재성에 부응하는 것이 아니라 우리와 관련하여 존재할 뿐이다.

눈-앞에-있음이 물리적 실체를 가리키는 사례를 제시하기가 더 어려운 것처럼 보이는 이유는 물리적 영역이 유일하게 인간과 독립적인 것처럼 보이기 때문이다. 하지만 유물론은 관념론의 일종이라는 라투르의 주장이 물리적 덩어리와 관련된 문제에 새로운 실마리를 던져준다. 사물을 공간을 차지하는 물체로 규정하는 것은 그것을 좌표와 측정 가능한 특성들의 체계로 환원하는 것이다. 물질이 자율적인 것처럼 보이더라도, 그것은 독자적으로 자율적인 것이 아니라 인간이 어떤 특성들과 관련하여 그것을 규정하는 한에서만 자율적이다. 하이데거에게 눈-앞에-있음을 벗어나는 유일한 길은, 망치가 파손되어 놀라는 목수의 표상이든 망치를 의식에 현시되는 그것의 표현으로 한정하는 현상학자의 표상이든 객관적인 물리적 특성들로 그것을 규정하는 물리학자의 표상이든 간에 어떤 형식의 표상도 어쨌든 회피하는 것이다. 요약하면, 눈-앞에-있음은 항상 철두철미 관계적이어서 결코 현존재와 독립적인 것이 아니다.

정반대의 이유로 손-안에-있음은 자율적이고 순전히 비관계적인 것으로 규정되어야 한다. 망치는 시야에서 물러서 있다. 손-안에-있는 것이 의식 속의 외양으로 확실히 서술될 수 없는 이유는 단연코 망치가 파손되고 나서야 그것이 내게 나타나기 때문이다. 마찬가지로 망치는 과학이 그것의 분자들과 형태, 동역학적 특성들에 관하여 말해주는 것의 총합이 아니라는 점도 분명한데, 그 이유는 하이데거에게 망치는 그런 특질들을 모두 넘어서는 심연이기 때문이다. 무의식적 행위에서 사용되는 망치는 실재적일 뿐 아니라, 하이데거가 도구는 체계에 속한다고 말하는 사실을 고려하면, 망치 자체도 관계적인 것으로 쉽게 여겨질 수 있을 것이라는 주장이 여전히 제기될 것이다. 하지만 이 주장은 주류 하이데거학의 주요한 허언이다. 내가 망치를 응시할 때 망치의 실재성이 대부분 나를 벗어난다는 것은 사실이다. 성공한 목수나 석공이 망치를 조용히 사용할 때 망치의 실재성을 완전히 규정하지 못한다는 것도 마찬가지로 사실이다. 내가 사물을 의식적으로 인식하든 무의식적으로 사용하든 간에, 두 경우에 모두 사물 자체는 내가 그것을 다룰 때 절대 건드리지 않는 은밀한 저장물을 품고 있다. 현상학자에서 육체노동자로 역할을 바꾸더라도 내가 망치를 그것의 심연까지 규정할 수 있는 마법적 능력을 느닷없이 얻게 되는 것은 아니다. 이런 까닭에 인간이 망치와 접촉하는 어떤 종류의 행위도 그것을 일종의 눈-앞에-있는 것으로 바꾸고, 도구의 손-안에-있음은 우리가 그것에 대하여 구상하는 이론에 못지않게 우리가 그것을 사용하는 용도보다도 언제나 더 깊은 곳에 놓여 있다. 『존재와 시간』에서 하이데거 자신은 그 쟁점에 대하여 그다지 명료하지 않고 오히려 1949년에 그가 사물에 대해 논의할 때[16] 그 쟁점이 꽤 생생해지는데, 그 논의에서 주전자는 인간의 모든 접속에서 단절되어서 인간이 그것을 사용하든 사용하지 않든 간에 홀로 서 있게 된다.

그러나 우리는 하이데거가 이전에 나아갔던 것보다 한 걸

---

16. Martin Heidegger, "Einblick in das was ist", in *Bremer und Freiburger Vorträge*, Frankfurt, Vittorio Klostermann, 1994을 보라.

음 더 나아가서 어떤 사물과 맺어지는 인간의 관계들이 그 사물을 눈-앞에-있는 것으로 환원할 뿐 아니라 좌우간 관계라면 무엇이든 그렇다고 말해야 한다. 망치를 바라보는 후설은 그것을 완전히 규정하지 않고, 망치를 모형화하는 과학자도 그렇고, 망치가 파손될 때 놀라는 운이 나쁜 목수도 그렇고, 망치를 믿음직하게 사용하는 운이 좋은 목수도 그렇다는 사실이 이해되었다. 그런데 망치에 닿는 개미와 참새도 그것을 완전히 규정하지 않고, 망치의 타격을 받는 판자와 못도 그렇다. 망치에는 자신의 존재와 이루어지는 어떤 가능한 접촉도 넘어서는 것이 언제나 있을 것이다. 하이데거의 도구 분석은 일반적으로 '무의식적인 실천 대 의식적인 보기'로 윤색되지만, 이 공허한 해석은 '사물 대 관계'의 투쟁으로 교체되어야 한다. 상황이 긴박하기 때문에 이것은 그냥 지나쳐야 하는 하나의 적색 신호등이다.

이제 이 모든 것을 배경으로 하여 물질을 논의하자. 라투르는 물리적 실체가 왜 단호한 실재론의 산물이 아니라 순전히 관념론적인 상상물인지 보여주는 작업을 하이데거보다 더 잘 수행한다. 우리는 행위자가 무엇인지 정말 모르는데, 이 점에 대해서는 하이데거와 라투르 둘 다 의견이 일치할 것이다. 우리는 망치가 망치-정신들로 만들어진다고 가정할 수 없는 것처럼 망치가 분자들로 만들어진다고도 가정할 수 없다. 그런 식의 모든 이론은 망치를 형상화하거나 형식화하려는 시도다. 이 시도는 어떤 구성도 결코 제대로 다룰 수 없는 망치 자신의 실재와 혼동되지 말아야 한다. 더욱이 그런 까닭에 라투르는 망치가 다른 사물들과 맺고 있는 동맹을 선호하여 망치의 물러서 있는 심연을 거부하더라도 여전히 유물론에 반대한다. 소수의 유물론자를 비롯하여 많은 독자가 이 논증의 힘을 이해하리라고 예상된다. 하지만 상식은 여전히 반항할 것이다. 라투르가 유물론이 틀렸음을 이해시키더라도 우리의 내부 믿음은 우리의 지성적 동의에 뒤처질 것이다. 세계는 단단하고 유연성이 없는 물질로 구성되어 있다는 우리의 관습적 믿음을 버리기 어려운 까닭은 이 믿음의 유일한 대안이 모든 사물은 마음 앞에서 춤추고 있는 요정이라는 믿음인 것처럼 보이기 때문이다.

라투르가 유물론을 관념론과 동등하다고 여기는 의도는 잔인한데, 요컨대 그는 유물론이 죽기를 바란다. 하지만 유물론은 여전히 숨을 곳이 있으므로 그나마 겨우 라투르의 공격을 견딘다. 라투르에게 실재적인 것은 관계적인 것이다. 라투르에게 추상적인 물리적 물질이 실패작인 이유는 그것이 모든 관계 외에도 제1성질이 따로 존재하도록 용납하기 때문이다. 실재는 반드시 관계와 독립적이어야 한다는 감각을 지니고 있는 사람은 사물들의 사회적 네트워크 아래에 객관적 사태들의 층위가 놓여 있다고 가정하고 싶을 것이다. "라투르가 관계들의 네트워크를 갖도록 내버려 두자"라고 그는 말할 것이다. "네트워크 아래에는 단단한 물체들이 여전히 놓여 있다." 그런 주장에 이의를 제기하는 유일한 길은 이른바 객관적인 물리적 실재들의 사자 굴에 들어가서 그것들이 결코 물질적일 수가 없다고 보여주는 것이다. 물체는 도저히 사물 자체의 실재성을 제대로 다룰 수 없다. 물질은 관계적인 것일 수밖에 없으므로 실재적 사물이 요구하는 자율성이 없다.

라투르의 물질 비판은 현상학에 대한 하이데거의 공격과 닮았다. 둘 다 경쟁자들이 사물을 그것에 대한 우리의 관념으로 환원한다고 비난하면서 그 때문에 잃어버린 것이 많다고 주장한다. 라투르와 하이데거 둘 다의 직감은 단단한 객체 모형을 호혜적으로 연결된 사물들의 체계, 즉 네트워크, 도구-체계로 대체하는 것이다. 이미 입증한 대로 하이데거를 정반대 방향으로 당길 수 있을 뿐 아니라 당겨야 하는데, 요컨대 망치는 인간의 시각이나 조작과 마찬가지로 그것의 맥락으로도 철저히 규정되지 않으므로 망치의 본질은 모든 관계에 얽매이지 않는다. 눈-앞에-있는 것은 인간 마음의 추상 작용이나 망치의 작은 부분만을 솔질하는 인간의 실천으로 생성될 뿐 아니라, 여하튼 어떤 관계라도 맺어지면 생성된다. 불은 솜을 태움으로써 솜의 실재를 철저히 규정하지 않고, 비 역시 그것이 적시는 유리를 철저히 규정하지 않는다. 객체는 자신이 맺고 있는 관계들로 측정되거나 기록될 수는 있지만, 결코 철저히 규정될 수는 없다. 실용주의는 방법으로서는 가치가 있지만, 형이상적 신조로서는 실패한다.

그런 까닭에 물질에 대한 라투르의 중요한 타격과 하이데거의 도구-분석이 이루어진 후에도 유물론은 여전히 숨을 쉰다. 그 이유는 두 비판이 모두 자율적인 것은 항상 단지 관념적인 것이고 실재적인 것은 항상 관계적인 것이라는 대립을 설정하기 때문이다. 이 대립 덕분에 유물론자는 덫을 슬그머니 빠져나갈 길을 찾게 된다. 말하자면, 유물론자는 우리가 물질에 관하여 생각할 때마다 과도하게 추상함을 자유롭게 인정하지만, 어떤 관계적 체계보다 더 깊고 참된 실재로서의 단단한 물리적 질료가 존재한다고 여전히 생각한다. 공간에서 어떤 위치를 점유하고 있는 단단한 물리적 실재가 존재하는 상황은 우리가 어떻게 생각하든 간에 실제 사태다. 문제는, 물질이 우리 마음에서 독립적인 것으로 상상되더라도, 물질에 관한 모든 진술이 여전히 전적으로 관계적 모형에 따라 이루어진다는 것이다. 물리적 사물이 견고하고 단단한 것으로 서술된다면, 이것은 그것을 움직이고자 애쓰는 것에게만 분명한 사실이다. 유물론자는 단단함이나 견고성에 대한 어떤 경험보다도 앞서 공간의 한 지점을 점유하고 있는 물리적 물질이 존재한다고 응대할 것이다. 하지만 공간의 한 지점을 점유하고 있는 사태는 관계적인 것이 아니라면 아무것도 아니다. 이 점을 이해하려고 라이프니츠가 새뮤얼 클라크와 벌인 논쟁에서 라이프니츠 편을 들 필요까지는 없다.[17] 이 유명한 서신 교환에서 라이프니츠는, 시간과 공간은 텅 빈 용기가 아니라 모나드들이

---

17. G. W. Leibniz and Samuel Clarke, *Correspondence*, Indianapolis, Hackett, 2000.

서로 맺고 있는 관계들의 산물일 뿐이라고 주장한다. 클라크(아이작 뉴턴의 대리인)에게 시간과 공간은 사실상 용기이기에 세계의 사물들은 절대 공간의 어딘가에 자리를 잡아야 한다. 라이프니츠가 공간을 사물들 사이의 관계로 정의하는 한편으로, 클라크 역시 공간을 어떤 관계, 이 경우에는 사물과 공간 사이의 관계로 정의함을 인식하자. 어떤 위치를 점유하고 있다는 것은 다른 공간들에서 얼마간 떨어져 있다는 것, 텅 빈 구멍을 채운다는 것, 기타 등등의 일을 의미한다. 하지만 이것들은 모두 무언가 다른 것과 관련된 특성이므로 사물의 내부 실재를 철저히 규정할 수 없다. 사물은 어떤 공간적 위치에서 현시될 수 있지만, 이것은 그 사물의 색깔이나 냄새와 마찬가지로 그것의 실재와 같지 않다. 약간 터무니없는 비유를 사용하면 사물 자체와 관계들로 정의되는 사물은 튀기기 이전과 이후의 옥수수 낟알과 비슷하다. 세계는 상호교환으로 정의되고 이산적인 성질들로 뭉쳐져 있는 객체들의 호혜적 네트워크들이 가득 차 있는 것도 아니지만, 텅 빈 공간에서 떠도는 단단한 물리적 반점들의 피난처도 아니다. 이런 까닭에 이 책의 마지막 장에서 전개될 기묘한 모형 외에는 어떤 선택지도 남지 않게 된다.

요약하면, 현상과 파손된 도구 그리고 물질과 관련된 문제는, 그것들이 사물들이 역동적으로 상호작용하는 우리 머리 바깥의 실재로 가장 잘 반박되는 우리 머리 안의 추상관념이라는 점이 결코 아니다. 오히려 문제는 우리 머리 안의 추상관념이 우리와 **관련하여** 존재할 뿐이어서 그것들의 실상이 허상으로 대체된다는 점이다. 하지만 인간의 머리만 이런 일을 수행할 능력을 갖추고 있는 것이 아닌데, 이를테면 무의식적으로 망치를 사용하는 단순한 행위도 이미 망치를 단순한 허상으로 바꾼다. 두 공이 물리적으로 충돌하면 그 공들은 각기 완전히 풍부한 실상의 그림자로 환원되면서 색깔과 향기는 무시당하고 공간적 장애물로 바뀐다. 더욱이 마지막으로 공간에 배치되어 어떤 것과도 접촉하지 않는 물질도 마찬가지인데, 이처럼 최소주의적인 물리학의 시나리오에서도 이른바 물질의 특성들이 모두 관계적인 것(관성, 고체성)으로 판명된다. 사실상 물질 같은 것은 존재하지 않고, 오히려 실체적 형상으로 불리곤 하는 것들의 하강하는 연쇄만 있을 뿐이다. 이 형상은 실재적일 뿐 아니라 순전히 비관계적인 것이다. 물질은 제1성질이 전혀 없고 제2성질이 있을 뿐이라는 것이 사실인 이유는 물질이 언제나 다른 사물들과 관련되어 있기 때문이다. 그런데 제1성질은 물질 바깥에, 즉 실체 자체의 핵심에 존재한다.

D. 번역자들

라투르는 관계적일 뿐 아니라 **자기충족적**이기도 한 행위자들의 세계를 제공한다. 엉뚱하지만 이해할 만한 이유로 라투르를 이렇게 해석하는 독법에 대한 저항은 지속할 것 같다. 라투르는 행위자를 그것이 맺고 있는 동맹들로 정의하므로 행위자가 홀로 단절될 수 있는 상황은 전적으로 불가능한 듯 보일 것이다. 하지만 핵심은, 사물이 자신이 맺고 있는 동맹들로 정의된다고 해서 그것이 곧 사물이 아무 설명도 없이 슬그머니 새로운 동맹을 맺을 수 있음을 뜻하지는 않는다는 것이다. 이 순간에 내가 나 자신의 동맹자들로 철저히 규정된다고 해서 이것이 내가 지금부터 일 년 후에, 일 주 후에 아니면 이틀 후에 새로운 동맹자를 만나기 위해 일련의 매개를 거쳐야 할 필요성을 면제해 주지는 않는다. 라투르의 시간 개념이 품고 있는 진의는 전적으로 기회원인론적인 것인데, 그렇지 않았다면 번역이 그의 철학의 주요한 주제로 대두되지 않았을 것이다. 라투르에게는 순간적인 상태를 상대적으로 단순한 추상물로 만들어버리는 '생성'의 흐름이 전혀 없는데, 요컨대 생성은 행위자들이 산출하는 것이지 전제로 하는 것이 아니다. 내가 라이프니츠식으로 나 자신의 미래 상태를 잠재적으로 품고 있지도 않은 이유는 내 현존이 자신의 바깥에 있는 것을 전혀 포함하지 않거나 '지향'하지 않기 때문이다. 그렇다고 하면 남을 속이는 일이 되는 이유는 라투르의 철학에서는 그 어떤 것도 자신과 다른 건 아무것도 포함할 수 없기 때문이다. 이와 같은 『비환원』의 기본 원리는 라투르의 후기 경력에서 절대 폐기되지 않는데, 결국 행위자가 한순간인 이유는 라투르에게는 행위자들의 바깥에 아무 시간도 없기 때문이다.

그러나 번역과 관련된 수수께끼가 몇 가지 있는데, 그것들은 모두 번역이 일어나는 매체와 관련되어 있다. 중성자와 정치가 서로 '지향'하는 것이 아니라 그것들을 연결하려면 졸리오가 필요하다고 거듭해서 언급되었다. 코스모스는 인간 졸리오들과 비인간 졸리오들의 집단인데, 그것들은 모두 다른 상황에서는 연결되지 않았을 존재자들을 연결한다. 여기서 발생하는 첫 번째 문제는 간단하다. 졸리오가 정치와 중성자를 연결하는 다리라면 졸리오와 이것들을 각각 연결하는 다리는 무엇인가? 정치가 중성자와 직접 접촉할 수 없는데도 졸리오는 어떻게 그것들과 직접 접촉할 수 있는가? 당연히 라투르의 대답은 졸리오가 그렇게 할 수 없다는 것이다. 중성자는 매개자들의 긴 연쇄를 거쳐야만 보이게 되는데, 그 연쇄는 중성자가 있음을 밝혀내는 과학 기구들로 완결된다. 그런데 졸리오는 그런 마지막 기구들과 어떻게 직접 접촉할 수 있는가? 어쩌면 졸리오는 자신의 눈, 신경계, 교육적 배경, 자신이 보는 것을 이해할 수 있게 하는 다른 수단을 거쳐 접촉할 수 있을 것이다. 하지만 우리가 아무리 멀리 물러나더라도 동일한 질문이 항상 반복될 수 있다. 그것은 중간 지점에 대한 고전적 비판, 즉 제논이 설정한 아킬레우스와 거북이의 경주와 닮았다. 누군가가 한 매개자에 이르려면 그 둘을 연결하는 다른 한 매개자가 필요하므로 먼저 그 둘을 연결하는 추가적인 중간 매개자에 이르러야 하고, 그렇게 계속해서 끝없이 이어진다. 시간은 순간들로 구성된다고 가정하는 이론 – 내가 라투르에게 귀속시키는 또 하나의 신조 – 에 대해서도 동일한 의문이 종종 제기되었다. 그런 지적들은 지당하다. 하지만 그것들은 해결되어야 할 문제일 뿐이지 기회원인론적 입장에 대한 철저한 논박은 아니다. 객체들의 원시적 전체와 시간의 원시적 흐름을 가정하는 대안 이론도 마찬가지로 심각한 어려움에 시달리는 이유는 그 이론이 전체가 어떻게 별개의 영역들로 분할되는지 분명히 설명할 수 없기 때문이다. 기회원인론의 양자화된 세계는 도약을 설명하는 데 어려움이 있는 반면에 전체론적 흐름이나 강도의 맥동을 상정하는 연속체 모형은 세계가 왜 지역들이 없을 정도로 녹은 단일한 전체가 아닌지 설명해야 하는 문제가 있다. 매력적인 해결책은 두 양상 중 어느 것도 희석하지 않으면서 그 둘을 모두 고려하는 우주 모형일 것으로 보인다.

두 행위자 사이에 무한히 많은 매개자가 있어야 하는 상황에 반대하여 제기된 의문은 그저 논쟁에서 이기려고 고안되었을 뿐인 잘난 체하는 책략이 아니다. 오히려 그것은 기회원인론적 인과관계의 중심 문제를 언급한다. 말하자면, 오로지 간접적인 연결만 있을 수가 없는 이유는 이것은 두 지점 사이에 매개자들이 무한히 많이 있어야 하는 터무니없는 상황으로 환원될 것이기 때문이다.[18] 결국에는 직접 행동할 수 있는 무언가가 있어야 한다. 우리가 항상 자유롭게 문제를 무시하고

---

18. 필자가 항상 더 작아지는 블랙박스의 무한 퇴행을 이미 승인했다는 사실을 고려하면, 독자는 이 상황이 매우 유해하다고 생각되는 이유를 궁금해할 것이다. 하지만 그 퇴행은 그저 기묘할 뿐인데, 요컨대 그것은 어떤 알려진 사실과도 모순되지 않는다. 그렇지만 어떤 두 지점 사이에 매개자를 무한히 적용하는 것은 알려진 사실과 모순되는데, 결국 존재자들은 무한한 중개점들의 안개 속으로 증발하기보다는 오히려 서로 영향을 미친다.

단순히 실용적인 근거에 따라 나아간다는 것은 사실이다. 눈이 멀거나 미쳐서 과학적 능력이 저해되지 않는 한 졸리오의 눈과 신경계는 1930년대 프랑스에서 과학과 정치를 잇는 어떤 연결과도 상당히 무관한 듯 보인다. 그러므로 우리는 대부분의 경우에 그것들을 무시할 수 있다. 하지만 이 방법은 과학사회학의 경우에는 충분하지만, 형이상학의 경우에는 허용될 수 없다. 객체들이 상호작용하는 방식을 알아내려고 시도하고 있다면 '사실상'이라는 낱말은 해법 일부가 될 수 없다. 우리는 객체가 마지막으로 닿는 정확한 지점에 대하여 불가지론적 입장을 견지할 수 없다. 졸리오가 마지막으로 무언가와 접촉하게 하는 어떤 매체가 존재해야 한다. 말하자면 어딘가에서 매개가 직접성으로 대체되어야 한다. 이미 살펴본 대로 라투르는 신이나 인간의 마음을 모든 직접적인 접촉이 일어나는 자리로 삼는 저렴한 해법을 피하는데, 요컨대 그의 모형은 인과관계가 세속적이고 국소적이며 다원적이기를 요구한다. 이런 까닭에 사물이 마지막으로 접촉하게 되는 국소적 현장을 찾아내는 것이 필요하다. 이 책의 마지막 장에서 나는 두 행위자가 제삼자의 내부에서만 접촉할 수 있을 뿐이라는 해법을 제시할 것이다. 중성자와 정치는 졸리오의 에테르 안에서만 만나는데, 여기서 그가 둘 다와 직접 접촉하는 이유는 그것들이 이미 졸리오-언어로 번역되었기 때문이다. 이것이 내가 '대리적 인과관계'의 문제라고 불렀던 것인데, 그 이유는 두 행위자가 제삼자를 통해 대리적으로 연결되기 때문이다.

두 번째 문제는 첫 번째 문제에서 직접 비롯된다. 중성자와 정치는 서로 작용하기 전에 졸리오에 의해 이미 연결되어야 하므로 그것들의 상호작용이 도대체 왜 지연되었는지에 대한 더 명료한 관념이 먼저 필요하다. 결국 정치와 중성자는 졸리오가 그것들을 연결하기 전 몇 년 동안 둘 다 그의 삶 일부였기에 그가 그 둘을 연결하는 데 성공하든 실패하든 간에 둘 다 여전히 그의 삶 일부일 것이다. 그것들을 양립할 수 있게 만들려면 작업을 수행해야 하지만, 졸리오가 이미 둘 다에 접속할 수 있으므로 그것들은 모두 졸리오의 삶 일부라는 사실만으로 조잡한 유형의 양립 가능성을 미리 성취하였다. 두 행위자가 더는 나 자신의 삶에 병립하고 있는 별개의 영역이 아니라 서로 함께 연결되도록 그들에게 작용한다는 것은 무엇을 뜻하는가? 예를 들면, 이 책의 목표들 가운데 하나는 라투르와 하이데거를 결합하는 것이다. 이 과업이 쉽지 않은 이유는, 라투르는 하이데거를 좋아하지 않고, 하이데거는 라투르를 좋아하지 않았을 것이며, 그들의 독자층에서 겹치는 사람은 소수에 불과하기 때문이다. 그들의 접점이 글에서 언급될 만큼 충분히 명료해지기 전 여러 해 동안 둘 다 내가 애호한 사상가였다. 이 책이 대단히 성공함으로써 라투르와 하이데거가 소수의 임의적 정신이 애호할 뿐인 두 명의 저자에서 공개적으로 전혀 의심할 여지가 없이 확고하게 연결된 인물들로 전환된다면 무슨 일이 일어나는가? 좋은 매개자는 자신이 연결하는 항들이 서로 다소간 직접 흐를 수 있게 하면서 사라지는 경향이 있을 것이다. 그러므로 다리가 마침내 완공되면 공학자들과 도급업자들의 중요성이 사라지는 것과 꼭 마찬가지로, 라투르와 하이데거가 성공적으로 연결되면 연결의 매개자는 점점 더 상관없게 될 것이다. 졸리오가 중성자와 정치를 연결하는 데 성공하더라도 그는 대체로 연결 결과를 통제할 수 없을 것이다. 졸리오는 실패할 수도 있을 것인데, 이 경우에는 두 행위자가 그의 마음속에 여전히 병립하고 있어서 결합할 수 없을 것이다. 이 상황은 행위자들이 더 직접 접촉하기 전에 매체 속에서 이미 인접해 있음을 뜻하기 때문에 이것은 '완화된 인과관계'의 문제라고 부를 수 있다. 사물들은 서로 결합하기 전에 같은 매체 속에서 공존하는데, 이 상황은 모든 인과적 관계가 순식간에 일어나지 못하게 하고 세계에는 놓친 기회들이 산재함을 보증한다. 사실상 '놓친 기회들의 현장'이 내가 상상할 수 있는 공간에 대한 최선의 규정이다.

세 번째이자 마지막 문제는 동맹이 대칭적이라는 라투르의 견해, 즉 파스퇴르는 세균을 부각하고 세균은 반작용으로 파스퇴르를 부각한다는 견해에서 비롯된다. 이런 대칭성에 대한 동기는 두 행위자가 인간/세계 간극을 똑같이 건너가게 함으로써 인간/세계 분리를 없애 버리고 싶은 칭찬할 만한 소원이다. 하지만 이런 대칭성은 때때로 나타나지만 항상 나타나는 것처럼 보이지는 않는다. 능동태와 수동태가 불가역적인 경우가 있을 것인데, 단지 태양은 우리에게 영향을 대단히 크게 미치고 우리는 태양에 거의 영향을 미치지 못한다는 명백한 의미에서가 아니라, 한 사물이 호혜적으로 아무 영향도 전혀 받지 않으면서 다른 한 사물에 영향을 미칠 수도 있을 것이라는 더 절대적인 의미에서 말이다. 소수는 가우스나 리만 식으로 그것에 영향을 미치는 기술이 전혀 없는 사람을 사로잡을 수도 있다. 죽은 사상가들은 우리 모두에게 영향을 미치는데, 우리는 현재 그들의 저작이 해석되는 방식에는 영향을 미칠 수도 있지만 고인들에게는 영향을 미칠 수 없다. 라투르에게는 이런 종류의 비대칭성이 불가능한데, 라투르에 따르면, 한 사물이 다른 한 사물과 동맹을 결성하면 후자는 당연히 전자와 동맹을 결성하게 되므로 동맹은 그들을 모두 변화시킨다. 하지만 비대칭성은 예외라기보다는 규칙일 것이다. 두 사물이 호혜적으로 서로 영향을 미친다면, 이 사태는 한 가지가 아니라 다르지만 동시에 형성되는 두 가지 인과적 관계의 사례인 것으로 판명될 것이다. 이 문제는 '비대칭적 인과관계'라고 부를 수 있다.

그 세 가지 문제는 내가 어떤 다른 객체, 즉 어떤 더 큰 블랙박스의 내부라고 주장하는 관계들의 매체에 관하여 숙고할 때 타개된다. 두 행위자는 제삼자의 마음에서 **대리적으로** 연결된다. 두 행위자는 그들의 접점이 형성되기 전에 단기적이거나 장기적으로 제삼자의 마음에서 만나야 하므로 서로 **직접 접촉하지 않는다.** 그리고 마지막으로 두 행위자는 이 매체에서 대등한 자격으로 만날 것처럼 보이지만, 한 실재적 객체는 다른 한 실재적 객체의 그림자를 만날 뿐이어서 영향이 한 방향으로만 비대칭적으로 미치게 된다. 요약하면, 어떤 두 행위자 사이에는 매개하는 객체가 항상 필요하고, 게다가 그 매개자와 접촉하는 데 어떤 매개자가 필요하므로 이런 상황이 무한히 이어진다. 따라서 세계는 객체들 외에 직접적인 접촉이 이루어질 수 있는 비객체적인 기체, 즉 플라스마로 가득 차 있어야 한다. 그런 플라스마는 객체 자체의 내부에서 발견된다.

E. 우주론

이 장은 라투르의 성좌가 천정에 자리 잡고 있을 것이라고 짐작되는 2050년의 시대정신에 따라 쓰였다. 그것은 여러 시간 동안 마음속으로 탐사할 가치가 있고, 심지어 실천에 옮길 가치가 있는 유쾌한 풍경이다. 하지만 낙원 같은 것은 존재하지 않는데, 이를테면 이파네마의 해변과 고아 팔로렘의 야자수가 늘어선 작은 만도 어느 날 무언가가 빠져 있다는 느낌으로 어두워질 것이다. 이 장은 2050년에 라투르의 후예들이 상황을 조금 더 밀어붙이고 싶을 몇 가지 논점을 다루었다. 첫째, 행위자 자체에서 발생하는 균열을 서술할 필요가 있었다. 사물은 다른 행위자들과 겨루는 것일 뿐 아니라 자기 자신의 네 가지 차원 사이에서 갈등하는 것이기도 한데, 이를테면 객체는 자신이 맺고 있는 관계와 분리되어 있고 자신의 성질과도 분리되어 있다. 둘째, 유물론이 라투르의 비판으로도 아직 매장되지 않았다는 느낌이 있었던 이유는 유물론과 관련된 진짜 문제는 관념론이 아니라 그것의 은밀한 관계주의이기 때문이다. 마지막으로, 번역이 이루어지는 매체의 문제, 즉 객체들이 어떻게 제삼자의 이글거리는 내부 핵심에서 서로 접촉하지 않으면서도 만날 수 있는가라는 문제가 있었다.

그러나 라투르가 언급하지 않는 우주론에 관한 어떤 논점들도 빠져 있는데, 사실상 라투르만 침묵하는 것은 결코 아니다. 우리가 이해했듯이, 『우리는 결코 근대인이었던 적이 없다』는 세계와 인간 사이의 칸트적 간극을 완전히 허물어버렸다. 그런데 이 간극의 유명한 결과들 가운데 하나는 칸트가 형이상학의 전통적 물음들을 모두 제거했다는 것이다. 사후의 생은 있는가? 모든 것은 순전히 결정된 것인가, 아니면 우주 기계에 우연의 불꽃들이 있는가? 필연적인 존재자가 있는가, 아니면 모든 존재자는 우연적인가? 칸트의 코페르니쿠스적 혁명이 결정한 대로 그런 물음들은 이제 물리학에 맡겨지거나 아니면 개인적 기도와 고백에 맡겨진다. 철학이 이런 의문들을 꺼리며 인간 성채에 숨어버리는 한편으로 철학이 떠날 권리가 있는지를 두고 논쟁이 벌어지는데, 우선 인간 성채 너머에는 아무것도 없다고 성급하게 주장하는 소수의 사람이 있다. 최근에 출판된 철학서를 임의로 집어 들면 세계에 대한 인간 접근이 갖는 한계를 우유부단하고 건조한 서술 방식으로 표현하고 있음을 다분히 알아챌 것이다. 하지만 최근에 출판된 물리책을 임의로 집어 들면 온갖 종류의 것들 ─ 우주의 창조와 파괴, 평행 세계의 현존, 우연과 필연, 숨은 공간적 차원, 시간 여행, 삼차원이라고 믿도록 현혹하는 이차원 홀로그램 ─ 에 대한 현란한 사변이 전개됨을 알게 될 것이다. 역사서를 집어 들면 수없이 많은 행위자 ─ 장군, 노예, 광물, 곡물, 동물, 세균 ─ 가 놀라운 것들을 교환하고 있음을 알게 될 것이다. 대부분 지식인이 경멸하는 뉴에이지 운동도 인간이라면 누구에게나 흥미로운 주제들 ─ 사후의 생, 환생, 꿈의 의미, 인간과 동물을 통합하는 정령, 우리 생에 난입하여 미래를 암시하는 징조, 다수의 개인에게서 작동하는 공통의 원형들 ─ 에 관하여 사색한다. 물음들이 항상 너무 구체적이어서 칸트적 간극이 매끈하게 작동할 수 없는 라투르 자신의 전문 영역에서는 모든 가능한 객체에 관한 연구가 수행된다. 하지만 이른바 '제1철학'은 여전히 마비 상태에 있고 그 마비의 근원은 명료한데, 바로 단일한 인간/세계 간극에 대한 강박이다. 열렬한 철학 독자인 내가 서점에서 철학이 **아니라면** 어떤 분야도 괜찮다고 여길 지경까지 이르렀다. 인간 감옥의 벽에 대한 최근의 측정보다 소금의 특성이나 해적과 인도 공주의 사랑 이야기에 관하여 읽는 것이 훨씬 더 낫다. 가장 중요한 사실은 이렇다. 철학이 **지루한** 것이 되어 버렸다. 브뤼노 라투르가 외부에서 왔다는 사실은 거의 놀랍지 않은데, 바람이 휘몰아치는 철학의 사막에서는 라투르가 결코 출현할 수 없었을 것이다. 과학은 **정말** 생각하고, 게다가 수학, 역사, 인류학, 문학, 정치, 종교, 밀교도 그렇다. 문제는 철학이 그것들에 합류하기를 원하느냐는 것이다.

퀑탱 메이야수로 잠깐 돌아가자. 그의 책에서 또 하나의 상쾌한 순간은 "우리는 누구인가?" 그리고 "우리는 어디에서 왔는가?"라는 물음들을 옹호하는 거의 끝부분에 있다.[19] 우리 시대에 이런 물음들은 초심자에게는 진지함의 매력적인 징표로 용인되지만 숙련된 철학자라면 누구나 제기하기를 꺼릴 것이다. 그 물음들은 소박함의 징후나 두서없는 훈련의 증거로 여겨진다. 많은 철학자는, 교회나 요가 모임에서 물리학의 대중서를 읽는 동안에, 아니면 모든 사람에게 그런 의문들이 몰려오는 한밤의 외로운 시간에, 은밀히 그런 의문들을 여전히 생각한다. 하지만 1781년의 '지적 뮌헨'으로 물러난 지 오래된 분과학문인 진지한 철학의 저작들에서 그런 의문들이 나타나는 경우는 거의 찾아볼 수 없다. 그런데 메이야수의 경탄할 만한 견해는 그런 의문들이 실재적이라는 점이다. 본원적 우연성에 관한 메이야수 자신의 이론에는 그 의문들이 대답할 수 없는 문제라는 견해가 수반되지만, 이런 견해 자체가 그 의문들이 일반적으로 접하게 되는, 만사를 알고 있다는 듯 능글맞게 웃는 표정이라기보다는 하나의 대답이다.

라투르는 인간-세계 간극을 행위자들의 민주주의로 대체함으로써 코페르니쿠스적 전환의 대들보를 무너뜨렸다. 그다음 단계는 칸트적 간극이 위력을 발휘하고 있던 상황에서는 대답할 수 없는 것처럼 보였던 사변적 의문들을 되살리는 일

---

19. Meillassoux, *Après la finitude*, p. 151. [메이야수, 『유한성 이후』.]

일 것이다. 우리는 라투르가 단순한 것들은 존재하지 않고 합성물들만이 존재할 뿐이라고 암시함으로써 이율배반들을 거역함을 이미 이해했다. 더 밀어붙여서 칸트의 다른 부당한 주제들에 대한 태도를 보이고자 시도하는 건 어떤가? 형이상학의 전통적 의문들을 모두 재생시키자는 운동을 추진하는 건 어떤가? 객체들의 무한소급에 대한 태도를 보일 수 있다면 객체들은 결국 멈추게 됨을 시사하는 반증도 환영할 것이다. 그 문제가 결정 불가능한 것으로 판명되더라도 이것은 칸트의 인간-세계 균열과 전적으로 다른 이유에서 비롯되어야 한다. 최초의 목표는 남아 있는 이율배반들 — 자유 또는 필연, 시간과 공간의 무한성 또는 유한성, 필연적 존재자의 현존 또는 비현존(이 문제에 대하여 메이야수는 '아니요'라는 답을 의기양양하게 내놓는다) — 을 모두 재생시키는 것이어야 한다. 1781년 이래로 줄곧 이 의문들에 대한 불가지론적 태도가 가장 적절한 철학적 미덕으로 여겨졌다. 하지만 새로운 시대의 정신은 불가지론을 악덕으로 여겨야 한다. 형이상학은 더 훌륭한 공학과 더 현대적인 재료를 갖고서 뉴올리언스가 재건될 수 있었던 방식으로 재건될 수 있다.

7장

객체지향 철학

이 책은 라투르를 객체지향 철학자의 선구자로 서술했다. 이 책의 마지막 장에서 내가 이 서술이 의미하는 바를 분명히 하고자 시도하는 이유는 '객체'가 많은 사람에게 다양한 것을 의미하기 때문이다. 객체라는 용어에 대한 가장 전형적인 견해는 인간 주체에 대립하는 건 무엇이나 객체라는 것인데, 이런 의미에서의 객체는 그것에 대한 인간 접근과 무관한 진정한 실재를 가리키는 '실재론적' 개념일 것이다. 하지만 에드문트 후설의 사례에서 볼 수 있다시피, 이 의미는 너무 제한적이어서 '객체'의 모든 의미를 포괄할 수는 없다. 후설이 결코 실재론자가 아닌 이유는 그가 실재적 세계를 자신의 철학이 고려할 대상에서 제외하기 때문이다. 그런데도 후설이 여전히 객체지향 철학자인 이유는 후설의 주저들에 대한 가장 피상적인 독법도 객체가 후설의 가장 중추적인 개념들에 속함을 드러내기 때문이다. 후설에게는 객체가 변화하는 일련의 우유적인 외면적 표현에 맞서는 통일체인 이유는 우리가 어떤 집을 어느 방향에서 보든 얼마나 떨어져서 보든 간에 그 집은 같은 집이기 때문이다. 그리고 두 번째 의미에서의 집은 자신의 **본질적인** 성질들에 맞서는 관념적 통일체인데, 그 이유는 그것의 비우유적인 성질들을 모두 합하더라도 마찬가지로 그 집에 도달할 수 없기 때문이다. 그렇다면 후설에게서 객체지향 관념론의 기묘한 사례가 나타난다.

어떤 비실재론적 철학도 객체를 온전히 다룰 수 없다는 것은 사실이지만, 후설이 대부분의 실재론자보다 객체의 철학에 더 크게 기여했다는 아이러니한 사실은 여전히 남는다. 그 이유를 이해하기는 어렵지 않다. 실재론자는 주로 인간 마음의 바깥에 있는 세계의 현존을 단언하는 데 관심이 있다. 더욱이 일단 실재론자가 이 논증을 이해시켜서 자신의 논점이 입증되었다고 느낀다면 실재론자는 객체가 그냥 불분명한 물리적 덩어리로 인간 지식의 바깥에 자리 잡게 되는 것에 너무나 자주 흡족해하는데, 아무튼 관념론을 약화함으로써 자신의 철학적 소명은 이미 달성되었다. 하지만 관념론자가 세계에 대한 인간 접근이라는 협소한 문제에 스스로 갇힌다는 점을 고려하면, 관념론자는 새로운 특질들과 새로운 균열들을 찾아냄으로써 이런 인간 영역의 **내부**에서 더 열심히 작업할 수밖에 없다.

A. 객체에 접근하는 급진적 방식과 보수적 방식, 양극화된 방식

'객체'라는 낱말의 어떤 의미를 고려하든 간에 그것은 항

상 어떤 통일성과 자율성을 갖추고 있는 것을 가리킨다. 객체
는 일자이어야 하고, 게다가 자신이 아닌 어떤 것과도 무관한
일종의 독립성도 갖추고 있어야 한다. 객체는 인간에 대한 자
신의 표현뿐 아니라 어쩌면 자기 자신의 우유적인 것이나 관
계, 성질, 국면, 조각에서도 떨어져 따로 서 있다. 더욱이 객체
가 자신이 맺고 있는 관계들을 넘어서는 한 그것이 하나의-전
체-로서의-세계를 상정하는 어떤 일원론과도 따로 서 있어야
하는 이유는 이런 종류의 균일한 우주가 가장 급진적인 형태
의 관계주의, 즉 방대한 전체론적 스튜에서 모든 것이 다른 모
든 것에 용해된다는 견해를 제시하기 때문이다. 그런데 좋은
이유가 제시된다면 객체와 앞에서 언급된 여타의 용어 사이의
어떤 구별도 역시 거부될 수 있다. 사실상 첨단 철학들은 대부
분 방금 언급된 한 가지 이상의 차이를 부정하는 것으로 정확
히 판별된다. 객체는 그것에 대립하는 용어들 가운데 한 가지
이상과 구별되지 않는다는 주장을 가리키는 데 '급진적 철학'
이라는 어구를 사용하자. 이런 주장은 가능한 급진적 철학들
의 풍경을 즉각적으로 그려낸다.

1. 객체와 주체의 구별을 부정하는 급진적 입장. 버클리는
이미 본질을 지각으로 환원했지만, 주체/객체 구별에 대한 더
유명한 부정은 피히테와 헤겔에게서 나타난다. 그들에게 칸트
의 물자체가 무용지물인 이유는 그것이 오로지 사유에 의해
서 사유의 바깥에 놓여 있는 것으로 상정되기 때문이다. 오늘

날 지젝에게서 비슷한 태도를 찾아낼 수 있는데, 그에게 실재계는 인간이 접근할 수 없을 정도로 배치된 것이 아니라 오히려 인간 주체 자체에 의해 자기 자신의 구성적 결여로 상정되는 것이다.

2. 객체와 관계의 분리를 부정하는 급진적 입장. 이 극단적인 입장은 화이트헤드(그리고 나중에 라투르)에게서 나타나는데, 이를테면 현실적 존재자를 시간과 공간에서 모험을 겪는 지속적인 단위체로 언급하는 것은 화이트헤드에게 아무 의미도 없다. 존재자는 다양한 다른 존재자를 '파악'하거나 그들과 관계를 맺고, 게다가 존재자는 이런 파악들로 철저히 규정된다. 사물에는 이런 관계들을 모두 넘어서는 것이 있다고 주장한다면 화이트헤드는 상정된 이 기체를 공허한 현실태라고 부를 것인데, 그는 순전히 의도적으로 '공허한'이란 낱말을 모욕적 표현으로 구사한다.

3. 원시적 전체를 지지하고 실제 세계 안에 개별적인 자율적 존재자들이 있음을 부정하는 급진적 입장. 이 입장은 사물을 자신이 맺고 있는 관계들로 환원하는 두 번째 급진적 입장의 극단적인 변양태일 뿐이다. 사물이 관계를 더 많이 맺을수록 그것의 독립성은 더욱더 약화하므로 단 하나의 균일한 덩어리라는 극한적 경우에 더욱더 가까이 접근하게 되는데, 마침내 우주는 불길하게 웅성거리는 통일체로 존재한다. 만물은

현실적인 것보다 더 깊은 층위에서 어떤 종류의 통일성을 갖추고 있음을 암시함으로써 사물들의 소통과 관련된 진짜 문제는 태평스럽게 제거된다. 그런 입장의 초기 사례들은 파르메니데스(이성이 밝히듯이 각기 다른 개체들은 감각이 빚어낸 비실재적 상상물이다)에게서든, 아낙시만드로스(지금 특정한 사물들 사이에 나타나는 차이는 결국 하나의 통일된 아페이론으로 사라질 일시적이고 부당한 것이다)에게서든, 피타고라스(실재는 원래 분화되지 않은 아페이론이었는데 공허를 흡입하고 나서야 비로소 산산이 부서졌다)에게서든, 아낙사고라스(최초의 아페이론은 누스, 즉 정신에 의해 회전하게 됨으로써 산산이 부서졌다)에게서든 간에 일부 소크라테스 이전 철학자들에게서 찾아볼 수 있다. 더 최근의 일례는 조르다노 브루노의 『원인과 원리, 통일성』에서 찾아볼 수 있는데, 브루노에게 만물은 하나의 통일된 원시 물질에서 솟아오른다. 스피노자의 『에티카』가 같은 비난을 초래하는 이유는 그의 속성과 양태가 단 하나의 신성한 실체에 속하기 때문이다(이 관계는 오늘날 스피노자의 더 세련된 독자들이 반전시키지만, 스피노자 철학의 풍경은 여전히 개체들에서 벗어나 있다). 이런 사례들은 20세기 프랑스 사상에서도 나타난다. 『존재에서 존재자로』에서 에마뉘엘 레비나스는 웅성거리는 원초적 있음〔일리야 il y a〕을 상상함으로써 아낙사고라스를 상기시키는데, 인간의 의식만이 일리야를 특정한 덩어리들로 실체화한다. 훨씬 더 최근에 장-뤽 낭시[1]는 세계를 자신의 부분들 사이에 이루어지는 상호작용들에 의해서만 부각되는 무형의 '무엇'으로 여기는 놀라운 이론을 시도했다.

4. 객체와 그것의 변화하는 우유적인 것들의 구별을 부정하는 급진적 입장. 이 논점에 대하여 급진적 태도를 보이는 저명한 사상가는 라투르 외에 적어도 네 사람이 떠오른다. 한 사람은 데이비드 흄인데, 그는 객체가 마음에 의해 습관적으로 연합되는 성질들의 다발을 넘어서는 무언가로 존재함을 부정하는 것으로 유명하다. 다른 한 사람은 알랭 바디우인데, 그는 어떤 독자적인 고유한 통합성 때문이 아니라 하나로 **여겨진다**는 바로 그 이유로 단위체가 되는 '정합적인 다양체들'이 세계를 구성한다고 생각한다. 그런데 다른 일례는 후설의 스승인 프란츠 브렌타노가 나중에 취한 '사물주의'적 입장에서, 특히 『범주론』이라는 논문 모음집에서 찾아볼 수 있는데, 여기서 사물은 단지 본질적 특질들을 품고 있는 어떤 한정된 내부 성소를 포함하고 있는 것이 아니라 자신의 **모든** 특질을 전부 포함하고 있다고 한다. 브렌타노의 사물주의에서는 우연히 흰옷을 입고 앉아서 포도주를 마시는 현재의 소크라테스보다 더 깊고 지속하는 소크라테스-핵이 전혀 존재하지 않는다. 다른 유명한 일례는 라이프니츠인데, 그는 태초 이후 미래의 모든

---

1. Jean-Luc Nancy, "Corpus", trans. Claudette Sartiliot, in *The Birth to Presence*, trans. B. Holmes & Others, Stanford, Stanford University Press, 1993.

사건을 모나드들 속에 본원적으로 압축한다. 루비콘강을 건너는 카이사르는 우유적인 것이 아니었고, 내가 오후 3시 17분이 아니라 3시 14분에 자판으로 이 낱말들을 입력하고 있는 사실도 우유적인 것이 아니며, 내가 단지 50개국이 아니라 56개국을 여행했다는 사실도 우유적인 것이 아니다.

5. 객체가 자신의 성질들과 다름을 부정하는 급진적 입장. 이 논점은 우유적인 것에 관한 논점 4와 비슷하지만, 마음이 경험하는 성질들의 층위라기보다는 오히려 실재 자체의 층위를 가리킨다. 버트런드 러셀[2]이 이 논점에 대하여 때때로 급진적인 태도를 보이는 한 인물인데, 그는 전형적인 성질들 외에 '실체'라고 불리는 무언가가 존재함을 부정한다.

6. 지향적 객체가 자신의 후설적 형상 — 지향적 객체가 그런 것으로 지향되는 데 필요한 본질적 성질들의 **총합** — 과 다름을 부정하는 급진적 입장. 후설의 불충한 팬은 본질적 특질들을 넘어서는 객체를 상정하는 데에는 아무 목적도 없다는 이유로 이런 급진적 입장을 지지할 것이다.

7. 객체가 자신의 조각들과 다름을 부정하는 급진적 입장. 이 입장은 고전적인 과학적 환원주의다. 이 유형의 급진파에

---

2. Bertrand Russell, *The Analysis of Matter*, London, Kegan Paul, 1927.

게 더 높은 층위의 객체는 자신을 구성하는 매우 작은 물질적 구성 요소들을 넘어서는 창발적 실재가 아니다. 많은 사람이 의식도 그것을 구축하는 물리적 미세입자들로 환원될 수 있다고 말할 지경까지 나아간다. 의식이 환원될 수 있음을 부정하는 사람들 사이에서도 **물리적 사물들은 모두 미세입자들로 환원될 수 있다**고 여전히 생각하는 사람들〔데이비드 차머스와 갈렌 스트로슨 같은 사람들〕이 많이 있는데, 요컨대 의식은 환원될 수 없더라도 탁자는 그것을 구성하는 쿼크들과 전자들을 넘어서는 무언가가 아닐 것이다.

이런 접근방식들은 모두 어원적 이유로 '급진적'이라고 불린다. 모든 입장이 새롭고 뜻밖의 것이라는 의미에서 급진적인 것은 아니지만, 모두 다 단일한 **뿌리**radix, 실재 전체의 뿌리를 밝히려고 애쓰고 있다. 그것들은 서로 대립하는 건 무엇이든 근원적인 것과 파생적인 것으로 나눈 다음에 모든 것을 두 대립항의 하나로 붕괴시켜서 역설처럼 보이는 사태를 해결한다.

방금 언급된 일곱 가지 급진적 철학은 모두 통합적이고 자율적인 객체를 반동적 정신이 상정한 상상물이라고 추방하면서 객체를 성질들의 다발이나 인간 욕망의 투영물, 기능적/환경적 효과, 아원자 입자, 생성의 원시적인 통일된 자궁으로 교체한다. 그런 급진적 자세와는 대조적으로 애초의 대립을 급진적으로 한 항으로 환원하기보다는 그대로 내버려 두지만, 두 항이 서로 관계하는 방식을 적절히 설명하지 못하는 주요한 단점이 있는 학설들을 가리키는 데 '보수적 철학'이라는 표현을 사용하자. 보수적 접근방식의 사례들은 음/양 양극성, 몸/마음 이원론, 실체/집합체 구별, 사실/가치 대립, 생물/무생물 균열, 현상계/본체계 분리, 완전한 형상과 동굴 그림자 사이의 플라톤적 간극일 것이다. 이 이론들은 모두 혁신적이라는 의미에서 당대에는 '급진적'이었지만, 우주를 단일한 뿌리로 환원하려고 애쓰는 이론은 하나도 없다. 오히려 각각의 이론은 어떤 종류의 넘어설 수 없는 이원성을 제시하므로 여기서 규정된 의미에서 '보수적'이라고 할 수 있다. 그 이유는 이 이론들이 모두 이야기의 양쪽을 효과적으로 연결하지 못하는 손실을 보더라도 그 양쪽을 모두 보존하려고 애쓰기 때문이다.

대부분의 철학적 문제에 대한 취급방식들은 대체로 급진적 전략과 보수적 전략 중 어느 하나를 채택한다(게다가 대다수 사상가는 어떤 논점들에 대해서는 급진적이고 어떤 논점들에 대해서는 보수적이다). 그러므로 일의적 객체를 어떤 다른 설명항으로 용해하는 어떤 급진적 접근법도 거부한다면, 코스모스의 진부하고 반동적인 분리들을 비준하는 어떤 종류의 보수적 형이상학에 자동으로 빠져드는 것처럼 보일 것이다. 결국 객체를 옹호하는 것은 본체에 대한 헤겔의 급진적 공격이나 실체에 대한 흄의 급진적 공격, 공허한 현실태에 대한 화이트헤드의 급진적 공격, 유령 같은 마음에 대한 처칠랜드의 급진적 공격, 실체적 형상에 대한 브루노의 급진적 공격을 거부함을 뜻한다. 따라서 객체와 관련된 양극화들을 모두 진지하게 고려해야 한다고 역설한다면 이는 지루한 상식의 편을 들고 있는 것처럼 보일 것이다. 하지만 이것이 곧 상식의 편을 들고 있는 것이 아닌 이유는 양극화의 두 대립항이 어떻게 상호작용할 수 있는지를 분명히 보여주려고 노력하기 때문이다. 급진적 태도는 항상 "S에는 P 이상의 것이 전혀 없다"라고 말하는 것이지만, 우리의 상반된 태도는 "S에는 P 이상의 것이 항상 있다"라고 역설하는 것이다. 객체지향 철학은 '더 이상의 무언가'를 의기양양하게 옹호하는 변론이다. 더욱이 보수적 태도가 "세계는 대립적인 S-항들과 P-항들로 구성되어 있다"라고 말하는 것이라면, 이쪽 항이 저쪽 항에 어떻게 새겨지느냐는 문제를 절대 잊지 말아야 한다. 다르게 진술하면, 급진적 철학이 우주의 대립자들이 소통하는 데 아무 문제가 없다고 생각하는 이유는 만물이 궁극적으로 같은 본성을 갖추고 있기 때문이다(흄의 회의주의가 전형적인 보기인 이유는 그의 철학을 차지하고 있는 모든 것이 인상에서 비롯되기 때문이다). 반면에 보수적 철학은 존중받아야 하는 절대적 간극이나 이원성이 있다고 생각하고, 게다가 그런 간극이나 이원성은 일반적으로 그냥 서술되거나 아니면 명령으로 해결된다(기회원인론이 전형적인 보기인 이유는 서로 단절된 모든 존재자와 모든 순간이 신이 불가사의하게 개입하고 나서야 서로 연결되기 때문이다).

칸트는 자신의 선행자들을 '합리주의자'와 '경험주의자'로 나눈 일로 널리 찬양받지만, 이것들은 세계 자체의 구조에 관한 두 가지 학설이라기보다는 오히려 세계를 아는 두 가지 방식(이성을 통하는 방식 아니면 경험을 통하는 방식)을 가리키는 용어일 뿐이다. 더 깊은 구별은 17세기에 경쟁한 대륙 학파와 앵글로–색슨 학파의 가장 정화된 형식들인 기회원인론('보수적')과 회의주의('급진적') 사이에 이루어지는 것이다. 이 개정된 용어 사용법 덕분에 선행하는 두 가지 철학 진영의 이른바 칸트적 종합이 결코 종합이 아니라 기회원인론 진영보다 회의주의 진영을 전적으로 지지함을 알 수 있다. 칸트의 철학에서는 알 수 있는 모든 것이 범주들로 관리되는 현상의 지위로 철저히 환원된다. 칸트에게 유일하게 보존되는 이원성은 인간과 세계 사이에 놓여 있는 것이다. 기회원인론자는 솜과 불 사이에 또는 빗방울과 목재 사이에 벌어진 간극을 유지하자고 대담하게 주장하는 반면에, 칸트는 그런 비인간 관계들을 전부 철학의 바깥에 남겨 둔다. 칸트는 이쪽에 있는 인간들과 저쪽에 있는 다른 모든 것 사이에 허약하고 미세한 기회원인론적 간극만을 유지한다. 피히테가 칸트에게 남아 있는 이 같은 기회원인론의 찌꺼기를 퇴화한 흔적기관으로 여기는 것은 조금도 놀랍지 않다. 그러므로 물자체는 소박한 것으로 여겨져서 철학에서 쫓겨났다. 그리고 이런 식으로 오늘날 '대륙철학'은, 사실상 19세기의 활기찬 대륙적 선택지를 포기하고 흄과 칸트의 차이가 그리 크지 않은 회의주의적/급진적 합의를 거의 눈에 띄지 않게 끌어내서 분석적 사유에 합류한다. 모든 것이 세계에 대한 인간 접근의 문제로 환원되면서 비인간 관계들은 자연과학에 맡겨진다.

이와는 대조적으로 객체지향 철학의 방법은 급진적으로 회의주의적인 것도 아니고 보수적으로 기회원인론적인 것도 아니라 오히려 양극화된 것이다. 객체는 자율적 단위체로 존재하면서도 자신의 성질과 우유적인 것, 관계, 국면들로 환원될 수 없는 상황에서 이것들과 결합한 채로 존재한다. 이 항들이 어떻게 서로 변환될 수 있는지를 보여주는 것이 객체지향 사상가의 연금술적 과업이다. 세계는 기본적인 대립자들의 집합으로 구성되어 있는데, 그것들은 네 가지인 것으로 판명된다. 그 대립자들은 단일한 근본적 뿌리에서 비롯될 수 없지만, 그렇다고 해서 엠페도클레스의 공기, 흙, 불, 물과 같은 방식으로 서로 변환될 수 없는 불굴의 원소들로 존재하는 것도 아니다.

여태까지 객체지향 철학의 완벽한 영웅은 결코 존재한 적이 없다. (인간 주체, 관계, 덩어리-우주, 우유적인 것, 성질, 형상, 조각에 대한) 객체의 양극화들 가운데 일부는 다양한 사상가에 의해 유지되지만, 여타의 것을 부정하는 대가를 치르고서야 유지된다. 내가 생각할 수 있는 인물들 가운데 브뤼노 라투르가 이상적인 객체지향 영웅에 가장 가까운 인물이다. 그 이유는 라투르가 자신의 저작들에서 나타나는 엄청나게 다양한 구체적 객체와 더불어 양극화 접근방식이 요구하는 방식으로 두 가지 사물을 동시에 생각할 수 있기 때문이다. 한편으로 라투르의 행위소들은 자신의 전적으로 구체적인 상태에서 서로 단절되어 있으므로 그것들 사이의 간극을 이어

줄 매개자들이 필요하다('보수적'). 하지만 다른 한편으로 행위소는 자신이 다른 것들과 맺고 있는 관계들로 완전히 정의된다('급진적'). 내가 유일하게 제기하는 이의는, 라투르의 급진적 면은 지나치게 급진적이고 그의 보수적 면은 지나치게 보수적이라는 것이다. 라투르는 행위소를 철저히 관계적인 것으로 여기면서 그것의 어떤 본질적 핵심이 관계 뒤에 물러서 있지 못하게 함으로써 사물과 그것 자신의 특질들 사이의 분리를 인정하지 않는다. 더욱이 라투르가 무한히 이어지는 매개자들을 거쳐 모든 것을 분리함으로써(이를테면 졸리오와 정치, 졸리오와 중성자) 상호 소통이 불가능하게 만드는 이유는 매개자들이 접촉이 금지된 애초의 두 행위소(정치와 중성자)와 같은 배를 타고 있기 때문이다.

B. 관계들의 소용돌이에서 벗어나기

이제 몇 가지 과업을 살펴보자. 객체는 적어도 일곱 가지 대립항과 구별될 수 있으므로 이 대립자들을 더 명료한 방식으로 체계화해야 한다. 그다음에, 라투르가 어떤 의미에서 객체지향 철학자이고 어떤 의미에서 객체지향 철학자가 아닌지(모든 논점에 대하여 객체지향적이었던 철학자는 결코 존재한 적이 없다) 알려면 이런 갈등들 각각에서 그가 어느 쪽을 편드는지 정확히 짚어내어야 한다. 마지막으로, 왜 객체지향 접근법 또는 양극화 접근법이 각각의 상황에서 그것의 급진적 대안과 보수적 대안보다 우수한지도 설명해야 한다.

첫 번째 단계는 언급된 차이들 가운데 세 가지(객체 대 우유적인 것, 객체 대 국면, 객체 대 성질)는 객체 자체에서 나타나는 내적 분리를 가리키는 것이지, 객체가 어떤 다른 것과 맺고 있는 관계에서 나타나는 분리를 가리키지 않음을 알아채는 것이다. 나무는 그것에 대해서 우리가 경험하는 우유적인 윤곽과 다르다고 언급하거나, 경험되는 나무의 본질적 국면들(형상)과 다르다고 언급하거나, 누구와도 마주치지 않았을 때도 그 나무가 지닌 성질들과 다르다고 언급한다면, 이것들은 모두 실재적 나무나 지향적 나무의 **내부**에 있는 균열이다. 이런 구별들 가운데 어느 것도 라투르에게는 흥미롭지 않으므로 그것들은 당분간 무시해도 무방하다. 결국 존재자들의 절대적 구체성이라는 라투르의 원리에 따르면 단위체로서의 사물과 그것을 구성하는 다양한 특질들 사이에서는 어떤 구별도 도출될 수 없다. 이런 의미에서 라투르는, 사물이 자기 자신의 특질들과 긴장 관계에 있다는 후설의 모형보다 '성질들의 다발'이라는 경험주의적 이론에 더 가깝다. 객체 자체의 내부에 있는 이 세 가지 균열은 오로지 다음 절에서 다시 거론될 것이다. 이것들과 다르게도, 남아 있는 네 가지 차이(객체 대 덩어리-세계, 객체 대 인간 주체, 객체 대 관계, 객체 대 조각)는 단일한 객체의 **내부**에서 일어나는 분화가 아니라 객체가 다른 무언가와 맺고 있는 관계를 가리킨다. 그리고 이 논점들에 대한 라투르의 견해는 엇갈린다.

1. 라투르에게는 한낱 조각들에 불과한 개체들이 파생되어 나온 단일한 블록-세계라는 개념이 없음이 틀림없다(그가 플라스마를 형상화되지 않은 전체로 여기는 것처럼 보인다는 점을 고려하면 최근의 플라스마 이론은 예외로 할 수 있을 것이다). 사실상 라투르의 특정한 행위자들은 서로 단절되어 있다. 바로 이런 이유로 어떤 두 객체도 조금이라도 서로 접촉하려고 한다면 매개자가 있어야 하는데, 이것은 이를테면 파르메니데스에게서는 결코 듣지 못할 주장이다.

2. 틀림없이 라투르는 객체와 그것의 조각들을 진심으로 구별할 작정이다. 그가 뽀빠이와 파손된 전철 차량에도 쿼크 및 전자와 마찬가지로 철학적 권리를 부여한다는 사실을 고려하면 라투르를 과학적 환원주의자로 오인할 사람은 아무도 없을 것이다. 라투르에게 객체는 방대한 내부 드라마를 감추고 있는 블랙박스지만, 모든 상자의 바닥에 놓여 있는 매우 작고 개봉할 수 없는 미세박스들의 표면-효과에 불과한 것이라고 결코 여겨지지 않는다. 사실상 앞에서 나는, 라투르의 블랙박스 이론에 따르면 아무리 작은 것이라도 최종적이고 개봉할 수 없는 상자는 결코 없기에 무한 소급이 불가피하다고 추정했다. 그런데도 복잡한 거시-존재자가 라투르에게 진정한 창발적 실재가 되는 연유를 묻는다면, 그것은 그 존재자의 핵심에 내재하는 것이 아니라 다른 존재자들을 교란하는 일과 관련이 있는 것으로 판명된다. 다시 말해서, 지하철 열차가 단지

매우 작은 원자들의 파생적 집단이 아닌 이유는 그 열차가 자신의 성분 원자들로 설명할 수 없는 더 큰 규모의 지하철-효과를 다른 존재자들에 미치기 때문이다. 요약하면, 라투르는 창발이라는 기능적 개념으로 방향을 바꾸는데, 사물이 실재적인 것으로 드러나는 것은 그것이 외부 세계에 새로운 영향을 미칠 때이지 그 사물 자체에 있는 어떤 통합적인 창발적 실재 때문이 아니다. 이 사태는 라투르의 블랙박스 이론에 어떤 긴장을 초래한다.

3. 주체/객체 이원론에 대해서는 라투르의 입장이 약간 애매하다. 라투르에 대한 실재론적 비판자들은, 세균은 파스퇴르가 그것을 발견하고 나서야 존재했고 **파스퇴르에 대해서만** 파스퇴르보다 앞서 존재했다는 그의 주장을 라투르는 모든 실재를 인간 주체로 흡수한다고 추정할 근거로 여길 것이다. 더욱이 이런 비판자들은 라투르의 저작들에서는 검토 중인 네트워크가 무엇이든 간에 일반적으로 한 명 이상의 인간이 그것에 연루되어 있는 사실을 미심쩍어할 것이다. 라투르는 (화이트헤드와 다르게도) 사람들이 어디에도 등장하지 않는 장면에서 나타나는 무생물적 존재자들 사이의 관계에 대하여 거의 논의하지 않는다. 이런 까닭에 일부 비판가들에게 라투르적 물리학은 구상할 수 없는 것처럼 보일 것이다. 이런 비판가들에 맞서 라투르는 인간 접근과 독립적인 실재를 고려한다고 주장하는 두 가지 논점이 제기될 수 있다. 첫째, 해석은 인

간과 객체 사이에서 일어날 뿐 아니라 객체와 객체 사이에서도 일어난다고 역설하는 주장이 『비환원』(라투르의 핵심적인 철학적 저작)에서 제기된다. 둘째, 라투르에게 행위자는 그것에 대한 현재의 인간 접근으로 환원될 수 없다는 사실이 있는데, 요컨대 행위자는 저항한다. 행위자는 인간이 요청하는 일을 언제나 수행하는 것은 아니므로 이 사실은 행위자가 인간에게서 어느 정도의 자율성을 갖추고 있음을 뜻한다.

4. 그러나 다른 사물들과 맺는 관계의 문제에 대하여 라투르는 객체와 관계를 구별하고자 하는 어떤 시도에도 반대하는 지극히 급진적인 철학자다. 우리가 이해했다시피 라투르에게 사물은 그것이 다른 존재자들에게 일으킨 교란의 총합일 뿐이다. 사물에는 자신이 다른 사물들과 맺고 있는 관계들 배후에 숨어 있는 불가사의한 잔류물이 전혀 없다.

논점 4가 라투르가 객체지향 접근법에서 가장 분명히 벗어나는 상황이다. 내가 라투르를 옹호하는 변론을 즉시 반복할지라도 논점 3은 더 논의할 여지가 있다. 하지만 논점 1과 2는 라투르를 역사상 위대한 객체지향 철학자들 가운데 한 사람으로 입증하기에 충분하다. 라투르가 위대한 객체 이론가가 되는 것은 다음과 같은 두 가지 사항 덕분이다.

A. 라투르는 다양한 규모의 행위자들을 어떤 근원적 층위

의 물리적 질료로 환원하려고 하지 않는다. 전자, 탁자, 뽀빠이, 군대가 마찬가지로 객체인 점을 고려하면 라투르는 유물론자가 아니다. 앞의 논점 2에 의거하면 라투르는 매우 작은 미시-부분들을 위해 거대한 거시-행위자들을 제거하는 급진주의자가 아니다.

B. 동시에 라투르는 이 행위자들이 서로 단절되어 있다고 본다. 행위자들이 어떤 제3항을 매개자로 하여서만 서로 연결될 수 있는 이유는, 이를테면 졸리오가 정치와 중성자를 연결할 때 두 행위자가 모두 졸리오의 번역 행위가 일어나기 전에는 선천적으로 연결될 수 있는 것도 아니고 연결될 수 없는 것도 아니기 때문이다. 앞의 논점 1에 따르면 라투르는, 소통이 아무 문제가 없이 쉽게 이루어지는 원시적 전체이면서 '전개체적 특이체들' 또는 마찬가지로 모호하게 표현되는 어떤 다른 것들로 또한 분할되는 어떤 전체를 상정함으로써 꿩도 먹고 알도 먹으려고 하지 않는다. 현실적 객체들만 존재할 뿐이다. 객체들은 모든 모양과 크기로 나타나고, 그것들은 모두 마찬가지로 어떤 제3항이 항상 연결해야 하는 간극으로 격리되어 있다. 라투르는 연결 작업을 수행하기 위해 반증할 수 없고 전체를 포괄하는 신을 들먹이는 편법을 절대 쓰지 않는다. 오히려 라투르는 국소적 형태의 인과관계에 호소해야 하기에 내가 최초의 "세속적 기회원인론자"로 부르는 그런 인물로 여겨져야 한다. 그리고 라투르가 이런 인과적 연결 작업이 문제가 있을

뿐 아니라 간극을 연결하려고 임의로 끌어내는 신을 위해 소모되는 작업에 불과한 것도 아니라고 알아채는 한, 그는 대부분의 급진적 접근법을 능숙하게 회피하는 것과 꼭 마찬가지로 보수적 접근법도 능숙하게 회피한다. 형이상학의 중심 문제는 객체와 관계의 상호작용이고, 라투르는 어떤 다른 현대 사상가보다 두 문제에 해결의 실마리를 더 많이 던진다. 이 사실을 깨달은 사람이 지금까지 아무도 없었던 것처럼 보이는 것은 기묘한데, 이 상황은 라투르에게는 불행이지만 그의 형이상학에 관한 책을 최초로 저술하는 내게는 천재일우의 행운이다.

지금까지 각기 다른 네 가지 논점을 다루었지만, 그것들은 모두 단일한 물음과 관련되어 있다. 객체는 자신이 맺고 있는 관계들에서 자율적인가? 나 자신의 견해는 네 가지 논제가 모두 어떤 단일한 근본적인 논제를 단계적으로 다르게 나타내기에 전부 긍정되거나 아니면 부정되어야 한다는 것이다.

객체는 어떤 원시적 전체의 파생물이 아니다

사물을 자신이 맺고 있는 관계들로 정의하면 할수록 그 사물에서 자율적 실재를 더욱더 박탈하게 된다. 이 작업은 다소간 극단적으로 수행될 수 있다. 가장 극단적인 판본의 관계적 철학은 단일한 덩어리-우주, 즉 어떤 특정한 실재도 전혀 없는 세계를 상정하는 순수한 일원론일 것이다. 그런 입장은, 돌이나 돌고래가 모두 자신이 다른 객체들과 맺고 있는 관계들로 철저히 정의된다고 주장할 뿐 아니라 돌과 돌고래가 개별적인 두 개의 관계적 집합체로 존재한다는 점도 부정한다. 오히려 모두가 하나다. 그런 철학들은 소크라테스 이전 시대에 가장 풍부했다. 그것이 산산이 조각나기 전 과거에 미분화된 덩어리-세계나 형체 없는 존재나 무한정한 아페이론이 존재했다(피타고라스, 아낙사고라스)고 말하거나, 우리 감각이 우리를 속여 다르게 생각하게 할지라도 그것은 바로 지금 존재한다(파르메니데스)고 말하거나, 일단 정의의 심판이 모든 대립항을 파괴한다면 그것은 먼 미래에 존재할 것(아낙시만드로스)이라고 말할 수 있을 것이다. 이미 언급했다시피, 더 최근에 레비나스와 낭시의 견해들에서도 유사한 이론들이 나타난다.

누군가가 그런 이론을 지지한다고 가정하면, 그에게는 미분화된 덩어리-세계와 우리가 명백히 마주치는 특정한 존재자들 사이에는 어떤 종류의 관계가 있거나 아니면 아무 관계도 없다. 하지만 덩어리의 모든 부분이 균일하다고 상정한다는 점을 고려하면, 전체 덩어리와 특정한 존재자들 사이에 어떤 관계가 있는 전자의 경우에는 균일한 덩어리가 나중에 어떻게 별개의 조각들로 분할될 수 있는지를 알기 어렵다. 그리고 전체 덩어리와 특정한 존재자들 사이에 도대체 아무 관계도 없는 후자의 경우에는, 통일된 덩어리-세계가 실제로 우리에게 아무 역할도 수행하지 않는 무의미한 잔류물에 불과하므로 우리는 관념론과 구별할 수 없는 입장에서 경험의 세세한 내용을 대면하게 된다. 버클리가 모든 지각의 배후에는 객관적이고 불확정적인 질료의 거대한 덩어리가 있다고 주장했더라도 그의 철학은 거의 변하지 않았을 것이다.

최근에 들뢰즈의 저작들과 그것들의 주변에서 증식하기 시작한 다양한 가상계의 철학에서 이 입장에 대한 더 약하긴 하지만 더 정교한 형태가 제시되었다. 이런 형태의 입장은 완전히 통일되지는 않은 경험 아래에 어떤 통일된 영역을 규정함으로써 두 세계를 가장 잘 이용하려고 한다. 그런 통일된 영역은 덩어리-세계 전체이기는커녕 세계가 순전히 균일해지지 못하게 하는 다른 '전개체적' 구역들로 미리 활성화된 것이다. 이 입장은 다음과 같은 장점들이 있는 것으로 추정된다. 그것은 사물이 자신의 현재 현실태로 과잉결정되는 사태를 막으면서도(감탄할 만한 객체지향적 태도) 필요한 작업은 수행하지 않은 채로 사물들 사이에 벌어진 간극을 은밀하게 잇는다('급진적'이지만 거부해야 하는 움직임). 예를 들면, 데란다는 "연속적이지만 불균일한 공간"의 가능성을 입증하기를 바란다.[3] 사후에 주역으로 부상한 질베르 시몽동도 마찬가지다. 알베르토 토스카노가 시몽동의 입장을 서술하는 대로, "〔전개체적 존재는〕 아직 개체화되지 않았더라도 〔그것은〕 이미 관계성의 영향을 받은 것으로 여길 수 있다. 그런데도 불균일한 차원이나 힘, 활기찬 경향들 사이에서 일어나는 이런 전개체적 관계성도

---

3. Manuel DeLanda, *Intensive Science and Virtual Philosophy*, London, Continuum, 2002, p. 27. [마누엘 데란다, 『강도의 과학과 잠재성의 철학』, 김영범·이정우 옮김, 그린비, 2009.]

비관계의 일종이다. … 그러므로 존재는 자신의 잠재태들이 모두 한꺼번에 현실화할 수 없다는 점에서 하나-이상의-것이라고 한다."[4] 데란다와 마찬가지로 시몽동도 불균일하면서도 아직 개체들로 나누어지지 않은 세계를 원한다. 이렇게 해서 특정한 실재들은 일자와 다자 사이 어딘가에서 일종의 어설픈 현존을 영위한다.

이런 입장이 확실히 라투르 자신의 입장이 아닌 이유는 그의 행위자들이 처음부터 전적으로 개별적이기 때문인데, 요컨대 그의 철학에는 '전개체' 같은 개념이 들어 있지 않다. 라투르의 행위자들은 '연속적이지만 불균일한' 전체에서 섞이는 것이 아니라 기본적으로 서로 단절되어 있다. 라투르의 관계주의적 입장에도 불구하고 그에게는 연속체가 존재하지 않아서 그의 관계주의는 가상계의 철학들보다 덜 급진적이라는 사실이 다행스럽게도 수반된다(일원론에 대한 라투르의 드문 관심이 '가상적'이라는 용어에 대한 마찬가지로 드문 관심에 부합하는 것처럼 보이는 점을 주목하자). 라투르에게는 개별적인 요람과 살구나무가 존재한다. 이 상황은 그것들이 어떤 관계들의 전면적 체계로 완전히 용해될 수는 없음을 뜻한다. 여기서 그것들이 데란다가 옹호하는 그런 종류의 "연속적이지만 불균일한" 전체로 용해될 수 없다는 것도 당연한데, 이 점을

---

4. Alberto Toscano, *The Theatre of Production*, London, Palgrave, 2006, p. 138.

제외하면 데란다가 라투르 자신보다 더 철저한 실재론자다. 라투르의 형이상학에서 요람은 자신이 다른 것들과 맺고 있는 관계들의 집합에 불과하더라도 여전히 살구나무가 산출되도록 모이는 관계들과는 다른 관계들의 특정한 **개별적** 집합체다. 라투르에게는 전개체적 살구나무나 가상적 살구나무가 존재하지 않는데, 오로지 다른 행위소들과 맺고 있는 관계들로 온전히 정의되는 현실적 살구나무가 존재할 뿐이다.

객체는 자신의 구성요소들로 환원될 수 없다

철저한 일원론이 가장 극단적인 형태의 관계주의라면 가상적 철학이라는 중간적인 입장은 가까스로 덜 극단적이다. 형체가 없는 아페이론의 전면적인 급진주의에서 점진적으로 멀어지는 그다음의 조치는 무엇인가? 그것은 라투르가 여전히 거부하는 입장인 유물론일 것이다. 유물론이라는 낱말은 다양한 방식으로 정의될 수 있기에, 여기서는 거시적 크기의 존재자들이 모두 궁극적으로는 여타의 것보다 더 실재적인 최종 층위의 매우 작고 소중한 물리적 요소들로 환원될 수 있다고 주장하는 철학으로 정의하자. 일원론이 개체는 전혀 존재하지 않는다고 생각하고 가상주의virtualism가 실재는 기껏해야 전개체들로 구성되어 있다고 생각한다면, 유물론은 단지 조금 더 양보하면서 개체들이 실제로 존재하지만 궁극적인 미시입자들의 층위에서만 그렇다고 생각한다. 더 큰 존재자들은 모두 관계적 합성물로 해명될 수 있다. 아파트 건물이 실제로 원자들의 거대한 조립체에 불과한 이유는 그 건물이 그것을 사용하는 사람들과 관련될 때에만 건물로 존재하기 때문이다. 쿼크든 전자든 미지의 더 작은 세계 조각이든 간에 궁극적인 입자들만이 자체적으로 존재하며 자신의 실재성을 획득하려고 다른 사물들과 관계를 맺을 필요가 없다.

여기서 우리는 라투르가 관계주의를 지나치게 극단적인 입장이라고 반대함을 여전히 깨닫는다. 라투르는 거시적 크기의 행위자들이 모두 매우 작은 물질적 원자들로 환원될 수 있다고 말하기보다는 오히려 모든 가능한 크기의 객체를 고려하는데, 요컨대 세계의 다른 규모들에서 새로운 존재자들이 **창발**한다. 창발적 존재자들에 대한 한 가지 훌륭한 기준 목록은 데란다의 『새로운 사회철학』에서 찾아볼 수 있다(데란다도 나만큼이나 존경하는 저자인 로이 바스카에서 부분적으로 뽑아낸 목록). 창발적 존재자의 한 가지 명백한 특징은 그것이 '창발적 특성'을 갖추고 있어야 한다는 것인데,[5] 이를테면 파리 메트로는 그것의 차량이나 선로, 회전식 개찰구, 고객을 따로 고려했을 때에는 그 어느 것에서도 식별할 수 없는 특질을 나타낸다. 또 하나의 특질은 '잉여적 인과율'인데,[6] 메트로 열차의 바퀴는 같은 것으로 교체될 수 있거나 심지어 메트로 전체

---

5. Manuel DeLanda, *A New Philosophy of Society: Assemblage Theory and Social Complexity*, London, Continuum, 2006, p. 48. [마누엘 데란다, 『새로운 사회철학: 배치 이론과 사회적 복합성』, 김영범 옮김, 그린비, 2019.]
6. 같은 책, p. 37. [같은 책.]

를 반드시 변화시키지는 않으면서 완전히 다른 유형의 바퀴로 교체될 수 있다. 또 다른 한 특질은 창발적 전체가 자신의 부분들에 소급하여 작용할 수 있다는 것인데,[7] 메트로의 바퀴는 다른 가능한 맥락에서보다 더 균일한 마찰열을 낼 것이고 파리 메트로가 바퀴와 베어링, 선로의 가장 큰 고객이 된다면 그 것들의 세계 시장은 더 표준화될 것이다. 데란다가 언급한 마지막 특질은 창발적 전체의 많은 부분이 전체보다 앞서 존재하는 것이 아니라 사실상 전체에 의해 생성된다는 것인데,[8] 이제 메트로 음악가나 꽃장수, 낙서 예술가 같은 특별한 직업이 있을 수 있으며 누군가가 파리 메트로를 연구하는 학자가 되거나 무언가가 메트로의 터널에서 평생을 지내는 메트로 쥐가 될 수 있다. 이것들 가운데 어느 것도 메트로가 그런 것이 되는 데 필요한 원래 부분들이 아니었지만, 이제는 모두가 다 메트로의 풍성한 창발적 삶에서 분리될 수 없다.

라투르의 행위자가 창발에 대한 이 기준들을 모두 충족한다는 것은 분명하고도 남는다. 처음에는 매우 라투르적인 것처럼 보이지는 않을 잉여적 인과관계의 경우에도 마찬가지인데, 요컨대 존재자가 이른바 "본질적" 특질들만이 아니라 자신의 특질들을 전부 갖추고 있다면 다른 바퀴는 완전히 새로운 메트로를 뜻하지 않을까? 절대 그렇지 않다. 사물은 자신

---

7. 같은 책, p. 34. [같은 책.]
8. 같은 책, p. 37. [같은 책.]

이 맺고 있는 관계들로 정의된다고 말할 때 라투르는 그 사물이 다른 사물들에 미치는 외향적이고 관계적인 영향에 관하여 말하고 있는 것이지 그 사물의 실재적이고 내부적인 구성에 관하여 말하고 있지는 않다. 메트로가 이런 유형의 바퀴가 아니라 저런 유형의 바퀴를 갖추게 되는 변화가 있더라도 그 메트로가 다른 외향적 영향을 다른 행위자들에 기입하지 않는다면 그것은 반드시 어떤 다른 행위자가 된 것은 아닐 것이다. 어느 순간에도 우리는 블랙박스를 열어서 그것을 생성한 구성 요소들을 조사하기로 할 수 있다. 하지만 블랙박스가 자신의 내부를 인간의 시야에서 차단하는 것만이 아닌 이유는 그것이 내부적 변화를 견뎌낼 수 있는 어떤 능력도 지니고 있기 때문이다(방금 언급한 메트로 바퀴의 경우처럼). 행위자를 구성하는 부분들의 내부적 재배치들은 대부분 메트로가 영향을 미치거나 변형시키거나 교란하거나 창조하는 외부 행위자에게서 차단되어 있다. 그러므로 블랙박스는 그것을 아직 열지 않은 인간을 가로막는 일시적인 차단벽일 뿐 아니라 여타 객체의 접근 가능성에서 비롯되는 사소한 변화도 가로막는 진정한 차단막이다.

그렇지만 나는 라투르가 여기서 관계주의로 약간 미끄러지게 된다고 이미 언급했다. 왜? 그 이유는 라투르가 창발을 기능적 문제로 여기는 것처럼 보이기 때문이다. 다시 말해서, 어떤 사물이 실재적이라는 유일한 이유가 그것이 어떤 다른 존재자를 변형시키거나 교란하기 때문이라면 이 가정은 사물은 자신이 다른 무언가에 영향을 미칠 때만 창발함을 뜻한다. 이 것은 또 파리 메트로가 아무것도 변형시키지 못한다면 그것은 존재하지 않음을 뜻할 것이다. 세워지기 전에 파리 메트로가 '잠재적으로' 존재한다고 말할 수 없는 이유는 라투르의 철학에는 잠재태에 대한 여지가 전혀 없기 때문인데, 오히려 파리 메트로는 자신이 다른 사물들에 영향을 미치고 있는 순간이 되어서야 존재하기 시작할 것이다. 하지만 이 같은 견해가 창발이라는 개념으로서 성공할 수 없는 이유는 그것이 실재라는 뜨거운 감자를 메트로 자체에서 다른 존재자들에게 떠넘기기 때문인데, 그 결과로 메트로를 쿼크와 전자라는 자신의 구성요소들을 넘어서는 실재적인 무언가로 만드는 것이 메트로 안에는 전혀 없게 된다. 실제적 창발은 그저 기능적/관계적일 수가 없기에 어떤 다른 것과 관계를 맺든 맺지 않든 간에 새로운 자율적 성질들을 지니고 있는 새로운 자율적인 것이 생성되는 현상이어야 한다. 그렇지 않다면 원자적 미시입자들의 최종 층위가 있을 것이다. 더 큰 물리적 존재자들은 모두 관계적 영향들로 환원될 것인데, 이를테면 탁자는 탁자—영향을 미친다는 기능적 의미에서만 실재적이고 그렇지 않다면 미시물질의 매우 작은 조각들로 환원될 수 있다고 생각하는 데이비드 차머스의 철학에서 제시되듯이 말이다. 하지만 블랙박스가 언제나 열릴 수 있다는 원리가 함축하는 무한 소급에서 비롯되는 미시입자들의 현존을 라투르 철학은 참작조차 하지 않는다. 그러므로 라투르에게는 자신이 진정한 비관계적 실재가 세계의 각 층위에서 창발하도록 허용한다는 사실이 오히려 더 중요하다. 더욱이 라투르는 실재성의 책임을 아래쪽으로 최종적인 지점이라고 추정되는 쿼크 왕국의 임의적 종점에 절대 떠넘기지는 않더라도 위쪽으로 행위자가 자신의 이웃들에게 미치는 외향적 영향에는 떠넘긴다. 하지만 그 책임은 어느 방향으로도 절대 떠넘기지 말아야 한다. 객체의 실재성은 그 객체에 속하는 것이지, 그것의 매우 작은 내부적 구성요소들에 속하는 것도 아니고 그것이 묻어 들어가 있는 더 큰 집합체에 속하는 것도 아니다.

객체는 자신에 대한 인간 접근을 넘어선다

라투르는 이미 관계주의의 가장 극단적인 형태들을 피했다. 그는 덩어리-우주와 전개체적이고 "불균일한 연속체"의 반⁺덩어리-우주에 반대하고 심지어 매우 작은 입자들이 세계의 존재자들로서 유일하게 허용되는 유물론적 우주에도 반대한다. 세계를 관계화하려는 이런 극단적인 시도들에 맞서 라투르는 꽤 확고한 객체지향적 태도를 유지하면서 크기가 다른 수많은 존재자를 감안하고 그들을 서로 단절시킴으로써 각자의 자율성을 보장한다. 그런데 우리는 이제 라투르가 존재자에 대한 관계적 모형을 집적거리기 시작하는 차가운 회색의 중립 지대에 진입한 다음에 얼마 지나지 않아서 그가 공개적으로 옹호하는 더 약한 형태의 관계주의에 이르게 될 것이다. 이미 서술된 세 가지 유형의 관계주의에 이어 그다음으로 더

희석된 형태는 이럴 것이다. "세계는 그저 원자 같은 한 종류의 존재자로 구성된 것은 아니다. 오히려 두 가지 실재적 존재자, 즉 인간과 세계가 있다. 하지만 그들은 서로 영구적인 관계를 맺고 있는 상태로만 존재한다. 인간 마음의 바깥에 자리 잡은 실재적 물자체가 존재할 수 없는 이유는 우리가 그것에 관하여 생각하고 있다면 그것에 관하여 생각하고 있는 것이므로 그것이 더는 사유와 독립적이지 않기 때문이다." 독자는 이 입장이 메이야수의 저작에서 멋지게 밝혀진 '상관주의'라고 즉시 인식할 것이다.

이미 보았다시피 라투르의 글에는 상관주의의 섬광들이 나타나는데, 이를테면 세균은 파스퇴르가 그것을 발견하기에 앞서 존재하지 않았으며, 람세스 2세가 결핵으로 죽을 수 없었던 이유는 고대 이집트에서는 그것이 아직 발견되지 않았었기 때문이다.[9] 하지만 다른 한편으로 『비환원』의 라투르도 있는데, 그 책에서 그는 객체들이 우리가 그것들을 해석하는 것과 마찬가지로 서로 해석함을 분명히 밝힌다. 후자가 라투르의 진실한 입장에 더 가까우며 그의 간헐적인 상관주의적 순간들은 그의 저작에서 없어도 되는 주변적 요소라고 나는 이미 주장했다. 이 견해는 메이야수도 지지하는데, 그는 이메일에서 "당신과 마찬가지로 저도 라투르는 상관주의자가 아니라고 믿

---

9. 람세스 2세와 결핵의 사정에 대해서는 Latour, "On the Partial Existence of Existing and Nonexisting Objects" (PE)를 보라.

습니다"[10]라고 동의했다. 사실상 메이야수는 라투르가 상관주의와 정반대되는 태도를 견지한다고 생각하면서 라투르가 인간과 세계의 관계를 가정하고 그 관계를 우주의 방방곡곡에 이르기까지 확산시킨다는 점에서 그를 화이트헤드(그리고 추정컨대 하먼!)와 닮은 관계주의적 형이상학자로 여긴다.[11] 이런 조치를 메이야수는 부정적으로 여기고 나는 긍정적으로 여기지만, 우리 둘 다 라투르가 인간/세계 상관물에 갇혀 있지 않다는 점에 동의한다. 라투르가 자신을 상관주의자라고 조롱했는데도 우리 둘 다 이런 입장에 대하여 의견이 일치한다는 것은 역설적인 일이다.

그런데 상관주의에 대한 나 자신의 강한 혐오감으로 눈이 멀어서 내가 메이야수의 책을 처음 두 번 읽었을 때는 메이야수 자신의 철학적 입장에서 가장 주목할 만한 특질이 다소 불분명했다.[12] 그 이유는 '사변적 실재론자' 집단에서 메이야수

---

10. Meillassoux, Personal Communication, 16 September, 2007, trans. Graham Harman.

11. Meillassoux, Personal Communication, 16 September, 2007.

12. 예를 들어 메이야수의 책에 대한 나의 이른 서평을 보라. "Quentin Meillassoux : A New French Philosopher", *Philosophy Today*, vol. 51, no. 1, Spring 2007, pp. 104~117. 그 서평에서 나는 메이야수 자신이 아무튼 상관주의에 여전히 사로잡혀 있다고 주장했는데, 바로 이 점이 중요함을 충분히 깨닫지는 못했다. 메이야수가 보기에 상관주의는 **오로지** 내부에서 극복될 수 있을 뿐이다. 그러므로 메이야수는 '선조성'과 '원화석'을 다루는 그 책의 앞부분에서 단지 상관주의적 입장에 대한 역설을 서술할 뿐이지 그것에 대한 논박을 제시하지는 않는다. 이 점은 내가 2007년 10월 4일에 마스트리흐트(Maastricht)에서 메이야수의 강연을 들었을 때 처음으로 명백

가 상관주의적 입장에 실제로 **공감하는** 유일한 구성원이기 때문이다. 메이야수는, 강건하게 실재론적인 태도에서 상관주의를 슬픈 타락으로 여기기보다는 오히려 그것을 엄밀하고 합리주의적인 철학에 이르는 유일한 길로 여긴다. 다시 말해서, 메이야수는 상관주의가 외부에서 일축당해야 하는 것이 아니라 내부에서 급진화되어야 한다고 생각한다. 이런 점에서 메이야수는 전통적 실재론자들보다 라캉과 바디우, 지젝 같은 인물들과 더 많은 것을 공유한다. 그런데 영어권 세계에서는 라투르를 세계를 주관화하고 과학을 파괴하는 최근의 프랑스 상대주의자라고 비난하는 소리를 늘 듣게 된다. 이런 까닭에 메이야수가 제기하는 정반대의 불평(프랑스에서는 더 흔한 불평)을 듣는 것은 약간의 충격으로 다가오는데, 말하자면 그 불평은 라투르가 구식의 단호한 실재론에 매우 탐닉하여 인간-세계 상관물의 논리를 결코 충분히 엄밀하게 전개하지 못한다는 것이다. 2007년 4월에 런던에서 개최된 사변적 실재론 워크숍에서 강연을 하면서 메이야수는 반상관주의적 주장을 다음과 같이 여긴다.

사물의 생산적인 구체성을 언급하는 수사법, 반복되는 트집

해졌다. 기록이 보여주듯이, 메이야수는 2007년 4월 27일에 런던의 골드스미스 대학에서 행한 강연에서 이미 마찬가지로 명료하게 그 점을 짚었지만, 그 당시에 나는 몸이 심하게 아픈 탓에 그가 강연하기 직전에 나 자신이 강연했음에도 불구하고 충분히 집중할 수 없었다.

에 가하는 서술과 문체의 복수. 때때로 라투르는 그런 식으로 상관주의와 관련된 연계들을 모두 단절하는데, 그것도 상당히 능숙하고 익살맞게 단절한다. … 하지만 [라투르의] "풍요로운 어딘가 다른 곳"이라는 수사적 표현의 경우에 그것은 하나의 논증이 아니고, 오히려 주장하는 사람, 즉 병약하고 재미없는 상관주의자의 자격을 박탈하는 것이 분명하다.13

여기서 상관주의자를 "병약하고 재미없는" 사람으로 서술하는 것은 풍자할 속셈에서 비롯된다. 메이야수는 자신의 글에서 상관주의적 입장을 강력하게 공격하면서도 그 입장은 제기할 통렬한 논점이 있다고 여전히 주장한다. 상관주의적 교착 상태에서 벗어나려는 시도에 대하여, 라투르의 경우(그리고 함축적으로 나 자신의 경우)에서 볼 수 있는 것과는 달리, 메이야수가 처음부터 전혀 공감하지 않는다는 것은 메이야수 강연의 나머지 부분에서 분명하다.

　　메이야수는 상관주의적 통찰을 다음과 같이 옹호한다. 메이야수가 인간/세계 상관물이 철학을 지배하는 상황에 대하여 언급하는 이유는 그가 "하먼이 지칭하는 대로 이런 '접근의 철학들'의 본질적 주장을 제시하고 [싶기] 때문이고, 게다가, 나는 이 점을 역설하는데, 이런 [상관주의적] 논변의 본

---

13. Ray Brassier, Iain Hamilton Grant, Graham Harman, and Quentin Meillassoux, "Speculative Realism", *Collapse*, vol. III, Falmouth, Urbanomic, 2007, p. 423.

질적 **강점**, 즉 명백하고 극심하게 확고함을 제시하고 〔싶기〕 때문이다."[14] 그런 점에서 메이야수가 자신의 사변적 실재론자 동료들에 맞서 용감히 홀로 서는 이유는 레이 브라지에와 이에인 해밀턴 그랜트와 내가 상관주의적 입장의 강점은 도대체 전혀 인정하지 않기 때문이다. 메이야수는 "X의 소여가 없다면 X도 없고, X를 상정하지 않는다면 X에 관한 이론도 없다."는 피히테의 원리를 수용한다. "당신이 무언가에 관하여 말한다면, 당신은 자신에게 주어지고 자신에 의해 상정되는 것에 관하여 말한다. 따라서 'X는 존재한다'라는 문장은 〔넓은〕 데카르트적〔즉, 사유의〕 의미에서 'X는 사유의 상관물이다'라는 것을 뜻한다. ⋯ X는 애정이나 지각, 구상이나 어떤 종류의 주관적 행위의 상관물이다."[15] 피히테와 마찬가지로 메이야수의 경우에도 X를 상정되지 **않은** 것으로 **상정하는** 것은 명백한 실용적 모순이어서[16] 어떤 실재론도 아무튼 이 문제를 피하지 못한다면 실재론이라는 이름에 어울리지 않게 된다.[17]

이런 덫에 빠지는 죄를 저지른 사람 중에 프랑수아 라뤼엘이 있다(라뤼엘이 상관주의적 순환에서 전철학적 실재계로 도피하는 행위는 브라지에에게 승인받는다). 메이야수 자신의 말에 따르면, "라뤼엘처럼 여러분도 표상의 권역 바깥에 있

---

14. 같은 글, p. 409.
15. 같은 글, p. 409.
16. 같은 글, p. 412.
17. 같은 글, p. 413.

는 무언가 ― 라뤼엘의 경우에는 '철학' 바깥의 실재계 ― 를 상정하더라도, 내 생각에 의하면, 이 실재계는 상관주의의 순환〔속에〕여전히 있을 것이다."[18] 라뤼엘에게 동조하는 사람이 많은 이유는 수많은 현대 사상가가 실재계는 대단히 많이 고려하면서도 실재론은 충분히 고려하지 않는 죄를 저지르기 때문이라고 메이야수는 생각한다.[19] 더욱이 메이야수는 표준적인 실재론자들이 두 가지 부당한 묘책 ― (1) 상관주의자의 동기를 심리적 문제로 처리하기, (2) "풍요로운 어딘가 다른 곳"에 호소함으로써 상관주의자와 벌이는 논리적 논쟁을 포기하기 ― 을 지지하면서 상관주의자와 벌이는 합리적 논쟁을 회피한다고 비난한다.

　브라지에는 라뤼엘이 "사유에 대한 실재계의 본원적 자율성 … 실재계와 사유의 본질적 비대칭성"을 지지한다고 칭송하지만,[20] 메이야수는 이 태도를 합리적 논증에서 '이탈'한 것에 불과하다고 여긴다. 라뤼엘이 상관주의자(라뤼엘의 술어가 아니라 메이야수의 술어)는 상정되지 않은 실재계라는 관념에 저항하리라 예측함으로써 상관주의자의 무장을 해제하고자 할 때 그것만으로는 불충분하다. 그 이유는 누군가가 진술에 저항하리라 예측하는 행위가 그가 틀렸음을 입증하는 것은 아직 아니기 때문이다. 라뤼엘은 여전히 곤경에서 벗어나지 못하는데, 요컨대 X를 생각하는 것은 여전히 X를 생각하는 것이

18. 같은 글, p. 418.
19. 같은 글, p. 435.
20. 같은 글, p. 425.

기에 사유로서의 X를 넘어서는 어떤 것에도 결코 이를 수 없다. 메이야수는 이런 상관주의적 논증이 하나의 **논증**이고 그렇게 여겨져야 마땅함을 깨달을 뿐 아니라,[21] 많은 실재론자가 상관주의적 순환에서 벗어날 비상 출구는 실망스러운 것밖에 제시하지 않음도 간파한다.

상관주의자 및 관념론자와 논쟁을 벌이기보다는 오히려 그들의 심리에 의문을 던지는 사람이 라뤼엘만 있는 것도 아니다. 맑스와 프로이트, 니체 같은 인물들은 훨씬 더 명백하게 그렇다. "실재론자는 이런 담론들 배후에 숨은 이유 — 철학의 내용이 아니라 지지자들의 **부끄러운** 동기, 즉 계급이익, 리비도 등과 관련된 이유 — 를 찾아냄으로써 모든 형태의 관념론과 싸운다. 대학의 병약한 칸트주의자들에 대한 니체주의적 의심"도 마찬가지다.[22] 그렇지만 "당신이 수학적 증명을 반박하지 않는 이유는 수학자들이 병약하거나 좌절당한 리비도로 충만해 있다고 여기기 때문인데, 요컨대 당신은 그저 아무것도 반박하지 않는다!"[23]

메이야수는 자신의 적들에 안이하게 심리적으로 대처하는 것과 더불어 무시당한 "풍요로운 어딘가 다른 곳"을 지지하면서 상관주의적 순환에서 이탈하려는 시도도 대단하다고 생각하지 않는다. 여기서 라투르가 쇼펜하우어와 짝을 이루게

---

21. 같은 글, p. 426.
22. 같은 글, p. 424.
23. 같은 글, p. 426.

되는데, 이것이 이 두 사람이 연계된 유일한 경우일 것이다. 메이야수는 이 뜻밖의 짝이 보여주는 태도를 다음과 같이 요약한다. "유아론은 아무도 반박할 수 없는 철학이지만, 한편으로 아무도 믿을 수 없는 철학이기도 하다. 그러므로 그 요새는 그대로 내버려 두고 광대무변한 세계를 최대한 넓게 탐사하자!" '풍요로운 어딘가 다른 곳'이라는 수사적 표현으로 "실재론자가 상관주의적 논증을 부적격하다고 보는 이유는 그 논증이 흥미롭지 않고 결과적으로 무미건조한 이념태와 재미없는 학자, 병리적 지식인을 산출하기 때문이다." '풍요로운 어딘가 다른 곳' 사상가들은 라뤼엘과 니체, 맑스, 프로이트의 방식으로 상관주의를 그것의 동기에 따라 판단하기보다는 오히려 상관주의가 초래하는 결과가 지루해서 그것을 업신여긴다. 메이야수는, 그들이 "매력적이고 강력하며 [그리고] 경멸적인 … 의미로 구사하지 않는 수사법"[24]을 갖추고 있음을 인정한다. '풍요로운 어딘가 다른 곳' 사상가들은 "지루하고 거슬리는 똑같은 [상관주의적] 반대 주장, 즉 당신이 X를 상정하면 당신은 X를 상정한다는 주장"[25]에 영원히 짜증을 낸다. 하지만 메이야수에게 지루함은 철학적 논증이 아니다. 그 이유는 "내가 보기에 실재론은 여전히 합리주의이어야 하는 것"[26]이지, 싫어하는 것이 무엇이든 간에 그것에 화를 내며 그냥 이탈하는 것이 아니

---

24. 같은 글, p. 423.
25. 같은 글, p. 421.
26. 같은 글, p. 426.

기 때문이다.

상관주의를 대변하는 메이야수의 강연에 대응하여 나는 세 가지 작업을 수행하려고 시도할 것이다. 이 논점들이 모두 마땅히 받아야 할 것보다 훨씬 더 간략히 논의되더라도 말이다. 첫째, 인간 추리에 대해서 메이야수가 제시하는 대로 이쪽에는 합리적 논증을 두고 저쪽에는 심리적으로 처리하는 수사법을 두어서 서로 분리하는 것보다 더 정교한 그림을 제안하고 싶다. 둘째, '풍요로운 어딘가 다른 곳의 수사법'이 메이야수가 인정하는 것보다 **철학적으로** 더 강력하며 그저 인상적인 문체로 설득하는 문제가 아니라고 주장할 것이다. 셋째, 대륙철학 진영에서 계속 유행할 수 있음에도 불구하고 상관주의는 사실상 강력한 논증이 결코 아니라고 말할 것이다. 하지만 라투르의 경우와 마찬가지로 메이야수의 경우에도 나는 나 자신이 메이야수에게 그가 틀렸음을 납득시키고 싶지 않은 기묘한 상황에 부닥쳐 있다고 깨닫는다. 그 이유는 무엇보다도 자신이 철학의 적절한 출발점을 알아냈다고 확신할 수 있는 사람은 결코 없기 때문인데, 심지어 대립적 입장들을 성공적으로 제거하는 작업 역시 유전자 풀에서 다양성을 박탈할 뿐이어서 이 작업은 그것들이 결함이 있는 유전자임을 절대적으로 확신하는 경우에만 수행되어야 한다. 더욱이 메이야수의 친상관주의적 견해에 내가 동의하지 않더라도 그 견해에서 비롯되는 모든 진귀한 과일과 새에 대하여 내가 느끼는 감탄의 세기는 약화하지 않는다. 이어지는 글에서 나는 단지 상관주의는 권장할 만한 철학의 토대가 아님을 이 책의 독자에게 이해시키려고 노력할 것이다. 메이야수 자신에 관해서 말하자면, 어쨌든 확실히 일어날 일이긴 하지만, 그가 자신이 이미 수행하고 있는 작업을 계속 수행한다면 상황이 더 좋아질 것이다.

한 가지 문제는 골드스미스 대학에서 행한 강연에서 메이야수가 상관주의 진영의 합리적이고 연역적인 논증을 비상관주의 진영의 순전한 풍자와 화려한 수사법에 대립시키는 그림을 제시한다는 것이다. 근거가 부족한 논증에서 결함이 있는 논리를 분해하는 것이 철학의 주요 과업이라고 가정하는 분석철학이 비슷한 사유 모형을 공표한다. 분석철학자에게 인간 사유의 거대한 적들은 흐릿함, 불합리한 추론, 명료성의 결여, 시적 자기 탐닉, 정확성이 미흡한 용어 사용법이다. 나는 이런 위험 평가에 동의하지 않는다. 내가 보기에는 최악의 상태에 있는 분석철학자를 특징짓는 피상성, 그릇된 이분법, 상상력의 결여, 기계적인 추리의 연쇄, 공격적인 자기 과신에 비하면 이것들은 모두 비교적 사소한 문제다. 콰인 같은 고적한 세무사가 영어 산문의 달인으로 통하는 상황이 그가 항상 자신이 의미하는 바를 정확히 말한다는 단순한 이유에서 비롯되는 것이라면, 또는 전문적 하위쟁점들을 둘러싼 미시논쟁들이 수십 년의 경력을 다 잡아먹는다면, 나는 이 학파 전체의 가정을 의문시해야 한다고 생각한다. 분석철학이 수십 년 동안 지배하면서 콩과 건초에 대한 지구적 저장고의 용량을 훌쩍 능가하는 엄밀한 논증의 잉여물을 축적하였는데도 향후 수 세기 동안 명백히 보존할 만한 가치가 있는 사람은 소수의 저명한 분석철학적 사상가에 불과하다면, 끊임없이 '논증'에 집중함으로써 우리가 실제로 어디론가 가고는 있는지 의심해야 한다. 철학은 명시적인 논증들로 구축된다고 말하는 것은 건축은 강철 대들보들을 배치하는 문제라고 말하는 것과 마찬가지다. 공학적으로 결함이 있는데도 서 있을 수 있는 건물이 전혀 없다는 것은 확실히 사실이지만, 강철 들보들을 배치하여서 있을 수 있게 만드는 방법은 항상 많이 있다. 정곡을 더 가까이 찌르는 비유를 들어 말하자면, 철학은 명시적인 논증들로 구축된다고 말하는 것은 사과는 성질들로 구성된다거나 사람은 그에 관하여 알 수 있는 모든 것으로 구성된다고 말하는 것과 마찬가지다. 여기서 우리는 사막이나 정글 풍경에 대한 심미적 선호에 대하여 언급하고 있지 않다. 오히려 여기에는 객체나 진리가 그것에 대한 특정한 진술이나 논증으로 적절히 표현될 수 있는지와 관련된 진정한 철학적 논쟁이 있다.

그런데 메이야수의 저작과 관련하여 조금이라도 불모의 것은 전혀 없는데, 그의 글에는 기막히게 놀라운 것이 끊임없이 들어 있다. 메이야수의 철학적 상상력은 나와 다른 사람들을 지속해서 매혹하는 원천이다. 메이야수의 접근법을 매우 매력적인 것으로 만드는 대부분의 이유는 명료함을 너무 자주 회피하는 대륙철학의 풍경에서 메이야수가 조리 정연한 추론을 명쾌하게 추구하는 데 있다. 하지만 메이야수는 반박할 수 없는 제1원리("상관주의적 순환에서 벗어날 수 없다"라는 원리)를 자신의 출발점으로 주장하지만, 이 전략은 다름 아닌 바로 알프레드 노스 화이트헤드가 반대한다. 『과정과 실재』의 앞부분에 다음과 같이 마음을 뒤흔드는 문장이 나온다. "철학 체계는 절대 반박되지 않고 버려질 뿐이라고 언급되어 왔다."[27] 이것은 그저 인상적인 역사적 수사가 아니라 화이트헤드에게 매우 중요하고 순전히 철학적인 고찰에서 비롯된다. 그는 이어서 말한다. "논리적 모순은… 가장 불필요한 오류이고 대개는 사소한 오류다. 그러므로 비판을 받은 이후 체계는 단지 비논리적인 것만 드러내지는 않는다. 체계는 불충분성과 부정합성에 시달린다."[28] 자신만만하고 훈련을 잘 받은 분석철학자면 누구나 플라톤의 『파이돈』이나 스피노자의 『에티카』를 10분 안에 묵사발을 만들 수 있지만 플라톤과 스피노자가 여전히 더 인상적인 인물임을 모든 사람이 아는데, 단지 그들이 '역사적으로 대단히 중요'할 뿐이어서 그렇지 않다는 것도 안다. 아무튼 우리는 모두 논증을 제대로 전개하는 것이 철학을 구축하는 데 전적으로 충분한 것은 아님을 감지한다.

화이트헤드를 더 인용하면, "최종적으로 일반적인 것들에 대한 정확한 표현은 논의의 목표이지 출발점이 아니다. 지금까지 철학은 수학의 사례로 호도되었다. 그런데 수학에서도 궁극적

27. Alfred North Whitehead, *Process and Reality*, New York, Free Press, 1978, p. 6 [알프레드 노스 화이트헤드, 『과정과 실재』, 오영환 옮김, 민음사, 2003], 강조가 첨가됨.
28. 같은 책, p. 6. [같은 책.]

인 논리적 원리들에 관한 진술은 여전히 대처할 수 없는 어려움에 시달린다."[29] 그리고 "어떤 합리주의적 도식에 대한 검증은 그 도식이 거둔 전반적인 성공에서 모색할 일이지, 그 도식의 제1원리들이 나타내는 독특한 확실성이나 최초의 명료성에서 모색할 일이 아니다."[30] 더욱이 훨씬 더 기억할 만한 문장이 이어진다. "철학적 범주들의 도식을 하나의 복합적인 주장으로 여겨서 참 아니면 거짓이라는 논리학자의 양자택일 척도를 그것에 적용하면, 그 도식은 거짓이라는 대답이 틀림없이 나오게 된다."[31] 그리고 마지막으로, "수학의 주요 방법은 연역이고, [이와는 대조적으로] 철학의 주요 방법은 서술적 일반화다. 수학의 영향을 받음으로써 연역은 일반적인 것들의 범위를 시험하는 데 필요한 보조적인 검증 방식이라는 자신의 진정한 역할에 전념하기는커녕 철학의 표준적인 방법으로 철학에 부당하게 삽입되었다."[32] 20세기의 위대한 철학자들 가운데 한 사람이자 저명한 수학자인 화이트헤드의 글을 내가 이렇게 인용하는 것은 이쪽에는 명쾌한 합리성이 있고 저쪽에는 수사법적 그늘이 있는 메이야수의 절대적 분리에 대한 애초의 우려를 제기하기 위함이다. 이런 언급이 방법을 둘러싼 논쟁 이상의 것으로 판명되는 이유는 그것이 더 깊은 형이상학적 불일치에서 비롯되

---

29. 같은 책, p. 8. [같은 책.] 강조가 첨가됨.
30. 같은 책, p. 8. [같은 책.]
31. 같은 책, p. 8. [같은 책.] 강조가 첨가됨.
32. 같은 책, p. 10. [같은 책.] 강조가 첨가됨.

기 때문이다. 나와 마찬가지로 화이트헤드에게도 철학적 논증의 모든 진술은 세계 전체에 대한 과도한 단순화에 불과할 뿐아니라 그 진술 자체가 논의하는 바에 대한 과도한 단순화이기도 하다. 수사법은 비합리적인 설득의 부정한 기술이 아니라 표면 명제 배후에 놓여 있는 진술되지 않은 가정들을 드러내는 데 사용할 수 있는 최선의 도구다. 수사법과 은유에 대한 분석철학의 경멸을 본받지 말아야 하는 이유는 이런 태도가 그저 지루한 결과를 낳아서가 아니라 철학적으로 그릇된 것이기 때문이다.

상관주의에 반대하는 변론은 진정한 논증이라기보다는 흔히 '풍요로운 어딘가 다른 곳'에 대한 좌절된 호소에 따르거나 상관주의자의 숨은 동기에 대한 공격에 따른다는 메이야수의 불평을 떠올리자. 화이트헤드를 좇아서 내가 제기하는 첫 번째 이의는 이 불평이 인간 이성의 작업을 과도하게 단순화한다는 것이다. 유물론에 반대하여 다음과 같이 표명될 수 있을 적절한 진술들을 고찰하자.

A. "모든 비판적 정신과 마찬가지로 유물론자도 정서적으로 낙담한 사람이다. 분노한 유물론자는 자신의 기를 꺾는 세계에 대한 궁핍한 항의의 일종으로서 물리적 원자들의 최종 기체라는 이름으로 전통적 가치들을 모두 무너뜨릴 필요가 있다. 사실상 수많은 유물론자가 결손 가정 출신이거나 자신의 부모 및 형제자매와 관련하여 해결되지 않은 다른 문제들이

있는 것처럼 보인다. 놀이터에서 가장 많이 화가 난 아이와 꼭 마찬가지로 유물론자가 항상 얼마나 공격적인지를 인식하자."

B. "유물론의 문제는 그것이 모든 것을 딱딱함과 저항, 정확한 시공간적 좌표 같은 순전히 **관계적인** 특성들로 환원한다는 점이다. 이 문제는 유물론이 스스로 주장하는 만큼 실재론적인 것이 아님을 뜻한다. 유물론은 **무엇이** 관계를 맺는지에 대해서는 아무것도 말해주지 않으면서 관계를 그냥 제시할 뿐이다. 더욱이 분자, 바위, 동물 같은 중간 규모의 입자들에는 실재성을 부여하지 않는 대신에 아원자 물리학의 불가사의한 궁극의 입자들 — 물리학도 결코 최종적으로 밝혀낼 수 없는 입자들 — 에만 실재성을 부여하는 경우에 유물론은 순전히 임의적이다."

진술 A는 메이야수가 당연히 거부할 그런 종류의 풍자에 대한 좋은 일례다. 반면에 진술 B는 메이야수가 '논증'으로 여길 그런 것이다. 유물론자는 진술 B를 여전히 나쁜 논증으로 여길 것이지만, 그것이 합리적 불일치라는 적절히 메이야수적인 정신으로 표명된 논증이라는 것은 분명하다. 이 두 진술의 차이는 충분히 명백하다. 대부분의 사람은, A는 인정할 만한 철학적 논의의 영역 너머에 있지만 B는 비록 기대에는 못 미치더라도 어지간한 논증이라는 점에 동의할 것이다. 그런데 이제 다음과 같은 형태의 중간 사례를 고찰하자.

C. "너무 많은 유물론자가 무신론과 정치적 좌파주의에 대한 예측 가능하고 우상 파괴적이라고 사칭하는 신념에 고무되는 것처럼 보인다. 속기 쉬운 일상적인 믿음을 차근차근 비판적으로 폭로함으로써 과학이 진보한다고 잘못 가정하면서 작업하는 유물론자는 의미의 중간 층위들을 모두 제거하여서 최종적인 물리적 기체만을 소박한 경건성과 부르주아적 사회 구조들을 드러내는 수단으로 수용하고자 한다. 다시 말해서, 유물론자는 과학 자체의 견고한 지원에 고무되기보다는 바로 끄집어낼 수 있는 합리주의적 편견과 더 흥미로운 대안들을 구상할 수 없는 자기 자신의 무능력에 더 고무된다."

이제 문제가 더 많은 반대 논증이 제시되었다. 그 논증이 설득력이 있다고 깨닫는 것과는 무관하게 이것은 유물론에 반대하는 타당한 논증인가 아니면 한낱 심리적 풍자에 불과한 것인가? 내 생각에는 그 대답이 진술 C는 논증도 아니고 빈정거림도 아니라는 것이다. 진술 C는 무언가를 논증으로 여기기 위한 메이야수의 문턱을 확실히 넘어서지는 못하더라도 진정한 인지적 노동을 여전히 수행한다. 진술 C를 처음으로 듣기 수 시간 전에는 반과학적이고 독단적이며 경건한 반동주의자들의 무리에 지나지 않는 적들에 대해서 유물론자들이 지적인 우위를 점하고 있다는 체념적 감각을 지닌 사람이 있을 것이다. "나는 이 끔찍한 반동적인 사람들에 결코 속하고 싶지 않으므로 나의 유일한 선택지는 유물론자들을 편드는 것이다."

라고 조용히 가정하는 사람이 있을 것이다. 하지만 진술 C는 한 가지 다른 가능성을 암시한다. 진술 C는 엄밀한 의미에서는 논증이 아닐 것이지만 어떤 청중에게는 '강력한 수사법'으로 효과를 발휘함을 메이야수도 인정할 것이다. 더욱이 이전의 주장을 반복하면, 수사법은 "기만적인 카리스마가 있는 연사나 내용보다 문체를 선호하는 작가가 흔히 드러내듯이 이성을 포기하고 감정에 불합리하게 호소함"을 뜻하지 않는다. 화이트헤드가 진술하는 대로 어떤 명시적 논증도 항상 눈앞에 있는 쟁점을 대단히 과도하게 단순화한다. 화이트헤드가 분석철학을 가장 가혹하게 비판하는 원인이 되는 편견들 가운데 하나는 "언어를 명제들의 적절한 표현으로 신뢰하는 것"[33]이다. 논증은 단지 명시적인 변증법적 전경 표상들을 갖고서 전개되는 반면에 수사법은 언어적 명제의 진술되지 않은 배경 가정들에 주목한다. 하지만 그런 가정들은 우리가 세계와 맺고 있는 인지적 관계의 일부이지 한낱 우리의 심미적 관계나 정서적 관계에 불과한 것이 아니다.

논증과 무례한 암시의 중간에 놓여 있는 것처럼 보이는 진술 C로 돌아가자. 그 진술이 유물론을 통렬히 반박한다고 주장할 사람은 아무도 없을 것이다. 하지만 그것은 중요한 인지적 작업을 여전히 수행하는데, 유물론적 입장을 파괴함으로써 그런 것이 아니라 새로운 선택지들에 대한 **필요**와 새로운

---

33. 같은 책, p. xiii. [같은 책.]

선택지들의 가능성을 모두 제시함으로써 그렇다. 이전에는 유물론자만이 계몽된 이성을 품고서 몽매주의적 억압자들의 무리에 맞서 싸우는 데 정평이 있는 투사처럼 보였을 것이다. 그런데 진술 C는 유물론자가 다음과 같은 죄를 저질렀을지도 모른다고 교묘하게 경고한다. (a) 지나치게 성급한 광신, (b) 과학 자체보다도 더 파괴적인 방식으로 어떤 독단적인 기체를 지지하여 세계의 중간 층위들을 모두 제거하려는 파괴적이고 저돌적인 움직임, (c) 종교와 현재의 정치 형식들에 대한 반사적이고 거의 기계적인 혐오. 화이트헤드가 확실히 동의할 것처럼 유물론은 (어떤 철학과도 마찬가지로) 결코 한낱 논증에 불과한 것이 아니라 수사법적 배경과 더불어 그것과 관련된 생활양식까지 완전히 갖춘 상태로 나타난다. 유물론의 암묵적인 거대서사에 따르면, 지금까지 유물론자는 자연의 왕국에서 연금술사와 점성술사, 영성적 몽매주의자를 거듭해서 타파했지만, 정치 및 지성적 문제에서는 불합리하고 반동적인 저항 탓에 그런 진보가 저지되었을 뿐이다. 하지만 진술 C는 다른 그림을 제시하는데, 그 그림에서 유물론자는 광신적이고 성급하며 자신이 창조할 수 있는 것보다 파괴하고 싶은 것에 더 고무된다. 진술 A에서 드러나는 공공연한 모욕조차도 인지적 가치가 전적으로 없지는 않은 이유는 모든 철학 학파가 어떤 인간 기질 유형들을 선발하고 부추기는 경향이 있기 때문이다. 대부분 사람이 하나 이상의 지식인 집단을 회피하는 단순한 이유는 그 집단들이 일반적으로 불쾌한 인물들로 가득 차 있음을 깨닫기 때문이다(내 친구 중 일부는 이보다 별로 나을 게 없는 이유로 하이데거를 싫어한다). 하지만 진술 A는 무례하고 야만적이라는 점과 더불어 가역적이라는 치명적인 결함도 있는데, 요컨대 당신이 유물론을 유물론 옹호자의 해소되지 않은 어린 시절의 분노로 환원하면 유물론자는 가톨릭주의, 자유민주주의, 생의 약동, 환생, 라마르크주의 등 무엇이든 간에 선호하는 신조를 믿는 당신 자신의 더러운 동기에 대한 마찬가지로 그릇된 추측으로 흔히 대응할 것이다.

나 자신이 종종 제기하는 유사한 종류의 수사법적 주장을 고찰하자. 과거 글에서 나는 대략 다음과 같이 전개되는 진술을 표명했다.

D. "상관주의자는 항상 철학을 인간중심적인 게토에 한정하면서 자연과학의 타격에 영향을 받지 않는 전용 성채를 건설하고 싶어 한다. 오히려 철학자는 과학자와 싸우면서 무생물적 관계들에 대하여 독자적인 철학적 이론을 구축해야 한다."

진술 D는 메이야수의 의미에서 하나의 '논증'인가? 꼭 그렇지만은 않다. 그러나 한낱 심리적 암시에 불과한 것도 아니다. 다시 말해서, 진술 D는 다음과 같이 윤색될 수 없다.

D₁. "상관주의자는 과학을 이해하지 못하는 소심한 사람이어서 과학자가 진입할 수 없기를 바라는 협소한 인간 영역

으로 철학을 이끈다. 상관주의자는 실재를 대면할 용기가 없다. 많은 상관주의자가 수학에 매우 능숙하지 않을 것이고, 이런 까닭에 그들은 인문학으로 도피했다."

그렇다. 진술 D_1을 문자 그대로의 진실로 받아들이는 인지과학자들이 있을 것이다. 하지만 이것이 나 자신의 글에서 표명된 진술 D의 의미가 결코 아니라는 것은 명백하다. 오히려 그 맥락은 항상 내 의도가 다음과 같음을 분명히 한다.

D_2. "사람들은 자연과학의 거대한 특권과 성공을 고려하여 과학은 이미 비인간 세계를 철학적으로 제대로 다룬다고 서둘러 가정한다. 이런 까닭에 칸트 이후 철학은 무생물 영역에 대해서 수행할 철학적 작업이 하나도 남아 있지 않다고 잘못 가정하면서 인간 세계에 지나치게 꼭 매달린다. 하지만 무생물적 인과관계가 참으로 얼마나 문제의 것인지 간파한 상관주의자는 자기가 상관주의적 순환에 여전히 갇혀 있는 상황에 덜 만족했을 것이다."

메이야수의 의미에서 D_2는 여전히 '논증'이 아니라 기껏해야 '강력한 수사법'으로 여겨질 것이다. 하지만 수사법으로서의 그것은 주요한 상관주의적 배경 가정을 드러냄으로써 풍부한 인지적 작업을 수행하는데, 말하자면 "과학이 무생물 영역에서 이미 탁자를 깨끗이 닦고 있음을 고려하면, 철학자의 과

업은 인간 접근의 권역 안에서만 작업하는 것이다." 나는 정반
대의 가능성을 제기하는 것만으로도 흔히 청중에 심대한 철학
적 영향을 미침을 깨닫고서 수없이 많은 새로운 문과 창문을
열었다. 과학이 비인간 권역을 독점하고 있으므로 철학은 인
간-세계 상관물을 지배하려고 애써야 한다는 진부한 가정은
내가 알고 있는 어떤 '나쁜 논증'보다도 훨씬 더 보편적으로 손
상된 것이다.

이런 점에서 수사법은 적어도 명시적인 변증법만큼이나 유
력한 철학적 도구인데, 변증법이 명시적 진술의 층위에서 정
산하려고 시도할 때에도 수사법은 숨은 전제들을 드러낸다.
유능한 사상가라면 누구나 그래야 하듯이 메이야수 자신도
비슷한 '좋은' 수사법에 흔히 기댄다. 전통적 실재론자가 상정
되지 않은 X를 상정하려고 시도함으로써 상관주의자에 반대
하는 경우에 메이야수는, 밴드를 이 손가락에서 저 손가락으
로 화를 내며 옮겨 보지만 그 밴드가 절대 떨어지지 않는 상
황 — 우리가 벗어나려고 아무리 열심히 노력하더라도 상관주의적
곤경에서 결코 벗어날 수 없으리라고 추정되는 것과 꼭 마찬가지 상
황 — 에 낙담하는, 『땡땡의 모험』이라는 만화에 나오는 아독
선장에 그 실재론자를 수사법적으로 비교한다.[34] 아독 선장
과 관련된 이 주장을 읽은 후에 메이야수에게 다음과 같이 외
치는 사람이 있을 것이다. "하하! 위선자! 지금 당신은 전형적

---

34. Brassier et al., "Speculative Realism", p. 421.

인 실재론자가 좌절과 짜증에 바탕을 두고 행동한다고 말하고 있습니다! 당신은 그를 심리적으로 다루고 있습니다! 더욱이 그것은 바로 당신이 라뤼엘, 니체, 맑스, 프로이트를 비난하는 이유입니다! 하하! 당신은 위선자입니다!" 하지만 이 같은 반응은 논점에서 벗어날 것이다. 메이야수가 아독 선장의 밴드를 언급한 것은 결코 '논증'으로 의도된 것이 아니다. 오히려 그것은 대체로 다음과 같이 강력한 수사법적 호소로 의도된 것이다.

E. "상관주의적 논증은 모든 X는 상정된 X라는 것인데, 다시 말해서 자신의 사유 바깥에 있는 객체를 생각하려고 시도한다면 그 객체를 자신의 사유 바깥에 있는 것으로 여전히 생각하고 있는 셈이다. 이 순환에서 벗어날 길은 전혀 없다… 이것은 우리가 수용해야 하는 강력한 논점이다… 무슨 말씀을 했습니까? 라투르 씨. 크게 말씀해 주세요… 그렇다. 내 논점이 매우 실망스럽고 지루한 것처럼 들린다고 내가 깨닫게 되는 특별한 이유는 그것이 가장 뛰어나고 매력적인 철학적 논증들을 틀어지게 하려고 종종 노력하기 때문이다. 그런데도 그것은 합리적 논증이므로 우리는 그것을 수용할 수밖에 없다. 저는 당신의 좌절감을 이해하고 그것에 동의하지만, 너무 빨리 굴복하여 이성에서 도피하지 마십시오. 제 말을 참을성 있게 들어주세요… 상관주의를 내부에서부터 절대적 앎의 일종으로 급진화함으로써 그것과 싸워야 한다. 그리고 당신이 나를 본

받아서 이 방법을 시도하면 우리는 대부분의 실재론자보다 변함없이 더 합리적일 뿐 아니라, 그 결과는 당신이 예상하는 것보다 훨씬 더 흥미롭고 독창적일 것이다.『유한성 이후』라는 책에서 나는 이 사실을 알아내는 작업에 착수했다. 한 번 읽어보고 무슨 생각이 드는지 살펴보라. 그 책은 상관주의적 가정의 내부에서 끈기 있게 작업하면 해낼 수 있다고 내가 생각하는 일에 대한 작은 실례일 뿐이다. 더욱이 내 생각에 당신은 그 책이 결코 실망스럽거나 지루한 책이 아니라 흥미로운 책이라고 깨달을 것이다."

이 구절에서 메이야수의 '논증'을 분명히 볼 수 있기는 하지만 그것에는 논증보다 훨씬 더 많은 것이 들어 있다. 그 주장은 메이야수가 전통적 실재론자인 적들의 근본적인 가정들과 세계상을 다루려는 정말로 흥미로운 시도다. 메이야수는 상관주의가 지루하고 막다른 지경에 이른 것처럼 들릴 것이라는 점을 인정하면서 우호적인 인식을 구한다. 그러면서도 그는 온화한 성격과 강철 같은 의지가 뒤섞인 평소의 태도로 상관주의 논증을 벗어날 길은 없다고 역설한다. 메이야수는 마무리를 하면서 우리의 상실에 대한 일종의 보상책을 약속하는데, 상관주의자의 엄밀하고 파괴적인 반대 의견을 수용하더라도 결국에는 일종의 실재론에 이르는 것이 여전히 가능하다고 진술한다. 진술 C가 상상력을 발휘하지 못한다는 이유로 유물론자를 비난하는 것과 꼭 마찬가지로 메이야수도 '풍요로운 어딘가 다른 곳'을 상정하는 실재론자를 똑같이 비난한다.

그리고 이런 까닭에 나는, 철학은 명료한 제1원리에서 비롯되는 명시적이고 연역적인 논증의 층위에서 주로 벌어진다는 메이야수와 많은 분석철학적 사상가의 주장을 거부한다. 화이트헤드와 더불어 나는 "논리적 모순은 ⋯ 가장 불필요한 오류이고 대개는 사소한 오류다. [그러므로] 비판을 받은 이후 체계는 단지 비논리적인 것만 드러내지는 않는다. 체계는 불충분성과 부정합성에 시달린다"[35]라고 생각한다. 마찬가지 이유로 메이야수는 '풍요로운 어딘가 다른 곳'이라는 반대 의견에서 가치 있는 것을 거의 알아보지 못하는 잘못을 저지른다. 사실상 나는, 어떤 철학이 세계의 명백한 풍요성을 제대로 다루지 못한다면 그 사실이 그 철학에 반대할 유력한 증거라고 생각한다. 파르메니데스가 "존재는 있고 비존재는 없다"라고 말할 때, 이 진술은 논증으로 반박되기보다는 그것이 실재에 대한 우리 경험에 불충분하다는 역력한 감각으로 반박된다. 요약하면, 파르메니데스는 반박되기보다는 버려진다. 그리고 여기서 또다시 나는 화이트헤드를 인용하는데, 그는 "사변철학의 이상은 합리적 측면과 경험적 측면이 있다. 합리적 측면은 '정합적임'과 '논리적임'이라는 술어로 표현된다. 경험적 측면은 '적용 가능함'과 '충분함'이라는 술어로 표현된다."[36]라고 말

---

35. Whitehead, *Process and Reality*, p. 6. [화이트헤드, 『과정과 실재』.]
36. 같은 책, p. 3. [같은 책.]

한다.

메이야수뿐만 아니라 다른 철학자도 단지 가차 없는 일련의 추론들을 따라가는 것이 아니라 때때로 뒤로 물러서서 이 추론들이 세계를 정확히 서술하는지 살펴본다. 수학은 그런 식으로 나아갈지도 모르지만, 나는 철학은 그럴 수 없다는 화이트헤드의 의견에 동의한다. 그리고 다른 한편으로, 자연과학은 순전한 논리적 추론을 거쳐 진전하는 것이 아닐뿐더러 모순이 자신의 주요한 발견 원리라는 점도 인정하지 않는다. 어떤 수학적 증명을 제거하는 데에는 한 가지 반증 사례로 충분하지만, 과학의 경우에는 (포퍼와 반대로) 그렇지 않다. 토머스 쿤이 주장했다시피, 어떤 과학 이론도 모든 반증 증거를 결코 극복해 낼 수는 없다. 뉴턴의 중력 이론은 수성 궤도의 변칙적 현상에도 불구하고 오랫동안 유지되었다. 상대성 이론과 양자 이론은 2009년 현재도 여전히 서로 양립 불가능하지만 두 이론 중 하나를 제거할 준비가 되어 있는 사람은 아무도 없는데, 이런 식으로 그것들은 이미 반박되었지만 아직 버려지지는 않았다. 우리 시대에 끈 이론이 실험적 증거가 전혀 없음에도 입자물리학에서 여전히 제도적으로 지배적인 이론인 유일한 이유는, 그것에는 다른 미덕들, 이를테면 수학적 우아함, 중력과 양자역학을 통일할 수 있는 능력이 있고 (끈 이론의 비판자들이 말하듯이) 사람들이 끈 이론에 너무 많은 세월을 투자하여 그 모형이 실패작임을 받아들이기 싫어한다는 사실이 있기 때문이다. 현대물리학에 관한 문헌을 읽어보면, 수많은 명시적인 논증과 경험적 증거 사례와 더불어 직감에 지나지 않는 것임에도 완전히 과학적인 수많은 진술을 알아볼 수 있을 것이다. 이를테면 "끈 공동체의 지적 문화와 관련하여 전적으로 옳게 느껴지지 않는 무언가가 있다." "나는 4차원 시공간에 대한 아인슈타인-민코프스키 모형을 궁극적으로 사용하지 않아야 할 것이라는 모호한 느낌이 있다." 기타 등등. 토머스 쿤이 연구한 것으로 유명한 과학적 '패러다임'을 살펴보자. 과학적 패러다임은 집단적인 사회적 편견을 통해서 권력을 획득하여 이성이 접근할 수 없는 층위에서 다른 패러다임을 대체한다고 쿤이 말하고 있는 것으로 흔히 읽힌다. 하지만 이 독법은 옳지 않다. 패러다임의 진짜 정체는 객체, 즉 한동안 연구를 인도하는 과학적 객체인데, 그것의 정확한 성질들을 결코 파악할 수 없다는 사실에도 불구하고 그럴 뿐만 아니라 오히려 바로 이런 사실 때문에 그렇다. 수사법은 과학과 철학 둘 다에서 새로운 패러다임을 확립하는 데 논증과 마찬가지 정도의 영향력을 발휘한다. 이 사태는 "사람들이 항상 합리적이지는 않아서 그들이 빛을 보게 만들려고 때때로 그들의 정서에 호소한다."라는 사실에서 비롯되지 않는다. 오히려 그것은 논증, 명제, 명시적 증거, 구체적 성질이 세계를 완벽하게 제대로 다룰 수는 없는 무능력을 지적하는 화이트헤드의 주장에서 기인한다. 철학이 오직 논증으로만 구축된다고 주장하는 것은 라디오 쇼가 발설되는 말에 지나지 않는다 — 배경 매체는 내용에 아무 차이도 내지 않는다 — 고 말하는 것과 마찬가지라고 마셜 매클루언은 말할 것이다.[37] 철학이 논증으로 구성된다고 말하는 것은 사과가 성질들의 다발일 뿐이라고 말하는 것과 마찬가지다.

나는 이런 '성질들의 다발' 이론에 반대하면서 객체를 지지해야 한다고 말했다. 그리고 '논증'으로서의 철학이라는 관념에 반대하면서 객체지향적인 것으로서의 철학이라는 모형을 옹호해야 한다. 분석철학은 인류가 지금까지 알았던 것보다 더 많은 '해체 논증'을 제시했지만, 그 대가로 철학의 황금시대를 맞이하게 되었는지는 분명하지 않다. 그러므로 내가 철학자들에 대한 비판적 독법보다 과장법적 독법을 지지하는 이유는 비판이 글의 주요 문제는 그것에 들어 있는 논리적 오류라고 가정하기 때문이다. 이와는 대조적으로, 철학의 완전한 승리를 과장하여 상상하는 것은 철학이 논리적 실수에서 벗어난다고 대체로 여기게 되는 사회적 환경을 모의 실험하는 것이므로 이 방법 덕분에 화이트헤드가 철학의 '정합성과 충분성'이라고 부르는 것에 집중할 수 있게 된다. 이 사항들은 모두 밀접히 연계되어 있다. 이 모든 것은 세계에는 그것에 관하여 명시적으로 진술될 수 있는 것을 넘어서는 것이 존재한다

---

37. 변증법적 표상과 논증이 그것들의 암묵적 배경이나 매체와 비교하여 상대적으로 빈곤하다는 사실에 대한 중요한 통찰을 접하려면 매클루언의 저서 중 아무거나 읽어도 된다. 이론적으로 가장 설득력이 있는 책은 Marshall McLuhan and Eric McLuhan, *Laws of Media: The New Science*, Toronto, University of Toronto Press, 1988일 것이다.

는 사실에 의존한다. 메이야수와 브라지에[38]가 두려워하는 것도 무리가 아니다시피,[39] 여기서는 세계에 대한 '비인지적'non-cognitive 접근이 필요한 것이 아니라 세계에 대한 비정성적non-qualitative 접근[40]만이 필요할 뿐이다. 그런 견해에 특별히 불가사의한 점이 전혀 없는 이유는 솔 크립키Saul Kripke의 '이름 이론'에서 이미 찾아볼 수 있기 때문인데, 그 이론에서 크립키는 이름을 한정적 서술들로 적절히 설명할 수 없으면서도 실재를 가리키는 '고정 지시어'로 여긴다.[41]

요약하면, '풍요로운 어딘가 다른 곳'은 유용한 수사법적 호소이고, 게다가 나는 '좋은 수사법'이 철학에 핵심적임을 메이야수 자신보다 훨씬 더 강하게 생각한다. 그 이유는 수사법

---

38. Ray Brassier, *Nihil Unbound: Enlightenment and Extinction*, London, Palgrave, 2007, p. 28.

39. 브라지에는 헤겔주의자들이 "경험 아래 깊이를 재기 위해 언어의 표상적 차원을 채택하려는" 시도에 대하여 우려했다. 브라지에의 경우에 그런 시학에 대한 적절한 대안은 "삼인칭 시점에서 바라볼 수 있는 형식적 자원과 수학적 자원을 사용함〔으로써〕 현상적 의식의 하위-상징적 실재 탐구하기"에서 찾아볼 수 있다. Ray Brassier, *Nihil Unbound*, p. 29를 보라.

40. [옮긴이] 세계의 성질들을 나열하는 것만으로는 세계의 실재에 접근할 수 없다는 입장을 가리킨다.

41. 루스 바칸 마커스가 그 이론을 최초로 개발했는지에 대한 유명한 논쟁이 분석철학자들 사이에 벌어진 내부적 논란에 불과한 이유는 후설뿐 아니라 심지어 아리스토텔레스도 이름은 사물의 명백한 속성보다 더 깊은 것을 가리킴을 벌써 이해했기 때문이다. 크립키가 대단히 뛰어난 인물이 되는 연유는 그가 이런 학설을 사물은 속성들의 다발로 환원될 수 있다는 경험주의적/실증주의적 편견에 매우 깊이 빠져 있는 지적 문화, 즉 분석적 언어철학에 도입할 수 있었다는 점이다. 더욱이 분석철학자들 사이에 이런 충격적인 문화적 영향을 미친 사람은 마커스가 아니라 크립키다.

이 명시적인 변증법적 표상을 다루기보다는 오히려 드러나지 않은 배경 가정을 다루기 때문인데, 철학이 배경 가정을 드러내어 그것에 대하여 대위법을 실행하지 않는다면 철학이 무엇을 위한 것인지 나는 알지 못한다. 플라톤과 스피노자, 라이프니츠는 평범한 대학교수보다 논리적 오류를 더 적게 저지르는 것이 아니라 충분성, 정합성, 독창성, 적실성, 통찰력이 훨씬 더 방대할 따름이다. 이 사실은 일반 독자가 주류 분석철학보다 "키르케고르 … 하이데거 … 칸트, 헤겔, 소크라테스 이전 철학자들"에게 더 관심을 두는 이유에 관한 제리 포더의 곤혹스러운 물음에 답변이 되는데, "어쨌든 분석철학자의 논증이 더 훌륭하다."[42]라는 그의 주장을 인정하더라도 말이다. 하지만 포더가 추가로 제기한 "우리 대부분이 그들 대부분보다 글을 더 잘 쓴다."라는 기이한 주장, 즉 좋은 글쓰기란 더는 아무것도 암시하지 않으면서 명시적이고 일의적인 진술을 가능한 한 많이 함을 뜻한다는 오류에 빠진 터무니없는 진술을 나는 장난으로도 인정하지 않을 것이다. 사실상 분석철학자들 중에 명료한 작가는 셀 수 없이 많더라도 훌륭한 작가는 깜짝 놀랄 정도로 거의 없다. 명료성이 곧 생생함은 아니다. 간디를 정확히 복제한 밀랍상이 인도를 제국에서 해방할 수는 없다.

상관주의에 불리한 강력한 증거는 그것이 임의로 인간/세

---

42. [옮긴이] Jerry Fodor, "Water's Water Everywhere", *London Review of Books*, 21 October, 2004.

계 관계를 어떤 객체/객체 관계보다도 철학적으로 더 중요한 것이라고 여긴다는 사실이다. 이 주장이 '결정적 논증'은 아닐 것이지만 강한 경고 신호라는 것은 확실하다. 메이야수가 지루함은 철학적 미덕이 아님을 잘 알고 있는 것처럼 보이는 이유는 그 자신의 책에서 지루함을 매우 능숙하게 회피하기 때문이다. 그는 "X는 항상 X로 **상정된다**"라고 끊임없이 반복하는 것이 아니라, 그의 출발점에서 작업하는 사람이라면 누구에게나 가능하다고 내가 언제나 생각한 것보다 더 풍부한 지대로 옮겨 간다. 나 자신에 관해서만 말하자면, 나는 메이야수가 전개하는 추리의 연역적 맹공(나는 이 점을 인상적이지만 결정적이지는 않은 것이라고 깨닫는다)을 통해서는 그다지 그의 글에 끌리지 않는다. 오히려 나는, 그가 끌어낸 참신하게 기묘한 **결과** — 자연법칙의 필연적 우연성에 대한 주장, 신에 대한 놀랄 만한 추론, 죽음의 본성이나 후회의 윤리에 대한 멋진 사변 — 에 사로잡힌다. 메이야수는 콰인이나 데이빗슨보다 '더 논리적'인 것이 아니라 훨씬 더 흥미로울 따름이다. 사실상 메이야수의 글이 보여주는 풍성함이 매우 두드러지기에 그 자신의 수사법적 신념, 즉 풍요로운 고향이라는 정반대 신조를 지지하여 풍요로운 어딘가 다른 곳을 거부하는 신념을 알아챌 수 있을 것이다. "도피하려고 하지 말라. 저 바깥에는 냉정한 계산의 대상이 되는 회색의 물질이 있을 뿐이다. 오히려 헤겔이 인간-세계 상관물에서 만들어낼 수 있었던 모든 감미로운 형태의 논리와 역사를 잠깐 생각하라." 풍요로움에 대한 메이야수 자신의 취향은 상관관계의 순환이 자신을 아무 데도 데려다주지 않는다면 그 순환을 버릴 수 있었을 정도로 분명하다. 어쨌든 나는, 풍요로움에의 수사법적 호소는 우리 적의 좌절당한 리비도에 대한 거친 주장과 함께 '불합리한 논증'이라는 한 바구니에 속하지 않는다는 것에 메이야수가 동의하기를 바란다.

수사법에의 이런 우회는 오래되었지만, 상관주의적 입장을 거부하는 나 자신의 태도에 직접 반영된다. 하지만 풍요로움에 대한 시적 호소 외에는 제공할 것이 하나도 없는 것처럼 보이지 않으려면 메이야수 입장의 '논증' 부분에 여전히 응대해야 한다. 메이야수의 골드스미스 강연과 관련된 가장 큰 문제는 지금까지 아무도 상관주의적/관념론적 입장을 논리적으로 반박하려고 시도조차 하지 않았다는 암묵적인 가정에 있는데, "X는 상정되지 않은 것으로 상정된다"라는 피히테의 주장이 과거 이 세기 동안 다른 이론들의 더 큰 비옥함에 대한 대량의 암시와 불합리한 호소에 직면했을 뿐인 것처럼 말이다. 메이야수는 이런 비난을 결코 공개적으로 하지 않기에 틀림없이 어리석지 않다. 하지만 그의 강연은 인간/세계 상관물에 대한 실재론적 반대 논증을 전혀 언급하지 않는다. 그런 논증은 찾아내기 어렵지 않다. 그저 구글로 '관념론 반박'을 검색하기만 하면 수십 명의 철학자 명단을 얻게 되는데, 첫 번째 검색 화면만 보더라도 무어, 칸트, 퍼스, 찬드라키르티, 비트겐슈타인이 나타날 것이다. 하지만 골드스미스 강연에서 메이야수는 상관주의가 분명히 유리한 고지에 있어서 상관주의의 적들이 언덕 위로 돌격하면 빗발치는 화살을 맞게 되는 부담을 고스란히 지게 되는 것처럼 나아간다. 그런데 인간-세계 상관물이 메이야수와 내가 속해 있는 프랑스-독일의 대륙적 전통에서 지배적인 것은 사실이다. 하지만 분석철학자들 사이에서는 상황이 매우 다르다. 사실상 많은 분석철학 사상가는 고인이 된 오스트리아인 데이비드 스토브를 본받아서 상관주의적 논증을 "세계 최악의 논증"이라고 말한다(스토브는 그 논증에 일등상을 수여하기 전에 실제로 **경연대회**를 개최했다). 이 사실은 상관주의자들이 40점 차로 앞서는 시합을 결정짓는 농구팀처럼 수비를 할 처지에 전혀 있지 않음을 시사한다. 상관주의적 논증의 핵심에 있는 오류를 보여주는 일은 여전히 남아 있다. 나는 분석철학 사상가들이 제기하는 반대 의견들을 추적하기보다는 나를 실재론자 연회에 무심코 데려간 바로 그 사상가, 즉 마르틴 하이데거를 활용하여 상관주의에 반대할 것이다.

내가 상관주의적 논증이 설득력이 있다고 여기지 않는 이유를 보여주는 최선의 방식은 후설과 하이데거를 언급하고 이 두 인물에 대한 메이야수의 논의를 거론하는 것이다. 후설과 하이데거는 우리가 상관주의적 순환에서 벗어나는 데 도움을 주는 기묘한 한 쌍의 사상가처럼 보일 것인데, 결국은 두 철학자가 모두 상관주의자라고 말하는 메이야수가 옳지만 말이다. 후설의 경우에 이 점이 충분히 명백한 이유는 그가 현상 밖의 세계에 관한 어떤 관념도 '괄호에 넣'기 때문인데, 요컨대 그는 인간 의식에 나타나는 것에만 집중해야 한다고 강력히 요구한다. 후설은 자신이 한낱 내재적 실재에 불과한 것을 언급하고 있음을 거듭해서 부인하지만, 단지 브렌타노식으로 철학적 심리학과는 거리를 두고 싶다는 이유로 그럴 뿐이다. 후설에게 관념적 의미 영역은 인간의 마음 바깥에 있는 세계에 대립적인 것으로서 인간의 마음 안에 있는 무언가가 아니라 실재 전체와 같다. 후설은 사물 자체로의 귀환을 거듭해서 요청하지만, 이것은 인간이 결코 접근할 수 없는 칸트의 물자체 — 후설에게는 터무니없는 관념 — 가 결코 아니다. 의식에 현시되는 베를린시는 베를린시 자체와 같다. 원칙적으로 우리가 어떤 객체든 그것의 본질을 직감적으로 파악하는 일이 **가능한** 이유는 객체의 본질이 의식 너머에 있는 어떤 초월적 영역에 놓여 있는 것이 아니라 의식 안에 묻어 들어가 있기 때문이다.

우리의 첫 번째 의문은 하이데거의 경우에도 마찬가지인지 여부다. 하이데거가 상관주의자라는 메이야수의 논변은 다음과 같이 전개된다.

하이데거에게 확실히 중요한 것은, 표상에 대한 모든 형이상학적 구상에 내재하는 존재나 현존의 막힘을 정확히 지적하고, 객체로 여겨지는 눈-앞에-있는 존재자에게 특권을 부여하는 것이다. 하지만 **다른 한편으로**, 하이데거의 경우에 존재자의 탈은폐에서 가장 중요한 그런 막힘을 생각하는 데에는 자신이 존재사건Ereignis이라고 부르는 인간과 존재의 함께-속함을 고려해야 하고, … 존재사건이 존재도 인간도 '자체적으로' 존속하는 것으로 상정될 수 없음을 뜻하는 〔이유는〕함께-속함의 두 항이 원초적으로 호혜적 관계를 통해서 구성되기 때문이다.[43]

이런 점에서 하이데거는 칸트에서 후설로 이어지는 상관주의적 명령에 여전히 충실한 것처럼 보인다. 하지만 앞에서 인용한 구절에서 내가 "하지만 다른 한편으로"라는 어구를 강조한 이유는 그것이 메이야수가 기어를 바꾸는 지점을 암시하기 때문이다. 그 구절의 첫 번째 부분에서 메이야수는 하이데거가 존재는 인간에게 현시되는 모든 것에서 막히어 있음, 은폐되어 있음, 숨어 있음, 물러서 있음을 주장하는 철학자임(후설에 대해서는 이렇게 말하기 힘들 것이다)을 인정한다. 하지만 그 구절의 두 번째 부분에서 메이야수는 이런 존재의 은폐가 어쨌든 하이데거의 존재Sein/현존재Dasein 상관물로 빨려 들어감을 암시한다. 하지만 이것은 사실이 아니다. 문제는 '상관주의'(철학 용어집에 영구적으로 속할 자격이 있다)라는 메이야수의 멋진 용어가 미묘한 이중 주장을 내세운다는 것이다. 주요한 의미에서 상관주의는 인간도 세계도 상대방이 없다면 존재할 수 없음을 뜻한다. 이런 의미에서 하이데거도 확실히 마찬가지인데, 그에게는 존재와 현존재(인간)가 항상 한 쌍으로

---

43. Quentin Meillassoux, *After Finitude*, trans. Ray Brassier, London, Continuum, 2008, p. 8 [퀑탱 메이야수, 『유한성 이후』, 정지은 옮김, 도서출판b, 2010], 강조가 첨가됨.

나타난다. 사실상 하이데거는 인간이 존재하지 않는다면 뉴턴의 법칙은 참도 아니고 거짓도 아닐 것이라고 주장할 정도까지 나아간다.

그런데도 존재와 현존재라는 두 항이 상호 간의 상관관계로 서로 철저히 규정된다고 말한다면 그것은 전적으로 다른 주장이 된다. 서로에 대한 애착이 너무 강해서 결코 떨어져 있지 않고 헤어지면 문자 그대로 죽을 두 연인의 사례를 살펴보자. 이 사례에는 그 연인들이 그들의 상호작용들로 완전히 구성된다는 점이 명백히 수반되지 않는다. 정반대다. 그 이유는 이 연인들이 여생 동안 결코 한순간도 떨어져 있지 않더라도 그들이 궁극적인 깊이까지 서로 완전히 파악하는 것은 절대 가능하지 않기 때문이다. 하이데거의 경우에 존재와 인간이 이런 종류의 사랑 이야기를 펼친다. 하이데거의 경우에 존재는 배후에 감추어진 것이 전혀 없는 채로 현존재에 현시되는 일련의 표현들에 지나지 않는다고 말하려는 시도가 종종 감행된다. 그렇다면 존재는 인간/세계 상관물보다 전적으로 더 깊은 무언가가 아니라 오히려 그 상관물 안에서 제한적으로 일어나는 '창발적 과정'이 될 것이다. 하지만 하이데거 자신의 글은 단지 우리 시대의 대륙철학에 만연하는 상관주의적 풍조에서 비롯되는 그런 해석을 거의 뒷받침하지 않는다. 비현상적 실재에 대한 어떤 믿음도 매우 두드러지게 소박하여서 하이데거처럼 독창적인 사상가는 그런 어리석은 견해를 견지할 수 없었을 것이라고 가정되었을 뿐이다.

요약하면, 후설이 상관주의자인 것과 마찬가지 의미에서 하이데거도 상관주의자라고 한다면 그들 사이의 중요한 차이를 놓치게 된다. 막힘과 은폐, 물러서 있음이라는 용어들이 피히테와 헤겔, 후설 같은 인물들에서는 아무튼 아무 역할도 수행하지 않는데도 하이데거가 이 용어들에 대하여 대단히 많이 논의하는 데에는 타당한 이유가 있다. 하이데거가 헤겔과 후설 둘 다 존재를 그것의 눈-앞에-있음 배치로 환원하는 죄를 똑같이 저지른다고 생각하고, 그가 우리의 주의를 오히려 존재의 은폐에 돌리게 하는 데에도 타당한 이유가 있다. 메이야수는 상관주의자들이 모두 공유하는 것으로 여겨지는 견해들의 목록에 "유폐된 외부"[44]를 간단히 추가함으로써 하이데거의 열정을 설명하고자 한다. 하지만 하이데거와 후설, 헤겔, 칸트에게 동시에 적용할 수 있는 유폐된 외부에 관한 어떤 균일한 관념도 찾아내기 어렵다. 사실상 유폐된 외부는 이 인물들에게서 다양한 역할들을 수행하는데, 피히테와 헤겔, 후설은 전적으로 거부하지만 칸트는 아마 수용할 역할(본체계)도 있고, 하이데거는 절대적으로 수용하는 역할(물러서 있는 존재와 은신하고 있는 땅, 현시하지 않으면서 암시하는 신들)도 있다. 하이데거가 영구적인 인간/세계 상관물을 명백히 수용한다는 입장에서 인간에게 현시되는 표현의 바깥에 있는 존재에게는 불가사의한 것이 전혀 없다는 식의 추정되긴 하지만 현

---

44. 같은 책, p. 8. [같은 책.]

존하지는 않는 하이데거의 견해로 도약하는 것은 헤겔화된 형태의 하이데거를 제시하는 것이거나 아니면 하이데거와 후설을 녹여서 하나로 만드는 것이다.[45]

하이데거는 자신이 후설보다 더 혁신적인 일을 수행하고 있다고 거듭해서 주장한다는 사실을 잊지 말아야 한다. 메이야수가 두 철학자가 마찬가지 방식으로 상관주의자라고 말하는 데에는 하이데거가 자신을 급진적이라고 생각하는 것은 잘못된 일이라는 의미가 수반되고, 게다가 하이데거는 그렇게 하지 않으려고 시도하지만 후설과 마찬가지로 인간/세계 상관물 안에 여전히 머무른다는 의미가 수반된다. 문제가 있는 이 결과는 메이야수가 하이데거를 읽는 독법에서 비롯된다. 사실상 하이데거는 그가 불가능하다고 간주하는 것처럼 보이는 그런 사상가의 일종, 즉 **상관주의적 실재론자**에 속한다. 이 어구로 나는, 상관주의를 **통해서** 실재론을 입증하려는 메이야수의 독자적인 기획을 뜻하는 것이 아니라 상관주의와 실재론을 실제로 동시에 믿는 사람을 가리킨다. 바꾸어 말하면 하이데거는 인간과 세계가 항상 한 다발로 나타나야 한다고 생각하지만, 또한 그는 존재가 인간에게 완전히 현시되는 것은 아니라고 생각한다. 더욱이 나는 이런 기괴한 혼성 신조를 승인할 수 없지

---

45. *A Thing of This World: A History of Continental Anti-Realism*, Evanston, Northwestern University Press, 2007이라는 뛰어난 백과사전적 저작에서 리 브레이버(Lee Braver)가 시도한 하이데거에 대한 관념론적 독법에서 유사한 문제를 찾아볼 수 있다.

만, 하이데거가 그런 태도를 고수하는 것은 확실하다.

후설과 하이데거의 진정한 차이를 알기 위해 망치라는 유명한 보기를 살펴보자. 후설에게 망치는 이른바 '지향적 객체'다. 그것이 인간의 시야에서 영원히 감추어져 있는 어떤 독립적인 세계에 존재하지 않기에 본체적인 망치-자체는 존재하지 않는다. 오히려 망치는 의식 ─ 후설에게는 인간이나 동물, 외계 생명체의 의식을 뜻하는 것 ─ 의 상관물로만 존재한다. 우리는 결코 망치의 모든 면을 동시에 보는 것이 아니라 항상 어떤 각도와 거리에서, 어떤 색과 세기의 빛으로, 어떤 특정한 기분으로 망치를 본다. 이런 의미에서 망치는 특정한 윤곽 또는 음영(독일어로 Abschattungen)의 형태로 나타날 뿐이다. 후설에게 '망치'라는 객체는 망치가 나타내는 모든 외양의 계열로 구성되는 것이 아니라 이런 외양들을 비롯하여 모든 가능한 외양도 넘어서는 어떤 관념적 통일체다. 원칙적으로 이 같은 망치의 통일체 또는 본질은 완전히 명백한 방식으로 형상적 직관을 거쳐 파악될 수 있는데, 비록 이 이상형에 다소간 접근할 수 있을 뿐이지 결코 직접 닿지는 못하더라도 말이다.

그런데 인간은 오직 음영만을 지각할 수 있어서 망치 자체는 절대 나타나지 않는다는 믿음을 후설이 지니고 있다고 흔히 전해진다. 이 견해는 상당히 이해할 만하지만(나 자신도 2004년 말까지 그렇게 생각했다) 잘못된 것이다. 그 이유는 우리가 망치-음영들의 계열을 결코 통째로 볼 수 없다는 사실이 중요하지 않기 때문인데, 요컨대 이 계열은 망치가 아니다. 후설에게 망치는 각각의 윤곽을 동일한 망치의 윤곽으로 만드는 관념적 통일체인 것이지 어떤 종류의 외양들의 계열이 아니다. 그러므로 가능한 망치-외양들의 무한한 계열을 겪을 수 없는 우리의 무능력 탓에 객체와 관련하여 우리가 빼앗기는 것은 전혀 없다. 후설의 경우에는 음영들의 배후에 아무것도 '감추어져' 있지 않은데, 그러므로 우유적인 것들로 장식된 형상으로서의 망치 자체가 각각의 음영 안에 놓여 있다. 다시 말해서, 후설에게 지향적 객체의 형상은 우리가 그것을 지향하는 바로 그 순간부터 이미 우리와 함께 존재하는 것이어서 하이데거의 도구 식으로 숨어 있거나 은폐되어 있지 않다. 우리 앞에 의자가 있다고 생각하거나 바라거나 상상하는 것은 의자의 형상이 이미 우리에게 현시됨을 뜻한다. 우리는 영원히 부재하고 무한한 일련의 의자-윤곽을 빨리 겪음으로써 이 형상에 이르게 되는 것이 아니라, 우리가 의자를 지향할 때 항상 수반되는 비본질적인 부스러기를 제거함으로써 이르게 된다. 그것이 빼기 과정의 일종인 이유는 형상적 분석이 제거하려고 노력해야 하는 비본질적인 표면 변이들이 매 순간 본질적인 의자를 장식하고 있기 때문이다.

하이데거가 그 상황을 다르게 바라본다는 것은 분명하다. 하이데거의 철학 전체는 '눈-앞에-있음'에 대한 비판으로 고안되었다. 무엇보다도 이 비판은 어떤 객체의 존재는 그 객체가 우리에게 나타나는 모습보다 항상 더 깊음을 뜻한다. 하이데거가 보기에 후설의 현상은 한낱 의식 속에 현시되는 것에 불과하므로 우리에게 나타나는 외양으로 철저히 규정된다. 하지만 하이데거가 망치는 일단의 가시적 특질들 - 심지어 본질적 특질들 - 로 환원될 수 없다고 생각하는 이유는 이런 특질들이 세계에서 망치질 작업이 행하는 것이 아니기 때문이다. 후설의 지향적 객체로서의 망치는 우리가 그것을 인식하자마자 항상 이미 존재하고, 게다가 그저 비본질적 특질들로 장식되어 있을 뿐이다. 반면에 하이데거에게 망치는 우주에서 비가시적으로 자신의 작업을 행하는 실재적 존재자다. 그것은 시야에서 물러서 있거나 은폐되어 있어서 파손되는 경우에만 인식되는 경향이 있다. 메이야수의 용어를 사용하면, 후설이 망치는 항상 '상정된' 망치이거나 우리가 생각하는 망치라는 것에 동의할 이유는 그것이 사유의 상관물로서만 존재하기 때문이다. 하지만 하이데거에게 실상이 그렇지 않은 이유는 내가 생각하는 '상정된' 망치가 자신의 숨은 도구-존재로서 작동하는 망치와는 다른, 매달려 있거나 클로로폼으로 마취된 망치, 즉 눈-앞에-있음으로 환원된 망치일 뿐이기 때문이다.

메이야수의 눈에는 하이데거가 망치를 상정되지 않은 것으로 상정하려는 불가능한 일을 시도함으로써 단지 라뤼엘식의 비상수단을 시행하고 있는 것처럼 보일 것임이 틀림없다. 정반대로 하이데거는 메이야수가 존재의 문제를 망각하고 있다고 비난할 것이다. 어쨌든 메이야수는 우리가 말하거나 생각하는 것이 무엇이든 자동으로 말하여지거나 생각되는 것이라고 역설하면서 우리는 하이데거가 눈-앞에-있음이라고 부르는 것에서 벗어날 수 없다고 생각한다. 이 상황은 하이데거가 헤겔과 간헐적으로 벌인 논쟁의 상황과 본질에서 같다. 그리고 여기서 정말로 두 가지 전통이 작용하고 있는 이유는 하이데거가 나 자신의 영웅인 것과 꼭 마찬가지로 헤겔이 궁극적으로 메이야수의 철학적 영웅이기 때문이다. 헤겔의 접근법에 설득당한 사람들은 메이야수에 공감하는 경향이 있을 것이고, 하이데거가 헤겔식의 존재에 치명타를 가했다고 믿는 사람들은 이 책의 객체지향적 입장에 공감하며 귀를 기울일 가능성이 크다.

그런데 골드스미스 강연에서 메이야수가 제기한 피히테적 논점도 하이데거적 표현으로 다시 서술될 수 있다. 하이데거는 도구의 손-안에-있음을 인간 현존재에 대한 그것의 현시와는 완전히 따로 언급하기를 바란다. 우리가 그것을 언급한다는 바로 그 이유로 도구는 사실상 눈-앞에-있음에 지나지 않게 되는데, 요컨대 도구가 모든 접근에서 물러서 있다고 말함은 도구가 모든 접근에서 물러서 있다고 말해짐을 뜻한다. 그러므로 숨은 손-안에-있음을 입증하려는 어떤 시도도 항상 눈-앞에-있음으로 되돌아감이 틀림없다. 은폐할 수 없는 이유는 우리가 은폐된 무언가를 언급하면 우리의 언급이 이미 그것을 드러내기 때문이다. 이 논변은 하이데거의 철학적 기획 전체를 암묵적으로 거부하는 것이나 마찬가지이고, 게다가 데이비드 스토브가 "세계 최악의 논증"이라고 부르는 것(분석철학 학파들에서는 '스토브의 보석'으로 널리 알려진 것)의 변양태이기도 하다.

보기, 바라기, 미워하기, 기대하기 등을 비롯하여 모든 형태의 정신적 활동을 가리키려고 메이야수가 '생각'이라는 용어를 데카르트/후설적 의미에서 폭넓게 사용하는 것을 수용하자. 그러고 나면 하이데거에 대한 상관주의적 비판은 대충 다음과 같이 전개될 것이다.[46]

1. 나는 망치의 존재를 생각하지 않으면서 그것을 생각할 수는 없다. 다시 말해서, 망치에 관한 생각은 그것을 생각하기 위한 필요조건이다.

이 진술은 물론 동어반복이고 아무도 부정하지 않을 것이다. 문제는 다음 단계에서 발생한다.

2. 그러므로 망치는 망치의 생각됨에 지나지 않는다.

그러나 이 두 번째 단계는 동어반복을 훨씬 넘어서기에 표명되지 않은 전제, 즉 생각되지 않는 망치는 존재하지 않는다는 전제가 추가될 필요가 있다. 브라지에가 그 보석을 요약하는 대로, "[망치의 생각됨]이 내가 망치와 관계를 맺기 위한 필요조

---

46. 이런 특별한 방식으로 그 문제를 진술한 점과 스토브와 다른 분석철학자들이 그 문제를 해결하려고 기울인 노력에 내 주의를 환기한 점에 대해서 나는 레이 브라지에에게 빚을 지고 있다.

건이라는 사실에서 그것은 당연히 〔망치〕에 대한 필요조건이라고 나는 그럴싸하게 추론한다."[47]

사실상, 이 논증은 『판도라의 희망』에서 라투르가 잠깐 제기한 파스퇴르와 세균에 대한 상관주의적 주장을 이 책의 1부에서 거부했을 때 이미 반박되었다. 독자가 떠올리는 대로 라투르는 '1864년 이후에' 세균이 줄곧 존재했다는 결론을 내리는데, 요컨대 세균은 파스퇴르가 그것을 발견하고 나서야 비로소 소급하여 실재성을 부여받았다. 이 논증의 주요 문제는 비대칭성에서 비롯된다고 나는 주장했다. 라투르의 처음 논점은 파스퇴르와 세균이 호혜적으로 서로 부각한다는 것인데, 그러므로 파스퇴르는 세균이 없었다면 유명해지지 않았을 것이고, 다른 발견자나 비프랑스적 의학 전통이 세균의 다른 양상들을 강조하기로 선택했더라면 세균은 다르게 보였을 것이다. 이 논점은 흥미롭기도 하고 다소간 논의의 여지도 있지만(나는 전적으로 수용하지만), 그것의 형이상학적 가정은 대체로 해가 없다. 하지만 라투르는 이 같은 형이상학적 출발점에서 기묘한 비대칭적 결론을 이끌어낸다. 파스퇴르-세균 관계에서 한편으로 파스퇴르는 세균과 마주침으로써 수정되고 교란되며 변형되었을 뿐이라고 라투르는 생각한다. 그러나 다른 한편으로 세균은 마치 무로부터의 창조처럼 1864년에 처음

---

47. Ray Brassier, Personal Communication, electronic mail to Graham Harman of 12 August, 2008.

창조되었다고 라투르는 생각한다. 물론 이 그림에 약간 복잡한 점이 추가된 이유는 라투르의 엄격한 관계주의에 따르면 1845년의 파스퇴르와 1864년의 파스퇴르는 사실상 전적으로 같은 사람일 수가 없기 때문이다. 하지만 라투르는, 1864년의 파스퇴르와 꽤 흡사한 누군가가 1845년에 존재했다는 것은 최소한 인정하는 반면에 다양한 존재자를 감염시키고 발효시키는 세균 같은 객체가 1845년에 인간이 그것을 알지 못한 채로 존재했다는 것은 결코 고려하지 않는다. 쌍방적인 상관물에서 시작하여 일방적인 폭정으로 끝난다. 파스퇴르와 세균은 서로 함께 규정한다고 전제되었지만, 결국 파스퇴르에게는 신 같은 능력을 귀속시키고 세균에는 단지 무력함을 귀속시키는 것으로 끝난다.

그러나 이 논증의 문제점들을 밝히는 훨씬 더 생생한 방법이 있다. 말하자면 마지막 비대칭성을 뒤집어서 무슨 일이 일어나는지 살펴볼 수 있다. 브뤼노 라투르에게 속담에 나오는 '사악한 쌍둥이' 동생이 한 명 있다고 가정하자. 무명의 교수 베노 Benno 라투르 — 동생을 이렇게 부를 것이다 — 가 여전히 디종에 머무르는 동안 자신의 형은 파리에서 명성과 재산을 획득했고, 그리하여 베노는 들끓는 앙심을 품고서 자신의 형 브뤼노의 작업을 특별히 비딱하게 왜곡하는 일에 전념했다. 브뤼노가 파스퇴르와 세균을 다룬 장에 대응하여 베노 라투르는 정반대의 학설을 주장한다. 베노에게 생명 없는 물리적 우주가 항상 우선 사항이 되는 이유는 여타의 것이 그 우주에서 비롯되기 때문이다. 말하자면 베노에게는 세균이 지금까지 항상 존재했거나, 아니면 적어도 수십억 년 전에 뜨거운 지구에서 출현한 이래로 존재했다는 것은 의문의 여지가 전혀 있을 수 없다. 반면에 인간은 취약하고 수명이 짧으며 특별히 중요하지 않다. 세균은 줄곧 존재했지만, 파스퇴르는 세균을 발견하고 나서야 비로소 존재하기 시작했다. 1864년이 지나고 나서야 비로소 파스퇴르는 줄곧 존재했다! 하지만 세균은 그렇지 않은데, 세균이 줄곧 존재했다는 사실은 논란의 여지가 없다.

유사한 반전이 "X를 상정되지 않은 것으로 상정하기"에 관한 피히테의 논증을 교란하는 데 사용될 수 있다. 그 이유는 디종에 있는 베노 라투르의 최우수 학생으로 '앙통Anton 메이야수'라는 다른 한 사악한 쌍둥이를 가정할 수 있기 때문이다. 방금 서술한 것과 마찬가지 방식으로 앙통은 더 유명한 자신의 형 퀑탱이 거꾸로 생각하고 있다고 생각한다. 앙통은 인간-세계 상관물을 수용하지만 기본적인 비대칭성은 뒤집는다. 앙통은 망치는 그것이 망치로 상정될 때에만 비로소 존재한다고 말하기는커녕 망치는 항상 존재하는 반면에 그것을 바라보는 인간은 오직 망치를 생각함으로써 비로소 한 인간으로 상정된다고 생각한다. 거의 모든 사람이 베노의 견해와 앙통의 견해가 터무니없다고 비난할 것이지만, 그들이 전개한 논증들의 추론적 힘은 어느 모로 보나 그들의 형들이 전개한 논증들만큼이나 강하다. 이런 반전된 논증들을 도착적이라고 하는 유일한 이유는 파스퇴르와 망치질을 하는 목수가 자신이 마주치는 무생물에 의해 무로부터 소환될 수 있을 것이라는 주장이 매우 극단적으로 반직관적인 것처럼 보이기 때문이다. 반면에 서양 관념론이 지배한 사 세기 동안 그 반대의 학설은 그다지 이상하지 않은 것으로 여기도록 훈련받았는데, 말하자면 세균과 망치는 오로지 인간의 상관물로서 존재한다.

두 경우에 문제는 마찬가지다. 인간과 세계의 근본적인 대칭성에서 시작하자. 망치와 인간이 인간-세계 상관물의 부분으로서만 존재하는 이런 대칭성에서 우리는 상관물의 절반이 나머지 절반을 지배할 수 있게 되는 **비대칭성**을 기묘하게 연역한다. 반전된 지배가 얼마나 당혹스러운 일인지 깨닫고 나서야 비로소 이 상황이 분명해진다. 우리가 이런 반전이 터무니없다고 깨닫는 이유는 반전된 논증의 논리적 논변이 원래의 논증보다 타당성이 모자라서가 아니라, 단지 우리가 자신을 시간이 흐름에 따라 지속하는 개체로 느끼는 일상적인 직감을 지닌 반면에 세균과 망치의 이력에 대해서는 그런 직접적인 접근이 불가능하기 때문이다.

그러나 나는 상관주의에 반대하는 이 논증을 수용하는 사람들조차도 더 약한 형태의 신조로 후퇴하곤 한다는 사실을 깨달았다. 그들은 인간 접근과 별개로 사물-자체에 대해서 언급하는 것은 아무 의미도 없다는 주장을 더는 제기하지 않을 것이지만, 우리가 사물에 접근할 수 없는 한 사물에 대해서 말할 것이 아무것도 없다고 여전히 말할 것이다. 매우 많은 사람이 실재론을 반대하는 데 사용하는 '풍요로운 고향' 수사법의 다른 일례는 이렇다. "계속해서 본체적 사물-자체에 대해서 추상적으로 언급하라. 하지만 그것이 나를 지루하게 하는 이유는 사물-자체에 대해서 무언가를 말하는 것이 불가능하기 때문이다." 사물-자체가 존재하더라도 그것은 전적으로 흥미롭지 않다. 이런 태도는 메이야수의 급진적인 자세보다 훨씬 덜 흥미롭고 덜 엄밀한 태도이고, 게다가 불행하게도 훨씬 더 흔한 태도다. 무엇보다도 최악인 것은 그 태도가 형편없이 그릇된 것이라는 사실이다. 그것이 그릇된 태도인 이유에 대한 한 가지 보기는 블랙홀로 알려진 매우 유명한 객체에 대해서 수많은 이론을 제시하는 물리학에서 비롯된다. 물리적 우주에서 블랙홀보다 하이데거의 접근 불가능한 도구-존재에 더 잘 비유될 수 있는 존재자는 없다. 블랙홀의 중력이 매우 강하여 아무 정보도 빠져나갈 수 없으므로 우리는 블랙홀을 결코 보지 못하고 그것에 대한 어떤 것에도 직접 접근하지 못한다. 이런 상황 탓에 블랙홀이 물리학자들에게 '지루한' 대상이 되거나 '논의할 가치가 없는' 대상이 되는가? 전혀 그렇지 않다! 우리가 블랙홀을 직접 대면할 수 없다는 사실이 그것에 대해서 말할 수 없음을 뜻하지는 않는다.

우리가 블랙홀의 정보를 직접 얻을 수 없다는 사실에도 불구하고 블랙홀의 수많은 특성이 유추될 수 있다. 천문학자에게 이 객체에 관해서 묻는다면, 그는 지루한 표정으로 어깨를 으쓱하며 다음과 같이 응답하지는 않을 것이다. "누가 신경을 씁니까? 우리는 그것에 대해서 아무것도 알 수 없기에 그 주제를 제기하는 것은 아무 의미도 없습니다. 천문학은 우리가 직접 접근할 수 있는 객체들에 한정되어야 합니다." 오히려 블랙홀은 주변 물질에 다양한 영향을 미치고, 양자론은 블랙홀을 설명하는 데 활용되는 어떤 예제 문제들이 있으며, 블랙홀은 시간이 지남에 따라 이른바 '호킹 복사'로 어떤 양의 에너지를 분명히 누출한다는 정보를 얻게 될 것이다. 우주 전체에서 사실상 가장 흥미로운 객체일 이런 '흥미롭지 않은' 블랙홀에 대해서 지금까지 이런저런 추론과 사변이 수없이 많이 제시되었다. 블랙홀의 표면적이 부피보다 더 관련된 것처럼 보여서 블랙홀은 고체라기보다 오히려 홀로그램이라고 주장하는 이론가들도 있다. 블랙홀로 붕괴하는 객체에 무슨 일이 일어날지에 관한 어떤 추론들도 제시될 수 있다. 리 스몰린Lee Smolin은 각각의 블랙홀에는 독자적인 우주가 들어 있을 것이라는 이론을 구상했는데, 아무 이유도 없이 그런 것은 아니다.

블랙홀은 오로지 그것이 주변 존재자들에 미치는 영향을 통해서만 알려지고, 게다가 이런 영향이 가시적이어서 블랙홀이 흥미로울 수 있을 뿐이라고 이의를 제기하는 사람이 있을 것임을 나는 인정한다. 이 점에 대해서 내게는 두 가지 응답이 있다. (1) 형이상학에서 하이데거의 도구-존재처럼 물러서 있는 객체도 다른 객체들에 영향을 미친다. 그러므로 이 상황이 은폐된 객체를 당신에게 흥미로운 것으로 만드는 데 충분하다면 당신은 객체의 철학이 지루하지 않다는 내 주장을 이미 인정한 셈이다. (2) 블랙홀이나 객체의 영향이 그 객체의 현존에 대한 주의를 환기하는 것일지라도 이 객체는 자신이 미치고 있는 영향들의 총합과 같지 않다. 그 이유는 어느 때라도 블랙홀의 새로운 특질을 찾아낼 수 있고, 게다가 그렇다고 해서 그 블랙홀이 더는 블랙홀이 아님을 뜻하지는 않기 때문이다. 블랙홀의 접근 불가능한 내부에 대해서는 "침묵해야 한다"라고 요구하는 경건한 비트겐슈타인적 금제禁制가 있다면 천체물리학에 대한 우리의 소견은 형편없이 불완전할 것이다. 비슷한 방식으로 모든 관계를 제거한 실재에 대한 논의가 전부 금지된다면 형이상학은 매우 황량한 상태에 이를 것이다.

그런데 주요 논점의 마무리로 돌아가면, 상관주의적 입장이 그릇된 것임을 내게 이해시키는 것은 하이데거의 도구-분석이다. 도구-존재로서의 망치는 우리에 대한 그것의 현시로 환원되지 않으면서 지하에 은폐된 형태로 존재하는 것이라고 내가 말한다면, 상관주의자는 내가 지금 이 숨은 도구-존재에 관하여 말하고 있어서 일종의 현시로 전환하고 있는 셈이라고 응대할 것이다. 하지만 이런 응대는 도구-존재에 대한 언어나 사유를 도구-존재 자체와 혼동하는 것이다. 언어나 사유로 은폐된 망치를 암시할 수 있다는 사실에 망치가 그런 암시로 철저히 규정될 수 있다는 것이 수반되지는 않는다. 그러므로 상관주의적 입장이 관계주의적 입장과 마찬가지 이유로 실패하지만 그보다 훨씬 더 빨리 실패하는 이유는 상관주의가 관계주의보다 근본적으로 더 약한 입장이기 때문이다.

상관주의적 입장을 서술하는 다른 한 방법은 그 입장을,

존재자는 그것이 사유에 주어지는 확정적 방식에 지나지 않는다고 주장하는 '급진적' 철학이라고 부르는 것이다. 하지만 이 방법은 후설적 이유에서도 맞지 않고 하이데거적 이유에서도 맞지 않다. 한편으로 후설의 망치는 그것의 외양보다 항상 **모자라는** 것으로 표면 변화의 모든 가능한 변양태를 뒷받침할 수 있는 형상적 특징들의 최소주의적 핵심이다. 그리고 다른 한편으로 하이데거의 망치는 그것의 외양보다 항상 **넘치는** 것으로 왜곡되지 않은 채로는 결코 현시될 수 없는 지하의 떠들썩한 실재다. 우리가 은폐된 망치를 암시한다면 암시적 표상이 확실히 사유에 현시되는 것이지 우리가 암시하는 은폐된 망치가 현시되는 것은 아니다. 모든 사람이 달을 가리키는 손가락과 그 손가락을 쳐다보는 바보에 관한 중국의 옛 속담을 안다. 하지만 상관주의가 훨씬 더 나쁜 이유는 그것이 달은 손가락들로 이루어져 있다고 주장하기 때문이다.

객체는 자신이 다른 객체들에 미치는 영향들로 환원될 수 없다

우리는 라투르가 덩어리-우주와 전개체들의 잠재적 우주, 물질적 입자들로만 이루어져 있는 환원된 우주를 부정한다는 사실을 알게 되었다. 그다음으로 약한 형태의 관계주의는 상관주의인데, 이 관점에 따르면 유일한 실재들은 인간과 세계이며 그것들은 영구적인 상호 관계를 통해 서로 확정된다. 메이야수는 라투르는 상관주의자가 아니라는 내 의견에 동의한다. 하지만 우리는 이렇게 상관물을 회피하는 것이 악덕으로 여겨질 수 있는지 아니면 미덕으로 여겨질 수 있는지에 관해서는 서로 의견이 일치하지 않는다. 그런데 라투르가 계속해서 지지하는 최종 단계의 관계적 철학은 여전히 존재하고, 게다가 그 철학은 '관계주의'라는 유적 명칭을 부여받을 수 있다. 라투르에게 행위자란 "수정하거나 변형하거나 교란하거나 창조하는" 것에 지나지 않을 뿐이다. 그리고 우리가 가장 약한 이런 형태의 관계주의도 반대해야 한다는 것은 확실하다.

상관주의자가 아닌 라투르가 화이트헤드와 마찬가지 방식으로 다양한 점에서 참신한 이유는 둘 다 칸트의 코페르니쿠스적 혁명에 수반된 근본적인 독단을 폭파하기 때문이다. 칸트는 현상적 외양의 배후에 알 수 없는 물자체가 있다고 생각했다. 지금까지 칸트의 이런 측면에 관심이 너무 많이 집중되었는데, 이를테면 그런 본체를 상정하는 것이 의미가 있는지와 칸트 자신이 실제로 물자체의 존재를 믿었는지에 대한 논증들이 끝없이 이어졌다. 하지만 이런 의문들은 한낱 부차적인 쟁점에 불과하다. 코페르니쿠스적 철학의 더 큰 결함은 설령 우리가 물자체의 현존을 수용하더라도 여전히 실재론 대부분이 주어지지 않는다는 점이다. 칸트 철학에서 물자체의 유일한 기능은 일종의 악귀 같은 잔류물로서 인간 지식을 괴롭히는 것이다. 주요한 결함은 물자체들이 서로 관계를 맺는 방식에 대해서 어떤 논의도 불가능하다는 점이다. 그림자가 자기보다 더 구체적인 짝과는 별개로 아무 실재도 갖지 않는 것과 꼭 마찬가지로 나무-자체는 비록 존재함을 인정받더라도 현상적 나무와 다른 기능이 전혀 남아 있지 않을 것이다. 나무-자체와 불-자체의 관계에 관해서 말할 것이 전혀 없는 이유는 칸트에게 이 관계는 우리가 결코 언급할 수 없는 것이기 때문이다. 나무가 불에 탄다면 철학자가 아니라 화학자와 임학자가 이런 일이 어떻게 일어나는지에 관해서 말할 수 있다. 하지만 과학은 자연적인 물리적 객체들에 대해서만 이런 작업을 할 수 있을 뿐이라는 사실을 인식하자. 같은 층위에 있는 **모든 유형과 크기**의 객체들 사이에 관계가 맺어지는 데에는 화이트헤드와 라투르가 필요한데, 요컨대 빌보와 스마우그 같은 허구적 인물들의 관계가 불과 솜의 관계나 인간과 세계의 관계와 마찬가지 방식으로 다루어져야 한다. 상관주의자는 단일한 인간-세계 상관물에 사로잡혀 있는 반면에 관계주의는 존재하는 모든 사물, 이를테면 나무, 화염, 개, 풍선껌, 바이올린, 일각수, 금강석, 숫자, 향초, 달 사이에서 구성되는 엄청나게 다양한 상관물을 제시한다. 관계주의는 이미 칸트의 코페르니쿠스적 혁명 및 그것의 다양한 상관주의적 후예와 참신하게 단절한다.

그런데도 관계주의는 여전히 상관주의와 마찬가지의 기본적인 문제에 시달린다. 관계주의는 어떤 두 존재자도 인간이 목격하지 않더라도 관계를 맺을 수 있다고 가정함으로써 상관주의적 철학의 범위를 엄청나게 확장한다. 하지만 관계주의가 행위자들을 모든 목격자에게서 자유롭게 하는 것은 결코 아닌데, 사실상 관계주의에 따르면 객체는 다른 객체들에 영향을 미치는 한에서만 존재할 수 있다. 앞에서 나는, 사물은 자신이 미치는 영향에 지나지 않는다는 관계주의적 논제와 관련하여 두 가지 기본적인 문제가 있다고 주장했는데, 이를테면 관계주의는 논의 중인 객체의 현재와 미래를 제대로 다루지 못한다. 위대한 철학적 저작, 예컨대 하이데거의 『존재와 시간』을 살펴보자. 관계주의자는 이 책이 그것이 "수정하고 변형하고 교란하며 창조하는" 것에 지나지 않는다고 말할 것이다. 바로 이 순간에 『존재와 시간』은 얼마간의 객체들, 대체로 인간들을 수정하고 변형하고 교란하며 창조하고 있다. 하지만 이것이 정말로 그 책의 실재 전체인가? 우리는 다른 해석자들이 장면에 등장하는 상황을 상상하는 사고실험을 쉽게 수행할 수 있다. 이 경우에 그들이 해석하고 있을 것은 『존재와 시간』 자체이지 다른 해석들의 총합이 아니다. 다시 말해서 행위자는 자신이 수정하고 변형하고 교란하며 창조하는 것과 같지 않고, 오히려 항상 이런 영향에 의해 과소결정된 채로 남아있다. 영향은 객체가 없다면 발생할 수 없지만, 객체는 그런 영향을 미치지 않더라도 그리고 어쩌면 아무 영향도 미치지 않더라도 잘 존재할 것이다.

둘째, 우리는 메가라학파에 대한 아리스토텔레스의 비판, 즉 사물이 전적으로 관계적이라면 그것이 변화할 이유가 없을 것이라는 논증을 검토하여 수용했다. 한 사물은 지금 그리고 여기서 자신의 실재성이 완전히 전개되거나 규정될 것이고, 그것이 관계를 맺고 있는 모든 사물도 마찬가지일 것이다. 그렇다면 우주는 도대체 왜 변할 것인가? 그런데 아리스토텔레스는 이 논증을 사용하여 현실태와 더불어 잠재태의 필요성을 입증하는 반면에, 나는 오히려 그 논증이 실재는 모든 관계태를 넘어섬을 입증하는 것으로 읽는다. 한 사물은 다른 사물들이 기입하지 않아도, 또는 적어도 완전히 기입하지는 않아도 현실적일 수 있다. 현실적인 것과 관계적인 것을 이쪽에 두고 잠재적인 것과 비관계적인 것을 저쪽에 둔다는 점에서 라투르와 아리스토텔레스는 기묘하게 의견이 일치하는데, 여기서 라투르는 두 번째 쌍은 절대 현존하지 않는다고 상정한다는 점이 유일한 견해차다. 하지만 그런 짝짓기는 애초에 잘못된 것이다. 잠재적인 것은 **미래의 관계에 대해서** 잠재적인 것을 뜻할 수 있을 뿐이고, 현실적인 것은 **어떤 관계와도 별개로** 자체적으로 현실적인 것을 뜻할 수 있을 뿐이다. 사물이 자신이 현재 맺고 있는 관계들 외에 무언가를 비축하고 있지 않다면 아무것도 절대 변하지 않을 것이다. 이런 은밀한 저장고가 '잠재적'인 것이 될 수 없는 이유는 잠재적인 것이 지금 당장 어딘가에 현실적인 것으로 기입될 필요가 있고, 게다가 현실적인 것이 관계들로 완전히 확정된다면 어쩔 도리가 없기 때문이다. 더욱이 비축된 것을 '가상적'인 것이라고도 부를 수 없는 이유는 이 용어가 우주의 참된 실재는 연결되어 있으면서 분리되어 있고 연속적이면서 이질적이라고 말하는 이중 게임을 벌이고 있을 뿐이기 때문이다. 청구서에 딱 들어맞을 유일한 것은 **비관계적 현실태**, 즉 자신이 다른 객체들과 맺고 있는 관계와 완전히 별개로 존재하고 심지어 자기 자신의 부분들과 맺고 있는 관계와도 별개로 존재하는 객체다.

결론

이 절에서 나는 객체의 현존을 부정하려는 네 가지 '급진적'인 시도에서 객체를 구하고자 했다. 첫째, 객체는 원시적인 덩어리-세계로 상정되는 어떤 것과도 달라서 어떤 원시적 전체의 파생물이 아니다. 둘째, 객체는 자신의 부분들로 환원될 수 없고 진정한 창발적 실재성을 갖추고 있는데, 이 논제에는 유물론적 환원이 형이상학적으로 작동하지 않을 것이고 심지어 과학에서도 용도가 제한적이라는 점이 수반된다. 셋째, 하이데거의 도구-분석이 보여주는 것과 꼭 마찬가지로 객체는 인간의 의식에 나타나는 자신의 외양으로 환원될 수 없다. 라투르는 처음 두 논제에는 확실히 동의할 것이고 세 번째 논제에는 어쩌면 동의할 것이다. 라투르가 동의하지 않을 유일한 경우는 네 번째 논제인데, 이 논제에 따르면 객체는 자신이 다른 사물들과 맺고 있는 관계들로 환원될 수 없고 이런 관계들에서 유보된 무언가를 항상 비축하고 있다.

사실상 네 가지 시도는 모두 정도가 다를 뿐이지 사물의 실재는 자신이 다른 사물들과 맺고 있는 관계들에 의존한다고 주장하려는 시도다. 이것은 때때로 '내재적 관계들의 이론'이라고 불린다. 그런 이론들에 맞서서 관계는 관계항들에 외재적이라는 오랜 격률, 즉 사물들은 자체적으로 단절되어 있고 그것들의 관계는 전적으로 별개의 것임을 역설해야 한다. 그 논제는 (어떻게 서술되든 간에) 여러 경우에 들뢰즈나 러셀, 영국 경험주의와 연관된다. 하지만 훨씬 더 오래된 준거는 아랍과 프랑스의 기회원인론적 전통일 것인데, 기회원인론은 한 사물이 신의 매개를 거치지 않는다면 다른 사물들과 관계를 결코 맺지 못한다고 주장한다. (이미 이해했다시피, 경험주의는 신을 인간의 마음으로 대체할 뿐이다.)

그러나 여기서 우리는 각기 다른 두 가지 논점에 여전히 주목해야 한다. 한편으로 객체는 자신이 수정하거나 변형하거나 교란하거나 창조하는 어떤 것에서도 방화벽으로 격리되어 있다. 객체가 완전히 독립적인 이유는 그것이 어떤 새로운 환경에 처하면서도 여전히 같은 것일 수 있기 때문이다. 다른 한편으로 객체가 또한 자신의 부분들에서 방화벽으로 격리된 이유는 그 사물이 그 부분들을 넘어서는 것으로 창발하기 때문이고, 게다가 '잉여적 인과관계'가 이 부분들은 그 사물을 변화시키지 않으면서 어느 정도까지 바뀌거나 대체될 수 있음을 뜻하기 때문이다. 하지만 이 두 가지 고찰에 약간의 비대칭성이 있는 이유는 사물이 자신의 관계들과는 완전히 독립적이지만 자신의 부분들과는 완전히 독립적이지는 않기 때문이다. 사물은 자신의 관계들로 완전히 정의된다는 기묘한 신조를 수용하는 사람들(화이트헤드 자신 같은 사람들)에게만 화이트헤드가 하버드 대학에서 스탠퍼드 대학으로 자리를 옮기게 되면 화이트헤드는 파괴될 것이다. 화이트헤드가 강제로 하버드 대학을 떠나게 하는 것보다 훨씬 더 극단적인 조치는 그의 육체 부위들을 모두 절단하거나 그의 영혼을 지하세계의 중심에 흩뿌리는 일일 것이다. 이런 후자의 사례들에서는 참으로 파괴적인 결과가 초래될 것이다. 그런데도 화이트헤드의 육체를 구성하는 세포들은 모두 화이트헤드를 파괴하지 않으면서 비슷한 세포들로 교체될 수 있으며, 그리고 이런 의미에서 객체는 자신이 다른 사물들과 맺고 있는 관계들과는 전적으로 독립적인 것과 꼭 마찬가지로 자신의 부분들과는 부분적으로 독립적이다.

이런 의미에서 객체는 자신의 내부 부분들과 자신의 외부 영향들 사이에 있는 투명한 철도 교차로의 일종이다. 객체는 기이한 것인데, 요컨대 객체는 성질이나 영향들의 총합으로 결코 교체될 수 없다. 객체는 세계와 맺고 있는 모든 외부 관계뿐 아니라 자신의 부분들과 맺고 있는 모든 내부 관계와도 따로 있는 실재적 사물이다. 더 전통적인 술어로 진술하면, 객체의 내부 관계와 외부 관계는 모두 내재적 관계라기보다는 외재적 관계다. 그런 관계들은 모두 다른 방식으로 객체를 파괴할 수 있지만 어떤 관계도 객체와 직접 접촉하지는 않는다.

C. 내재적 객체성

『우리는 결코 근대인이었던 적이 없다』라는 책에서 가장 분명히 나타나듯이, 라투르를 특징짓는 움직임들 가운데 하나는 그가 근대주의적인 인간/세계 간극을 제거하는 것이라고 알려져 있다. 진정한 실재들로 가득 차 있는 객관적인 자연과 조작된 허구들로 가득 차 있는 주관적인 문화적 권역 대신에 중성자, 항성, 야자나무, 강, 고양이, 군대, 민족, 슈퍼 영웅, 일각수, 네모난 원을 포괄하는 단일한 행위자들의 평면이 있다. 모든 객체는 같은 방식으로 다루어진다. 라투르는 다른 사물들에 영향을 미치는 것이라면 무엇이든 행위자로 여기는 광범위한 구상으로 이 관점을 정당화한다. 이런 의미에서 라투르는 올바르게도 뽀빠이를 구리와 네온과 마찬가지로 우주의 같은 영역에 거주하게 한다. 과학적 실재론자가 사실과 허구의 이런 혼합에 거세게 항의하면 라투르는 존재자들은 모두 마찬가지로 실재적이지만 모두가 똑같이 강한 것은 아니라고 덧붙인다. 허구적 인물과 신화는 석탄 덩어리보다 자신의 현존을 증언하는 동맹자들의 집단이 더 약하다. 그러므로 우리는 행위자들의 세계를 민주화하면서 사회적 구성의 난투극도 피할 수 있다.

그러나 한 가지 문제가 여전히 있다. 과학적 유물론에 나보다 더 공감하는 브라지에는 대화를 나누면서 때때로 이빨 요정이 왜 쿼크만큼이나 실재적이어야 하느냐고 묻는다. 다른 일례로 브라지에의 매우 합당한 물음에 응답해 보자. 이 절을 쓰는 동안 나는 반려동물로 두 마리의 고양이, 팔라키와 타라를 돌보고 있다. 이 동물들이 라투르적 의미에서 행위자의 자격을 분명히 갖추고 있는 이유는 그들이 매일 내 아파트에서 다양한 사물을 변형하고 수정하고 교란하며 창조하기 때문이다. 그런데 지금 나는 고양이들을 외면하고 상상에 잠긴다. 잠깐 휴식을 취한 후에 나는 한 가지 새로운 허구적 존재자, 정말로 혐오스러운 일단의 성질을 지닌 '괴물 X'를 만들어낸다. 이 피조물을 절대적으로 격리해 나 자신의 마음에만 간직하려고 여기서 나는 그것의 어떤 성질도 서술하지 않기로 했지만, 그 성질들의 조합은 허구의 기록에서 전례가 없는 것임을 독자에게 이해시킬 수 있다. 이제 괴물 X도 라투르적 의미에서 행위자인데, 그것은 내 기분을 부분적으로 교란하고, 내가 죽은 후에도 미래 독자들의 기분에 모호하게 영향을 미치는 사례로 이 책에 등장하며, 내가 괴물 X와 H. P. 러브크래프트의 피조물들이 갖는 유사점들에 대하여 성찰하게 한다. 고양이들과 괴물이 마찬가지로 네트워크에 관여하여 다른 존재자들을 변형할 수 있으므로 라투르는 고양이들에게는 '자연'을 할당하고 괴물에게는 '문화'를 할당하는 어떤 행위도 거부할 것이다. 라투르에게는 이런 두 영역이 존재하지 않는다. 자연은 모든 실재에 대해서 찬양받고 인간은 모든 왜곡에 대해서 비난받는 그런 식으로 세계를 할당할 수 없다.

이 논점의 진실성은 세 번째 사례, 즉 2006년에 나 자신이 '사회적으로 구성하'는 데 이바지한 사변적 실재론 운동을 고려하면 가장 쉽게 알아챌 수 있다. 인간이 사변적 실재론의 특성을 만들어냄에도 불구하고 어떤 면에서 사변적 실재론은 괴물 X와 달리 명백히 실재적이다. 예를 들면, 이 철학적 운동은 그 운동을 창조한 사람들에게서 어떤 독립성을 갖추고 있음을 인식하자. 어떤 한도 내에서 한 명 이상의 구성원이 이런 지적 전통을 절멸시키지 않으면서 잠자거나 은퇴하거나 죽을 수 있다. 사실상 사변적 실재론은 어느 날 적대적인 신참자가 납치하여 변형할 수도 있는데, 이런 사태가 후설이 보기에는 바로 현상학에 일어난 일이다. 요약하면, 인간이 무언가를 창조했다는 사실이 그것을 무생물적 자연의 품에서 생성되는 존재자들보다 덜 실재적인 것으로 만드는 것은 아니다. 사회가 실재적이라면(그리고 그렇다) 사회학의 객체는 어느 모로 보나 물리학의 객체만큼이나 실재적이다. 그러므로 여기서 라투르가 옳다.

그러나 이 개탄스러운 인간/세계 분열은 라투르가 그 분열과 혼합하는 유사한 간극과 미묘하게 다르지만, 내가 보기에 그것들은 두 가지 각기 다른 것이다. 나는 실재적 객체와 지향적 객체의 차이를 가리키는데, 후설을 배출한 오스트리아 철학의 브렌타노학파에서 그 차이는 다양한 형태를 취한다. 고양이들과 괴물의 사례를 고찰하자. 러브크래프트의 유명한 피조물과 달리 괴물 X가 내 마음에서 창조된 지는 10분이 채 지나지 않았고, 게다가 나는 가장 친한 친구에게도 그것의 어떤 특질도 절대 누설하지 않을 것이라고 엄숙히 맹세한다. 이 상황은 오늘 밤 내가 꿈도 꾸지 않는 잠에 빠지면 그 괴물이 더는 현존하지 않을 것을 뜻한다. 괴물 X는 그것에 대한 내 생각에 전적으로 의존한다. 고양이들의 경우에는 상황이 절대 그렇지 않은데, 그 이유는 내일 내가 깨어나서 그들이 밤새 저지른 행위 탓에 다양한 개인용품이 사라지거나 옮겨졌음을 확실히 알아챌 것이기 때문이다. 그런데 고양이들은 단지 실재적인 것만이 아님을 인식하자. 그들은 또한 나 자신의 마음속에 어떤 존재자를 유도하는데, 이때 그들의 특성들이 어떤 특정한 방식으로 객체화되고 묘사된다. 내 마음속의 객체로서의 고양이들은 내가 잠이 들자마자 괴물 X와 함께 사라질 것이다. 하지만 고양이들은 괴물과 달리 내가 그들의 활동을 의식하지 못함에도 불구하고 여전히 내 아파트에 풀려난 자율적인 힘일 것이다.

이 사례는 행위자들의 민주주의라는 라투르의 논제, 즉 모든 객체의 유형이 정확히 같다는 점을 수반하는 이 논제를 전적으로 수용할 수는 없음을 시사한다. 자연과 문화의 분리는 옹호될 수 없는 것이라는 라투르의 견해에는 동의하면서도 실재적 객체와 감각적 객체의 분리를 다시 도입할 필요가 있다. 이 새로운 차이가 오래된 차이와 같지 않다는 사실은 앞에서 제시된 사례들에서 알 수 있다. 라투르가 개탄한 근대주의적 체계는, 고양이들은 '자연'에 귀속시키고 사변적 실재론은 '문화'에 귀속시킬 것이다. 하지만 고양이들은 인간의 허락을 받지 않은 채 교배하는 한편으로 철학적 운동은 인간들이 창안해야 하더라도, 이런 사실은 존재론의 목적과는 무관하다. 고양이들은 명백히 **실재적 객체**지만 동시에 내게는 내가 그들에 주의를 기울이지 않으면 사라지는 **감각적 객체**로도 현존한다. 이를테면 내가 잠깐 잠이 들면 감각적 고양이들은 일시적으로 사라지게 되지만 실재적 고양이들은 여전히 그대로다. 사변적 실재론은 인간들이 그것을 창안했고 발달시켰고 유지했다는 점에 한해서는 단지 감각적 객체에 불과한 것처럼 보일지도 모른다. 하지만 사변적 실재론이 자신의 창안자들과 소비자들에게서 독립적인 실재적 객체이기도 한 이유는 아무도 그것을 통제할 수 없거나, 그것의 성공을 보장할 수 없거나, 그것이 어떻게 그리고 왜 막을 내릴지 상상할 수 없기 때문이다. 사실상, 이 시점에 사변적 실재론에 대한 만족스러운 정의조차 제시할 수 있는 사람이 전혀 없다. 이 상황은 실재적 객체/감각적 객체라는 구별이 자연/문화라는 오래되고 참담한 간극의 재구성에 불과한 것이 아님을 뜻한다. 그런데도 그것은 객체들의 민주주의를 허용하는 것에 대한 과학적 실재론자의 두려움을 누그러뜨리는 명백한 방법을 제공한다. 우리는 자연/문화 분열을 포기한 후에도 한낱 감각적 객체에 불과한 것과 자율적인 실재적 객체인 것을 여전히 구별할 수 있다. 브라지에가 조금 양보해야 하는 유일한 것은, 이빨 요정이 진짜 날개를 갖추고서 진짜 공기를 가로지르며 나는 요정은 아닐지라도 이야기와 신화 속 행위자로서의 '실재적' 차원을 갖고 있다는 점이다. 하지만 훨씬 더 중요한 것은 실재적 객체와 감각적 객체를 모두 허용하면 다양한 '급진적' 철학은 전혀 인식할 수 없는 추가적 균열들이 개방된다는 점이다. 여기서는 객체들의 새로운 양극화를 언급하고 있는 것이지 여타의 것이 환원되어야 하는 새로운 뿌리를 언급하고 있는 것이 아니다.

철학에서 지향성의 표준적 근거는 1874년에 처음 출판되었고 여전히 과소평가되는 프란츠 브렌타노의 책 『경험적 관점에서 본 심리학』이다. 그 책 전체에 걸쳐서 브렌타노는 고전적 주제들을 참신한 방향들로 밀어붙일 수 있는 당혹스러운 재능을 보여준다.

> 모든 심적 현상은 중세 스콜라 철학자들이 객체의 지향적(또는 심적) 비존재… 또는 내재적 객체성이라고 부른 것으로 특징지어진다. 모든 심적 현상은 무언가를 마음속의 객체로 포함하는데, 그것들이 모두 같은 방식으로 그렇게 하지는 않더라도 말이다. 표상에서는 무언가가 현시되고, 판단에서는 무언가가 긍정되거나 부정되고, 사랑에서는 무언가가 사랑받고, 증오에서는 무언가가 미움을 받고, 욕망에서는 무언가가 바라는 대상이 된다. 기타 등등.

> 이런 지향적 비존재는 오로지 심적 현상만을 특징짓는 것이다. 어떤 물리적 현상도 그런 것을 보여주지 않는다. 그러므로 심적 현상은 객체를 마음속에 지향적으로 포함하는 현상이라고 말함으로써 정의될 수 있다.[48]

---

48. Franz Brentano, *Psychology from an Empirical Standpoint*, trans. A. Rancurello, D. Terrell, and L. McAlister, New York, Routledge, 1995, pp. 88~9.

브렌타노는 최근의 철학에서 영향력이 큰 사상가들 가운데 한 사람일 뿐 아니라 어쩌면 역사상 가장 카리스마가 있는 선생일 것이다. '내재적 객체성'이라는 개념은 브렌타노와 그의 가장 유능한 제자들, 특히 안톤 마르티, 카지미에르츠 트바르도프스키, 알렉시우스 마이농, 후설 사이에서 장기간에 걸쳐 벌어졌고 때때로 격렬한 논쟁을 촉발했다.

트바르도프스키(1866~1938)는 영어권의 일반 독자에게 거의 알려지지 않았다. 하지만 그는 폴란드 철학의 거장이며 그런 자격을 갖추고 있다. 1894년에 트바르도프스키는 제목이 『표상의 내용과 대상에 관하여』[49]라는 교수자격취득논문을 비엔나 대학에 제출하였는데, 그 논문은 후설의 현상학을 촉진하는 데 브렌타노 자신만큼이나 큰 역할을 수행했다. 어떤 의미에서 트바르도프스키는 브렌타노를 영웅으로 여기면서 브렌타노의 기본적인 통찰을 마치 상식인 것처럼 떠벌리는데, "모든 심적 현상이 내재적 객체를 지향한다는 것은 거의 아무도 이의를 제기하지 않는 심리학의 가장 잘 알려진 입장들 가운데 하나다."[50] 하지만 트바르도프스키는 브렌타노가 마음속의 내재적 객체성을 언급할 때 나타나는 몇 가지 난점을 지적한다. 그 난점들 가운데 하나는 브렌타노의 제자 알로이스 회플러가 이미 지적한 것인데, 트바르도프스키가 다음과 같이

---

49. Kasimir Twardowski, *On the Content and Object of Presentations*, trans. Reinhard Grossmann, The Hague, Martinus Nijhoff, 1977.
50. 같은 책, p. 1.

인용했다.

> '사물'과 '객체'라는 낱말들은 〔브렌타노에 의해〕 두 가지 의
> 미로 사용되는데, 한편으로는 우리의 표상과 판단이 겨냥하
> 는…**독립적으로 존재하는 존재자**를 가리키고, 다른 한편으로
> 는 실재적 존재자에 대하여 우리 '안에' 존재하고 다소간 근사
> 적인 마음의 '그림'을 가리킨다.…

> 사유와 독립적인 것으로 가정되는 사물이나 객체와 구별하
> 려고 표상과 판단(유사하게도, 느낌과 의욕)의 내용은 이런
> 심적 현상의 '내재적 객체 또는 **지향적 객체**'라고도 한다.[51]

이런 구별을 수용함으로써 트바르도프스키는 두 항 사이에
단순한 대립을 설정한다. 한편으로는 그가 간단히 '객체(대상)'
라고 부르는 실재적 세계의 객체가 있다. 다른 한편으로는 그
자신이 '내용'이라고 부르는 마음속에 존재하는 그림, 즉 지향
적 객체가 있다. 그러므로 트바르도프스키의 책 제목은 『지향
적 객체와 실재적 객체에 관하여』로 바꿔 쓸 수 있을 것이다.
더 유명한 학우인 마이농과 마찬가지로 트바르도프스키는 한
가지 특정한 **종류**의 객체들에 너무 협소하게 집중하는 과학을

---

51. 같은 책, p. 1. Alois Höfler and Alexius Meinong, *Logic*, Vienna, 1890에
   서 인용됨.

측면에서 공격할 객체에 관한 포괄적인 이론을 구상한다. 마음을 뒤흔드는 트바르도프스키의 표현에 의하면,

> 객체라는 낱말을 여기서 제안된 의미로 여길 때, 형이상학은 객체 일반의 과학으로 정의될 수 있어야 한다.…가장 넓은 의미에서 자연과학은, 예를 들면 유기체와 무기체라고 하는 그런 객체들의 특이성들에 관여하고, 심리학은 심적 현상, 심적 객체들을 특징짓는 특성들과 법칙들을 탐구한다.〔이와는 대조적으로〕형이상학은 물리적 객체 – 유기체와 무기체 – 와 심적 객체, 실재적 객체와 비실재적 객체, 현존적 객체와 비현존적 객체를 비롯하여 모든 객체를 고찰하고, 어떤 객체들의 집단만이 아니라 객체 일반이 준수하는 그런 법칙들을 탐구하는 학문이다.…가장 넓은 의미에서 '무언가'인 것이라면 모두다 '객체'라고 불리는데, 우선 어떤 주체에 대해서 그렇게 불리지만 이런 관계와 무관하게 불리기도 한다.[52]

오스트리아의 철학적 전통에 관한 배리 스미스의 훌륭한 책에는, 트바르도프스키의 책은 "내가 알고 있는 한, 스콜라주의 시대와〔저명한 라이프니츠주의자인〕크리스티안 볼프의 '존재론' 시대 이후로 객체들에 대해서 어떤 이론적 통일성을 나타내고 일관성 있게 구성된 최초의 이론"을 제시한다고 폴란드

---

52. Twardowski, *On the Content and Object of Presentations*, pp. 36~7.

현상학자 로만 잉가르덴이 나중에 진술한 내용이 실려 있다.[53]

트바르도프스키에 대한 후설의 반응은 우리에게 가장 중요한 인간관계에서만 전형적인 그런 종류의 양면성을 보여준다. 후설이 폴란드 동료에게 보낸 편지들은 우호적이고 고상하며, 게다가 후설 자신의 경력 전체에 걸쳐서 트바르도프스키의 책을 거듭해서 언급한 적이 대단히 많으므로 우리는 거기서 깊은 경외심을 짐작할 따름이다. 하지만 때때로 가혹하거나 무시하는 진술도 나타나는데, 후설은 트바르도프스키가 제시한 객체/내용 구별이 때때로 옹호할 수 없는 것이라거나 심지어 혼란스러운 것이라고 그를 무시한다. 1890년대 전체에 걸쳐서 후설은 자신의 후기 주제들 가운데 많은 것이 맹아적 형태로 나타나는 '지향적 객체'라는 논고를 쓰려고 애썼다.[54] 일찍이 이 시기에 후설의 경쟁자이자 촉매자로서의 역할을 수행하는 사람은 브렌타노라기보다는 트바르도프스키다. 지향

---

53. Barry Smith, *Austrian Philosophy : The Legacy of Franz Brentano*, Chicago, Open Court, 1994, p. 159. 스미스는 T. Schnelle, *Ludwik Fleck — Leben und Denken*, Freiburg i. B., Hochschulverlag, 1982의 99쪽에서 인용한 글을 번역하였다. 결국, 슈넬레는 모음집 *Kazimierz Twardowski : Nauzyciel — UcZony — Obywatel* (Lvov, 1938)에 실린 로만 잉가르덴(Roman Ingarden)의 폴란드어 논문 "Dzialalnosc naukowa Twardowskiego"의 258쪽을 참조하는데, 그리하여 이것이 내 경력에서 가장 복잡다단한 근거가 되는 것은 폴란드어를 읽을 수 없는 나(그리고 추정컨대 스미스)의 무능력에서 전적으로 비롯된 결과다.

54. Edmund Husserl, "Intentional Objects", in *Early Writings in the Philosophy of Logic and Mathematics*, trans. Dallas Willard, Dordrecht, Kluwer, 1993.

적 객체에 대한 후설의 일반적인 태도는 이해하기 쉽다. 후설이 보기에 (트바르도프스키를 비롯한) '대중'은 우리 마음이 실재적 객체들을 가리키는 객체들의 심상들로 가득 차 있다고 잘못 생각하는데, 심지어 오류가 발생한 경우에는 이런 심상들이 실재적인 것을 전혀 가리키지 못함을 인정하면서도 그들은 그렇게 생각한다.[55] 하지만 후설에게 객체는 실재적 형태의 것과 한낱 지향적 형태에 불과한 것으로 나누어지지 않고, 오히려 실재적 객체와 지향적 객체는 같은 것이다. 후설이 재치 있게 서술하는 대로 "내가 표상하는 똑같은 베를린 역시 현존하고, 게다가 심판이 소돔과 고모라에 내린 것과 마찬가지로 그것에도 심판이 내린다면 똑같은 베를린은 더는 존재하지 않을 것이다."[56]

그렇지만 후설에게는 트바르도프스키의 구별을 거부하는 문제보다 그것을 대체하는 문제가 더 중요하다. 후설과 트바르도프스키는 둘 다 객체와 내용이 구별된다는 점에는 동의한다. 하지만 후설의 중대한 혁신은 이 긴장을 현상적 영역 자체로 이식하는 것인데, 결과적으로 트바르도프스키의 실재적 세계가 그림에서 사라지게 된다. 후설의 경우에 우리는 내부의 심적 내용에 바탕을 두고 저쪽 어딘가에 있는 어떤 객체를 가리키지 않는다. 오히려 **경험 자체**가 통일된 객체와 그것을 나타

55. 같은 글, p. 345.
56. 같은 글, pp. 347~8.

내는 다양한 내용으로 양분된다. 예를 들어 우리가 어떤 나무를 지각한다고 상상하자. 트바르도프스키에게 '객체'는 우리 바깥에 놓여 있는 실재적 나무인 데 반하여 '내용' 또는 '내재적 객체'는 우리 의식에서 그 나무의 영상으로 나타나는 것이다. 후설에게는 상황이 다르다. 객체로서의 나무는 멀리 떨어져 있고 객관적인 어떤 세계에 놓여 있는 것이 아니라 나무에 대한 모든 지각, 즉 우리가 언제나 경험하는 모든 나무-내용에 존재한다. 동시에 후설은 나무-객체와 나무-내용이 인간의 마음속에 갇혀 있음을 부정한다. 우리가 마음에 갇혀 있지 않은 이유는 우리가 나무를 지향함으로써 객체를 향해 손을 뻗고 있기 때문이다. 이 나무-객체는 심리적 환영이 아니라 참으로 타당한 관념적 통일체다. 자신이 인정하든 그렇지 않든 간에 이 단계 탓에 후설이 관념론적 철학에 속하게 되는 이유는 그가 우리가 가능한 경험의 한계 너머에 있는 물자체를 언급하게 내버려 두지 않기 때문이다.

그러나 바로 이런 관념론적 태도 덕분에 후설은 트바르도프스키의 객체/내용 구별을 현상적 권역으로 정확히 수입함으로써 관념적 영역의 **내부**에서 벌어지는 전대미문의 분열을 서술할 수 있게 된다. 사실상 이 같은 현상 내부의 새로운 균열은 후설이 철학에 가장 풍부하게 이바지한 공헌으로 여겨야 한다. 우리가 나무나 의자를 지각할 때 우리가 지각하는 것이 한낱 내용에 불과한 것이 아닌 이유는 어떤 내용도 결코 완전히 충분하지는 않기 때문이다. 내가 건물을 바라보든 친구를 바라보든 간에 명시적 '내용'은 내가 지금 관찰하는 앞면에만 있는 것처럼 보인다. 하지만 우리가 직접 보는 것은 표면밖에 없더라도 자신이 단지 표면을 보고 있을 뿐이라고 생각하는 사람은 아무도 없다. 후설이 나중에 『논리 연구』에서 서술하는 대로,

> 객체는 실제로 주어지지 않는데, 그것 자체가 그런 것으로 전적으로 온전히 주어지지는 않는다. 객체는 '앞면에서' 주어질 뿐이고, '원근법적으로 그려지고 투영될' 뿐이다. … 눈에 보이지 않는 뒷면, 내부 등의 요소들은 다소간 한정된 형태로 부수적으로 구상되는 것이 틀림없다. … 어떤 객체에 대해서 내용이 각기 다른 지각 표상이 무한히 많이 생성될 가능성은 전적으로 이런 구상에 달려 있다.[57]

하루의 다른 시점에 다른 각도와 거리에서 항상 바뀌는 기분으로 어떤 나무 주위를 돈다고 상상하자. 트바르도프스키에게 지각 내용의 모든 사소한 변화는 새로운 내재적 객체를 의미하는데, 한편으로 이런 변화들을 모두 거쳐도 여전히 예전과 동일한 것은 경험 바깥에 놓여 있는 실재적 나무다. 이와는 달리 후설에게는 우리의 가능한 경험 바깥에 어떤 '실재적' 나

57. Edmund Husserl, *Logical Investigations*, 2 Vols., trans. J. N. Findlay, London, Routledge and Kegan Paul, 1970, pp. 712~3 [에드문트 후설, 『논리 연구 1·2』, 이종훈 옮김, 한길사, 2018], 강조가 첨가됨.

무도 존재하지 않는데, 그러므로 후설은 관념론자이고 트바르도프스키는 관념론자가 아니다. 하지만 어떤 의미에서 이런 차이는 사소하다. 객체가 여전히 예전과 같더라도 내용은 끊임없이 변한다는 점에 둘 다 동의한다. 그들의 주요한 차이점은, 트바르도프스키는 브렌타노와 마찬가지로 우리 경험이 항상 특정한 내용에 대한 것이라고 가정하기에 지속하는 객체는 외부의 어딘가에 놓여 있어야 한다는 것이다. 하지만 후설은, 어쩌면 철학사에서 최초로, 외양의 영역 자체가 지속하는 일의적 객체와 변화하는 우유적 윤곽으로 배가된다고 생각한다. 일반적으로 이런 획기적인 진전은 지금까지 후설의 관념론을 둘러싸고 벌어진 모든 논쟁의 와중에 묻혀버렸다. 그런데 여기서 후설의 친구들도 적들도 마찬가지로 핵심을 놓치는데, 후설의 독창적인 통찰은 실재론/관념론 논쟁(여기서 후설은 사실상 또 하나의 상관주의자일 뿐이다.)에서 찾아낼 수 있는 것이 아니라 현상적 영역 자체를 나눈 점에서 찾아낼 수 있다. 더욱이 이 분할은 오늘날 우리에게 결정적인 영향을 미친다.

앞 절에서 나는, 객체는 자신이 세계의 여타 객체와 맺고 있는 관계들로 정의될 수 없다고 주장했다. 실재적 객체는 전적으로 하이데거적인 방식으로 그것에 대한 인간 접근에서 물러서 있다. 여기서 은폐하기, 가리기, 피난하기, 은신하기, 보호하기라는 비유적 표현들은 모두 적절하다. 내가 잠을 자더라도 실재적 고양이들은 계속해서 자신의 작업을 수행한다. 이 고양이들은 그들에 대한 내 구상과 동등하지 않고, 그들 나름의 자기-구상과도 동등하지 않다. 더욱이 고양이들은 밤새도록 자신이 만지거나 파손하는 객체들의 다양한 수정과 교란으로 철저히 규정되지도 않는다. 고양이 자체는 자신이 무언가에 미치는 영향보다 더 깊은 층위에 존재한다. 실재적 객체는 비관계적인 것이다. 이것이 앞 절에서 얻은 가르침이다.

그런데 지향적 객체 또는 감각적 객체도 있다. 틀림없이 괴물 X나 (고양이들 자체에 대립하는 것으로서의) 나에-대한-고양이들이 모든 관계에서 벗어날 수는 없는 이유는 내가 그들에 주의를 기울이는 한에서만 그들이 존재하기 때문이다. 내가 눈을 감고 잠이 들게 되면 지향적 고양이들은 괴물 X와 마찬가지로 사라지게 된다. 실재적 객체와 지향적 객체의 구별은 제1성질과 제2성질의 전통적인 차이처럼 들릴지도 모르지만 그렇지 않다. 한편으로 제1성질은 인간 지각이 영향을 미치지 않는 근본적인 **물리적** 특성들(질량, 모양, 위치 같은 특성들)과 관련하여 대체로 서술된다. 하지만 나는, 그런 성질들은 순전히 관계적이므로 '제일'의 지위를 부여받을 자격이 있기에는 아주 깊지 않다고 주장했다. 다른 한편으로 제2성질은 '달다', '붉다' 등과 같은 한낱 **성질**에 불과한 것들로 구성되어 있다고 항상 가정된다. 하지만 후설에게는 경험이 유동적인 성질들로 구성된 것이 아니라 쾅 닫히는 문, 호수를 순항하는 범선 같은 객체들로 구성되어 있다. 우리가 이산적인 색깔-조각들을 경험하고 그 조각들을 습관을 통해 더 큰 단위체로 임의로 직조한다고 가정하는 경험주의적 모형은 후설과 이후의 모든 현상학자에 의해 순전한 이데올로기라고 거부당한다. 후설에게는 현상적 영역이 실재적 영역에서 배제될 뿐 아니라 자체적으로도 분리되어 있다.

실재적 객체는 관계들의 다발이 아니다

이제 우리의 작업 모형은 다음과 같이 서술된다. 모든 인간 시야에서 그리고 심지어 서로 맺고 있는 모든 관계에서 물러서 있는 실재적 객체들이 있다. 이 논제는 앞 절에서 얻은 결론이었는데, 결국에는 일원론적인 덩어리-세계나 전개체들의 가상적 영역, 더 큰 '기능적' 단위체들을 구성하는 단단한 원자들의 우주, 인간과 세계의 상관주의적 고리, 화이트헤드와 라투르 방식의 전체적인 관계적 네트워크로 객체들을 붕괴시키려는 '급진적' 시도들을 모두 거부했다. 실재적 객체는 어떤 종류의 직접적인 접촉도 할 수 없는 전개체적 차원에 속한다. 하지만 이제는 우주의 현상적 층위가 어떤 주어진 순간에도 지향적 객체와 자신의 우유적 내용이 불화하는 두 영역으로 분열되는 것처럼 보이는데, 우편함은 어느 순간에 우연히 현시되는 일시적인 외관이 무엇이든 간에 여전히 같은 우편함이다. 실재적 객체는 숨어 있어서 결코 충분히 현시되지 않는다면 지향적 객체는 언제나 이미 현시되고 있다. 지향적 객체는 현상학자가 후설이 '형상적 환원'[58]으로 서술하는 방법을 사

---

58. [옮긴이] '형상적 환원'이란 현상학에서 본질을 연구하는 데 동원되는 방법

용하여 벗겨낼 필요가 있는 비본질적 사건들로 장식되어 있을 뿐이다. 실재적 객체는 '우리가 어떻게 생각하든 간에' 존재하지만, 지향적 객체는 우리 마음을 어딘가 다른 곳에 옮기는 단순한 행위로 증발할 수 있다. (후설이 이 주장에 동의하지 않을 이유는 그가 우편함은 아무도 보고 있지 않더라도 여전히 같은 '관념적' 통일체라고 생각하기 때문이지만, 여기서 후설을 좇을 필요는 없다.) 마지막으로, 실재적 객체들은 모든 관계에서 물러서 있어서 서로 어떤 접촉도 할 수 없다. 반면에 지향적 객체는 내가 항상 의도하거나 접촉하는 것인데, 그 이유는 그것이 이 순간에 내 삶의 진정한 일부이기 때문이다. 더욱이 어느 순간에도 내 마음속에는 항상 다수의 지향적 객체가 있기에 그것들은 실재적 객체들처럼 서로 완전히 단절된 것이 아니라 내 경험 속에서 서로 인접하고 있다. 앞 절에서 나는 실재적 객체와 그것의 한낱 윤곽에 불과한 것들의 차이를 고찰했고, 내가 추정하건대 무슨 대가를 치르더라도 보존되어야 하거나 심지어 심화하여야 하는 그 차이를 붕괴시키려는 몇 가지 '급진적' 시도를 비판했다. 여기서 나는 유지될 필요가 있는 객체 내부의 몇 가지 다른 균열을 고찰할 것이다. '객체 대 관계' 차이와는 달리 이런 추가적 균열들은 라투르가 귀찮게 부정조차 하지 않는 것이다. 그 이유는 현상학적 전통만이 이런 추가

인데, 그 목적은 현상을 구성하는 기본 성분들을 판별하는 것이다. 이 환원은 지각되는 것을 제거함으로써 심적 객체를 그런 것으로 만드는 절대적으로 필요한 불변의 구성 요소들을 끄집어내려고 한다.

적 대립들을 확립하는 데 필요한 객체 내부의 갈등 관계를 제
시하지만, 현상학적 전통이 라투르에 거의 영향을 미치지 않
기 때문이다.

감각적 객체는 우유적 성질들의 다발이 아니다

화이트헤드와 마찬가지로 라투르가 사물은 자신의 성질
들과 다르지 않다는 경험주의적 신조에 만족한다는 것은 일
반적으로 맞다. 어쨌든 라투르가 그런 구별을 할 방법이 없는
이유는, 그러한 구별 작업은 그에게 어떤 객체 안에 그것의 뚜
렷한 성질들과 다르고 지속적인 핵심을 위치시켜야 한다고 요
구할 것이기 때문이다. 이러한 작업은 전적으로 라투르적인 것
이 아니다. 내가 '급진적'인 철학적 입장('독창적'인 입장과 같지
않은 것)이라고 부른 것은 다음과 같이 말한다고 해도 무방
하다. "이전에 철학자들은 X와 Y를 구별했다. 하지만 Y는 한
낱 전통적인 편견에서 비롯된 상상의 산물에 불과하므로 이
제는 그것이 X로 완전히 환원됨을 알 수 있다." 급진적 철학들
은 환원주의적 입장을 견지하므로, 지성의 임무는 사물을 덜
실재적인 것으로 만들기보다는 더 실재적인 것으로 만드는 것
이라는 라투르의 격률 — 과대평가된 '비판적 사유'와 정반대의 방
법 — 과 마찬가지로 『비환원』이라는 책도 라투르의 입장이 반
급진적임을 표명한다.

앞 절은 존재자를 자신이 다른 존재자들과 맺고 있는 관
계들로 환원하려는 다양한 급진적 시도를 다루었는데, 이 기

획에서 우리는 가능한 다른 정도의 광신을 볼 수 있었다. 다른 한편으로, 존재자가 자신의 관계들에 지나지 않는다고 말하는 급진주의와 더불어, 객체가 특정한 성질들의 다발에 지나지 않는다고 생각하는 한 가지 다른 급진주의가 있다. 이 논점에 대하여 화이트헤드는 그런 신조들의 가장 유명한 마스코트인 데이비드 흄을 인용한다. "그러나 내 감각기관들은 오로지 내게 어떤 방식으로 처리된 유색 반점들의 인상을 전해 줄뿐이다. 눈이 추가로 무언가를 느낄 수 있다면 내게 그것을 언급해주기 바란다."[59] 그리고 어딘가 다른 곳에서 인용하는 대로 "실체와 우유의 구별에 근거를 두고 자신의 추론들을 대부분 전개하면서 우리가 각각의 것에 대해서 명료한 관념을 품고 있다고 추측하는 그런 철학자들에게 나는 실체에 대한 관념이 감각의 인상에서 비롯되는지 아니면 성찰에서 비롯되는지 기꺼이 물을 것이다."[60] 흄의 경우에, 우리의 시각적 경험은 매우 작은 유색 반점들을 습관의 힘을 통해서 더 큰 규모의 사물로 마음대로 엮음으로써 이루어진다.

그러나 이런 모형이 바로 후설이 올바르게도 거부하는 지각 모형이다. "어떤 방식으로 처리된 유색 반점들의 인상"으로

---

59. Whitehead, *Process and Reality*, p. 117 [화이트헤드, 『과정과 실재』], 강조가 첨가됨. David Hume, *A Treatise of Human Nature*, Oxford, Oxford University Press, 1978, Book 1, Part II, Section III에서 인용됨.

60. Whitehead, *Process and Reality*, p. 118 [화이트헤드, 『과정과 실재』], 강조가 첨가됨. David Hume, *A Treatise of Human Nature*, Oxford, Oxford University Press, 1978, Book 1, Part I, Section VI에서 인용됨.

구성된 시야를 경험한 사람이 도대체 누가 있는가? 조르주 쇠라의 점묘파 회화처럼 화자의 시각적 경험이 자율적 반점들로 끔찍하게 분해되는 과학소설은 쉽게 상상할 수 있다. 하지만 나도 독자도 데이비드 흄 자신도 그런 악몽 같은 세계를 결코 경험한 적이 없다. 바로 그런 견해는 결코 경험적인 것이 아닌데, 그 견해는 어떤 생명체의 경험으로 확인된 것이 아니라 감각주의적 이데올로기에 기반을 두고 있다. 후설이 멋지게 서술하는 대로, "여기에 내 친구 한스가 있고 나는 그를 '한스'라고 부른다." 한스는 확실히 개별적으로 확정되고, 언제나 시간과 공간의 어떤 특정한 지점에 있다. 그렇지만 이런 확정들이 동시 발생적인 것으로 여겨진다면, '한스'라는 이름은 내 친구가 걸음을 내디딜 때마다, 내가 그 이름을 언급할 때마다 의미가 바뀔 것이다.[61] 하지만 그가 위치, 표정, 의상, 우리에게서 공간적으로 떨어진 거리를 바꾸더라도 사실상 우리는 각자 계속해서 그를 한스라고 부른다. 그 사람이 같은 사람이려면 엄밀하게 정성적인 배치가 같아야 한다는 한낱 흄의 독단에 불과한 견해를 지지하여 이 모든 경우에 그는 동일한 한스라고 여기는 우리 견해를 무시하는 것은 순전히 자의적인 행위다. 사실상 그런 행위는 자신의 애초 이데올로기가 허용하지 않는 것이라면 무엇이나 경시하려는 또 하나의 '급진적' 시도와 마찬가지일 뿐이다. 유물론자가 모든 층위의 실재를 자신이 상정하

61. Husserl, *Logical Investigations*, p. 380. [후설, 『논리 연구 1·2』.]

는 원자적 하층으로 분해하기를 즐기는 것과 꼭 마찬가지로 감각주의자는 이른바 특정한 색채-화소들의 상층 외에 모든 것을 제거하고 싶어 한다. 또는 후설이 이의를 제기하는 대로, "경솔하게도 객체, 즉 직접적인 지시체에서 일어나는 모든 것을 내용에 귀속시키므로 객체의 속성, 색채, 형태 등은 즉시 '내용'으로 불리면서 사실상 심리적 의미에서의 내용으로, 예를 들면 감각으로 해석된다."[62] 더욱이 추가로, "구체적인 현상적 사물은 내용의 복합체, 즉 단일한 영상으로 결합한 속성들의 복합체로 여겨진다."[63] 실정이 그러하다면 우리는 어떻게 '삼차원 고체' 같은 사물들을 도대체 경험할 수 있을까?[64] 세 번째 차원이 결코 마음의 내용으로 주어질 수 없는 이유는 내용이 이차원 평면의 형태로만 나타나기에 세 번째 차원은 결코 직접적인 시각적 표현을 얻을 수 없기 때문이다.

간략히 서술하면, 우리는 객체를 경험하는 것이지 감각 자료의 덩어리를 경험하는 것이 아니다. 각각의 순간에 우리는 매우 작은 유색 반점들과 씨름하는 것이 아니라, 책, 고양이, 달, 스리랑카의 차 농장과 씨름한다. 내가 객체의 주위를 돌거나 그것이 내 앞에서 자유롭게 회전할 때, 나는 밀접히 관련된 일련의 이산적인 내용을 보고 나서 그것들이 모두 긴밀히 연결된 일단의 특정한 윤곽을 함께 구성한다고 자의적으로 결정하

---

62. 같은 책, p. 382 [같은 책], 명료성을 위해 번역이 조금 수정됨.
63. 같은 책, p. 382. [같은 책]
64. 같은 책, p. 382. [같은 책]

지 않는다. 오히려 내가 경험하는 것은 항상 사물 자체를 변화시키지 않으면서 우유적이고 일시적인 변화들을 겪는 하나의 객체다. 내 친구 한스가 걸을 때 사실상 나는 여전히 같은 한스로서 시간과 공간에서 모험을 겪는 나의 통일된 친구 한스를 본다. 나는 한스1, 한스2, 한스3, 한스4 등으로 불리는 약간 다른 존재자들의 연쇄 — (지나치게 찬양받는 어떤 '급진적' 운동에 따라) 어떤 종류의 '가족 유사성'으로 통일된 연쇄 — 를 보지 않는다. 오히려 나는 한낱 우유적인 위치 변화에 불과한 것들을 겪으며 걷는 하나의 통일된 한스를 경험할 뿐이다. 이제 다음과 같은 물음이 제기될 수 있을 것이다. 한스가 더는 한스가 아닐 만큼 충분히 변화한 때는 언제인가에 대한 기준은 무엇인가? 대답은 단순하다. 그 기준이 중요하지 않은 이유는 우리 자신이 심판관이기 때문이다. 결국, 여기서 우리는 실재적 객체, 즉 그릇된 추정이 이루어질 수 있는 영역을 언급하고 있지 않다. 우리는 지향적 객체, 즉 우리 각자가 절대적 주인인 영역을 언급하고 있을 뿐이다. 한스의 특성들이 최근에 급격히 변화했음에도 한스는 여전히 한스라고 내가 결정한다면 그는 여전히 한스다. 이야기 끝. 한스로 오인된 위르겐이나 카체일지도 모른다는 사실은 우리가 **실재적 객체**를 언급하기 시작할 때까지 무관하다. 외양들의 새로운 집합이 여전히 한스-외양임을 내가 암묵적으로 수용하는 한 그것들은 그냥 그러하다. 이 층위에서는 어떤 오류도 일어날 수 없는데, 그 이유는 지향적 객체는 그것과 내가 맺고 있는 관계들로만 구성되어 있기 때문이다.

후설의 비판은 영국 경험주의를 겨냥하고 있을 뿐 아니라 자기 자신의 스승 브렌타노 ― 그리고 암묵적으로는 이 논점에 대해서 여전히 자신의 스승을 좇은 트바르도프스키 ― 도 겨냥하고 있다. 로크, 버클리, 흄, 칸트 등 거의 모든 철학자에 못지않게 브렌타노와 트바르도프스키도 심적 현상의 영역은 항상 특정한 내용으로 구성되어 있다고 가정한다. 이 가정에 반대하여 후설은 "나는 색채-감각이 아니라 유색 사물을 보고, 나는 음조-감각이 아니라 가수의 노래를 듣는다. 기타 등등"이라고 말한다.[65] 브렌타노는 모든 의식이 표상에 근거를 두고 있다고 생각하는 반면에 후설은 이 원리를 수정하여 모든 의식이 객체화 행위에 근거를 두고 있다고 말한다.[66] 이제는 그 차이가 충분히 명료할 것이다. 브렌타노와 함께 나무에 대한 내 의식이 표상이라고 생각한다면, 이 생각은 내가 내 마음속에 나무-내용을 품고 있음을 뜻하고, 게다가 그런 표상은 모두 마찬가지로 나무-내용임을 뜻한다. 후설의 입장은 조금 다르지만, 결정적으로 다르다. 후설에게는 나무에 대한 내 지향의 모든 양태가 똑같은 것은 아니다. 한편으로는 나무-지각이 그런 것이 되려면 갖추어야 하는 지속적인 형상적 핵이 있는데, 이것은 통일된 지향적 객체로서의 나무다. 다른 한편으로는 매 순간 엄청나게 변할 수 있는 경험의 내용이 있다. 웅덩

---

65. 같은 책, p. 559. [같은 책.]
66. 같은 책, p. 648. [같은 책.]

이에 비치는 뒤집힌 나무를 오렌지색 렌즈를 통해서 바라보거나, 한밤에 바라보거나, 점멸하는 섬광 전구로 뒤덮인 채로 바라보면, 이 모든 경우에 **표상**은 두드러지게 변화하지만, 내가 그 나무는 이전과 같은 늙은 나무라고 여전히 믿고 있는 한 객체-부여 행위가 변화하는 경우는 전혀 없다.

요약하면, 지향적 객체는 성질들의 다발로 환원할 수 없다. 이 논점에 대한 흄의 유명한 급진주의는 항상 흄의 찬양자들에게 어떤 위태로운 자만심을 가져다준다. 그들은 매우 작은 색채-조각들에 대한 강인한 정신의 경험중심적인 이론과 비교하여 통일된 사물은 구식의 경건함이라고 일축하기를 좋아한다. 그들은 지속적인 존재자를 사후에 그저 가족 유사성으로 통일되는 일련의 밀접히 관련된 영상으로 환원하기를 아주 좋아한다. 자칭 급진주의자가 되어 아둔하게 사기를 당한 사람들의 거품을 터뜨리는 것은 즐거운 일인데, 사실상 소박한 사람들의 어리석은 행위를 없애주는 장황한 모습이 바로 정신적 삶의 전형이라고 생각하는 사람들이 있다. 불행하게도 어떤 색채-반점도 경험에 주어지지 않기에 반점 이론이 경험적이라고 공표하는 행위는 경험에 충실함이 뜻해야 하는 바를 곡해하는 일이다. 더욱이 우리는 일련의 이산적인 한스 같은 모양을 보고 나서 그것들이 아주 비슷하여서 같은 사람임이 틀림없다고 결정하지도 않는다. 이런 일이 전혀 경험적이지 않은 이유는 그것이 자신이 다룰 수 없는 것이라면 무엇이든 제거하기를 선호하는 독단적 환원주의에 봉사할 뿐이기 때문이다.

그러므로 실재적 객체와 그것의 관계들 사이에 존재하는 차이와 더불어 이제 두 번째 양극성, 즉 지향적 객체와 그것의 우유적인 것들 사이에 존재하는 차이도 인식해야 한다. 두 경우에 모두 자신이 공표되는 방식과 무관하게 일시적인 변화에 영향을 받지 않고 지속하는 핵심 객체가 있다. 차이점은, 실재적 객체는 우리가 그것에 부여하는 특정한 성질들보다 항상 넘치지만 지향적 객체는 항상 **모자란**다는 것이다. 실재적 나무는 자기 존재의 황혼 속으로 물러서기에 자신의 각기 다른 특질들 가운데 어느 것으로도 결코 완전히 표현될 수 없다. 반면에 지향적 객체는 우리가 나무를 보거나 나무를 본다고 생각하자마자 항상 우리 앞에 있다. 그것은 과잉의 세부, 이를테면 지속하는 나무-통일체 위에 쏟아지는, 하지만 나무와는 무관한 너무 많은 햇빛, 너무 많은 개인적 기분, 각도와 거리에 따른 너무 많은 특정성이 나무-통일체를 넘쳐 흐르거나 혹은 장식하고 있을 뿐이다. 결과적으로 이제 그릇된 급진주의로 해명할 수 없는 두 가지 환원 불가능한 긴장 관계가 있는데, 요컨대 실재적 객체와 지향적 객체는 모두 자신의 특정한 표상들과는 다르다.

감각적 객체는 본질적 성질들의 다발이 아니다

실재적 객체와 감각적 객체가 공유하는 것은 둘 다 자신의 정밀한 표상들의 다양한 변화를 견뎌내는 지속적인 핵이라는 점이다. 다시 말해서, 실재적 객체와 감각적 객체는 조건이 변화하는 모험을 겪는다. 하지만 나무는, 무수히 다양한 지각적 배치에서 보일 수 있더라도 그 사물이 변치 않고 그대로 남아 있는 한 언제나 변치 않고 그대로 남아 있어야 하는 자신의 형상에 대한 모험은 겪지 않는 것처럼 보인다. (여기서는 플라톤의 형상이 아니라 후설의 형상이 언급되고 있다.) 나무는 십 또는 십오 미터에서, 해가 뜨거나 해가 지는 때에 보일 수 있는데, 그런 경우들에 모두 나무가 여전히 같은 감각적 객체이려면 형상이 변치 않고 그대로 남아 있어야 한다. 후설은 감각적 객체에 대한 우리의 특정한 지향들 가운데 어느 것이나 "심리적 현상에서 순수한 '본질'로 이끌거나, 또는… 사실적('경험적') 보편성에서 '본질적' 보편성으로 … 이끄는"[67] 그런 종류의 형상적 환원의 대상이 될 수 있다고 주장한다. 우리는 사물의 핵 위에 장식된 비본질적인 색종이 조각과 소음을 벗겨냄으로써 나무든 우편함이든 칠판이든 간에 자신이 경험하는 모든 것에 대한 형상적 직관을 얻고자 한다. 몇 시간 전에 내 집 근처에서 일어났던 대로, 나무처럼 보이는 것이 사실상 야자나무로 위장된 흉측한 신호등임을 내가 갑자기 알아챈다면 그 때부터 나는 다른 형상을 갖춘 새로운 객체를 지향한다. 이전

---

67. Edmund Husserl, *Ideas: General Introduction to Pure Phenomenology*, trans. W. R. B. Gibson, London, Allen & Unwin, 1931, p. 44. [에드문트 후설, 『순수현상학과 현상학적 철학의 이념들 1·2·3』, 이종훈 옮김, 한길사, 2009.]

의 야자나무-객체는 내가 그것을 야자나무로 여기는 한에서만 우유적 변화의 모험을 겪었다. 일단 내가 그것이 위장된 신호등임을 알게 되자마자 이전의 야자나무-객체는 그냥 제거되었다. 객체는 자신의 형상을 상실하면 지속할 수 없어서 지향적/감각적 객체와 그것의 형상적 특질들이 같은 것처럼 보이기 쉬울 것이다. 하지만 실상은 그렇지 않은 것으로 판명되기에 새로운 세 번째 형태의 비급진적인 긴장 관계, 즉 감각적 객체와 본질적 성질들 사이의 갈등을 대면하게 된다.

나무든 우편함이든 개든 해골이든 간에 우리가 마주치는 모든 감각적 객체의 본성에 관한 물음으로 시작할 수 있다. 감각적 객체는 자신의 윤곽이 다양하고 소용돌이침에도 불구하고 변치 않은 채 그대로 남아 있다. 하지만 감각적 객체가 그저 통일체라는 텅 빈 용기가 아닌 이유는 만약 이러하다면 우유적인 것들이 제거된 감각적 객체들은 모두 같아야 할 것이기 때문이다. 각각의 우유적 표면 윤곽이 없다면 뱀과 강이 같을 것인데, 이런 사태는 분명히 터무니없다. "모나드는 성질들을 지녀야 한다. 그렇지 않다면 모나드는 끝내 존재자가 될 수조차 없을 것이다"[68]라고 라이프니츠가 『모나드론』 §8에서 주장하듯이, 그 사태는 고전철학에서 익숙한 문제다. 하지만 후설은 그런 통일성과 특수성의 이원성을 라이프니츠의 **실재적** 모

---

68. G. W. Leibniz, "Monadology", in *Philosophical Essays*, trans. Roger Ariew and Daniel Garber, Indianapolis, Hackett, 1989, p. 214.

나드 층위라기보다는 오히려 감각적 층위에서 다룬다. 예컨대 후설은 객체가 "단일한 '의미의 줄기'"[69]에 낚여서 걸려 있다고 말한다. 그러므로 그 줄기는 '단일한' 것이면서(그것은 통일되어 있다) 어떤 '의미의' 줄기다(그것은 특수한 특질을 지니고 있다). 감각적 야자나무가 모든 각도와 거리에서 변치 않고 그대로 남아 있을 때 그것은 개-형태라기보다는 **야자나무-형태**로 그러하다. 감각적 객체는 "명사화의 근본적인 조작, 즉 다수-줄기의 종합을 단일-줄기의 종합으로 변환시키는 것"에서 비롯된다. 이 둘 사이의 차이점은 "단일-줄기의 행위는 부각되지 않고 다수-줄기의 행위는 부각된다"[70]라는 것이다. 다시 말해서, 감각적 객체는 명확한 성격의 단위체이지만 자신의 형상적 특질들에 따라 공개적으로 부각되지는 않는다. 우리가 야자나무에 주의를 많이 기울이든 적게 기울이든 간에 그것은 우리 앞에 있다. 이 감각적 나무가 지성적 내용이 아닌 이유는, 우리가 매우 지독한 혼미 상태에 빠지더라도 그것은 여전히 내 앞에 그대로 있기 때문이다. 그것이 지각적 내용도 아닌 이유는, 우리가 그 야자나무와 다른 나무를 지각하지 않는데도 이것이 매 순간 급격히 변화할 수 있음을 알기 때문이다. 마지막으로 그것이 정서적 내용도 아닌 이유는 우리가 완전한 정신 이상의 상태에 빠질 정도로 마음이 동요하더라도 통일된

---

69. Husserl, *Logical Investigations*, p. 622. [후설, 『논리 연구 1·2』]
70. 같은 책, p. 640 [같은 책], 두 구절 중 첫 번째 구절에서 강조가 제거됨.

나무가 지속할 수 있기 때문이다. 그런데도 멋진 오르테가(내 학생 시절의 지적 영웅들 가운데 한 사람)가 그런 감각적 객체를 '느낌'으로 부를 때 그는 무언가 중요한 것을 알고 있다.

유쾌한 상태와 불쾌한 상태를 위해서, 기쁜 상태와 슬픈 상태를 위해서 이 이름〔'느낌'〕을 남겨 두는 것은 심리학이 최근 들어서야 인지한 엄청난 오류다. 가지에 가볍게 앉거나 가지를 떠나는 새가 가지가 떨리는 계기가 되거나, 또는 전류를 켜고 끄는 것이 즉시 새로운 전류를 산출하는 것과 꼭 마찬가지로 모든 객관적 영상은 우리 의식에 들어오거나 나가면서 주관적 반응을 산출한다.[71]

요약하면, 느낌-사물 또는 감각적 객체는 일자이자 특수자다. 그것은 특정적이지만 아직 부각되지 않은 통일체, 즉 일종의 매끈한 형상적 반죽인데, 나무, 개, 항성에 관하여 말하자면 반죽의 풍미가 대단히 다르다.

그런데 통일된 사물은 부각되지 않은 것이라는 바로 그 사실이 감각적 객체가 자신의 형상과 같지 않은 이유를 보여준다. 감각적 객체가 소음으로 덮여 있다는 것은 사실이지만, 이 소음을 벗겨내면 형상이 아니라 감각적 객체가 우리에게 주어

71. José Ortega y Gasset, "An Essay in Esthetics by Way of a Preface", in *Phenomenology and Art*, trans. Philip Silver, New York, W. W. Norton, 1975, pp. 144~5.

진다. 이 형상은 부각되지 않은 감각적 객체 자체를 넘어서야 하는 더 높은 수준에서 부각하는 작업이 필요하다. 객체의 형상을 가리키는 다른 한 용어는 언어학적 의미보다 훨씬 더 넓은 의미에서의 뜻인데, 여기서 우리는 통일된 객체를 다루기에 관하여 말하고 있지만, 이 행위는 명백히 말도 필요 없고 글도 필요 없다. 하지만 후설이 언어에서 끌어낸 몇 가지 사례는 유익하다. 영어로 'London'과 프랑스어로 'Londres' 같은 경우처럼 몇몇 경우에 우리는 뜻도 같고 객체도 같음을 간파한다.[72] 하지만 다른 사례들에서는 뜻과 객체의 두 극이 얼마나 다른지 분명히 드러난다. 예를 들어 같은 객체가 두 가지 다른 뜻으로 거명될 수 있는데, '예나 전투의 승자'와 '워털루 전투의 패자'는 둘 다 나폴레옹을 가리킨다. 같은 삼각형이 '등변삼각형'과 '등각삼각형' 둘 다로 불릴 수 있다.[73] (이 같은 삼각형 사례가 놀랄 만큼 웃긴다고 깨닫는 독자는 내가 유일한가? 후설의 재치는 과소평가된다.) 이와는 반대로, 같은 뜻이 두 가지 다른 객체를 가리키는 경우도 많이 있는데, '말'은 부케팔로스(알렉산더 대왕의 말)와 수레를 끄는 평범한 말을 마찬가지로 잘 가리킨다.[74] 일반적으로 우리의 감각적 행위는 객체에 집중되는 것이지 객체의 뜻, 즉 부각된 형상에 집중되는 것이 아니다. 후설 자신이 말한 대로, "이를테면 우리는 〔지향적〕 행위를

---

72. Husserl, *Logical Investigations*, p. 287. [후설, 『논리 연구 1·2』.]
73. 같은 책, p. 287. [같은 책.]
74. 같은 책, p. 288. [같은 책.]

수행하면서 살아갈 때는 언제든지 자연적으로 그 행위의 뜻이 아니라 객체를 가리킨다. 예를 들어 우리가 어떤 진술을 개진할 때는 언제든지 그 진술과 관련된 사물을 판단하는 것이지 그 진술의 뜻에 대해서, 즉 논리적 의미에서의 판단에 대해서 개진하는 것이 아니다. 후자의 것은 반성적 사유 활동을 할때 처음으로 우리의 목적이 된다."[75]

그러므로 통일된 감각적 객체는 자신을 구성하는 형상적 국면들로 부각되지 않는 '느낌'(오르테가의 넓은 의미에서)의 단일한 줄기임을 우리는 알 수 있다. 하지만 두드러지는 것은 그런 부각이 감각적 직관으로는 결코 일어날 수 없다는 점이다. 후설이 사물은 충족적 직관 속에 현시될 수 있다고 생각하더라도 이런 충족은 일반적인 감각적 직관과 아무 관계도 없다. 그 이유는 야자나무나 나폴레옹, 부케팔로스의 형상을 바라볼 적절한 각도나 거리가 전혀 없기 때문이다. 객체에 대한 어떤 관점들이 다른 관점들보다 더 적절할 수도 있지만, 이런 관점들도 객체의 우유적 표면 윤곽을 제공할 수 있을 뿐이지 객체의 형상을 제공할 수 있는 것은 결코 아니다. 요약하면, 감각적 직관은 항상 우유적이다. "내가 펠트 모자나 코트를 착용한 위인을 상상하느냐, 기병 제복을 착용한 위인을 상상하느냐, 아니면 어떤 그림 표상을 채택하느냐"와 무관하게 '비스마르크'는 통일된 뜻이라고 후설은 지적한다.[76] 내가 정원에

---

75. 같은 책, p. 332. [같은 책.]

까마귀가 날고 있다고 큰 소리로 말한다면,

그 말을 듣는 이는 정원을 들여다보지도 않으면서 내 낱말들
과 문장 전체를 이해할 것이다. 그는 내 말의 진실성을 확신
하면서 〔날고 있는 까마귀를〕 지각하지 않은 채로 같은 판단
을 내릴 것이다. 어쩌면 또한 그는 상상력을 발휘하여 재연함
으로써 도움을 받겠지만, 아마도 이런 재연물 역시 발생하지
않거나 발생하더라도 매우 훼손되고 불충분한 형태여서 지
각적으로 나타나는 것에 부합되는 대응물이 되지 못할 것인
데, 어쨌든 내 진술에서 '표현된' 특질들에 대해서는 그럴 것
이다.[77]

훨씬 더 명료하게 표현하면, "지각 표상 자체에는 아무 의미도
두지 … 말아야 한다."[78] 우편함의 형상은 우리가 그것을 직접
노려보자마자 나타나지 않는다. 형상 또는 뜻은 우편함이 우
리의 주의를 빼앗기만 한다면 암묵적으로 존재한다. 하지만
그것은 명시적으로 부각되지 않는다.

앞 절에서 우리는, 감각적 객체는 자신에게 수반되는 소용

---

76. 같은 책, p. 328. [같은 책.]
77. 같은 책, p. 680~1. [같은 책.] 후설의 기지에서 핵심을 죽여 버릴 위험을 무
   릅쓰고, "까마귀에 대한 훼손되거나 불충분한 상상의 재연물"이라는 착상
   에는 무언가 놀랍도록 익살스러운 것이 있지 않은가? 개인적으로 나는 그
   생각이 정말 재미있다고 깨닫는다.
78. 같은 책, p. 685. [같은 책.]

돌이치는 우유적인 것들에 대한 통일체임을 이미 깨달았다. 이 절에서는 다음과 같은 추가적인 논점들이 더해졌다. (1) 형상이 감각적 객체와 같지 않은 이유는, 형상의 다른 양상들은 다른 진술로 부각될 수 있지만 객체 자체는 견고하게 가리키는 고유명사의 방식으로 항상 통일되어 있기 때문이다. (2) 가장 놀라운 점은 실재적 객체가 시야에서 물러서 있는 것과 꼭 마찬가지로 감각적 객체의 형상도 시야에서 **물러서** 있다는 것이다. 객체의 형상을 부각하는 것은 그것에 **실제로** 속하면서 인간 접근에서 **실제로** 물러서 있는 무언가를 암시하는 것이지 본질의 어떤 충분한 시각적 화신에 우리 주의를 환기하는 것이 아니다. 이루어지는 어떤 충족도 순전히 지성적일 것이고 절대 완전하지 않을 것이다.

후설이 이 두 번째 논점을 인정하지 않는 이유는 그가 사물에 대한 충분하고 명백한 직관이 가능하다고 생각하기 때문이다. 후설에게는 지향적 객체보다 더 깊은 실재적 객체의 숨은 영역이 전혀 없다. 하지만 여기서 우리는 후설 자신의 견해에서 벗어나야 한다. 감각적 객체의 형상은 **국면들**이 있다고 한다면 이 국면들은 감각을 통해서도 심지어 마음을 통해서도 직접 접근할 수 없다. 우리는 언어적 수단이나 비언어적 수단을 통해서 국면들을 암시할 수는 있지만, 결코 그것들에 완전히 도달할 수는 없다. 우편함의 형상에 대한 어떤 명시적 표현도 결코 그것을 **완전히** 제대로 짚을 수는 없다. 그리고 여기에 진리의 증상으로 흔히 나타나는 역설적인 반전들 가운데 하나가 있다. 실재적 객체의 존재를 믿는 사람들이 일반적으로 품는 가정은 우리가 사물 자체가 아니라 사물의 **성질들**에 접근할 수 있다는 것이다. 감각적 객체의 경우에는 정반대 상황이 성립하는 것으로 판명되는데, 우리가 감각적 **객체**를 지향하는 바로 그 순간부터 그것에 직접 접근할 수 있는 이유는 그 상황이 감각적 객체가 존재하는 데 필요한 유일한 것이기 때문이다. 하지만 우리가 감각적 객체의 우유적인 것들에 끊임없이 잠겨 있더라도 감각적 객체의 진정한 **국면들**에는 직접 접근할 수 없다. 그리고 이런 감각적 객체 대 그것의 형상적 국면들의 대립이 객체지향 철학의 세 번째 비급진적인 대립이다.

이 같은 꽤 놀랄 만한 전개(2008년 여름이 되어서야 내게 일어난 일)에 대해서는 새로운 용어 하나가 알맞은 것처럼 보인다. 우편함의 우유적인 표면 윤곽들이 통일된 감각적 사물로서의 우편함 위에 **장식되어** 있다고 했다. 하지만 객체의 진정한 형상적 국면들의 경우에는 장식의 문제가 아닌 것으로 판명되는데, 그 이유는 이런 국면들이 표면에서 결코 입수될 수 없기 때문이다. 오히려 감각적 객체의 국면들은 시야에서 감춰져 **잠복하여** 있다고 말할 수 있다. 철학에서 새로운 용어는 중요하거나 억지스럽거나 터무니없는 것처럼 들릴 위험이 항상 있지만, 장식과 잠복의 차이가 성질들의 두 가지 존재 방식을 구별하는 핵심 요소다. 그런데 한낱 감각적 객체에 불과한 것에 실재적 형상이 잠복할 수 있다는 점은 기묘한 것처럼 보일지도 모르지만, 상상의 나무가 실제 뿌리를 내리고 있거나 유령선이 바다로 실제 화물을 내버리는 것과 같은 증거가 있기에 실정은 그러해야 한다는 결론을 내리게 된다. 그런데 실재적 객체가 지각자에게 감각적 성질들을 발산할 수 있다는 점도 마찬가지로 기묘한 것처럼 보여야 했다. 아무리 이 시나리오가 더 친숙한 것이라도 말이다. 감각적인 것에서 실재적인 것으로 가로지르고 실재적인 것에서 감각적인 것으로 가로지르는 이 두 대각선은 객체들이 서로 물러서 있음에도 불구하고 어떻게 소통할 수 있는지에 대한 실마리임이 틀림없다. 그것들은 대리적 인과관계라는 문제에 대한 해결책을 암시한다.

실재적 객체는 본질적 성질들의 다발이 아니다

그런데 이제 객체들의 네 번째 비급진적인 대립에 대하여 언급하자. 그 이유는 감각적 객체가 자신의 실재적 성질들과 다른 것과 꼭 마찬가지로(지향적 객체 대 그것의 형상) 인간 접근과 별개로 존재하는 실재적 객체도 자신의 실재적 성질들과 다르기 때문이다. 이 쟁점이 후설의 관심사가 아닌 이유는 그가 지향적 영역의 바깥에 놓여 있고 내가 '실재적 객체'라고 부른 것을 전혀 인정하지 않기 때문인데, 이런 실재적 객체를 현상학에 처음 도입한 것은 하이데거의 도구-분석이었다. 후설은 실재적 객체가 모든 접근에서 물러서 있다는 관념을 분명히 싫어하는데, 그 이유는 그가 실제로는 아무리 어렵더라도 원칙적으로는 충분히 파악될 가능성 너머에 물러서 있는 것은 아무것도 없다고 생각하기 때문이다. 이런 까닭에 나는 하이데거와 오르테가의 제자이자 독자적으로 엄청난 사상가인 바스크 출신 스페인 철학자 하비에르 수비리(1898~1983)를 간략히 거론한다. 나 자신이 객체에 대한 어떤 지각과도 별개로 존재하는 객체의 숨은 실재를 역설하는 것은 『본질에 관하여』[79]라는 수비리의 걸작에서 상당히 비롯된다. 『도구-존재』[80]라는 책에서 수비리에 대하여 많이 논의되었으므로 여기서는 간략히 요약하는 것으로 충분할 것이다.

수비리는 『본질에 관하여』라는 책에서 처음부터 감각적 영역보다 더 깊은 지역, 이른바 '실재론'에 속하는 것으로 서술해도 무방한 땅을 구획한다. 본질에 관하여 물을 때 "우리는 먼저 자신이 실재적 사물을 대면하는 방식의 측면이 아니라 오히려 그 사물 자체의 국면으로 여겨지는 본질을 요청하고 있다"고 수비리는 말한다.[81] 다시 말해서, 우리는 후설적 현상이나 지향적 객체를 다루고 있지 않다. 오히려 수비리는 내가 실재적 객체라고 부르는 것의 본질을 관통하는 길을 따라가기 시작한다. "넓은 의미에서 무언가의 '무엇'은 자신의 모든 특색, 특성, 특징(어떤 술어를 선택하는지는 중요하지 않다)으로 구성되어 있다. 이 특색들은 유동적이거나 분리된 것이 아니라 하

---

79. Xavier Zubiri, *On Essence*, trans. A. Robert Caponigri, Washington, Catholic University of America Press, 1980.

80. Graham Harman, *Tool-Being: Heidegger and the Metaphysics of Objects*, Chicago, Open Court, 2002, §22~§23.

81. Zubiri, *On Essence*, p. 47, 강조가 첨가됨.

나의 통일체를 구성한다."[82] 이런 통일체가 중요한 이유는 다음과 같다. "이런 통일성이 없어서 각각의 특색이 독립되어 있다면 '하나의' 사물이 아니라 많은 사물이 있을 것이다. 통일체가 한낱 추가적이거나 외부적인 것에 불과하다면, 사물들의 집합체는 있을 것이지만 어떤 엄밀한 의미에서도 '하나의 사물'은 없을 것이다."[83]

그런데 한 사물의 **모든** 특색, 특성, 특징을 언급하는 것은 '모든'이라는 낱말 속에 무엇이 함축되어 있느냐에 따라 그 의미가 매우 다르다. 여기서 수비리는 한 사물의 특징들 전체에 대해서 점점 더 깊어지는 세 가지 개념을 제시하는데, 그 개념들 가운데 두 가지는 이미 후설에게서 살펴보았다. 첫 번째이자 가장 넓은 의미에서 "'무엇'은 해당 사물이, 사실상, 바로 지금과 바로 여기를 포함하여 자신이 지금 그리고 여기서 지니는 특색들의 총체로 규정되는 모든 것을 의미한다."[84] 여기서는, 라투르와 화이트헤드의 경우와 마찬가지로, 완전히 구체적으로 확정된 사물들의 영역에 처하게 된다. 그것은 그냥 해바라기가 아니라 오히려 깊은 슬픔에 잠긴 채 십 미터 떨어져서 4시의 그늘 속에서 바라본 해바라기다. 지나치게 확정된 그런 경험은 마음껏 상세히 서술될 수 있는 명확한 실질이 있다. 하지만 이것은 수비리가 추구하고 있는 것이 아니다.

---

82. 같은 책, p. 51.
83. 같은 책, pp. 51~2.
84. 같은 책, p. 52.

그래서 수비리는 한 사물의 특질들 전체에 대한 두 번째 판본을 고찰하는데, 그 작업은 후설이 '본질'이라는 용어를 처리한 작업에 더 가깝다. 여기서 객체는 "이를테면 무관하더라도 실재적인 방식으로 불분명하게 지니는 다른 특색들과 달리 자신을 특징짓거나 구별하는 기능을 재빠르게 떠맡는 특색들을 현시한다." 더 정확히 서술하면, "이런 무관한 특색들이 변할 수 있다는 사실에도 불구하고 사물을 '같은 것'으로 파악하게 된다."[85] 이런 두 번째 형태의 본질에서는 해바라기의 각도와 거리나 그것을 바라볼 때의 기분이 그림에서 제거된다. 그 대신에 확정된 것들이 변화하는 모험을 겪으면서 지속하는 감각적 객체로서의 해바라기가 있다. 이 상황은 후설이 바라는 것에는 아주 가깝더라도 수비리가 달성하고 싶은 것은 여전히 결코 아니다.

  수비리 자신이 승인하는 본질의 세 번째 의미는 우리가 생각하는 사물이라기보다는 사물 자체와 관련이 있다. 그것은 더 이상 사물들을 서로 구획하는 인간의 기준을 설정하는 문제가 아니라 실재적 사물 자체의 본질에 관한 물음이다. 수비리는 "그저 어떤 사물이 다른 사물들과 다소간 혼동되지 않도록 그 사물을 특징짓는 것이 아니라, 오히려 실재적 사물에 없다면 그 사물이, 엄밀한 의미에서, 그런 것이 더는 아니게 되므로 전혀 부재할 수 없거나 전혀 부족할 수 없는"[86] 특색들을

---

85. 같은 책, p. 52, 강조가 첨가됨.

추구한다. 앞에서 거론된 우울한 사례로 돌아가면, 지나치게 확정된 해바라기보다 더 깊으며 그리고 인간 경험의 지속적인 단위체로서의 해바라기보다도 더 깊은 무언가가 언급된다. 오히려 언급되고 있는 것은 **실재적 해바라기**와 그것이 계속해서 그런 것이려면 지녀야 하는 특질들이다. 여기서 마침내 수비리가 추구하고 있는 것에 이르게 되는데, "이런 모든 특색의 일의적 결합이 엄밀한 의미에서 내가 본질이라고 부를 그런 것이다."[87] 지금까지 내가 결코 망각할 수 없었던 다른 한 멋진 구절에서 수비리가 서술하는 대로 "그것은, 그것을 표현하기 위해 해당 통일체가 **철저히 전개되는 국면들**이 바로, 그것에 대해서, **특색이 되는** 그런 통일체다."[88]

추가로 수백 쪽에 걸쳐서 매우 자세히 묘사되는 수비리의 본질 모형의 기본적인 특질들은 이미 제시되었다. 수비리는 그저 우리에게 현시되는 사물(지향적 객체)의 본질이 아니라 실재적 객체의 본질을 추구한다. 이 본질은 하나의 통일체이고, 게다가 그것의 '국면들'로 여겨지는 특색들로 '철저히 전개되는' 통일체다. 후설의 감각적 객체가 자신의 우유적인 것들에 대립하는 통일체인 것과 꼭 마찬가지로 수비리의 실재적 객체도 자신의 국면들에 대립되는 통일체다. 여기서 사물의 단수성과 복수성의 상호작용이 '본질'이라고 불린다. 더욱이 본질은 개

---

86. 같은 책, p. 53.
87. 같은 책, p. 53.
88. 같은 책, p. 53, 강조가 첨가됨.

별적 사물의 바로 그 실재 속에 구현되기에 사물의 바깥에 놓여 있으면서 많은 개체가 공유하는 보편적인 완전한 형상이 아니다. "본질은 자기 자신에 입각하는 것이 아니라, 입각하기의 양식이 바로 '그것임'인 그런 양식에 따라 실재적 사물에 입각한다. 결국, 본질은 자체적으로 완전히 사실적인 것이 되는 무언가라는 생각이 당연히 들게 된다. **실재적이면서 물리적으로 변치 않고 절대적인 본질은 전혀 없다.**"[89] 다시 말해서 실재적 객체가 파괴되면 본질도 동시에 파괴되는 셈인데, 이런 사태는 플라톤에게 일어나지 않는다. 수비리의 경우에 객체는 그 자체만으로 자신의 본질이 철저히 전개되어서 아무것도 남기지 않는다. 이런 본질적 통일체에서 "각각의 특색은 '그것 자체에서' 여타의 특색으로 전환된다 ⋯ 당연히 여타의 것으로 전환되는 것은 바로 '이' 주어진 체계의 '이' 특색이다."[90] 간단히 서술하면, 국면은 (라투르에게는 기쁘게도 부재한 플라톤의 '영원한 객체'라기보다는 오히려 화이트헤드의 '영원한 객체'와 마찬가지로) 자신의 특정한 화신 바깥에서 부유할 수 있는 추상적 성질이 아니다. 오히려 국면은 분석철학이 트로프trope라고 부르는 것과 더 비슷한데, 트로프란 자신이 속하는 존재자에게서 제거될 수 없고 어딘가 다른 곳에서 공유될 수 없는 개별화된 성질이다. 하지만 수비리의 경우에는 어떤 통일된 존재자에

---

89. 같은 책, p. 65, 강조가 첨가됨.
90. 같은 책, p. 274.

게도 다수의 특색이 있는데, 이를테면 사물에서 '단단함'과 동행하는 '풍성함'이 있거나 '초험적' 통일성에 수반되는 특정한 '정성적' 특징이 있다. 하지만 이런 하나임은, 모든 실재적 사물이 같은 초험적 차원의 하나임을 공유하는 것처럼 한낱 통일성에 불과한 것이 아니다. 오히려, 수비리 책의 첫 문장이 서술하는 대로, "본질은 [개별적] 실체성의 구조적 원리다."[91] 요약하면, 감각적 객체가 실재적 국면들을 지닌다는 점을 알게 된 우리는 이제 실재적 객체 역시 실재적 국면들을 지닌다는 점을 (덜 역설적이어서) 훨씬 더 쉽게 이해한다.

이제 우리 입장은 라투르의 전적으로 구체적인 한겹 행위자에서 네겹 객체라는 완전히 양극화된 모형으로 바뀌었다. 모든 객체를 동일한 실재 평면에 두는 대신에 두 종류의 객체, 즉 실재적 객체와 감각적 객체가 존재하게 된다. 더욱이 사물은 자신의 성질들과 같다는 주장 대신에 이제는 오히려 두 종류의 객체에서 통일된 체계적 사물과 그것의 다양한 특질들 사이에 대결이 벌어지게 된다. 이런 상황은 필연적으로 세계에 대한 네겹 모형을 낳게 된다. 다시 말해서, 두 종류의 객체와 두 종류의 특질이 존재한다. 실재적 해바라기(이것이 존재한다고 가정하면)와 인간이나 다른 존재자들에게 현시되는 그것에 대한 감각적 번역이 존재한다. 해바라기가 그런 것이 되는데 필요한 실재적 국면들과 지각자의 경험 속에 감각적 해바

---

91. 같은 책, p. 457.

라기를 구현하는 우유적이고 특정한 성질들이 존재한다. 이런 대립자들 사이에서 일어날 수 있는 다른 종류들의 관계도 스치듯이 다루었는데, 대체로 뒤로 미룰 것이다.

어딘가 다른 곳에서 나는 이 모형과 하이데거의 유명하지만 무시당한 '네겹'Geviert의 유사성을 서술했다. 『도구-존재』라는 책에서 나는 다음과 같이 적었다. "수비리의 네겹 구조〔방금 요약한 구조〕와 하이데거의 네겹 구조는 정확히 같은 구조다. 그것들은 같다."[92] 하지만 이 진술은 충분히 정확한 것은 아니다. 하이데거와 수비리의 제자들이 내가 자신들의 영웅에 행사하고 있는 폭력이라고 주장할 것과 더불어 한 가지 더 명백한 쟁점이 여기에 있다. 요컨대 하이데거의 네겹 모형은 1949년(그것이 명시적으로 표현된 해)의 모형과 1919년(그것이 개략적인 초기 형태로 모호하게 구상되었던 해)의 모형이 다르다. 내가 구상한 후설/수비리 혼성 모형에서 비롯되는 네겹과 가장 닮은 것은 유명한 1949년 모형의 네겹이 아니라 1919년 모형에서 비롯되는 초기의 네겹이다. 그 이유는 1919년 모형에서만, 드러남의 양식('발생')으로든 감추어짐의 양식('사건')으로든, 청년 하이데거가 **개별적 존재자에 내재하는 긴장 관계**를 언급하기 때문이다. 반면에 1949년의 네겹은 (후설과 수비리가 그러하듯이) 개별적 존재자에 내재하는 긴장 관계에 주목하는 것이 아니라 세계 **전체**와 개별적 사물의 긴장 관계에만 주

---

92. Harman, *Tool-Being*, p. 266.

목한다. 후기 하이데거에게 '땅'과 '필멸자들'은 개별적 사물들을 나타내는 것이 아니라 만물 전체를 나타낸다. '신들'과 '하늘'이 개별적 특수자가 나타나는 네겹의 유일한 사분면들이다. 그렇지 않다면 두 모형은 구조적으로 유사하다. 1946년 모형은 하이데거가 은폐된 층위와 탈은폐된 층위 모두에서 전체적인 통일체에 잘못 의지함으로써 손상되어 버린다.

객체의 내부

이제 이 책의 두 양상 사이에 긴장 관계가 있는 것처럼 보일 것이다. 먼저 나는 상관주의를 공격하면서 어떤 객체든 두 객체 사이에 맺어진 관계들이 인간과 세계 사이에 맺어진 관계들과 같은 기반에 놓여야 한다고 요구했다. 그런데 나는 라투르가 옹호하는 그런 유형의 '평평한 존재론' 즉, 객체들의 총체적 민주주의는 존재하지 않고, 오히려 두 가지 유형의 객체 ─ (a) 실재적 객체와 (b) 지향적 객체 또는 감각적 객체 ─ 가 존재한다고 역설했다. 지향적 객체를 언급함으로써 이 책이 목화와 불의 상호작용이나 우박과 나무의 충돌 같은 사례들에는 적용될 수 없는 인간 현상학이라는 특권적 영역을 환기하고 있는 것처럼 보이게 될 것이다. 하지만 아주 놀랍게도 이런 추정은 한낱 편견에 불과한 것으로 판명된다. 지향적 객체는 '지향적 비존재'가 있다는 브렌타노의 언급, 즉 지향적 객체는 무언가 다른 것의 내부에 존재한다는 언급은 옳다. 다만 브렌타노는 이런 내부 공간이 인간 마음의 내부라고 말한 점에서 틀렸을 뿐이다.

지향적 관계는 한편으로는 하나이지만 다른 한편으로는 둘이다. 그 이유는 우편함을 응시하고 있을 때 나는 여전히 그것과 완전히 구별된다는 의미에서는 지향성이 둘이기 때문이다. 우편함도 나도 단일한 연속체나 용융 슬래그 덩어리로 절대 융합되지 않는다. 나와 우편함은 각기 다른 사물인데, 바로 그런 이유로 나는 우편함을 지향할 수 있다. 이 상황에는 매혹적인 비대칭성도 존재하는데, 이때 우편함은 한낱 감각적 객체 또는 지향적 객체, 즉 내가 그것에 더는 주의를 기울이지 않자마자 증발할 것에 불과하기 때문이다. 기껏해야 우편함은 어떤 감각적 표현에서도 물러서 있는 어떤 실재적 객체의 번역이나 왜곡이다. 하지만 이와는 대조적으로 이 우편함을 마주치는 '나 자신'은 완전히 **실재적인** 객체다. 우편함을 주의 대상으로 진지하게 여기며 에너지를 소비하는 것은 나 자신이지 나에 대한 어떤 이미지가 아니다. 더욱이 여기에 대리적 인과관계라는 주제를 전개하는 데 도움이 되는 한 가지 중요한 원리가 있다. 임신이 되는 데 남성과 여성이 모두 필요하고 정반대 극성들이 만날 때에만 자석들이 접촉하는 것과 꼭 마찬가지로, 모든 직접적인 접촉은 유형이 **다른** 객체들 사이에서 이루어진다. 이런 사태를 비대칭성의 원리라고 부를 수 있다. 라투르가 제시한 행위자들의 평평한 존재론은 비대칭성을 위한 여지를 남기지 않고, 이런 까닭에 어느 모로 보나 정치와 중성자가 서로 접촉하지 못하는 것과 마찬가지로 졸리오는 정치나

중성자와 접촉하지 못할 것이어서 결국 무한한 매개자들의 문제가 초래된다. 졸리오가 연결할 수 있는 것은 정치와 중성자의 감각적 캐리커처들이다.

잠깐 우회하면, 최소한 세 가지의 각기 다른 의미(게다가 두 번째 의미에 대한 한 쌍의 따름정리)를 전달하는 객체들 사이의 매개에 대한 모형이 있다.

1. 우리가 이해했다시피, 두 개의 **실재적** 객체는 서로에게서 떨어져 고립된 깊이로 물러나고, 바로 그런 이유로 그것들은 서로 접촉할 수 없다. 반면에 단일한 지향적 행위에 공존하는 다양한 **감각적** 객체(지향적 나무, 산, 표범)는 근접 상태로 그냥 둘러앉아 있는데, 지각자가 그것들을 모두 동시에 지각한다는 의미에서만 서로 접촉한다. 결국 감각적 객체는 마주침을 당할 때만 나타나는 것이지 마주칠 때 나타나는 것이 아니다. 나는 감각적 객체를 진지하게 고려하는 데 에너지를 소비하지만 그것 자체는 소비할 에너지가 전혀 없는데, 요컨대 감각적 객체는 나 자신의 마주침에서 비롯된 순전히 수동적인 상상의 산물이다. 그러므로 감각적 객체들은 어떤 종류의 직접적인 상호작용도 할 수 없고, 지각자인 나의 매개를 통해서만 같은 지각적 국면에 속하게 된다. 실재적 객체들은 지향적 객체라는 매체를 통해서만 접촉할 수 있고, 지향적 객체들은 실재적 객체라는 매체를 통해서만 접촉할 수 있다. 이것이 비대칭성의 원리다. 이 원리에서 도출되는 매혹적이지만 조금

도착적인 한 가지 결과는 몸/마음 문제 같은 것은 전혀 있을 수 없다는 점인데, 그 이유는 두 개의 심상은 결코 접촉할 수 없고 두 개의 실재적 객체는 결코 접촉할 수 없지만, 대립적인 형태들의 객체들 사이에는 접촉이 항상 일어날 수 있기 때문이다.

2. 어떤 경우에도 직접적인 접촉은 두 항으로만 이루어져야 한다는 결론이 비대칭성에서 나온다. 그 이유는 세 개 이상의 객체로 이루어진 어떤 조합도 같은 유형(실재적이든 감각적이든)의 객체를 적어도 두 개는 포함해야 함을 고려하면 두 개 이상의 항 사이에서 이루어지는 모든 직접적인 접촉이 불가능해지기 때문이다. 그러므로 접촉이 두 개 이상의 항으로 이루어지는 것처럼 **보인다면** 무언가 다른 일이 일어나고 있음이 분명하다는 결론이 나온다. 비틀스가 결성되기에 앞서 존재한 핵심으로서의 레논과 매카트니처럼 애초의 객체가 쌍으로 구성될 수도 있다. 또는 이미 존재하는 한 객체가 다수의 새로운 객체를 (여러 국가가 같은 날에 유럽연합에 합류할 때처럼) 동시에 그리고 별개로 자신의 궤도에 끌어들일 수도 있다. 어떤 접촉도 두 항으로만 이루어져야 한다는 일반적 요구는 **이항접촉의 원리**로 불릴 수 있는데, 여기서 그런 용어는 쓰고 버릴 수 있으며 실제로 터무니없는 것처럼 들린다면 쉽게 대체되거나 폐기될 수 있다는 단서가 변함없이 붙는다.

a. 따름정리로서, 실제 상황에서는 언제나 한 객체는 지배적인 '실재적' 객체일 것이고 나머지 다른 한 객체는 단지 감각적 이미지일 것이다. 그렇지만 많은 경우에 자신의 외양을 제공하면서 서로 강화하는 두 객체처럼 한 쌍의 각 항이 상대편의 수동적인 캐리커처와 능동적인 관계를 맺는 일이 일어날 것인데, 이를테면 실재적 나무 역시 내 이미지를 마주친다. 사실상 **강화된 객체**라는 용어가 그런 사례들에 대해서 사용하기에 좋은 전문 용어일 것이다. (레논/매카트니가 하나의 강화된 객체에 관한 고전적 사례일 수 있는 이유는 이 두 인물 중 누구도 그저 상대편에 의해 전개된 허수아비 또는 허상으로 쉽게 불릴 수 없을 것이기 때문이다.)

b. 추가적인 따름정리로서, 어떤 사건에 대해서 단 하나의 원인이 있는 것이 아니라 오히려 다수의 환경적 인자가 있다는 대중적 견해를 거부해야 한다. 이런 견해는 존 스튜어트 밀이 옹호하며 유쾌한 W. 티드 로크웰이 명쾌하게 지지한다.[93] 나는 환경적 인자들이 항상 존재하고 관련된다는 주장에는 동의하지만, 그것들이 '원인'으로 불릴 자격이 있다는 주장은 부정한다. 바로 지금 나를 둘러싸고 있는 다양한 맥락적 인자들이 모두 내게 영향을 미치고 있는 것은 아니다. 존재하는 인자

---

93. W. Teed Rockwell, *Neither Brain Nor Ghost: A Nondualist Alternative to the Mind-Brain Identity Theory*, Cambridge, MIT Press, 2005, ch. 4.

중에서 내게 영향을 미치고 있는 어떤 객체의 부분을 구성하는 인자들만 영향을 미친다. 개별적 객체에 새겨지는 것 외에는 어떤 '맥락'도 없다(발생하는 모든 것은 어떤 현실적 존재자의 구성에 자신의 이유가 있다는 화이트헤드의 '존재론적 원리'도 뒷받침하는 대로 말이다). 이런 까닭에 계기적 사태는 어떤 다른 개시자로 쉽게 대체될 수 있었을 호환적인 요행으로 여겨질 수 없는데, 오히려 그런 사태는 자신의 개인적 스타일로 인과적 사건 전체를 도배한다. 다음 전쟁은 "발칸 국가들의 무언가 하찮은 것"에서 비롯될 것이라는 비스마르크의 거만한(그리고 올바른) 예측은 재미있는 것이지만, 가브릴로 프린치프가 도화선에 불을 붙이는 행위를 제대로 다루지는 못한다. 우리는 개별적 원인의 위엄을 회복시키고 전체적 맥락이라는 유혹적인 독단에 저항해야 한다. 여기서 나는 프린치프의 이름을 이용하는 안이한 말장난에 저항하면서 오히려 가브릴로의 따름정리를 거론할 것이다. 밀의 견해에 따르면 개별적 원인은 한낱 "발칸 국가들의 무언가 하찮은 것"에 불과하지만 이런 견해는 승인될 수 없다.

3. 그러나 실제 상황에서 감각적 객체들은 서로 직접 접촉하지 않고 단지 근접한 채로 존재하고 있을 뿐 아니라, 더욱이 감각적 객체는 자기 자신의 감각적 성질과도 직접 접촉하지 않는다. 그 이유는 지속적인 지향적 객체 '나무'와 그것의 매우 특정한 표면-윤곽들이 모두 한낱 감각적으로 존재하는 것에

불과하기 때문이다. 그것들은 내가 죽거나 잠이 들거나 내 주의를 다른 곳에 돌리면 곧바로 사라진다. 여기서 또다시 감각적 객체와 감각적 성질은 모두 독자적으로 경험하지 못하는 순전히 수동적인 의식 대상이다. 두 개의 감각적 객체와 꼭 마찬가지로 감각적 객체와 감각적 성질은 그것들을 매개하여 결합할 실재적 지각자가 필요하다. 하나가 객체이고 다른 하나가 성질이라는 사실은 접촉이 일어나기에는 불충분한 비대칭성이다. 두 개의 감각적 실재가 직접 접촉할 수 없는 이유는 둘 다 어떤 실재적 존재자에 대한 자신의 실재 속에 전적으로 있기 때문이다. 더 좋은 이름이 없기에 이 사태를 **이질적 접착제 원리**라고 부르는데, 그 이유는 감각적 객체와 그것의 성질들 사이의 결합을 감각적 영역에 위탁해야 하기 때문이다. 하지만 조금 터무니없는 이 용어는 내가 고안하거나 다른 사람이 고안할, 더 듣기 좋은 어떤 어구를 위한 장소 받침으로 의도되었을 뿐이다.

두 개의 감각적 객체를 언급하든 감각적 객체와 감각적 성질을 언급하든 간에 감각적 실재들은 직접 접촉할 수 있는 것이 아니라 어떤 실재적 매개자가 필요하다는 사실이 밝혀졌다. 하지만 이 상황은 **실재적** 객체의 층위에서 훨씬 더 당혹스러운 유령을 불러낸다. 그 이유는 둘 다 실재적이라는 점을 고려하면 실재적 객체는 자신의 실재적 성질과 직접 접촉하는 데 똑같은 어려움을 겪을 것이라는 결론이 당연히 나올 것처럼 보이기 때문이다. 결국, 실재적 존재자들은 서로 간에 직접적이고 번역되지 않은 접촉을 근본적으로 할 수 없다. 그런데 비대칭성의 원리에 따라 실재적 객체는 실재적 객체와 자신의 성질들을 매개할 감각적 객체가 필요할 것인데, 이를테면 감각적 객체들에 대해서 지각자가 그런 구실을 하는 것과 꼭 마찬가지로, 즉 어떤 외부적 사물만이 한 사물이 자신의 성질들과 연결될 수 있게 하는 것처럼 말이다. 일단 비대칭성이 하나의 원리로 수용되면 훨씬 더 많은 결론이 도출된다. 한 권의 철학책 전체가 그런 연역 결과들로 구성될 수 있을 것이다.

그런데 이제 하나이자 둘이라는 지향성의 이중성으로 돌아가야 한다. "대리적 인과관계"[94]라는 논문에서 나는, 어떤 해석도 결코 철저히 규명할 수 없는 어떤 통합적 실재성을 갖추고 있기만 하다면 실재적 나와 지향적 나무의 관계가 하나의 통일된 실재적 객체로 어떻게 여겨질 수 있는지 보여주었다. 이것은 사실이지만 주요 논점과는 무관하므로 그 논문은 이 문제에 대해서 오해를 일으킬 수 있다. 나는 나와 감각적 나무의 지향적 관계가 두 부분을 포함하고 있다고 더는 말하지 않을 것인데, 애초에 내가 그렇게 말했다는 것이 이상한 일이다. 그 이유는 실재적 나와 감각적 나무의 상호관계는 직접적인 접촉이지 대리적 관계가 아니며 결코 그렇게 될 수 없기 때문이다.

---

94. Graham Harman, "On Vicarious Causation", *Collapse*, vol. II, Falmouth, Urbanomic, 2007, pp. 187~221.

쟁점이 되는 관계는 실재적 나와 **실재적 나무**의 관계다. 결국, 나무에 대한 내 지각은 그것 자체로 객체인 것이 아니라, 심리학적 행위나 현상학적 행위에서 수행되는 회고적 분석을 거쳐야만 하나의 객체가 될 수 있다. 그러므로 관계의 두 부분을 포함하고 있는 것은 내가 나무와 맺고 있는 **지향적 관계가 아니다**(이것은 접촉이지 관계가 아니다). 오히려 이런 영예는 실재적 나와 실재적 나무의 관계에 귀속되는데, 이 관계가 어떻게 발생하든 간에 말이다. 비대칭성의 원리에 따라 그런 관계는 결코 직접 맺어질 수 있는 것이 아니라 어떤 감각적 매개자를 거쳐야만 맺어질 수 있다.

그런데 정말로 흥미로운 것은 **모든 관계가 하나의 새로운 객체를 형성한다**는 점이다. 실재적 나와 실재적 나무가 어떤 종류의 진정한 관계를 맺을 수 있다고 가정하면 새로운 통합적 실재가 형성되는데, 그런 관계적 실재는 실재적 나와 실재적 나무 둘 다를 넘어서는 동시에 그 실재에 대하여 취해질 어떤 외부적 견해보다도 더 깊다. 그리고 바로 그 점이 '실재'가 실제로 의미하는 것인데, 객체는 물리적 존재자이거나 적어도 비교적 오래 지속하는 것이어야 한다는 편견에도 불구하고 말이다. 감각적 객체는 인간의 의식 속에 '지향적 비존재'를 갖는다고 말하기보다는 오히려 실재적 나와 감각적 나무는 모두 실재적 나와 실재적 나무로 구성된 객체의 내부에 '존재한다'고 말해야 한다.[95] 이런 식으로 실재적 객체와 감각적 객체의 접촉은 더 포괄적인 실재적 객체의 내부에서 항상 일어난다. 단테와 나무가 결합하여 새로운 내부를 갖춘 새로운 객체를 형성한다면, 단테와 나무 역시 자체적으로 독자적인 성분-객체들로 형성된 객체라는 점을 인식하자. 그러므로 객체들의 연쇄가 무한정 아래로 이어지는데, 각각의 객체에는 새로운 만남이 일어날 수 있는 녹은 내부 공간이 있다.

범심론

방금 묘사한 모형에서는 더 큰 실재적 객체의 내부에서 감각적 캐리커처들을 대면하는 실재적 객체가 반드시 인간이나 동물이 될 필요가 없음을 알아챌 것이다. 그 모형은 모래에서 박테리아와 엑손 사에 이르기까지 어떤 실재적 존재자도 그런 지향적 삶을 갖도록 용납한다. 어떤 객체가 무언가를 마주칠 때 이것이 또 하나의 실재적 객체일 수가 없는 이유는 서술한 대로 객체들이 서로 물러서 있기 때문이다. 그것은 어떤 종류의 감각적 실재일 수밖에 없다. 또한, 나는 감각적 객체와 소용돌이치는 우유적 성질들의 분열이 무생물 층위에서도 나타날 수 있다고 생각한다. 그 이유는 그렇지 않다면 이런 분열이

---

95. 논의 중인 사안의 경우에는 실재적 나와 감각적 나무가 포함되지만, 평행 관계가 있을 것이므로 그 속에서 실재적 나무가 감각화된 형태의 나를 대면하는 평행 객체가 있을 것이다. 또한, 사물이 나와 마주치는데도 나는 결코 그것과 마주치지 않는 사례도 있을 것인데, 니체의 표현을 빌리자면 나는 그것을 절대 응시하지 않는데도 나를 노려보는 심연이 있다. 지면 문제로 여기서 나는 이런 추가 사안에 대한 논의를 생략하지만, 「대리적 인과관계에 관하여」(On Vicarious Causation)라는 하면의 글에서 간략히 논의된다.

인간 지능이나 동물 지능의 특별한 산물일 것이라는 선택지만 남게 되기 때문이다. 하지만 실정이 그렇지 않은 이유는 현상적 영역 내부에서 일어나는 분열이 인간이나 무언가 다른 것에 의해 산출된 것이 아니라 그곳에서 이미 나타난 것이기 때문이다. 나무 자체는 변화하지 않는 것처럼 보이면서도 수많은 점진적 변화가 나무에 대한 인간의 지각에서 일어날 수 있는 것과 꼭 마찬가지로 생명 없는 객체도 두드러지지는 않지만 감지될 수 있는 우유적 변화를 겪을 수 있는 덩어리들로 양자화된 세계를 대면한다. 그런 차이에 대한 명시적인 감각을 얻는 데에는 고도로 발달한 신경계가 필요할 것이고, 그것을 잘 규정된 철학으로 전환하는 데에는 에드문트 후설이 필요할 것이지만, 그렇다고 해서 세계의 가장 원시적인 오지에는 그런 차이가 전혀 없다는 점이 수반되지는 않을 것이다.

이 조치는 만물이 생각한다는 학설인 '범심론'이라는 무서운 유령을 즉시 부활시킨다. 이런 우려를 해결하기 전에 나는 내 모형이 순전히 인간적인 마음의 특질들을 비인간 세계에 역투사함으로써 세계를 의인화하는 죄를 저지른다는 비판을 먼저 부정할 것이다. 이런 비판의 부당성은 증명하기 쉽다. 인간이나 어쩌면 동물에게 고유한 것일 그런 심리적 특질들을 고찰할 때 우리는 사유나 언어, 기억, 정서, 시각적 경험, 미래에 대한 계획, 꿈꾸는 능력을 나열할 것이다. 어떤 경우에도 나는 그런 역량들을 생명 없는 객체에 귀속시키지 않았다. 오히려 내가 한 일은 인간의 인지를 그것의 가장 기본적인 존재

론적 특징, 즉 인지 대상인 물러서 있는 실재의 번역이나 왜곡
으로 환원하는 것이다. 그리고 무생물적인 인과적 영향도 같
은 특징을 나타낸다는 점을 이해하기는 쉬울 것이다. 그러므
로 우리는 우주 안의 모든 실재적 존재자에게 유효하고 어떤
근원적 핵심처럼 모든 특수한 식물과 동물, 인간의 심적 특질
들이 비롯되어야 하는, 빈약하고 기본적인 형태의 관계성을 거
론할 수 있다. 나는 인간의 장식적 특징들이라는 우유와 사카
린을 첨가하지 않은 블랙커피를 손님들에게 제공한다. 나는
무생물 영역을 의인화하기보다는 오히려 인간 영역을 무생물
영역의 한 변양태로 변환하고 있다.

'범심론'이라는 용어 자체에 관해서 말하자면, 나는 최근에
그 용어에 흥미를 갖기 시작했다. 『게릴라 형이상학』[96]이라는
책에서 나는 그 용어에 대하여 부정적이었다. 범심론자가 인간
특유의 인지적 특질들을 가장 원시적인 정신에 놓여 있는 기
본적인 관계 형식으로 서둘러 역투사한다고 주장하는 대다수
비판자들의 우려와 내 우려는 일치한다. 나는 이런 비판적 우
려를 수용하면서 그것이 나 자신의 모형에도 적용된다는 주
장은 단순히 부정했지만, 대부분의 공공연한 범심론자는 그
런 잘못을 저지른다고 걱정했다. 그런데 나는 이런 걱정도 대
체로 떨쳐버렸다. 그 이유는 이제 그런 위험이 인간-세계 균열

---

96. Graham Harman, *Guerrilla Metaphysics: Phenomenology and the Carpentry of Things*, Chicago, Open Court, 2005, pp. 83~4.

의 지배를 유지할 정말 위태로운 위험보다 훨씬 더 사소하다는 느낌이 들기 때문이다. 그 결과 인간의 인지는 원자와 돌에서 이미 나타난 관계들의 더 복잡한 변양태일 뿐이라는 범심론적 통찰로 나의 전술적 공감이 옮겨 갔다. 일부 범심론자들이 특수한 인간적 특질들을 마땅한 층위보다 더 원시적인 층위로 지나치게 함부로 이전할 것이라는 꽤 다른 우려는 이제 내게 사안별로 쉽게 단속할 수 있는 기술적인 문제라는 느낌을 준다. 더욱이 내가 범심론에 반대하는 사람보다 범심론자에게 더 큰 기질적 공감을 품는 것은 지금까지 변함없는 사실이다. 대단히 원시적인 형태의 관계성이 범심론의 근거로 견지되는 한 나는 그 운동에 회비를 더욱더 기꺼이 지급할 것이다. 그 이유는 이른바 생명 없는 객체가 탈육화된 성질들만 마주치는 것이 아니라 다른 객체들도 마주치기 때문이다. 그리고 생명 없는 객체도 인간과 마찬가지로 적나라한 순수 상태에서 성질과 객체를 접하지 않는다. 오히려 그것은, 전반적인 객체는 변화시키지 않으면서도 어떤 한도 내에서 변화할 수 있는 우유적인 것들이 소용돌이치는 통일된 객체를 접한다. 이런 사태는 모든 종류의 존재자에게 다른 방식으로 발생할 것이므로 정신의 우주적 층위들이 각각 일반적으로 추정되는 것보다 더 많이 규명될 수 있을 것이다. 게다가 나는 지렁이, 먼지, 군대, 분필, 돌의 특정한 심리적 실재를 캐내는 데 집중하는 '사변적 심리학'이라고 불리는 심리학의 새로운 분과학문을 제안할 것이다.

그러나 나와 범심론자의 동맹에는 한 가지 중요한 제약이 있다. 그것은 너무 지나친 것처럼 보이는 '범-'('모든'을 뜻한다) 이라는 접두사와 관련이 있다. 그 이유는 우선 모든 존재자가 정신적 삶을 영위할 수 있는 것이 아니라 **실재적 객체들**만이 영위할 수 있기 때문이다. 예를 들어, 보편적 녹색을 뜻하든 이 색조의 특수한 사례를 뜻하든 간에 **성질**이 심적 생활을 영위한다고 주장하는 것은 무의미한 말처럼 들릴 것이다. **지향적 객체** 역시 어떤 종류의 심적 생활도 영위할 수 없는데, 그 이유는 그것이 실재적 객체가 접하는 수동적인 상상의 산물로서만 존재하기 때문이다. 그러므로 범심론의 이른바 '범'은 객체지향 모형이 인정하는 네 가지 기본적인 존재자들 가운데 하나에만 이미 한정된다. 하지만 사실상 이보다 더 한정될 수 있는 이유는 **실재적 객체**들도 정신이 있을 필요가 없기 때문이다. 이것이 의미하는 바는 정신이 더는 존재하지 않게 되는 어떤 임의적 분할 지점이 식물 영역과 광물 영역 사이에 있다는 것이 아니다. 관계를 맺을 수 있는 실재적 객체들이 모두 정신적 **능력**을 갖추고 있는 이유는 실재적 객체는 **존재**하기만 한다면 정신이 있는 것이 아니라 관계를 맺는 한에서만 정신이 있기 때문이다. 그리고 내가 부정하는 것은 모든 존재자가 항상 어떤 종류의 관계를 맺고 있다는 점이다. 어떤 행위자가 무언가 다른 것을 변형하거나 수정하거나 교란하거나 창조하지 않는다면 그 행위자는 실재적이지 않다는 것은 라투르의 모형에서 그럴 뿐이다. 이 책에서 제시된 모형에서는 어떤 객체가 실재적인 것은 자율적 실재성 덕분이거나 진정한 성질들을 보유한 덕분이다. 이런 일이 일어나려면 관계를 맺고 있는 구성적 부분들이 있을 필요가 확실히 있지만, 어떤 객체가 실재적 객체라면 그것은 그런 부분들과 같지 않을 것이다. 실재적 객체는 그런 구성 요소들을 '넘어서는' 것이다. 스스로 실재성을 갖추게 되는 방식으로 성분-객체들을 통합하지만, 외부에 영향을 미치는 후속 관계들을 맺을 정도로는 절대 활성화되지 않은 수많은 객체가 있다. 어떤 객체들, 이를테면 '미개발 시장', '미지의 걸작', '매케인의 2008년 승리 연대' 등이 이렇게 규정될 만한 것인지 알려면 특정한 사례들을 주의 깊게 살펴보아야 할 것이다. 관계를 맺고 있지 않은 객체에 대한 기준을 분명히 충족하는 개별 사례들을 정확히 지적하기는 힘든 일일 것이지만, 그런 객체가 전혀 존재하지 않는다고 가정하는 것은 한낱 편견에 지나지 않는다.

지금 언급되고 있는 것은 성분 관계들이 아래로는 많이 있고 위로는 하나도 없는 존재자다. 이 상황을 더 생생하게 만드는 데 도움이 될 비유가 여럿 있다. 첫 번째 비유는, 생물 유기체들이 전부 자손을 남기지는 않더라도 그들은 모두 끊임없이 이어지는 조상들의 긴 연쇄가 있다는 것이다. 이 비유의 명백한 결점은, 객체는 어떤 때에는 관계를 맺고 어떤 때에는 관계를 맺지 않으면서 오락가락 표류할 수 있는 반면에 생명체는 생식하거나 아니면 생식하지 않을 뿐이라는 것이다. 더 나은 비유는 관계를 맺고 있지 않은 객체를 대양의 사나운 표면에 있는 물방울에 비유하는 것인데, 여기서 해수면 아래에는 다른 물방울들이 셀 수 없이 많지만, 해수면 위에는 텅 빈 하늘이 있을 뿐이다. 하지만 외부적 관계를 전혀 맺고 있지 않음에도 실재적인 존재자에 대한 최선의 비유는 '잠자는' 존재자 또는 '동면하는' 존재자다. 잠을 잔다는 것은 모든 외향적 연합에서 어느 정도 물러서 있다는 것이다. 인간이 완전한 수면 상태에 결코 이를 수 없다는 것은 확실한 사실이지만, 인간의 수면 행위는 명료한 생리학적 의미를 넘어서는 형이상학적 의미가 있음을 알 수 있다.

말이 난 김에 죽음을 길고 평화로운 잠으로 언급하는 전통적인 경솔한 비유도 거부해야 한다. 그 이유는 형이상학적 견지에서는 죽음과 잠이 오해의 소지가 없기 때문이다. 죽음 (어쨌든 한낱 물리적 죽음에 불과한 것) 후의 삶에 관한 어떤 고찰도 무시하고 죽음을 존재의 중지와 동일시한다면, 죽음은 어떤 특정한 고유 객체가 세계에 더는 존재하지 않음을 뜻한다. 성분 세포들의 죽음처럼 생존 가능한 내부적 변화와는 대조적으로, 죽음은 어떤 생명체가 자신을 구성하는 성분 객체들의 결합을 자신의 본질이 산산이 부서질 정도로 분쇄하는 것이다. 반면에 잠은 생명체를 철저히 온전하게 그대로 두는데, 이때 생명체는 관계를 맺지 않고 있지만 깨어나면 언제나 관계를 맺을 채비가 되어 있다. 좋은 잠이 우리를 대단히 기운 나게 하는 특징에는 우리가 얽히게 되는 관계의 갖가지 사소한 장식에서 우리를 자유롭게 한다는 형이상학적 의미가 있다. 잠은 모든 표면 장식을 제거하면서 우리를 본질이라는 내부 성소로 잠깐 되돌아가게 한다. 고등한 유기체를 각성 상태와 관련시키는 관행과는 반대로 고등한 존재자는 수면 역량이 더 크다는 바로 그 이유로 고등하다는 것이 사실인데, 수면 역량은 곤충에서 돌고래, 인간, 현자, 천사, 신까지 상승한다. 객체지향 신학이라는 도박을 벌이는 사람이 있다면 그는 H. P. 러브크래프트의 잠자는 괴물인 크툴루와 닮은 것을 신봉하여 일신론의 전지적 신을 버릴 것이다.[97]

Ph'nglui mglw'nafh Cthulhu R'lyeh wgah'nagl fhtagn.
르'리에에 있는 자기 집에서 죽은 크툴르가 꿈꾸며 기다린다.

하지만 이 구절은 '죽은'이라는 낱말을 잠에 대한 비유적 표현으로 여겨야 함을 요구할 것이다. 알다시피 잠자는 것은 죽음이 아니다.

D. 시간, 공간, 본질, 형상

여기서 제시된 세계 모형은 어떤 의미에서는 라투르의 평평한 존재론을 유지하지만, 다른 의미에서는 그것을 거부한다. 자연적 객체들과 인공적 객체들은 모두 마찬가지로 객체이고,

---

97. H. P. Lovecraft, *Tales*, New York, Library of America, 2005, pp. 179, 181.

이런 점에서 쿼크와 전자나 다차원의 끈을 선호하여 네덜란드 동인도회사를 제거할 수 없다. 어떤 객체가 실재적인 이유는 매우 작고 근본적이기 때문이 아니라, 자신의 하위 성분들로 환원될 수 없거나 자신이 다른 사물들에 미치는 기능적 영향으로 철저히 규정되지 않는 고유한 실재성을 갖추고 있기 때문이다. 하지만 다른 한 의미에서는 어떤 객체(앞에서 언급된 '괴물 X'와 같은 것)가 실재적인 것이 아니라 순전히 감각적인 것이 된다. 그런 지향적 객체는 독자적인 내부가 없으며 어떤 다른 객체의 내부에서 전적으로 존재한다. 엉뚱한 허구적인 괴물뿐 아니라 '실재적인 것'이라고 부르는 경향이 있는 사물의 감각적 형태 - 예를 들면, 마주치게 되는 것으로서의 참나무나 탄소 원자 - 도 마찬가지다. 이런 객체들은 모두 우리가 잠이 들거나 주의를 기울이지 않거나 죽는다면 곧바로 사라지는, 실제 지시대상의 무력한 캐리커처다. 그러므로 모든 자연적 사물과 인공적 사물의 평등화에도 불구하고 이원론의 일종을 얻게 되는데, 객체는 자신의 내부가 있거나(실재적 객체) 아니면 무언가 다른 것의 내부에 존재할(감각적 객체) 뿐이다.

그러나 이 이론은 실재적 세계로 추정되는 것이 실재의 한 평면에 거주하고 인간의 이미지들이 다른 한 평면에 거주하는 일반적인 종류의 '두 세계 이론'이 아니다. 모든 관계에서 물러서 있는 실재적 망치에 관해서 말하자면, 이 망치는 여전히 훨씬 더 깊이 물러서 있는 부분들의 관계적 산물인데, 결국 이런 망치-부분들 역시 물러서 있는 다른 실재적 객체들의 관계적 결합체이므로 이런 식으로 무한히 이어질 것으로 추정된다. 세계는 물러서 있는 객체들의 무수히 많은 층위로 이루어져 있는데, 각각의 객체에는 자신의 실재적 부분들 가운데 하나가 다른 한 부분의 감각적 이미지를 대면함으로써 실재의 한 층위와 그다음 층위를 잇는 다리가 형성되는 녹은 핵심이 있다. 객체의 녹은 핵심에서 전개되는 것의 역학을 상세히 서술하는 전면적인 '핵형이상학'을 제공해야만 할 것이지만, 이 종장에서 이루고자 열망하는 것은 무언가 다른 것이다. 당분간 중요한 것은 자연주의적 철학과 관념론적 철학을 모두 회피해야 함을 기억하는 일인데, 각각의 철학은 라투르가 비판한 근대주의의 한 극단을 나타낸다. 매우 작은 성분들을 신봉하여 모든 것이 제거되거나, 아니면 인간이나 행위자 일반이 접근할 수 있는 내재적 권역을 신봉하여 매우 작은 미시영역이 폐기된다. 오히려 옹호해야 하는 것은 객체들과 그것들의 내부들로만 이루어진 양극화된 존재론이다.

두 가지 기본적인 대립자를 둘러싸고 구성된 여느 역사적 존재론들과 마찬가지로 여기서 제시된 모형은 네겹 특성을 갖는다. 이 경우에 첫 번째 대립은 하이데거에 대한 특정한 독법에서 비롯된 실재적 객체와 감각적 객체의 구별이다. 두 번째 대립은, 실재적 객체와 자신의 성질들 사이에서(예를 들면, 라이프니츠나 수비리에서)든 감각적 객체와 자신의 성질들 사이에서(예를 들면, 후설에서)든, 후속 갈등에서 나타날 수 있다. 실재적 객체와 그것에 대한 다른 객체들의 접근 가능성 사이에 성립하는 '수직적' 관계의 경우에 실재적 객체는 항상 그것을 나타내는 번역된 왜곡 이상의 것이다. 이런 까닭에, 하이데거가 누구보다도 우리의 주의를 더 잘 환기하는 방식으로 서술하듯이, 실재적 객체는 모든 접근에서 물러서 있다. 하지만 두 종류의 객체와 그것들 각자의 성질들 사이에 성립하는 '수평적' 관계의 경우에는 상황이 다르다. 여기서 객체는 자신을 알리는 특징들보다 항상 **부족하다.** 그 이유는 감각적 층위에서 나무는 어느 순간에도 그것이 파악되는 특정한 각도나 어두움의 정도와 아무 상관이 없는 핵심이나 형상을 갖추고 있기 때문이다. 그리고 실재적 층위에서는 객체가 전적으로 녹색이거나 매끈하거나 취약한 것이 아니라 한정되고 특정한 어떤 방식으로 이런 특징들을 통합하므로 여기서는 어떤 성질도 실재적 객체에 대한 과장의 일종이다. 사실상 자신의 성질들이 한꺼번에 덩어리로 압축된 실재적 객체와 감각적 객체는 모두 완전히 통합되어 있다고 할 수 있을 것인데, 이를테면 '이나무임'thistreeness이 있다. 이런 통합된 성질은 실재의 다른 사분면으로 누설됨으로써만 다원화된다. 이 상황은 지향적 영역에서 쉽게 찾아볼 수 있는데, 여기서 어떤 나무는 모호하게 파악된 통일체로 그것의 특정한 외양(우유적인 것들)을 거치거나 그것의 가장 중요한 특질들에 대한 지성적 파악(형상)을 거쳐야만 다원화된다. 그렇지 않다면 감각적 나무나 늑대 자체는 여전히 그것들을 마주치는 사람에게 모호한 느낌-사물이거나 부각되지 않은 덩어리다.

앞에서 서술한 대로, 우주의 네 가지 극은 실재적 객체, 실재적 성질, 감각적 객체, 감각적 성질이다. 이 모형의 구조는 하이데거의 '네겹' 모형 — 개별적 사물들에서 네겹 구조를 제거하고 각각의 층위에서 이루어지는 사물과 세계의 상호작용으로 그것들을 재구성하는, 명시적인 1949년 판본이라기보다는 잊힌 1919년 판본 — 이 뜻하는 바와 상당히 유사하다고 판명된다. 그렇지만 하이데거의 네겹에는 네 가지 극보다 훨씬 더 흥미로운 것이 있는데, 이를테면 하이데거가 일종의 '거울' 관계로 여기는, 각각의 사분면을 연결하는 선들이 있다. 나는 이 선을 거울 같은 반사라기보다는 두 사분면 사이의 **긴장 관계**로 여기기를 선호한다. 그런데 네 가지 항의 어떤 집합도 여섯 가지 이항 조합을 낳는데, 이를테면 네 명의 헤비급 복서가 대진하는 방식은 여섯 가지가 있고, 네 마리의 개가 있고 공원 산책용 가죽끈이 두 개만 있을 때 개를 산책시킬 수 있는 방식도 여섯 가지가 있으며, 기타 등등. 하지만 이 모형에서 **긴장 관계**가 매우 특정한 의미를 띠면서 객체와 성질의 불분명한 상호작용을 가리키는 이유는 객체가 자신의 성질과 결부되는 동시에 격리되기 때문이다. 이런 까닭에 이 모형의 네 가지 극은 마을 중매쟁이의 눈에는 오히려 두 남성과 두 여성처럼 보인다. (그리고 사실상 하이데거는 '거울'에 대한 동의어로서 '결혼'이라는 용어를 가끔 사용한다.) 여기서 적어도 전통 사회에서는 네 가지 방식의 결혼만 가능할 뿐이다. 그것들은 다음과 같다. 감각적 객체/감각적 성질, 실재적 객체/감각적 성질, 실재적 객체/실재적 성질, 감각적 객체/실재적 성질.

그리고 이제 우리는 원소의 주기율표나 보어의 원자 모형, 자연의 네 가지 힘 ― 강력, 약력, 중력, 전자기력 ― 처럼 가지고 놀 수 있는 매혹적인 모형을 갖게 되었다. 객체지향 철학에서는 각기 다른 네 가지 기본 힘의 집합이 있는데, 그것들의 역학을 상세히 서술하는 데에는 더 긴 논문이 필요할 것이다. 무엇보다도 이런 '핵형이상학'은 두 항 사이의 **모든** 긴장 관계가 나머지 두 항 가운데 하나를 통해서 매개되는지를 결정할 필요가 있다. 감각적 객체와 감각적 성질을 매개하는 실재적 객체(지각자)의 사례에서 이런 일이 일어남을 본 적이 있다. 나는 또한, 증명하지 않은 채, 지향적 객체가 결국 어떤 실재적 객체와 그것의 실재적 성질들을 매개하는 구실을 할 것으로 추측한다. 이 추측은 내게 새로운 것이고 여전히 불분명하다. 하지만 훨씬 더 불분명한 것은 나머지 두 가지 긴장 관계, 즉 실재적 객체와 감각적 성질 사이의 긴장 관계와 감각적 객체와 실재적 성질 사이의 긴장 관계도 매개를 해야 하는지 여부다. 그런 의문들은 다른 책에 맡겨야 할 것이다. 나의 우선 목표는 마찬가지로 흥미롭지만, 더 제한적이다. 말하자면, 나는 이 네겹 모형이 오로지 하이데거 이후의 풍경에 대한 사사로운 사색과 관련 있는 현란한 술책이 결코 아님을 보여주고 싶다. 오히려 그 모형은 특별한 일단의 중요한 우주적 구조를 밝혀줄 직접적이고 가능한 실마리를 던진다.

철학적 성향을 지닌 사람들은 대체로 어린 시절의 사사로운 철학적 주제들을 회상할 것이다. 가장 일반적인 초기 성찰의 주제들에는 시간과 공간이 있는데, 그것들이 나타내는 심오하고 역설적인 특질들은 나이에 상관없이 잊기 어려운 것들이다. 시간과 공간에 대한 성찰은 대개 우리가 시간 여행을 할 수 있는지, 시간 자체가 반전되어 거꾸로 흐를 수 있을지, 공간이 추가적인 숨은 차원들을 갖추고 있을지 등을 궁금해하는 형식을 취한다. 나중에 우리는, 헤르만 민코프스키가 (매우 성공적으로) 제시한 대로, 시간과 공간을 수학적으로는 서로 결합한 4차원 시공간으로 여겨질 수 있다는 사실도 알게 된다. 어린 시절에 내가 품은 의문은 달랐다. 내가 항상 궁금해한 것은 이 두 항, 즉 시간과 공간만이 항상 우주의 비길 데 없는 구조들로 여겨지는 이유였다. 이런 이중 군주와 동시에 언급될 만한 자격을 갖춘 것은 아무것도 없다는 사정이 내게는 결코 명백한 것처럼 보이지 않았다. 그 이유는, 시간과 공간이 더 근원적인 뿌리에서 비롯될 수 있다면 그 결과는 실재의 기본적인 차원들을 구성하는 약간 확대된 또래 집단일 것이기 때문이다. 최근에 나는 네겹 객체지향 모형이 바로 이런 일을 할 수 있게 함을 깨달음으로써 지적으로 가장 크게 흥분되었다. 그 이유는, 시간과 공간이 객체와 성질 사이에서 일어나는 긴장 관계의 두 가지 형식으로 서술될 수 있는 것으로 판명되기 때문이다. 그보다 이런 서술에는 시간 및 공간과 함께 뜻밖의 두 동료도 세계의 근원에 합류한다는 점이 직접 수반된다.

감각적 영역에서는 항상 변화하는 기분으로 무수히 많은

다른 각도와 거리에서 보더라도 통일된 지향적 객체가 지속한다는 사실을 깨달았다. 지향적/감각적 객체는 불가사의한 '성질들의 다발'이 아니라, 후설의 용어를 사용하면, 무한히 많은 특정한 '음영'을 지탱할 수 있는 단위체다. 감각적 객체와 마찬가지로 감각적인 그것의 성질들 사이에서 일어나는 이런 긴장 관계를 제1긴장이라고 부르자. 그런데 이 긴장이 바로 시간에 대한 경험이 뜻하는 것임을 인식하자. 제1긴장은 시간이다. 우리가 매 순간 미묘하게 변화하는 조건에서 거리나 플라스틱병을 경험할 수 없다면 시간 감각은 전혀 없을 것이다. 시간이 줄곧 흐르고 있다는 느낌은 사실상 약간 더 깊은 지향적 객체들의 표면 위에서 변화무쌍하게 연출되는 우유적인 것들에 대한 감각이다. 우리는 이런 시간 개념이 역사나 자연과학이나 어떤 다른 영역에서 나타날 수 있는 다른 시간 개념들과 어떻게 관련되는지에 대한 모든 고찰을 연기할 수 있다. 그런 논쟁에 관여하려면 먼저 지향적 객체와 그것의 변화하는 우유적 표현들 사이의 긴장 관계를 시간으로 여기는 객체지향 모형의 기반을 다지는 것이 유용할 것이다. 철학은 자연과학의 시녀가 아니므로 당대의 과학적 정통의 경계를 넘어서 사색할 허가를 받으려고 연구소장에게 보고할 의무를 느끼지 말아야 한다. 이와는 대조적으로 20세기의 가장 위대한 두 과학자(아인슈타인과 보어)는 형이상학에서 특별한 영감을 얻었고, 게다가 그들은 우리에게 자신들의 후예에게서 부스러기들을 모으면서 느릿느릿 나아가라고 충고하지는 않을 것이다. 철학은 과학에서 영감과 접점들을 찾아야 하지만, 과학과 철학 중 한 쪽이 대화를 지배해야 한다는 것은 옳지 않다.

우리는 또한 실재적 객체가 그것이 시야에 현시하는 감각적 성질들의 배후에 물러서 있음을 깨달았다. 아무리 시도하더라도 우리는 지하에서 수행되는 사물의 실천을 명확한 특성들의 어떤 담론적 목록으로도 충분히 번역할 수 없는데, 요컨대 그런 시도는 항상 사물 자체에 다소 미치지 못한다. 내가 애호하는 플라톤의 구절은 『메논』의 첫 페이지에 나오는 소크라테스의 말이다. "그것이 무엇인지 알지 못하는데 그것이 어떤 성질들을 갖추고 있는지 내가 어떻게 알 수 있겠는가?"[98] 이 문장에는 철학의 역설 전체가 들어 있는데, 사물은 그것의 성질들을 나열함으로써만 명백히 알게 될 수 있을 뿐이더라도 그런 성질들과는 완전히 별개로 사물 자체를 알아야 한다는 소크라테스의 말은 옳다. 실재적 객체와 그것에 접근할 수 있게 하는 감각적 성질들 사이에서 일어나는 이런 긴장 관계를 제2긴장이라고 부를 수 있다. 달리 서술하면, 그것이 실재적 객체와 자신이 맺고 있는 **관계들** 사이의 긴장 관계인 이유는 사물과 관계를 맺으면 사물 자체라기보다는 특정한 범위의 명확한 성질들만 얻게 되기 때문이다. 이런 긴장 관계가 바로 **공간**이라는 개념이 뜻하는 것임을 인식하자. 라이프니츠는, 공간은

98. Plato, "Meno", trans. G. M. A. Grube and revised by John M. Cooper, Indianapolis, Hackett, 2002, p. 60. [플라톤, 『메논』, 이상인 옮김, 이제이북스, 2009.]

절대적인 텅 빈 용기가 아니라 사물들이 관계를 맺는 현장일 뿐이라고 주장한 것으로 유명하다. 라이프니츠는 전 시대에 걸쳐 내가 여전히 애호하는 철학자이지만, 그의 주장은 절반의 진실일 뿐이다. 공간은 관계의 현장이 아니라 관계 및 비관계의 현장이다. 우리는 이런 가르침에 대해서 철학적으로 이해하지 않고서도 잘 파악하고 있는데, 공간은 내가 방콕이나 두바이까지 비행할 수 있게 하는 매질이지만, 내가 현재 그런 곳에 있지 않게 하는 매질이기도 하다. 공간은 가까이 있음이자 멀리 떨어짐이다. 사물들은 특정한 표면을 따라 접촉할 수 있지만 이런 접촉만으로 철저히 규정되지는 않으며 은밀한 심연에 어느 정도 물러서 있다. 제2긴장은 공간이다.

이제 실재적 객체, 즉 진정한 도구-존재의 은폐된 지하세계를 검토하자. 실재적 객체는 통일된 사물이지만 텅 빈 통일체가 아니다. 앞에서 인용된 라이프니츠의 견해와 수비리의 견해에서 암시되었듯이, 실재적 객체는 자신이 매우 특정한 방식으로 통일하는 다수의 성질을 갖추고 있다. 실재적 객체와 마찬가지로 실재적인 그것의 성질들 사이에서 일어나는 이런 긴장 관계를 제3긴장이라고 명명할 수 있다. 이 같은 이원성을 가리키는 고전적인 이름은 본질이다. 제3긴장은 본질이다. 이런 긴장 관계는 네 가지 긴장 관계 가운데 감각적 성분이 전혀 없이 실재적 층위에서 전적으로 전개되는 유일한 것임을 인식하자. 유추를 통해 우리는 그것을 아무도 경험하지 않는 시간의 일종으로 부를 수 있을 것이다.

감각적 객체가 실재적 성질들과 결투를 벌이면서 존재하는 명백히 기묘한 시나리오인 네 번째이자 마지막 긴장 관계를 검토하자. 이제는 익숙한 패턴에 따라서 그것을 제4긴장이라고 불러야 한다. 이 모형에서 일단 시간과 공간, 본질이 함께 규명되었어도 그런 네 번째 상황이 가능하다고 깨닫는 데에는 몇 달이 걸렸는데, 후설의 현상학이 이미 그 상황을 직접 가리켰음에도 말이다. 한편으로 감각적 나무는 그것의 우유적인 것들의 변화하는 외피와 별개로 지속하는 단위체이면서 현상학자에 의해 규명된 그것의 본질적 특질들의 명부와 완전히 따로 존재하는 단위체이기도 하다. 나무는 **형상**이 있다. 제4긴장은 플라톤적 의미라기보다는 후설적 의미에서의 형상이다. 나무의 형상적 특징들에는 아무튼 어떤 감각적 성분도 없다. 관계성이 실재적 객체에 대한 감각적 성질들을 제공한 것과 꼭 마찬가지로 제4긴장은 실재적 성질들을 갖춘 감각적 객체라는 이례적인 상황을 제공하는데, 이것들은 우리의 네겹 구조에서 두 대각선이 공유하는 역설이다.

시간과 공간을 객체와 성질 사이의 긴장 관계에서 비롯된 부산물로 여김으로써 두 가지 사항이 빠진 도식이 생성되었다. 지성사에서 흔히 그렇듯이 이 도식은 새로운 정보를 탐색할 가치가 있는 추가적인 장소들을 가리켰다. 시간, 공간, 본질, 형상에서 시간과 공간이 평소대로 응석받이 왕과 여왕으로 독립되어 있기보다는 네 가지 모두 같은 지위에 있는 상황이 발생했다. 그 모형을 몇 주 동안 깊이 생각하면 그것이 일상적 경험에 새로운 형이상학적 경험을 가져다준다는 사실을 나와 마찬가지로 깨달을 것이다. 상식이 시간과 공간을 사건이 전개되는 실재적이고 중립적인 연속체로 계속 여기는 것과는 대조적으로 시간과 공간을 객체가 자신의 특성들과 맺고 있는 불충분한 관계들의 산물로 다시 생각하는 것은 일상생활에 강력하고 직관적인 영향을 미친다. 이제 시간은 텅 빈 삼차원 그물에서 일어나는 사건들과 더불어 균일하게 앞으로 굴러가는 것처럼 보이지 않는다. 오히려 우리는 영구적인 방사성붕괴 상태 – 중성자처럼 외부에서 성질들을 흡수하고 외부로 상실하는 상태 – 에 갇힌 객체들의 벌집에 유폐되어 있다고 느낀다.

그러나 긴장 관계가 역설적으로 안정할 수 있음을 우리는 모두 알고 있다. 객체는 자신의 성질들과 긴장 관계에 있다는 단순한 사실만으로 다양한 변화가 가능해질 것이지만, 그 사실은 아직 변화를 촉발할 만큼 충분하지는 않다. 비치볼이나 화강암 덩어리가 자신의 성질들과 긴장 관계에 있다면 이는 격심한 변화 없이 무한정 지속할 수 있다. 이 긴장 관계가 지속하지 말아야 할 이유는 전혀 없다. 우리에게 긴장 관계 대신 필요한 사태는, 보어 원자에서 광자가 그렇듯이, 성질이 한 객체에서 그다음 객체로 교환될 수 있도록 객체와 성질의 결합이 단절되는 것이다. 이런 구상은 과학소설 같은 인상을 줄 것이지만 사실상 대단히 고전적인 제재다. 예를 들어, 엄격한 아리스토텔레스-스콜라 철학의 바로 그 아이콘인 프란치스코 수아레스의 『형이상학 논고』[99]에서 그것이 맡은 핵심적인 역

478

할을 살펴보라. 수아레스에게 실체적 형상들은 직접 상호작용하는 것이 아니라, 자신의 본래 실체에서 분리되어 세계의 어딘가로 이동함으로써 혼란을 초래하는 우유적인 것들을 통해 상호작용할 뿐이다. 한 가지 사례는 불이라는 실체에서 방사되어 일시적으로 철이나 물에 흡수되는 열일 것이다. 다른 사례들에서는, 포도주의 우유적인 것들이 성체 성사 동안 그리스도의 부재한 피로 변형되거나, 또는 아버지라는 실체적 형상에서 분리된 정액을 신이 직접 어머니의 자궁에서 무로부터 새로운 영혼을 생성하는 데 교묘하게 사용할 때처럼 훨씬 더 강한 힘이 통제한다. 추후의 의문은 객체지향 철학의 네 가지 긴장 관계가 각각 압력을 받고 끊어져서 변화를 촉발하는 독자적인 방식이 있느냐다.

무미건조한 후기 스콜라 철학자로 잘못 조롱받고 있는, 형이상학의 위대한 거장들 가운데 한 사람인 수아레스를 논의할 시간이 더 이상 있지 않은 상황이 유감스럽다. 하지만 말이 난 김에 나는 수아레스의 이론이 객체지향 철학에서 나타나는 인과관계의 네 가지 기본적인 특질과 잘 연계된다고 말할 것이다. 첫째, 실체적 형상(또는 객체)들은 서로 직접 접촉하지 않는다. 객체들은 간접적으로, 또는 내가 애호하는 새로운 낱말을 사용하면 대리적으로, 즉 대리자나 대표자를 통해서 연결

---

99. Francisco Suárez, *On Efficient Causality : Metaphysical Disputations 17, 18, and 19*, trans. Alfred J. Freddoso, New Haven, Yale University Press, 1994.

될 수 있을 뿐이다. 인과관계는 대리적 관계일 수밖에 없다. 수아레스에게 대리자는 항상 어떤 실체의 우유적인 것이다. 둘째, 수아레스는 환자 치유의 인과성이 환자의 우유적인 것들에서 비롯되는 것이 아니라 약제의 우유적인 것들에서 비롯된다고 역설하는데,[100] 이 주장은 인과관계가 우유적인 것이 우유적인 것을 만날 때 형성되는 것이 아니라 우유적인 것이 실체적 형상을 만날 때에만 형성된다는 것을 뜻한다. 인과관계는 비대칭적이어야 한다. 셋째, 이런 비대칭성은 언제나 존재하더라도 무슨 일을 일으키는 데에는 불충분하다. 불은 인접하는 존재자들의 우유적인 것들과 항상 어떤 식으로 접촉하고 있지만, 불이 그런 우유적인 것들을 사용하여 표면 아래에 있는 객체에 영향을 미치는 어떤 방식을 찾아낼 때만 무슨 일이 초래된다. 이런 일은 비교적 드물게 일어나므로 대부분의 접촉은 아무 일도 일으키지 않는다. 요약하면, 인과관계는 두 객체가 서로 근접하자마자 곧바로 일어나는 것이 아니다. 이 객체는 방해하거나 가로막는 우유적인 것들로 저 객체에서 차단되어 있다. 그런데 이 상황은 인과관계가 **완충되어 있음**을 뜻한다. 그리고 넷째, 수아레스가 특정한 경우들에 한정시키는 실체적 형상과 우유적인 것들의 현실적 **분열**을 일반화해야 한다. 태양에서 복사되는 열의 경우처럼 우유적인 것이 자신의 원천에서 물리적으로 멀리 이동하거나, 또는 불이라는 고향에서 물이나

---

100. 같은 책, p. 66.

철로 유배되는 열처럼 우유적인 것이 이질적인 매체로 이동하거나, 또는 성찬용 포도주의 경우처럼 우유적인 것이 자신의 실체에서 분리되어 신의 통제를 받을 때만 그런 분열이 일어난다고 수아레스는 생각한다. 이런 일이 일어나지 않을 때에 사물은 항상 자신의 우유적인 것들을 여전히 통제할 것이므로 각각의 성질은 자신의 궤도에 영원히 머무른다. 이런 일이 일어나려면 우유적인 것이 자신의 이전 실체의 흔적을 여전히 간직하면서 한 실체에서 다른 한 실체로 이전되어야 한다. 이것이 내가 흔히 매혹이라고 불렀던 사건이다. 인과관계는 **매혹하다**.

역사적 인물에 대한 언급이 정신을 산만하게 한다고 생각할 사람들을 위해 인과관계의 네 가지 특징은 그런 언급 없이 다시 진술될 수 있다. 두 개의 실재적 객체나 두 개의 감각적 객체가 직접 접촉할 수 없는 한 인과관계는 **대리적이다**. 비대칭성은 객체들이 실제로 접촉하는 장소, 즉 실재적 객체가 감각적 객체를 만나는 장소를 가리킴으로써 이야기의 이면을 다룰 뿐이다. 우리가 자신의 성질들과 아직 분열되지 않은 객체를 만나는 한 인과관계는 **완충되어** 있다. 더욱이 그런 분열이 결국 일어나는 한 인과관계는 **매혹하다**. 돌보지 않은 채로 내버려둔다면 반복되는 네겹 구조들은 어떤 뉴에이지 쓰레기장처럼 쌓이기 시작할 것이다. 하지만 능숙하게 다룬다면 그것들은 세계의 핵심에 놓여 있는 기본 구조들의 사중주가 나타내는 새롭고 다양한 양상을 밝혀줄 새로운 실마리를 던져준다.

E. 형이상학에 관한 보론

'존재론'이라는 낱말과 '형이상학'이라는 낱말의 뜻은 고정된 것이 아니다. 모든 시대(그리고 때때로 모든 저자)가 조건에 따라 그 뜻을 다시 규정한다. 내가 성장한 하이데거적 전통에서 형이상학은, 실재를 그것의 명시적 현시로 환원하여 모든 눈-앞에-있는 배치의 배후에 물러서 있는 존재를 무시하는 철학들을 가리키고 비방하는 용어로 쓰일 수 있다. 반면에 나는 '형이상학'이라는 낱말을 포용하기로 선택했다. 이 결정은 실재 자체에 대한 성찰을 지지하고, 따라서 인간-세계 또는 현존재-존재 상관물의 감옥에서 벗어나는 여행을 함축한다. 하지만 이 여행은 그런 감옥을 지적 엄밀성의 바로 그 조건으로 찬양하는 칸트의 코페르니쿠스적 혁명의 제약에 어긋나는 것처럼 보인다. 더욱이 그것은 칸트가 영원히 중지되어야 한다고 생각한 형이상학적 주제들 가운데 몇 가지에 대한 사변의 부활을 시사한다. 이 논제는 라투르에 관한 책과 크게 관련되어 있다. 그 이유는, 라투르가 칸트를 격렬히(나 자신의 복합적인 태도보다 훨씬 더 강하게) 거부하지만 라투르의 위대한 선조 화이트헤드보다 라투르에게서 우주론적 사변을 여전히 더 적게 보게 될 것이기 때문이다. 모든 객체와 그것들의 상호작용들을 관장하는 원리들에 관한 일반 이론을 가리키는 데 '존재론'을 사용하자. 그리고 특히 관심 있는 별개의 주제들 — 더 일반적으로 관계에 대립적인 것으로서의 인간 의식이 지니는 특정한 특질들, 우주의 유한성이나 무한성, 영혼과 필연적 존재자의 존재 또는 비존재 등과 같은 주제들 – 에 관한 실증적 정보를 제공하는 철학적 이론을 가리키는 데 '형이상학'을 사용하자. 이런 규정을 염두에 두면 행위자-네트워크 이론이 형이상학이라기보다는 오히려 존재론이라고 해야 할 것인데, 그 이유는 존재자들을 단일한 평면 위에 평등하게 만드는 데 성공한 그 이론이 방금 거론된 형이상학적 물음들에 대해서는 어떤 도박꾼의 추측도 대체로 수반하지 않기 때문이다.

칸트 이후의 풍경을 지배하는 이런 불가지론적 신중함을 나타내는 철학자는 라투르 혼자가 아니다. 이 책에서 옹호되는 객체들의 상호작용들에 대한 네겹 모형도 참으로 형이상학적인 지역에 깊숙이 들어가는 모험을 감행하지는 않았다. 하지만 코페르니쿠스적 지진의 영향을 뒤집고 싶다면, 구제 불능의 독단적인 것으로 여겨지면서 1781년에 철학에서 추방되어 잊힌 사변들 가운데 최소한 몇 가지를 되찾으려는 시도도 결행해야 한다. 더욱이 나는 시계를 17세기로 그냥 되돌리려는 화이트헤드의 대담성을 찬양하지만, 우리는 칸트 이전의 철학이라는 이름으로 이런 일을 행하지 말아야 한다. 결국, 칸트의 획기적인 철학이 **독단적 형이상학**에 치명타를 가했다는 것은 사실이다. 하지만 초험적 입장은 독단적이지 않은 반면에 실재론 자체는 독단적이라고 추리하는 것은 잘못된 일이다. 독단론은 인간 지식이 실재-자체를 충분히 **모방할 수 있다**고 생각하는 것에 대한 문제이지 그런 실재가 **존재한다**고 생각하는 것의 문제가 아니다. 이런 구별을 해내지 못하면 데리다주의자들을 비롯한 많은 사람 사이에서 만연하는 존재신학과 소박한 실재론의 합성이 초래된다. 존재신학에 대한 비판에는 사실상 실재론이 필요하다고 오히려 말할 수 있는 이유는 그렇지 않다면 존재하는 것은 무엇이든 실재에 대해서 완전히 충분한 표상일 것이고, 따라서 표면 효과와 의미 작용의 연출로 구성된 독단만이 남게 되기 때문이다.

임마누엘 칸트가 지금까지 살았던 위대한 철학자들 가운데 한 사람으로 인정받는 것은 정당하다. 철학의 거장들을 평가하는 전화 조사를 받게 되면 나는 칸트를 제3위에 놓을 것인데, 당시의 내 기분에 따라 아리스토텔레스/플라톤이나 플라톤/아리스토텔레스에게만 뒤질 것이다. 지금까지 칸트의 명료성과 진지함은 놀랍도록 넓은 관심사의 폭과 더불어 최상위 사상가들 사이에서도 거의 비견될 수 없었다. 나는 인간-세계 관계를 무엇보다도 높은 지위에 둔 점에 대해서 칸트에 반대하지만, 내가 객체는 모든 접근을 넘어서 물러서 있음을 옹호하는 사태는 칸트의 물자체와 무언가를 분명히 공유한다. 사실상 나는 다른 시점에 그리고 다른 면에서 지나치게 칸트적이라는 비난도 받고 지나치게 반칸트적이라는 비난도 받는다. 일찍이 라투르에 대한 이중 공격의 사례("사회적 구성주의자!" – "반동적 실재론자!")에서 언급된 대로 그런 양면적인 공격은 흔히 비판이 전적으로 잘못된 노선에 있다는 징후다. 내가 일반적으로 칸트를 극복해야 할 철학자로 묘사하더라도 이것은 순전히 전술적인 선택이었는데, 내 목적은 인간중심적인 '접근의 철학들'(메이야수의 '상관주의'가 어감이 더 좋은 대체어의 구실을 할 수 있는 철학들)의 해악에 집중하는 것이었다. 하지만 나는 마찬가지로, 사유에 외재하는 어떤 실재도 거부하는 것에 맞서서 물자체를 지지하는 철학자로서의 칸트를 옹호하기로 쉽게 선택할 수 있을 것이다. 칸트가 객체지향 철학의 선조가 되었을 어떤 다른 철학사도 가능하다. 그 이유는, 피히테와 그의 후예들은 쓸모없고 퇴화한 그루터기로서의 물자체를 잘라내는 것에 집중했지만 평행 우주에 거주하는 칸트 이후의 사상가들은 오히려 칸트가 사물의 초월성을 한낱 인간의 권역에 불과한 영역을 넘어서 **전체적으로 적용하지 않았**다고 비판할 것이기 때문이다. 다시 말하자면, 내가 제안한 것과 꼭 마찬가지로 그들은 현상/본체 구별을 생명 없는 객체들이 맺는 관계들 자체에 주입했었을 것이다. 이 조치만으로도 이미 객체지향 철학이 충분히 산출되었을 것이다. 피히테 자신보다 더 라이프니츠적인 성향을 갖춘 초기의 후예가 한 사람만 있었어도 그렇게 되었을 것이다.

그러나 내가 정말로 유감스럽게 여기는 칸트의 다른 한 양상이 있다면, 그것은 그가 『순수이성 비판』의 '초험적 변증학'에서 전통적인 형이상학을 중지한 점이다. **오류추리**와 **이율배반**, **이상**이라는 세 용어는 고전적인 형이상학적 문제들에 대한 인간 지식의 불가능성을 나타내는데, 인간들은 해답이 영원히 유보된 이런 의문들을 제기하기를 그만둘 수 없음을 칸트가 올바르게 지적했더라도 말이다. 여타의 관계에 대한 인간/세계 관계의 우월성이 칸트의 코페르니쿠스적 혁명의 기둥이지만, 전통적인 형이상학적 의문들을 '독단적'인 것이라고 중지한 사태는 그 혁명의 주요한 결과들 가운데 하나다. 하지만 이것은 의심할 이유를 제공한다. 철학은 여타의 지식 분야보다도 훨씬 더 주기적인 특성을 나타내는 것처럼 보인다. 어떤 학설(행성적 구체들을 각각 신플라톤주의적 유출물로 여기는, 지금은 기묘한 관념 같은 것)은 원시적인 인공물로 영원히 폐기되지만 폐기된 학설이 부활하는 일도 일어난다. 어떤 새로운 이론도 선행 이론들을 경시하는 경향이 있고, 이런 까닭에 현재 유행하지 않고 있는 어떤 철학적 학설이나 심지어 지금은 생각할 수 없는 것처럼 보이는 학설에도 항상 특별히 주목해야 하는 이유는 이것들이 잊힌 보물이 있는 철학자의 가장 큰 방일지도 모르기 때문이다. 실재론은 우리 시대의 대륙철학 진영에서 대단히 구식이고, 바로 이런 까닭에 우리가 배울 참신한 교훈이 많이 있을 것이라고 기대할 수 있다. 무거운 형이상학적 쟁점들에 대한 사변도 마찬가지다. 칸트는 초험적 변증학에서 이런 주제들을 명백히 제거한다. 하지만 내가 보기에는 지금부터 천 년이 지난 후에 철학사가들이 다음과 같이 말할 가능성은 없다. "칸트 이후에는 시간과 공간이 유한하냐 아니면 무한하냐는 의문에 어떤 진지한 철학적 주의도 결코 다시는 기울이지 않게 되었다. 칸트가 그 쟁점을 영구적으로 해결했다." 그 이유는 칸트가 전통적인 형이상학적 물음들을 중지하는 사태는 인간-세계 상관물을 철학의 중심에 두는 것에서 비롯되고, 게다가 이 놀랍도록 허약한 학설이 앞으로 다가올 세월 동안 억압적인 지배력을 유지할 가능성은 없기 때문이다. 훨씬 더 가능성이 있는 일은 칸트가 형이상학적 문제들 자체는 그대로 두면서 그것들을 다루는 어떤 방식을 폐지했다는 것인데, 그러므로 그 문제들은 지금도 반격할 준비가 되어 있다.

칸트와 객체지향 모형의 차이점은 『형이상학 서설』에 실린 다음과 같은 구절에서 이미 볼 수 있다. "인간 오성의 특성은 모든 것을 논변적으로, 즉 개념으로, 그래서 그저 술어들로만 생각하는 데 있기 때문이다."[101] 더욱이 "모든 환상은 판단의 주관적인 근거를 객관적인 것으로 생각하는 데 있다"라는 점을 고려하면, 우리는 "이성이 자신의 본분을 오해하여 그 자신의 주관과 순전히 내재적으로 사용되고 있는 주관의 지침에만 관련된 것을 초월적으로 객체 자체에 귀속시킬 때 빠지게 되는 미혹"을 피해야 한다.[102] 이런 논점들에 대해서 칸트는 이 책에서 이미 반대한 각기 다른 두 가지 의미에서 흄의 후예다. 그 이유는 뒤에 인용된 구절에서 칸트가 우리를 오성의 내재적 영역에 관해서만 이야기하도록 한정하기 때문이다. 더욱

---

101. Immanuel Kant, *Prolegomena to Any Future Metaphysics*, trans. Paul Carus and revised by James W. Ellington, Indianapolis, Hackett, 1977, p. 70. [임마누엘 칸트, 『형이상학 서설』, 백종현 옮김, 아카넷, 2012.]
102. 같은 책, p. 65. [같은 책.]

이 처음에 인용한 구절에서 칸트가 오성은 술어들의 다발만 만날 뿐이라고 생각하기 때문이다. '논변적'이라는 칸트의 용어는 두 가지 일을 한꺼번에 수행하는데, 그 결과 우리는 근저에 놓여 있는 객체가 고려 대상에서 배제되는, 감지할 수 있는 성질들의 세계에 고립된다. 대체로 이런 주장들은 경험의 증거에 충실히 속박된 용의주도하게 최소주의적인 것으로 여겨진다. 반면에 나는 그것들이 실재의 본성에 대한 부당하게 '급진적'인 주장이라고 생각하는데, 그 이유는 세계를 인간 접근이라는 단일한 뿌리로 환원하기 때문이다. 철학은 각기 다른 술어들과 내재성을 초월할 수 있다. 이 책에서 나는 후설을 채용하여 술어들의 다발을 거부했고 하이데거를 채용하여 내재성 속에 있는 검역소를 거부했다. 그런 논점들에 대한 내 논증이 설득력이 있다면, 전통적인 형이상학적 문제들을 중지하려는 칸트의 시도는 즉시 실패한다. 그 이유는 "객체는 단지 하나의 관념에 불과한 것으로 오성의 인식을 그 관념이 가리키는 완전성에 가능한 한 근접시키려고 발명된 것이다"[103]라는 주장이 실정에 맞지 않기 때문이다. 여기서 나는 철학에서 객체가 수행하는 역할을 옹호하는 상세한 논변을 반복하지 않고, 내가 칸트의 제약이 타당하지 않다고 생각하는 이유만 간단히 언급할 것이다.

이상, 즉 신학적 관념은 다른 기회에 다루는 것이 최선이

---

103. 같은 책, p. 68. [같은 책.]

다. 오류추리, 즉 심리학적 관념은 자신의 내부 자아와 관련해서도 실체의 영원성은 알 수 없는 것이라는 점을 보여주려고 한다. 하지만 정말로 흥미로운 의문은 실체의 영원성이라기보다는 오히려 변화하는 우유적인 것을 다양하게 나타내는 실체의 순전한 지속성이다. 물론 칸트는 이것도 부정하지만 말이다. 훨씬 더 다채롭게 흥미로운 것은 네 가지 이율배반, 즉 우주론적 관념이다. 라투르의 블랙박스 이론 덕분에 우리는 이미 두 번째 이율배반이 틀렸다고 추측하게 되었다.

칸트가 독단적 형이상학을 거부한 이유는 그가 전통적인 실체를 거부한 이유에서 가장 분명히 알 수 있다. "모든 실체에서 고유 주체(주어), 즉 모든 우유적인 것(술어)이 분리된 후에도 여전히 남아 있는 것, 그러니까 실체적인 것 자체는 여전히 미지의 것이라고 사람들이 주장한 지는 오래되었으며, 지금까지 인간의 통찰을 제약하는 이런 한계에 대해서 다양한 불만이 제기되었다."[104] 칸트는 물론 그들의 푸념에 동조하지는 않지만 이런 한계를 실재의 극복할 수 없는 특질로 여기는데, 우리는 '논변적으로' 생각할 수 있을 뿐이어서 아무 술어도 없이 자체적으로 존재할 주어는 전혀 이해할 수 없다. 칸트는 계속해서 말한다.

순수이성은 어떤 사물의 모든 술어에 대해서 그것 자체의 주

104. 같은 책, p. 69. [같은 책.]

어를 찾고, 그것 역시 필연적으로 하나의 술어에 불과한 이 주어에 대해서도 그것 자체의 주어를 찾고, 그런 식으로 계속해서 무한히(또는 우리가 이를 수 있는 데까지) 찾을 것을 우리에게 요구한다. 하지만 여기에서 나오는 결론은, 우리가 이를 수 있게 되는 어떤 것도 궁극적인 주어라고 여기지 말아야 하고, 게다가 우리가 아무리 깊이 간파하더라도, 심지어 전체 본성이 우리에게 드러나더라도 실체 자체는 우리의 오성이 결코 생각할 수 없다는 것이다.[105]

그러나 여기서 칸트가 각기 다른 두 가지 주장을 뒤섞음을 인식하자. 첫 번째로 칸트는, 실체는 우리가 그것에 귀속시키는 술어들과 다른 것이어야 할 것이라고 진술하면서 이런 일은 불가능하다고 생각한다. 두 번째로 칸트는, 실체는 **궁극적인 무언가**여야 할 것이라고 주장한다. 그리고 이런 일도 불가능한 것이라고 부정하는데, 그 이유는 우리가 도달하는 사물들의 어떤 층위도 술어들로 서술될 수 있을 뿐인 한 정말로 실체적인 층위에는 결코 이를 수 없기 때문이다.

두 주장은 모두 객체지향 모형으로 반박된다. 첫 번째 경우에는 현상학이 감각 대상은 각기 다른 술어들의 다발일 뿐이라는 견해가 틀렸음을 밝힌다. 어떤 나무를 관찰하는 것은 일단의 독립적이고 부유하는 특질들을 조립하는 것이 아닌데,

---

105. 같은 책, pp. 69~70. [같은 책.]

오히려 그런 특질들이 나무 전체에서 복사된다. 나무의 녹색과 잎이 무성함에는 어딘가 다른 곳에서 마주치게 되면 그것들이 상실할 나무의 형식이 스며들어 있다. 이런 특별한 논점에 대해서 독창적인 사람은 후설인 반면에 칸트는 흄의 명령을 따를 뿐인데, 요컨대 임의로 다발을 이루는 감각질에 관한 흄의 이론은 결코 어떤 경험에도 부합되지 않는다. 이런 의미에서는 후설이 흄보다 경험주의적인 성향을 더 크게 나타내었다. 그리고 두 번째 경우에는 칸트와 자연주의적 성향을 지닌 많은 철학자가 요구하는 의미에서의 **궁극자**에 실체를 한정할 이유가 전혀 없다. 망치와 심지어 중성자도 물리학의 궁극적인 입자가 아니라는 사실에는 그것들이 객체가 아니라는 결론이 수반되지 않는다. 하이데거는, 망치가 현재의 용도나 그것에 대한 지각과 독립적인 실재를 지니고 있고, 이런 사실이 망치를 객체로 만드는 데 충분함을 보여준다. 망치도 (중성자처럼) 부분들로 구성될 필요가 있어서 궁극적인 것이 아니라는 사실이 그런 부분들에서 독자적인 창발적 자율성을 박탈하지는 못한다. 이 상황은 일찍이 데란다에게서 인용된 창발성에 대한 갖가지 기준에서 이해될 수 있다. 무엇보다도 망치는 자신의 부분들에서 나타나지 않는 망치-성질들을 갖추고 있다. 더욱이 이런 망치-성질들이 그저 환경에 미치는 기능적 영향이 아닌 이유는 망치가 인접하는 사물들이 현재 기록한 성질들 외에 드러나지 않은 망치-성질들을 갖추고 있기 때문이다. 덧붙여, 어떤 한계 내에서, 망치는 지속하는 개별적 망치이면서 자신의 조각들에서 일어나는 수많은 변화를 견뎌낼 수 있다.

실체는 자율적이기만 하면 되지 궁극적일 필요는 없다. 그리고 칸트는 우리가 무언가를 그것의 술어들과 별개로 생각할 수 있음을 부정하지만, 이것은 어느 모로 보나 그가 거부하는 독단적 형이상학만큼이나 독단적인 상관주의적 신조가 나타내는 증상이다. 망치가 파손됨으로써 우리를 놀라게 할 때 이런 놀라움의 정확한 특징은 다양한 술어로 당연히 서술될 수 있다. 하지만 '놀라움'은 이전에 은폐된 망치의 현상적 결과일 뿐임을 인식하자. 은폐된 지하의 망치가 그것이 일으키는 놀라움과 동일시될 수 없는 이유는 이런 놀라움이 단지 그것의 현존을 암시하기 때문이다. (암시와 유혹은 정당한 지식 형식들이지만 특정한 술어들로 환원될 수 없다.) 이제 이전의 집 짓기 기획에 집중하기보다는 파손된 망치에 명시적으로 집중한다고 해서 우리가 수행한 이전의 노동을 중단시키는 객체가 포착되지는 않는다. 모든 지식은 술어들로 이루어지는 논변적 지식이라는 신조만이 지하의 사물은 그것이 현상적 세계에서 초래하는 명백한 혼란들로 환원될 수 있다는 믿음을 뒷받침할 수 있을 것이다. 그 이유는 사물이 현재 나타내는 표현의 불충분성에서 실재적 객체의 현존을 추정하는 것은 더할 나위 없이 쉬운 일이기 때문이다. 더욱이 감각적 객체에 관해서 말하자면, 그것의 존재는 추정할 필요조차 없다. 성질들의 다발이라는 흄의 철저히 비경험적인 신조를 기꺼이 버린다면 감각적 객체는 직접 그리고 즉시 경험될 수 있다.

그러나 객체는 궁극자가 될 필요가 없을 뿐 아니라, 라투르의 블랙박스를 논의하는 동안 언급되었듯이, 객체는 궁극자일 수가 없다. 이런 사실 탓에 우리는 칸트의 두 번째 이율배반과 직접 충돌하게 된다. "정립: 세계의 모든 것은 단순한 것으로 이루어져 있다. 반정립: 단순한 것은 전혀 없고, 오히려 모든 것은 합성된 것이다."[106] 입수 가능한 술어들로 사물을 철저히 규명하는 논변적 종류 외에는 어떤 지식도 없다는 칸트의 편견을 고려하면, 부분과 전체는 "한낱 표상들에 불과한데, 부분은 자신의 표상으로, 그러니까 분할되어 존재할 뿐이고…그 분할은 경험이 미치는 데까지만 이른다"[107]라는 결론이 사실상 나오게 된다. 사물은 단지 경험 속에서만 부분들을 갖거나 갖지 못하므로 이율배반의 양쪽을 단언하는 것은 외양에만 속하는 증거를 사용하여 물자체에 대한 주장을 제기하는 것이다. 하지만 이 주장은 실체에 대한 칸트의 거부가 실패한 것과 같은 이유로 실패한다. 어떤 사물이 부분들을 갖는다는 것이 정말로 뜻하는 바는 그 사물의 성분들이 그 사물이 맺고 있는 관계들로 철저히 규정되지 않는다는 것이기 때문이다. 내가 망치를 사용할 때 이 상황은 나와 망치로 이루어진 관계다. 칸트는 망치를 술어들을 통해서 그것의 논변적 외양으로 환원함으로써 그것이 나와 맺고 있는 관계 외에 그 망

---

106. 같은 책, p. 74. [같은 책.]
107. 같은 책, p. 77. [같은 책.]

치에 자율적인 삶이 있음을 부정한다. 역설적으로 이 사태는 칸트가 그런 의문들에 대한 자신의 중립적인 태도를 입증하기 위해 제기된 이율배반에서 한쪽을 편든다는 것을 뜻한다. 말하자면, 칸트는 사실상 경험은 부분이 없다고 주장한다. 망치에 대한 경험은 순전히 내재적이라고 하고, 그래서 관계의 외부에 존재하는 갖가지 성분에 대해서는 아무 말도 할 수 없다. 이것이 우리의 목적을 위해서는 거의 구별할 수 없는 회의주의와 경험주의에 대한 존재론적 의미다. 기회원인론의 경우에 세계에는 신의 도움이 없다면 상호작용할 수 없는 자율적 실체들이 거주하고 있는 반면에, 경험주의의 경우에 세계에는 자신의 부분들의 자율성을 설정할 수 없는 상호작용들이 가득 차 있다. 칸트가 드러낸 합리주의와 경험주의 사이의 더 유명한 인식론적 균열보다 기회원인론과 경험주의 사이의 이런 균일이 더 깊은 분열이라고 내가 이미 진술했다. 칸트는 자신이 주장하는 대로 두 전통을 매개하기보다는 대륙철학의 방향을 주도면밀하게 회의주의적 노선으로 바꾸는데, 대륙철학은 지금도 여전히 그 노선 위에 있다.

　더 구체적으로 그 역설은 다음과 같이 서술된다. 칸트는 궁극자의 현존을 주장하는데, 여기서 궁극적인 층위의 구실을 하는 것은 물리적 미시입자라기보다는 오히려 인간의 경험일지라도 말이다. 그것은 뒤집힌 환원주의이거나 반전된 자연주의인데, 요컨대 모든 실재는 인간의 경험이라는 조건에서 자신의 척도를 취한다. 칸트나 흄이 인간-세계 상관물 외에 무언가가 있을 것이라는 점을 인정한다고 주장하여도 거의 쓸모가 없는 이유는, 그들의 회의주의가 의미하는 바가 곧 직접적인 접근이 우리가 마주치는 모든 실재의 질료라는 독단적인 주장이기 때문이다. 내가 일각수나 추가적인 40차원의 공간이 있을 것이라고 말하는 것이 철학적으로 유효하지 않은 것과 마찬가지로 "상관물 외에 무언가가 있을 것이다. 나는 그것을 절대 부정하지 않는다"라고 말하는 것도 철학적으로 유효하지 않다. 철학에서 물자체가 어떤 진정한 구실을 하지 않는다면 그것은 존재하지 않을 것이다. 같은 이유로 '불가지론'이라는 견해는 실제로 무신론과 다르지 않고, 단지 그 자체의 주장들에서 냉소적인 거리를 취할 뿐이다. 사회학자가 인간 사회들에만 집중하더라도 이 상황은 거의 놀라운 일이 아니다. 하지만 철학자가 여전히 세계에 대한 인간 접근을 측정하면서 표류한다면, 인간이 접근할 수 없는 무언가가 존재할 것임을 인정할 때에도 이런 인간 접근이 우주의 근원으로 전환된다.

그러나 우리는 객체가 궁극적이라고 예상하지 말아야 하는 것(오류추리)과 마찬가지 이유에서 객체는 단순한 것일 수가 없다(두 번째 이율배반). 오히려 블랙박스들이 있고, 게다가 블랙박스들은 항상 개봉될 수 있다. 무언가를 마주치는 것은 그것을 마주침을 항상 뜻한다는 칸트의 반박할 수 없는 주장을 인정하자. 우리는 마주치지 않은 것을 마주칠 수 없다. 하지만 하이데거의 도구-분석에 대한 나의 논의가 보여주었듯이 블랙박스를 마주친다는 것은 그것과 관계를 맺음을 뜻하고, 게다가 그런 관계는 항상 관계 대상에 대한 일종의 캐리커처나 왜곡이다. 이 관계는 두 가지 항, 즉 블랙박스와 나 사이에 맺어진다. 블랙박스와 나는 관계의 부분들로 여겨져야 하는데, 둘 중 어느 쪽도 상대방과 마주침으로 철저히 규정되지 않는다. 그러므로 우리가 마주치는 어떤 블랙박스도 당연히 개봉될 수 있는 이유는 우리가 그것에 대처함으로써 단지 자의적으로 블랙박스를 닫았기 때문이다. '점 입자'가 수리물리학에서 어떤 가치를 지니고 있든 간에 그것은 형이상학에 아무 쓸모도 없다. 그 이유는 점 입자조차도 다양한 특성을 갖추고 있고, '술어들의 다발'이 감각적 객체에 대한 비정합적인 모형인 것과 꼭 마찬가지로 '특성들의 다발'이 실재적 객체에 대한 비정합적인 모형이기 때문이다. 환경에 미치는 영향들의 어떤 기록 뒤에도 사물과 그것의 환경은 전체 관계의 부분들이 그런 것처럼 서로 자율적으로 존재한다. 블랙박스들은 심연으로 무한히 하강해야 한다.

요약하면, 눈-앞에-있음에 대한 비판 덕분에 우리는 두 번째 이율배반에서 그럭저럭 벗어날 수 있게 된다. 칸트의 존재론에서 인간의 경험은 독단적으로 단순하고 궁극적인 것이어서 일단 경험이 자신의 파악에서 물러서 있는 객체에 의해 절단된다면 부분들이 없는 어떤 관계적 전체가 존재할 가능성은 즉시 사라진다. 라투르와 하이데거에게서 이 논점은 암묵적이고, 아니 겨우 암묵적일 뿐이다. 그 이유는 라투르가 그것을 그저 방법의 격률에 불과한 것으로 여기는 경향이 있기 때문이다. 블랙박스는 **얼마든지 원하는 만큼** 개봉될 수 있다. 라투르는 그 과정이 사실상 무한하다고 절대 단언하지 않는 반면에 나는 그 과정이 무한해야 한다고 단언한다. 이와는 대조적으로 하이데거는 물러서 있음을 철학의 절대적 원리로 삼지만 라투르와는 달리 세계에 대한 두 층 모형에 여전히 구속되어 있는데, 요컨대 일 층에는 존재가 있고 이 층에는 현존재의 의식이 있다. 그러므로 하이데거의 이론에서는 더 작은 상자로의 무한한 하강이 나타날 수 없다. 근본적으로 칸트는 부분 없는 인간의 경험이 현존함을 주장하는 반면에, 하이데거의 망치의 경우에는 이런 주장이 불가능해진다. 이런 식으로 상관주의적 신조가 측면에서 공격을 받자마자 두 번째 이율배반도 측면에서 공격을 받게 된다. 나머지 세 가지 이율배반은 다른 기회로 미룰 것이다.

이 책의 [원래] 부제는 "브뤼노 라투르와 형이상학"이다. 이 두 가지 주제는 여기서 시도한 정도만큼 공개적으로 연계된 적이 결코 없었다. 라투르가 형이상학에 대해서 이룬 업적, 이를테면 코스요리를 마친 후에 마시는 한 잔의 상쾌한 에스프레소를 간단히 환기하면서 이 책을 마무리하자. 첫째, 라투르는 전통적인 실체를 **행위자**로 대체한다. 이것은 실체가 자연적이자 영원한 것이어야 한다는 미신을 떨쳐버리는 이점이 있다. 라투르의 행위자에는 천연 아르곤에 못지않게 인공 플루토늄도 포함되고, 불멸의 영혼에 못지않게 일시적인 축제도 포함된다. 한편으로 이 이론은 객체가 다른 객체들에 미치는 영향들 외에는 아무것도 남기지 않는 방식으로 객체들을 관계화하는 단점(내 의견으로는)도 있다. 둘째, 라투르는 행위자를 관계들의 다발로 전환하지만 그런 관계들이 도대체 생성되기가 얼마나 어려운지 훌륭하게 자각하고 있다. 라투르는 이전의 기회원인론자들처럼 존재자가 자신이 현재 맺고 있는 관계들에서 기본적으로 단절되어 있다고 여기는데, 그러므로 존재자들은 대리적으로 매개하는 제3의 행위자가 없다면 새로운 관계를 맺을 수 없다. 라투르는 철학적으로 따질 수 없을 정도로 활동하는 하늘의 전능한 신에 의지하는 대신에 지금까지 알려진 최초의 세속적 기회원인론을 제시한다. 이 책의 후반부에서 나는 라투르의 입장에 대한 몇 가지 비판을 제기했지만, 그 비판들은 세속적 기회원인론 2.0이라는 이름으로 그의 입장을 단지 수정하거나 오류를 제거할 목적으로만 제기된다. 라투르 덕분에 객체지향 철학이 가능해졌다.

:: 참고문헌

브뤼노 라투르의 저작

* 이 책에서 사용된 약어들의 총목록에 대해서는 약어표를 보라.

Aramis or the Love of Technology, trans. Catherine Porter, Cambridge, Harvard University Press, 1996.

La Fabrique du Droit: Une ethnographie du Conseil d'État, Paris, Découverte, 2002.

Laboratory Life: The Construction of Scientific Facts, with Steve Woolgar, Princeton, Princeton University Press, 1986. [『실험실 생활: 과학적 사실의 구성』, 이상원 옮김, 한울, 2019.]

"Can We Get Our Materialism Back, Please?", *Isis*, no. 98, 2007, pp. 138~142.

"From Realpolitik to Dingpolitik, or How to Make Things Public", in Bruno Latour and Peter Weibel (eds.), *Making Things Public: Atmospheres of Democracy*, Cambridge, MIT Press, 2005. [「현실정치에서 물정치로, 혹은 어떻게 사물을 공공적인 것으로 만드는가?」, 홍성욱 엮음, 『인간·사물·동맹』, 이음, 2010.]

We Have Never Been Modern, trans. Catherine Porter, Cambridge, Harvard University Press, 1993. [『우리는 결코 근대인이었던 적이 없다』, 홍철기 옮김, 갈무리, 2009.]

Personal Communication, Electronic mail to Graham Harman of 11 November, 2005.

Personal Communication, Electronic mail to Graham Harman of 14 January, 2006.

"On the Partial Existence of Existing and Nonexisting Objects", in Lorrain Daston (ed.), *Biographies of Scientific Objects*, Chicago, University of Chicago Press, 2006.

Pandora's Hope: Essays on the Reality of Science Studies, Cambridge, Harvard University Press, 1999. [『판도라의 희망: 과학기술학의 참모습에 관한 에세이』, 장하원·홍성욱 책임 번역, 휴머니스트, 2018.]

The Pasteurization of France, trans. Alan Sheridan and John Law, Cambridge, Harvard University Press, 1988.

Politics of Nature: How to Bring the Sciences Into Democracy, trans. Catherine Porter, Cambridge, Harvard University Press, 2004.

Reassembling the Social: An Introduction to Actor-Network-Theory, Oxford, Oxford University Press, 2005.

Science In Action: How to Follow Scientists and Engineers Through Society, Cambridge, Harvard University Press, 1987. [『젊은 과학의 전선: 테크노사이언스와 행위자-연결망의 구축』, 황희숙 옮김, 아카넷, 2016.]

Paris ville invisible, Paris, Editions la Découverte, 1998. http://www.bruno-latour.fr/virtual/index.html#에서 영어로 읽을 수 있음.

다른 문헌

Aristotle, *Metaphysics*, trans. Joe Sachs, Santa Fe, Green Lion Press, 1999. [아리스토텔레스, 『형이상학』, 김진성 옮김, 이제이북스, 2007.]

Badiou, Alain, *Being and Event*, trans. Oliver Feltham, London, Continuum, 2006. [알랭 바디우, 『존재와 사건』, 조형준 옮김, 새물결, 2013.]

Bhaskar, Roy, *A Realist Theory of Science*, London, Continuum, 2006.

Bloor, David, "Anti-Latour", *Studies in the History and Philosophy of Science*, vol. 30, no. 1, March 1999, pp. 81~112.

Brassier, Ray, *Nihil Unbound: Enlightenment and Extinction*, London, Palgrave, 2007.

_____, Personal Communication, Electronic mail to Graham Harman of 12 August, 2008.

_____, Iain Grant, Graham Harman, and Quentin Meillassoux, "Speculative Realism", *Collapse*, vol. III, Falmouth, Urbanomic, 2007.

Braver, Lee, *A Thing of This World: A History of Continental Anti-Realism*, Evanston, Northwestern University Press, 2007.

Brentano, Franz, *Psychology from an Empirical Standpoint*, trans. A. Rancurello, D. Terrell, and L. McAlister, New York, Routledge, 1995.

_____, *Theory of Categories*, trans. Roderick M. Chisholm and Norbert Guterman, The Hague, Martinus Nijhoff, 1981.

Bruno, Giordano, *Cause, Principle, and Unity and Essays on Magic*, trans. Robert de Lucca, Cambridge, Cambridge University Press, 1998.

Chalmers, David, *The Conscious Mind*, Oxford, Oxford University Press, 1996.

DeLanda, Manuel, *Intensive Science and Virtual Philosophy*, London, Continuum, 2002. [마누엘 데란다, 『강도의 과학과 잠재성의 철학』, 김영범·이정우 옮김, 그린비, 2009.]

_____, *A New Philosophy of Society: Assemblage Theory and Social Complexity*, London, Continuum, 2006. [마누엘 데란다, 『새로운 사회철학: 배치 이론과 사회적 복합성』, 김영범 옮김, 그린비, 2019.]

Derrida, Jacques, "White Mythology", in *Margins of Philosophy*, trans. Alan Bass, Chicago, University of Chicago Press, 1985.

Edrélyi, Peter, "Remembering the Harman Review", blog post at http://www.anthem-group.net/tag/the-harman-review/

_____, "ANT, the Fourfold, and the Thing in Common: A Multi-Case Study of Organizing, Strategising and ICTs in e-Tailing SMEs in the UK", unpublished thesis proposal, Department of Management, London School of Economics.

Fodor, Jerry, "Water's Water Everywhere", *London Review of Books*, 21 October, 2004.

Harman, Graham, *Tool-Being: Heidegger and the Metaphysics of Objects*, Chicago, Open Court, 2002.

_____, *Guerrilla Metaphysics: Phenomenology and the Carpentry of Things*, Chicago, Open Court, 2005.

_____, *Heidegger Explained: From Phenomenon to Thing*, Chicago, Open Court, 2007.

_____, *Guerrilla Metaphysics: Phenomenology and the Carpentry of Things*, Chicago, Open Court, 2005.

_____, "On Vicarious Causation", *Collapse*, vol. II, Falmouth, Urbanomic, 2007, pp. 187~221.

_____, "Quentin Meillassoux: A New French Philosopher", *Philosophy Today*, vol. 51, no. 1, Spring 2007, pp. 104~117.

Heidegger, Martin, *Being and Time*, trans. John Macquarrie and Edward Robinson, New York, Harper and Row, 1962. [마르틴 하이데거, 『존재와 시간』, 이기상 옮김, 까치, 1998.]

_____, "Einblick in das was ist", in *Bremer und Frebruger Vorträge*, Frankfurt, Vittorio Klostermann, 1994.

Höfler, Alois and Alexius Meinong, *Logic*, Vienna, 1890.

Hume, David, *An Enquiry Concerning Human Understanding*, Indianapolis, Heckett, 1993.

_____, *A Treatise of Human Nature*, Oxford, Oxford University Press, 1978.

Husserl, Edmund, *Ideas: General Introduction to Pure Phenomenology*, trans. W. R. B. Gibson, London, Allen and Unwin, 1931. [에드문트 후설, 『순수현상학과 현상학적 철학의 이념들 1 · 2 · 3』, 이종훈 옮김, 한길사, 2009.]

_____, "Intentional Objects", in *Early Writings in the Philosophy of Logic and Mathematics*, trans. Dallas Willard, Dordrecht, Kluwer, 1993.

_____, *Logical Investigations*, 2 Vols, trans. J. N. Findlay, London, Routledge and Kegan Paul, 1970. [에드문트 후설, 『논리 연구 1 · 2』, 이종훈 옮김, 한길사, 2018.]

Ingarden, Roman, "Dzialalnosc naukowa Twardowskiego", in *Kazimierz Twardowski: Nauczyciel—Uczony—Obywatel*, Lvov, 1938.

Kant, Immanuel, *Critique of Pure Reason*, trans. Norman Kemp Smith, London, Palgrave Macmillan, 2003. [임마누엘 칸트, 『순수이성비판 1 · 2』, 백종현 옮김, 아카넷, 2006.]

_____, *Prolegomena to Any Further Metaphysics*, trans. Paul Carus and revised by James W. Ellington, Indianapolis, Hackett, 1977. [임마누엘 칸트, 『형이상학 서설』, 백종현 옮김, 아카넷, 2012.]

Kripke, Saul, *Naming and Necessity*, Cambridge, Harvard University Press, 1996. [솔 크립키, 『이름과 필연』, 정대현 · 김영주 옮김, 필로소픽, 2014.]

Kuhn, Thomas, *The Structure of Scientific Revolution*, Chicago, University of Chicago Press, 1970. [토머스 쿤, 『과학혁명의 구조』, 김명자 · 홍성욱 옮김, 까치, 2013.]

Leibniz, G. W., "Monadology", in *Philosophical Essays*, trans. Roger Ariew and Daniel Garber, Indianapolis, Hackett, 1989.

_____, and Samuel Clarke, *Correspondence*, Indianapolis, Hackett, 2000.

Levinas, Emmanuel, *Existence and Existents*, trans. Alphonso Lingis, The Hague, Martinus Nijhoff, 1988. [에마뉘엘 레비나스, 『존재에서 존재자로』, 서동욱 옮김, 민음사, 2003.]

Lovecraft, H. P., *Tales*, New York, Library of America, 2005.

McLuhan, Marshall and Eric McLuhan, *Laws of Media: The New Science*, Toronto, University of Toronto Press, 1988.

Meillassoux, Quentin, *Après la finitude*, Paris, Editions du Seuil, 2006. [퀑탱 메이야수, 『유한성 이후』, 정지은 옮김, 도서출판b, 2010.]

_____, *After Finitude*, trans. Ray Brassier, London, Continuum, 2008.

_____, Personal Communication, Electronic mail to Graham Harman of 21 February, 2007, trans. Graham Harman.

_____, Personal Communication, Electronic mail to Graham Harman of 16 September, 2007, trans. Graham Harman.

Merleau-Ponty, Maurice, *Phenomenology of Perception*, trans. Christopher Smith, London,

Routledge, 2002. [모리스 메를로-퐁티, 『지각의 현상학』, 류의근 옮김, 문학과지성사, 2002.]

Nancy, Jean-Luc, "Corpus", trans. Claudette Sartiliot, in *The Birth to Presence*, trans. B. Holmes et al., Stanford, Stanford University Press, 1993.

Oretega y Gasset, José, "An Essay in Esthetics By Way of a Preface", in *Phenomenology and Art*, trans. Philip Silver, New York, W. W. Norton, 1975.

Plato, "Gorgias", trans. W. D. Woodhead, in *The Collected Dialogues of Plato*, Edith Hamilton and Huntington Cairns (eds.), Princeton, Princeton University Press, 1961. [플라톤, 『고르기아스』, 김인곤 옮김, 이제이북스, 2014.]

_____, "Meno", trans. G. M. A. Grube and revised by John M. Cooper, Indianapolis, Hackett, 2002. [플라톤, 『메논』, 이상인 옮김, 이제이북스, 2014.]

Rhodes, Richard, *The Making of the Atomic Bomb*, New York, Touchstone, 1986. [리처드 로즈, 『원자 폭탄 만들기 1·2』, 문신행 옮김, 사이언스북스, 2003.]

Rockwell, W. Teed, *Neither Brain Nor Ghost : A Nondualist Alternative to the Mind-Brain Identity Theory*, Cambridge, MIT Press, 2005.

Rorty, Richard, *Truth and Progress : Philosophical Papers*, Volume 3, Cambridge, Cambridge University Press, 1998.

Russell, Bertrand, *The Analysis of Matter*, London, Kegan Paul, 1927.

Schnelle, T., *Ludwick Fleck—Leben und Denken*, Freiburg i. B., Hochschulverlag, 1982.

Smith, Barry, *Austrian Philosophy : The Legacy of Franz Brentano*, Chicago, Open Court, 1994.

Sokal, Alan and Jean Bricmont, *Fashionable Nonsense*, New York, Picador, 1998. [앨런 소칼·장 브리크몽, 『지적 사기』, 이희재 옮김, 한국경제신문, 2014.]

Spinoza, Baruch, *Ethics*, trans. Samuel Shirley, Indianapolis, Hackett, 1992. [베네딕트 데 스피노자, 『에티카』, 황태연 옮김, 비홍, 2014.]

Stengers, Isabelle, *Cosmopolitics*, 2 vols., Paris, Editions La Découverte, 1997.

Stove, David, *The Plato Cult and Other Philosophical Follies*, Oxford, Blackwell, 1991.

Strauss, Leo, *What Is Political Philosophy?*, Chicago, University of Chicago Press, 1988. [레오 스트라우스, 『정치철학이란 무엇인가?』, 양승태 옮김, 아카넷, 2002.]

Strawson, Galen, "Realistic Monism", *Journal of Consciousness Studies*, vol. 13, nos. 10~11, 2006, pp. 3~31.

Suárez, Francisco, *On Efficient Causality : Metaphysical Disputations 17, 18, and 19*, trans. Alfred J. Freddoso, New Haven, Yale University Press, 1994.

Toscano, Alberto, *The Theatre of Production*, London, Palgrave, 2006.

Twardowski, Kasimir, *On the Content and Object of Presentations*, trans. Reinhard Grossmann, The Hague, Martinus Nijhoff, 1977.

Watson, James, *The Double Helix*, New York, Norton, 1983. [제임스 왓슨, 『이중나선』, 최돈찬 옮김, 궁리, 2006.]

Whitehead, Alfred North, *Process and Reality*, New York, Free Press, 1978. [알프레드 노스 화이트헤드, 『과정과 실재』, 오영환 옮김, 민음사, 2003.]

Žižek, Slavoj and Glyn Daly, *Conversations with Žižek*, Cambridge, Polity, 2003.

Zubiri, Xavier, *On Essence*, trans. A. Robert Caponigri, Washington, Catholic University of America Press, 1980.

:: 찾아보기